國際占星研究院創辦人・英國、澳洲占星年會唯一華人講師
魯道夫
著

THE COMPLETE GUIDE TO
ASTROLOGY

暢銷修訂版

占星全書

一本占星迷必備的入門參考書，更是研究占星學不可錯過的**專業學習用書**
由淺而深，循序漸進，詳盡介紹學習占星必知的一切知識

占星學的基礎理論／占星學的歷史／占星學的基礎知識／太陽系與八大行星／黃道上的十二星座／星盤的意義與繪製
星盤上十二宮的意義／星圖上的主角：行星與特殊點／行星的相位及相位圖形／繪製占星圖／星盤的整體分析
行星的星座與相位／宮位的解讀／星盤整合、流年、合盤／占星進階技巧

本書建立一套實際星盤解讀的演繹方法，是揉和潮新頭者兼具的思想彙集，以及各種占星方法與技巧之總結，是一本相當值得參考的學習用書。
——英國占星學院前院長暨創辦人・凱德區研究中心建構 梅蘭尼・瑞茵哈特 Melanie Reinhart

占星學如同一張地圖繪，無法替人們做決定，只有人們的意志可以選擇要不要接受這條道路。
——心靈占星大師・心理占星學先和創辦人 麗茲格林 Liz Greene

華文占星學先驅：魯道夫老師的占星全書，專人完整占星知識架構，本書讓占星學習者能以系統理解吸收。
——專業占星師・天許占星創辦者 希斯莉

〔推薦序〕
傳統與創新的彙集，值得一讀的占星參考書

　　魯道夫所著的《占星全書——暢銷增訂版》，對於占星初學者以至熟悉占星學的學生來說無疑皆非常受用。

　　對於初學者來說，本書一步一步地引介占星學這門偉大的藝術，將它放在歷史背景中並且以天文學作爲其參考基礎；其次是建立一套實際星盤解讀的演繹方法，以及如何開始「進入星盤」使星盤活起來，並開始「述說」。

　　對於更高階的學生來說，這也是一本值得參考的專業占星書，是傳統和創新兩者兼具的思想彙集，以及各種占星方法與技巧之總結。

　　魯道夫對於他的占星學論述與教學做出極大的奉獻，同時也爲他的學生及其發展與福祉做出貢獻；此外，他對於學生、同事和其他占星師的寬大慷慨，都是他作爲一個占星學老師的典範。

英國占星學院最高榮譽監護人、凱龍星研究權威
梅蘭尼・瑞茵哈特（Melanie Reinhart）

〔作者序〕

12年的成長，讓根深至地獄，長到天堂

榮格說：「除非一棵樹的根深到了地獄，否則它不可能長高到碰到天堂。」

十二年前我收到了春光編輯的邀請寫下了占星全書，一本以占星教學為主要目的的書籍，並且在完成之後進一步的將書中的許多部分做深入的說明而有了《占星辭典》、《占星流年》、《人際合盤占星全書》、《心理占星學全書》以及最近剛出版的《高階占星技巧》，我也與 Jupiter Lai 合作共同成立了 Academy of Astrology，在台灣、香港、中國以及網路上展開教學的工作。

十二年的成長，讓我知道，黑暗與痛苦有它的必要，與其問還要熬多久，還不如問自己這體驗的意義為何。無助的時候讓我清楚，我也是個人，占星並不會使我成為神，不會使我高人一等，也不會使我比別人少體驗痛苦。那些感激我的客戶學生與個案應該感激的是他們自己，而我更應該感激他們願意跟我分享生命的體驗。人生像是一座不規則的迴旋梯，我們以為不斷的成長，有時候回到相同的方向，有時視野卻比過去高一些，有時處境又比過去低一階。成長，不像是搭電梯或爬樓梯一樣的扶搖直上，有時候我們覺得原地踏步，有些時候我們覺得前功盡棄回到原點，有些時候我們看似回到了似曾相識的處境，卻又有著全然不同的視野。這才了解人生的成長不是一條簡單的直線，而是曲曲折折時而上時而下時而停滯不前的不規則前進。

在遇到困境的時候，我與我的同事們總是習慣打開星盤，從一開始想要知道怎麼避開問題，要等多久才能熬過難關，到後來演變成為利用星盤與推運行運的脈絡，去深入了解這時刻的困境如何觸擊我過去的體驗，要我在哪個方向著眼成長，或者僅只是了解，這是一個收下生命中黑暗與混沌所帶來禮物的時刻。

無論是喜悅興奮或是痛苦煎熬，星盤總是在一旁陪伴著我。占星是一種符號的解讀，不同的占星師或許使用不同的技巧，但是占星符號的基礎字詞卻是不變的，在這幾年的成長我更清楚，占星符號是多重指向的，金星不會只是女性或愛情，他也可以是友情、社交生活與金錢。深入的了解這些意涵能夠幫助我們更全面的瞭解星盤所暗示的發展可能，也基於這種態度，我與出版社決定在這時候重新修訂占星全書，並將這樣的態度帶入。

就在修訂工作接近尾聲之際，編輯邀請我替增訂版寫序，我一時之間沒有什麼頭緒也就拖了好久，最後，就在臉書上看到一則榮格話語的轉貼。

除非一棵樹的根深到了地獄，否則它不可能長高到碰到天堂。

十二年對占星師來說是一個木星的循環，木星的意涵除了幸運、海外與高等教育之外，還包括了哲學與人生的成長，就讓我與大家一起分享榮格的這一句話作爲我對於成長的看法，或許，成長並不是時時刻刻都在向上伸展的。

魯道夫

2016 年 3 月於倫敦

CONTENTS

第一部　占星學的基礎理論
Fundamental Astrological Theory

第二部　星盤的意義與繪製
Mechanics of a Chart

第三部　行星的星座與相位
Planets, Signs and Aspects

第四部　　宮位的解讀
The Twelve Houses

第五部　　星盤整合、流年、合盤
Chart Integration、Forecasting and Synastry

第六部　占星進階技巧
Advanced astrology skills

第一部
占星學的基礎理論
Fundamental Astrological Theory

相當明顯的，許多的大自然事件發生的原因，來自於環繞著（大自然）的天體。

—— 托勒密（Ptolemys AD120-180）

第一章　占星學的歷史

占星術來自於人類對天體的觀察，當他們發現月亮每天都有不同的變化；夏天的星空又與冬天的星空截然不同；有時月亮或太陽又像是被猛獸吃掉了一般莫名其妙地消失時，其心裡造成的恐懼可想而知。

為了解開這樣的謎題，有人持續觀察天體的變化，並留下了紀錄。回溯人類文明，最早出現的占星紀錄，是在現今伊拉克的尼尼微（Nineveh），但最完整的古老天文觀測所在地，則是位於英格蘭西南方索爾斯堡（Salisbury）的「巨石陣」（Stonehenge）。

除了英格蘭之外，法國、北歐等地也都出現過類似的巨石柱排列圖陣，例如：法國的布列塔提半島（Bretagne）、英國的索爾斯堡等地，學者們發現這些石柱的排列方式，似乎與太陽、月亮在某些特定日期的位置有關。

占星與巨石陣的關係

在距離倫敦約兩個小時車程遠的索爾斯堡，有一個極為著名的巨石陣。巨石陣以兩個同心圓的方式排列，在巨石的外圍有五十六個坑洞所排成的圓，以及一塊被稱為腳跟石（Heel stone）的石頭所組成。經由科學鑑定的結果，巨石陣的建立年代大約始於西元前三千年，而整個巨石陣的完成則於西元前一千多年。

歐陸渡海來到英格蘭的大杯族（Beaker）建立了巨石陣，他們可以算是早期的賽爾特（Celtic）人，根據研究指出，巨石陣並不是一開始就計畫好的完整系統。西元三千多年前在最開始時，僅建立了最外圍的五十六個歐布黎洞（Aubrey holes），美國的研究學者霍金斯（Gerald Hawkins）以及英國的研究者賀以爾（Fred Hoyle）不約而同地認為，這五十六個洞正好符合月蝕五十六年的週期。接下來的一千多年，巨石才從兩百多哩外，位於威爾斯地區的伯斯理山區（Preseli mountains）紛紛被運送過來。

最早被科學家們確認指出夏至時分日出位置的是「腳跟石」，而其他內外圈石頭則與其他特定日期的太陽或月亮位置有關。

更有人認為外圈的三十根石柱中，有一根比起其他石柱要來得薄許多，

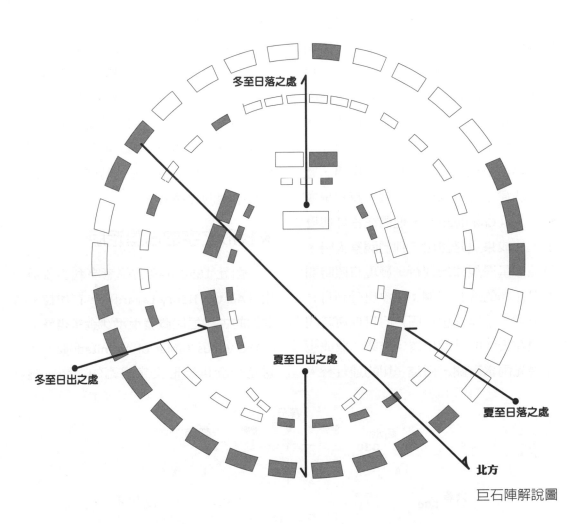

巨石陣解說圖

多至日落之處

冬至日出之處

夏至日出之處

夏至日落之處

北方

這根石柱被認定代表的是朔望月的第29.5天（朔望月就是從新月到滿月又回到新月的循環），也就是大杯族人記錄天象的一種立體日曆。可惜的是當時仍活在石器時代的大杯族人並沒有留下任何的紀錄與說明，使得巨石陣的用途，在後代成為一個巨大的謎團。

占星學的先河巴比倫人

占星學的起源，最早可以追溯到西元三千年前美索不達米雅（Mesopotamia）平原上的巴比倫文化（Babylonian culture），而巴比倫的文化主體是由居住在這個區域的蘇美人（Sumerian）與阿卡德人（Akkad）所建立，這群人也是最早擁有「黃道」概念的民族。

巴比倫人將天球上太陽經過的軌道區分為十二個區域（也就是現代黃道十二宮的原始型態），對巴比倫人來說黃道最重要的功用就是計算日期，也就是

日曆的功用，黃道上的十二個區域就如同我們今天慣用的十二個月一樣。不過他們看待月亮的運行有另外一套 17/18 星座的系統，黃道星座一直到學者托勒密（Claudius Ptolemy）提出相關理論後，才逐漸產生共識。

早期巴比倫文化在農業、數學、曆法、法律上都有傑出的成就，特別是迦勒底人（Chaldean），他們在占星與曆法上的成果更是傑出，他們觀察太陽、月亮、星辰規律的運行，發現日照時間與農作物的成長有關；潮汐也受到月亮的影響；星座則會在固定的日期與時間出現在天空的某個位置；農業的收成也和陽光雨水有關，而這一切的運行替人們帶來了溫飽。

因此行星在天上的運行位置，被巴比倫人視為諸神處理人世問題的態度，當行星的運行可以被解讀時，巴比倫人就開始瞭解神明即將為人間帶來的是福或禍。蘇美人與阿卡德人的祭司，必須向君王報告日蝕與月蝕的時間，並扮演吉凶禍福的詮釋者。

★楔形文字的占星泥版

西元 1850 年考古學者亨利雷雅爵士（Austen Henry Layard），在伊拉克北部的古城尼尼微發現了「金星書卷」（The Venus Tables of Ammizaduga），這是一套以楔形文字書寫的泥版，經

黃道十二宮

過解讀後，發現泥版上記載的是一段有關於金星位置與君主健康的占卜描述，而這塊泥版也被視為巴比倫人使用占星學的最有力證據。這套泥版在經過鑑定後，其製作的期間大約是在公元前 2300-1700 年，漢摩拉比法典（Hammurabi Code）制訂之後所產生。其中有一段相當精采的文字：「**如果金星出現在東方的天空，被白羊月與大小雙子等四者包圍，而且又黑暗，則阿拉姆之王（King of Elam）將會生病且無法活下去。**」

埃及占星學

雖然在西元一千多年前，美索不達米亞平原上的亞述人（Assyria）將領土擴展到地中海（Mediterranean sea）與小亞細亞（Asia Minor）區域，不過在巴比倫人與波斯人把占星術傳入埃及之前，當時的埃及自己也發展出一套神祕的占星學，與後來吸收巴比倫文化而發展出來的占星學，有著相當程度的不同。

最著名的就是埃及人觀察天狼星（Sirius）的位置來預測洪水的出現與消退，除此之外，金字塔也是另一項埃及人觀測星體的重要證據；考古學家和埃及學者們在勘查金字塔的過程當中發現一些相當特殊的孔道，分別位於國王寢室與皇后寢室；國王寢室中有兩條朝上的孔道，經過天文計算之後，發現國王寢室的兩條通向金字塔上方的孔道，其朝南邊的通道正指向著獵戶星座腰帶的獵戶 ζ 星（Alnikak）。

而在埃及人的觀念裡，獵戶座事實上是象徵冥界的掌管者歐希斯（Osiris），代表的意義正是埃及人希望法老王，可以透過歐希斯的引導進入永恆的國度。

托勒密（Ptolemys AD120-180）

結合希臘古天文學的成就，寫成《天文學大成》十三卷。

其中編製了星表，說明旋進、折射引起的修正，給出日月食的計算方法等。他利用希臘天文學家們的大量觀測與研究成果，把各種用偏心圓或小輪體系解釋天體運動的地心學說給以系統化的論證，後世遂把這種地心體系冠以他的名字，稱為托勒密地心體系。

相關著作有：

《天文學大成》（Almagest）／《實用天文表》（Handy Tables）／《行星假說》（Planetary Hypotheses）／《恆星之象》（Phases of the Fixed Stars）／《四書》（Tetrabiblos）／《日晷論》（Analemma）／《平球論》（Planisphaerium）／《諧和論》（Harmonica）／《體積論》（On Dimension）／《元素論》（On Elements）等等。

迦勒底人的占星術，藉由商業與文化的交流傳入埃及，在許多後期的金字塔陵墓壁畫中，都可以看到黃道十二宮的影子，不過迦勒底人也將部分星座符號用他們較為熟悉的圖騰代替，例如：將原本的一男一女面對面手掌相貼的形狀變成雙子座的代表符號；天蠍座則以埃及的聖甲蟲替代；而洪水氾濫的季節正好也是水瓶座出現在天空的時刻，於是埃及人直接用水紋符號，取代水瓶座的挑水夫。

　　埃及的占星術仍舊承襲巴比倫人的思考，一直到托勒密的出現，才讓占星術在埃及發光發熱，而在當時的埃及，實屬「泛希臘文化時期」。

古典時期的占星術

　　西元前一千多年占星術傳進了愛琴海（Aegean sea）的領域，之後的一千年間，雖然占星術在希臘與羅馬世界仍廣受歡迎，但占星術與天文觀測的發展卻沒有太大的變化。

　　西元前四世紀，亞歷山大大帝統治整個地中海地區，進而促進整個區域的文化融合，巴比倫的占星術影響波斯、埃及與猶太人的宗教與哲學，也促使占星術更快速進入希臘的世界。

　　西元前二百八十年左右，巴比倫人貝樂索斯（Berossos）在柯斯島（KOS island）著書並開班授徒，使得占星成為一大顯學，並揭開其神祕面紗。再加上受到「人體就是一個小宇宙」觀念的影響，使得占星術逐漸走出宮廷，從原本的君國解釋天意的功能，轉而發展出個人占星圖的繪製與解讀，而這也就是今日占星學能夠如此廣泛的起因。

　　早期希臘人的天文概念受到巴比倫人的影響，不過從西元前六世紀開始，整個希臘世界的科學研究相當盛行，數

天狼星 Sirius

　　據天文學家估算，全天肉眼可看見的星星約有六千顆，位於北迴歸線附近的台灣，如果在天候狀況良好的高山上，大概可以看見三、四千顆星星。

　　當我們在冬季的傍晚，往東南方地平線的方向看去，很容易找到一顆非常耀眼的星星，它的視星等約負一點四二，是除了主要行星之第一亮的恆星，中國稱它為天狼星，屬於西方星座的獵戶座的第一亮星。

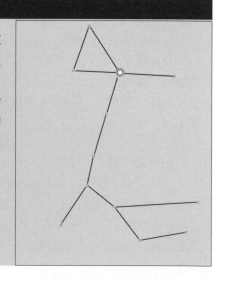

學的計算應用到天文觀測上，使得人們對於天體的運行有了更清晰的概念。數學中的「畢氏定理」指的就是畢達格拉斯，而神祕學中的數字占卜，也和這位數學大師的貢獻有關。

西元前五百六十九年出生的畢達格拉斯，除了是著名的數學家之外，在音樂及占星天文上也有相當重要的影響，在他所創立的學校裡，占星學更是他教授的科目之一。

畢達格拉斯認為數字是宇宙的基礎，他以數字學的概念闡述宇宙，這也是後來數字占卜學的由來。他的天文學概念，更是日後學者對太陽系行星運行的重要基礎。

西元前三百六十年柏拉圖提出宇宙是由天球與地球所構成的宇宙觀，在《對話錄》（Dialogue）的〈蒂麥歐篇〉（Timaeus）中，柏拉圖的宇宙觀已經有了明確的輪廓，包括了四元素以及天球理論，而經由他與弟子亞里斯多德的闡揚，這樣的學說也成為當時最主流的天文概念。

★天球理論

柏拉圖認為宇宙的結構是由兩個天球所組成的，地球是靜止的，它的中心就是宇宙的中心。另一個大球與地球間的區域則是屬於星空，這也是占星學的基礎來源。

★永恆不變的天球

天球是由恆星，以及月亮、太陽、水星、金星、火星、木星、土星，七顆行星所組成，這些天體皆由一種永遠不變的元素乙太（Ether）構成，所以是完美的、永恆不變的。這七個行星的排列順序，依照行星移動速度的快慢，排列成月亮（最接近地球）、水星（次之）、金星、太陽、火星、木星、土星。而這樣的排列順序也被稱為「迦勒底秩序」，代表著諸星與地球的距離及之間的關係。

★四元素說

地球具有不斷生成、腐朽或變化的萬物。地域內萬物無法永恆不變，因為它們係由土、水、氣、火等四個元素構成，而這四個元素則由冷熱或乾濕兩種相互矛盾的性質裡，分別選擇一個做為其組成要素。

柏拉圖在〈蒂麥歐〉篇當中的宇宙觀念，可說是現代占星學的基本觀念，包括「風火水土」的四元素說，以及天球、地球的觀念，經由亞理斯多德的整理與闡揚，使得這些理論成為當時哲學以及占星學的重要根基。雖然我們已經知道地球並非宇宙的中心，但是從人文的角度來看，以人或地球發生事件為占卜或觀察對象的占星學，仍必須將地球或個人視為「世界」的中心。

在希臘時代的占星學有個重要的特

徵，就是占星學逐漸與個人產生結合，大約和柏拉圖同一時期出現的學者西波克拉底（Hippocrates）被尊稱爲「西洋醫學之父」，在他的研究當中最著名的就是把醫學和占星結合的「四液說」，利用血液、黏液、黑膽汁、黃膽汁等理論，觀察風火水土四元素與人體的關係。

在當時占星術已經應用到個人生活的範疇裡，星座與相對應的人體器官的概念也已經形成，而人的身體與星空輝映的小宇宙觀也在這學說下表露無遺。事實上，「天上如是，人間亦然」的小宇宙觀，早在巴比倫時代就存在著，只是在希臘哲人的整理之後變得更加完善。

悉帕庫斯（Hipparchus）出生於西元前一百九十年，在天文觀測上有著相當傑出的貢獻。據說就是他在做天文觀測時，發現當時位在春分點的太陽星座，與巴比倫人所觀察到的並不相同（又稱「歲差」，Precession）。由於他沒有留下著作，使得後人無法斷言這是他的發現，但歲差的發現的確造成占星學的嚴重分歧。接下來的數十年間，希臘世界的占星與天文學家也持續對此產生爭論。

以托勒密爲首的希臘占星學家，決定採用春分這天爲牡羊座的開端，並將天球劃分成爲十二等分。托勒密是西元前二世紀的天文學者，對於近代占星學有著巨大影響，同時也是一位占星家，

他的天文理論大多受到悉帕庫斯的影響，經過他整理過後的研究，更進一步影響了近一千四百多年的科學發展，包括研究行星運行的軌道、行星的逆行、日蝕月蝕恆星的歲差等等，而由他所著的《占星學四書》（Tetrabiblos）則爲占星學之大成。

時序進入羅馬統治的世界，在早期占星術仍占有相當重要的地位，只是占星家的研究內容不出托勒密的範疇。從紀錄中我們可以看到，甚至有人在還沒看星圖前不敢出門，這或許有些誇大或諷刺，但卻也反映出占星術在當時受歡迎的地位。不過好景不常，從巴比倫到古典時期興盛接近兩三千年的占星術，卻因爲基督教的興起與北方民族的入侵開始沒落。

阿拉伯占星術

約在西元五世紀後到十三世紀左右，因爲歐洲連年的征戰，幾乎讓所有重要的文獻付諸戰火，而保留在教堂的著作也因爲基督教的禁令沒人敢碰，許多重要典籍甚至因爲皇帝的命令而被燒毀，占星學的發展在這時候也幾乎完全停擺。在此同時，原本隸屬於羅馬帝國的埃及與小亞細亞地區成爲阿拉伯人的天下，他們大量且快速地吸收了古典時期的學術，不僅將許多希臘文著作翻譯成爲阿拉伯文，更在九世紀在巴格達城（Baghdad）建立圖書館，收藏西方古

典時期存在亞歷山大城的書籍，占星術也因此進入了阿拉伯人的世界。直到文藝復興時期（Renaissance），這些文獻才又從阿拉伯文譯回拉丁文並重回歐洲。而阿拉伯人對占星學的貢獻，不僅僅是保存與翻譯典籍，在占星術的研究上也有著許多傑出的貢獻。

西元九世紀的阿拉伯哲人阿爾金迪（Al kindi），是將希臘羅馬文化介紹進入阿拉伯世界的重要人物，經由他的介紹，亞里斯多德與柏拉圖的世界觀也進入了阿拉伯的文化當中，而他的弟子阿布馬謝（Abu-Ma'shar，或稱Albumasa）以及再傳弟子猶太人馬夏爾（Masha'alla）由於熱中於占星術、煉金術與神祕學，也將希臘人的占星與神祕學藝術發揮得淋漓盡致。而經由阿布馬謝的深入研究，更整理出了「阿拉伯點」（Arabic parts）的學說，成為阿拉伯占星術的一大特色。雖然根據占星學者們的研究，阿拉伯點並非阿拉伯人首創，早在巴比倫的時期就已經有類似的觀念，托勒密的書中也有類似的說法，但這並不能否定阿布馬謝的功勞，他的著作不僅是承襲古典時期的占星學說，更回溯參考埃及波斯與迦勒底人的文獻，而經由他的整理，「阿拉伯」點才得以在占星術中開始被廣泛運用。

由於阿布馬謝的影響，阿拉伯的占星發展偏重於神祕主義，融入了埃及、波斯的神祕哲學和回教哲學，更使煉金術與占星術產生更多交集。

中世紀占星學

在中世紀前後的一段時間，占星學受到基督教的鎮壓幾乎已經消失殆盡，只剩下黃道上的符號出現在中世紀所使用的曆法上，占星學在歐洲沉寂了一段時間之後，又藉著阿拉伯人的著作回到了歐洲，十二世紀阿布馬謝的作品《天文學入門》被翻譯成拉丁文進入了歐洲，展開了占星學的另一個階段。

西元1125年波隆那大學（Bologna University）將占星術列為正式的學科，可見得占星術逐漸在中世紀社會中發生一些影響。此時占星學的發展大致上可以分為三個方向：以解釋出生圖對人影響的「決疑占星學」（Judicial astrology）；以占卜為主的「時辰占卜占星」（Horary astrology）；還有以預測自然界與社會大事件為主的「世俗占星學」（Natural and mundane astrology）。

到了十三世紀占星術逐漸回復了以往的勢力，從許多文學著作中可以看見占星術的影響，而占星家也再度成為社會的寵兒。神聖羅馬帝國（Sacrum Romanorum Imperium nationis Germanicae）的費得烈二世（Friedrich II）在位時，身邊就常跟了一票占星家，最著名的就是他對米歇爾史考特（Michael Scot）的測驗，他要求米歇爾史考特猜他今天會從哪個城門出城，占星家把答案寫下後密封，要求費得烈

二世出了城堡之後再打開，狡詐的費得烈二世故意不走原本的城門，硬是在城牆上弄出個洞再從中走出來。

出了城堡之後費得烈二世打開封條，上面寫著「國王今天將會從一個全新的出口出城。」米歇爾史考特也因此成為中世紀知名的占星師，並和另一位十三世紀備受貴族器重的占星師基多波那提（Guido Bonatti）齊名。基多波那提所寫的《天文學之書》（Liber astronomicus）是十三世紀相當重要的拉丁文占星著作，他本人也備受貴族們的器重，甚至要他在出征時挑選出吉時。

有別於米歇爾史考特和基多波那提，在另一方面有些哲學家或是神學家也開始接受占星學，其中最著名的包括了亞伯圖斯麥克納（Albertus Magnus）與聖湯馬士阿奎那（St Thomas Aquinas）這對師徒，亞伯圖斯是十三世紀的哲學家，主要的研究與論述是關於古典時期的亞理斯多德學派，也因此對占星術有不少研究。他試圖減少占星術的異教色彩，減低占星術與教會的衝突。他認為行星對於人間事物有一定的影響力，這當然是受到古典哲學當中「天上如是，人間亦然」的影響，並且認為受過正統訓練的占星師，能夠在上帝所允許的範圍內預測未來，並不會和自由意志相衝突。

文藝復興時期

文藝復興時期可以說是占星學的全盛時期，文藝復興在歷史學上的定義就是歐洲人試圖回復以往希臘羅馬時代的人文精神，此時無論是社會或是歐洲的宮廷與教會，都瀰漫著一股占星的風氣，從喬叟（Geoffrey Chaucer）和莎士比亞（William Shakespeare）的著作中，我們就可以知道占星學在當時是如何左右人們的生活與思想。

在民間原本用來指引農民種植農作物的月曆，因為占星學的關係發展得更為細緻，利用每天月亮與行星的位置，作出生活指南的農民曆。就像是今日的每週或每日星座運勢分析，提供何時適合旅行、哪一天適合結婚的建議。

由於文藝復興時代的醫療占星術特別興盛，在農民曆中也詳細記載了何時適合放血或接受醫療等訊息。

這種占星風潮在宮廷和教會中也同時存在，此時占星學已經逐漸獲得教會的承認，甚至有許多教皇本身就著迷於占星術，進而學習或延請占星家來替他們選擇黃道吉日加冕或頒訂法律。教皇保祿三世（Pope Paul III）在發佈他的宗教法對抗新教的宗教改革時，就曾經請占星家選擇良辰吉時，經由教會的推波助瀾，占星術發展越來越興盛。

在歐洲宮廷當中英國的依莉莎白一世（Elizabeth I）與占星家約翰迪（John Dee 1527-1608）關係密切，甚至連國

事都找他商量，約翰迪畢業於劍橋大學的三一學院（Trinity College），是劍橋大學的希臘文講師，對占星與魔法和煉金術都有著相當大的興趣。

不只是英國，同一時期在其他歐洲國家的宮廷中也都聘有占星師，以精準預言出名的諾斯特達拉姆斯（Michel de Nostrodammus 1503-1576）就常常被法國皇室邀請去幫皇室成員畫出生圖，諾斯特達拉姆斯有著傳奇般的名聲，他不但是個醫生與占星師，對於通神學（又稱神智學，是一門研究神祕學奧祕現象的宗教哲學）更是表現突出，他著名的預言詩集《世紀》有著令人驚訝的精準預測。

約翰穆勒（Johannes Muller，又名瑞吉歐蒙塔奴斯 Regiomontanus）是文藝復興時期重要的占星家，他在紐倫堡（Nurnberg）建立了歐洲第一座天文台，透過對星體運行的觀察出版了詳細的星曆，更因此創立了一種新的分宮法，稱為「瑞吉蒙塔奴斯分宮制」。

這種分宮法也取代了從西元前四百六十八年埃及占星師所創的「阿卡比特司分宮制」（Alchabitius House System）。由於約翰穆勒所著的星曆在當時廣為流傳，所以這種分宮法也成為文藝復興時期的標準分宮制度，直到十七世紀普拉西度（Placidus de Tito）設計出了「普拉西度分宮制」（Placidus system）才逐漸被取代，雖然這種分宮制現在已經不太流行了，不過在「時辰卜卦占星」的派別中仍有占星師使用。

丹麥的宮廷占星師泰谷布洛賀（Tycho Brahe 1546-1601）精準地從占星中，預言了瑞典國王古斯塔夫（Gustav I Vasa）入侵德國的事件，泰谷是丹麥的宮廷占星家，本身也是貴族，並且因為王室的支持而在哈芬島建造了天文台。泰谷本身是個狂熱的天文觀測者，雖然他反對哥白尼（Nicolas Copernicus）的「太陽中心說」（Heliocentric），但是他卻做出了相當精確的行星觀測及「恆星論」（De Nova Stella），有趣的是他的天文觀測方式被他的學生喀卜勒（Johann Kepler 1571-1630）延伸應用過後，最後竟成了證實哥白尼學說的最佳利器，這也對後來天文學的發展有著極大的貢獻。

喀卜勒在泰谷死後接任了宮廷占星師的職位，令人為難的是，他的科學精神與當時的占星觀點有著許多衝突，這些矛盾也讓他說出像是「天文學這個聰明的母親，可是卻無法不依靠占星術這個愚蠢的女兒活下去。」這句話一直被反對占星學的人拿來作為攻擊占星學的工具。不過，喀卜勒其實是承認星體對人世間的確有所影響。與其說喀卜勒不相信占星學，還不如說他試圖將占星學變得更具有科學精神。喀卜勒將占星導向了更貼近於實際星體的觀察與解釋，他也使用許多特別的相位來詮釋星盤，這些思想都對日後的「漢堡學派」

（Hamburg School）有啓發的作用。

近代的占星發展

十七世紀時占星家們仍爲了「時辰占卜占星術」與「決疑占星術」的不同觀念而爭論，其中攻擊火力最猛的包括創立了「普拉西度分宮制」的義大利僧侶普拉西度（Placidus de Tito）與自由城的莫蘭（Morin de Villefranche），兩人都提出了嚴重的指摘，認爲時辰占卜占星術是一個與占星毫不相關的言語占卜，和巫術沒有兩樣。

的確，從決疑占星師的眼光來看，時辰占卜與個人命運毫無時間的連結可言，當時知名的占星師威廉李利（William Lilly 1602-1681）就是典型的時辰占卜占星大師。西元 1602 年出生的李利是十八世紀相當傑出的占星師，他的專長和中世紀時的約翰迪以及諾斯特達拉姆斯類似，專精於時辰占卜占星術，也著迷於巫術，他準確地預言倫敦大火以及西元 1665 年的黑死病。而他所出版的基督教占星學至今仍相當受到卜卦占星學者重視，雖然李利的占卜法在決疑占星術或現代占星師看來有某些迂腐或缺點，但在書中他努力將基督教中的自由意志結合在時辰占卜占星學當中。威廉李利可以說是十七世紀占星術沒落之前的占星大師。

不過，在西元十七世紀之後，占星術在西方卻逐漸開始沒落。理性主義（Rationalism）的興起與科學革命（Scientific Revolutions）的出現，從哲學的根本與科學的觀點挑戰占星術，牛頓（Sir Isaac Newton）的數學原理和伽利略折射望遠鏡的發明，帶動了更精確的天文觀測，也替天文學打下了紮實的基礎，科學革命將社會的焦點轉移到了天文學上，而反觀此時的占星學卻開始沒落了。

現代占星的發展

沉寂了好一時間，占星學一直到十九世紀才開始重新被重視，十九世紀「通神學」（Theosophy）與「神祕結社」（Hermetic Order）的興起是造成占星術再度興盛的關鍵，魔法及宗教的研究，結合了科學概念的電力、能量、磁場的概念，雖然模糊但也慢慢的都加入占星家的思想當中，這當中最著名的就是艾倫里奧（Alan Leo），艾倫里奧在加入「通神學會」（Theosophical Society）後創辦了一份十分暢銷的占星雜誌，在從事占星的過程中他寫了三十本關於占星學的教材，有人稱艾倫里奧爲「現代占星學之父」。經由他的影響，現代占星學在歐洲與美國成立了協會以及學院，讓占星的研究更具系統化。

在英國，查爾士卡特（Charles Cater）受到了艾倫里奧的影響，加入了通神學會並替他工作，他與許多通神

學會裡的占星師共同合作成立了英國占星學院，並成爲第一位英國占星學院的院長。該學院的另一位院長瑪格麗特荷恩（Margaret Hone）則著有占星學教材，到今日仍備受重視。

此外，因爲科學研究的昌盛，許多占星學的研究者也不得不順應這股風氣，嘗試著與科學結合。而許多科學家們或許是爲了質疑占星學的可信度，也紛紛開啓了眾多實驗。

特別在西元十九世紀末期，心理學受到佛洛依德（Sigmund Freud）等人的闡揚，成爲一門吸引人的新興科學，他的親密戰友容格（G. C. Jung）就對神祕學當中的煉金術與占星術特別著迷。而容格晚年的時候，也把許多研究經歷放在心理學與占星或是煉金術的討論上，這正是今日歐美相當流行的「心理占星學」（Psychological astrology）的濫觴。

而法國心理統計學家高葛林（Michel Gauquelin）在西元 1970 年代進行的統計實驗也相當有趣，他的實驗證實了行星在特殊角度（上升星座、天頂）時，會對一個人的職業產生影響，他研究過五百七十位法國傑出的運動員的星圖，發現許多人的火星位置在接近天頂或是上升星座，而月亮出現在類似位置時則造就了許多作家與政治人物。

但另外一方面，占星家們也開始試圖與科學結合，再加上受到容格的影響，許多歐美的占星師紛紛掛起心理占星學派的名號。無論他們是否修過心理學，但仍然大量地使用心理學的詞彙，例如：「非因果關連性」（Synchronicity）、「原型」（Archetype）等心理學用語，來妝點他們的星圖與解釋。

而另一部分的占星學家，則認爲地球上的生命受到宇宙中的行星顫動影響，因而開始尋找行星與行星的交會，這樣的例子最典型的就是以艾佛瑞‧威特（Alfred Witte）和萊恩霍德‧艾伯丁（Reinhold Ebertin）爲代表的「漢堡學派」，他們致力在星盤的「中點研究」，以及以更科學的方式來看待占星術。（我們將在本書後面的章節有詳細的介紹。）

英國占星學家約翰艾迪（John Addey），也是此中的佼佼者更是英國占星學會的會長。他研究一千名長壽者及一千名小兒麻痺症患者的星盤，雖然無法找到直接對應的證據，例如：太陽對土星的影響，或是魔羯座的影響。但在這些統計資料中卻又成一定的曲線起伏，這也引發了他研究古老印度占星學當中的「九分盤」（Naramsa chart）與「泛音盤」（Harmonics chart）的動機，並從中找尋明顯的證據，而認爲傳統歐洲的占星學必須進行一些變革，他認爲**占星學是一門以宇宙週期爲研究基礎的學問，許多古老的知識蘊藏這些週期的概念，然而在科學昌明的近代，占星師們卻忽略了這些古老的智慧。**

西元 1980 年，英國占星師奧利薇雅巴克利（Olivia Barclay），更將原本式微的「時辰占卜占星術」進行系統化的教學方式，因而獲得了英國與國際占星師協會的承認，更帶動英國的占星界將其教學品質系統化，並紛紛組成占星教育學會。目前歐美的占星界更是屬於百花齊放的狀態，從新興的「漢堡學派」到古老的「印度占星學」；從「心理占星學」到傳統的「時辰卜卦占星學」都有。

第二章　占星學的基礎知識

無論是二千五百多年前的巴比倫人，或是今日的天文學家，在作星體觀測時都有個共通點，那就是將宇宙想像成和地球一樣類似的圓球。只是古代的人們認定了這個模式，而現今的天文學家們卻是大膽假設小心求證，無論他們認爲宇宙是一個封閉或是開放的系統，或是整個宇宙的形狀是扁平或圓球狀，但在觀測天文現象時，今日的天文學家仍有球體的概念，這個概念雖然不盡科學，但是在天文學上用於標示星體位置倒是有不小的貢獻。雖然地球並非宇宙的中心，但卻是我們居住的地方，以及衡量星體距離與位置的起點。

占星學起於天體的觀測，並認爲天上行星的運行與位置，對地球上的一切事物都有影響，如果我們想要認識占星學，那麼就非得從這裡開始。

天球的概念

當一個人站在地球上仰望星空時，發現夜空中星星的大小與遠近都差不多，從角度上來看，似乎是一個半圓形的蛋殼籠罩在地球的上方，而星星就掛在這個半圓形的天幕上頭，事實上這完全是因爲地球本身是個球體所致。而經過天文學的研究與發展，我們也知道所見的星星其實大小不一，有些恆星甚至是地球的好幾倍大，所以星星的亮度大小與距離的遠近有關，不過由於距離投影的關係，從地球往星空看時，其實都差不多（如下頁圖所示）。

不過古代人不懂得投影的概念，也不知道地球本身是個圓球體，更不知道地球會自轉、公轉。所以在教會承認哥白尼、喀卜勒等人的發現前，人們一直認爲，地球的外圍籠罩著一個無限大的天球，星星就依附在上面而運行著；其中會移動的稱之爲「行星」，而固定在那裡不動的則稱作「恆星」。

而天球的極北端也正好是地球的極北端，在當時極北端的恆星也稱作「北極星」，但是，並非今日的「北極星」。隨著占星師們發現恆星其實也會

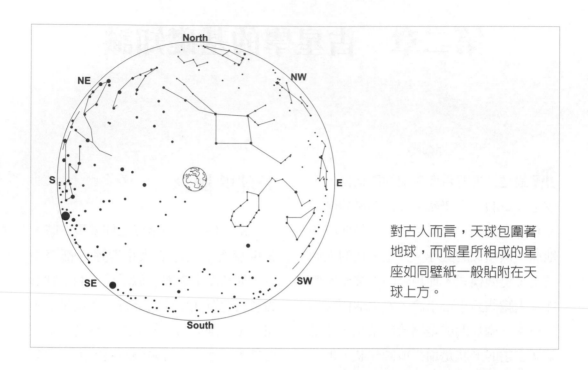

對古人而言，天球包圍著
地球，而恆星所組成的星
座如同壁紙一般貼附在天
球上方。

上圖：事實上金牛座之間的恆星有大有小，且分別和地球
有著不同的距離，但經過投射之後看起來就像是下圖。

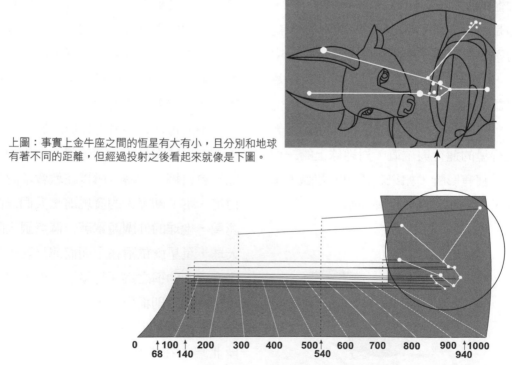

從地球的角度看來組成一個星座的恆星都在同一個平面上，但事實上這些恆星和地球分別
有著遠近不同的距離，最後卻因為投影的關係，讓我們以為他們在同一個平面上。

動，這個說法很快被修正了，原來天球的極北端並不固定，人們也才體認到原來不只是天球上的行星在運行，就連所謂的恆星位置都會有所變化。

從占星史中可以知道，在西元三千多年前的巴比倫時代，天球的北極是天龍座的 α 星而不是現在的「北極星」，事實上這是因為地球的自轉軸在太空中並不固定，而是以二萬六千年的週期在轉動，因此春分點和天球北極的位置亦會以非常緩慢的速度動，這個運動就稱為「歲差」。而這個概念在希臘時代也引起了占星學的分裂（詳細內容請見第一章〈占星學的歷史〉）。

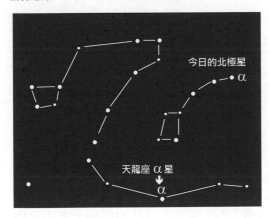

赤道與黃道

★天球赤道

天球上有幾個重要的座標，是學習占星學前必須搞清楚的。首先，古人把地球上赤道的概念投射到天球上，認為天球上也有一個赤道，也就是將天球分成南北兩邊的一條線，今天的天文與占星家稱它為「天球赤道」。事實上天球赤道就是地球赤道在天體上的投影。

現在的天文學家們仍用它作為劃分南北天球的界線，和地球赤道的概念一樣稱為赤緯零度，往北朝天球北極（今日的北極星）算去則是從 0 到 ＋ 90 度，而往南則以 0 到 -90 度來計算。有了緯度的表示方法，同樣的也有經度，經度的方式則是由 0 到 23，這樣才方便天文學家們作紀錄與觀測。

赤經的起點則稍微複雜一點，是以天球赤道與黃道在地球北半球春天的交會點（秋天則有另外一個均分的交會點稱為秋分）為起點，在這一天由於太陽平均照射在地球的赤道上，所以晝夜是平分的，而占星學家們也從這一個點作為赤經的起點，用來計算天上星星的位置。

★占星與天文學的黃道

至於何謂「黃道」？早期巴比倫人觀察到，太陽、月亮以及肉眼可以觀察的金、木、水、火、土五大行星都繞著相當接近的軌道在移動，**於是巴比倫人將這一條固定的運行軌道稱為「黃道」（Zodiac），並用他們的想像力和所熟知的事物將軌道附近的恆星群命名為公羊、獅子、蠍子、挑水人、羊角和魚等。**

他們將這一個圓形的軌道等分成十二份，太陽每繞完一圈會在春天的開始回到春分點，被視為一年的開始。所以

除了日曆的功用之外，黃道也是一個應用在天球上的區域劃分方式，以利於行星與日蝕、月蝕的觀測。

關於黃道的歷史紀錄最早出現在巴比倫文化當中，巴比倫人利用太陽在黃道上的運行位置辨識日期，黃道上十二星座最早的功用就如同今天月曆上的十二個月。起始於春分點的白羊座被視為是一年的開始，而當太陽運行到天秤座的那一天正好是晝夜平分。黃道上的宮位是從巴比倫時代開始流傳，歷經希臘、羅馬、埃及等時代，雖然黃道星座的圖案或名稱可能稍微有些不同，不過其象徵的意義和功用都差不多。

在天文學方面，太陽和整個太陽系的行星、衛星，都運行在一個高度與範圍，相當接近的軌道上，天文學家們將這樣的軌道平面，稱為「黃道面」（The ecliptic）。這些概念事實上則是沿用占星學的傳統，並加以變革（在十六世紀之前占星學與天文學是同一門學問）。

幾乎所有太陽系的行星與黃道面的夾角都很小，只有冥王星的軌道與黃道面有著十七度的傾斜。而太陽系行星公轉的軌道，都是以太陽為中心，且呈橢圓形軌道。天文學家們也發現，除了水星與冥王星的公轉軌道離心率較高之外，其他行星的公轉軌道其實都很接近正圓。但我們仍會發現某些行星在某一星座所停留的時間特別久，甚至從地球的角度來看有時候行星會倒退，這是因為行星公轉的距離並非等距離的正圓。

黃道系統的分歧看法

你一定聽過每年的十二月，在北極圈內是黑暗的永夜的情形，這是因為在十二月太陽在黃道上的位置是南緯，直曬南半球，造成地球的北半球無法接受到較多的日曬時間，且越往北極日曬的時間就越短。例如：十二月的倫敦大約下午三點就天黑了，而日出則是在八點過後。

但是太陽的軌道（黃道）會隨著春天的來臨而慢慢的轉往北緯，大約在三月二十一日通過赤道後進入北半球，而且直曬北半球。大約到了六月時北極會進入永晝的狀態（這時候南極則進入永夜），因為此時太陽正好直曬北半球，直到六月二十一日左右，太陽又開始朝著南緯的方向移動，並且在九月二十一日左右通過赤道。

太陽的運行軌道為什麼會如此的複雜呢？那是因為地球的地軸，並不是與黃道面垂直，而有著 23 又 1/2 度的傾斜，所以太陽的運行軌道（黃道）才會有一半經過北半球另一半經過南半球。也因為地軸的傾斜，造成太陽照射南北半球的時間不一，而有了春夏秋冬的季節分別。（見下頁圖）

當太陽的運行軌道在三月二十一日與九月二十一日，通過地球赤道時，會使得白天與夜晚的時間相等（因為

此時太陽既不照在南半球也不照在北半球上），我們稱作「晝夜平分點」（Equi-nox），這兩次的時間大約是北半球的春分點與秋分點。

在巴比倫時代，三月二十一日的春分點（Spring Equinox）正好是太陽跨入白羊座的時候，這也是為什麼巴比倫人以這三十天作為第一個月的原因。不過這個定律在希臘羅馬時代卻出現了大問題，希臘羅馬的占星學家（據說是之前提到的希臘占星家悉帕庫斯）發現，晝夜平分點那天的太陽並沒有落在白羊座，反而移動到了雙魚座，這才發現「黃道帶」背後的恆星群原來並不是固定的，而是以非常慢的速度移動著，這樣種移動的現象就是之前曾提過的「歲差」。

天文學家們經過多年的研究也發現，地球自轉軸以二萬六千年的週期進行運轉。西元前一萬四千年前天空的北極是織女星，在三千年前天球的北極是天龍 α 星，春分點則落在牡羊座。到了今日從天文學的觀測來看，天空的北極是北極星，而春分點則已經落在雙魚座的中間。

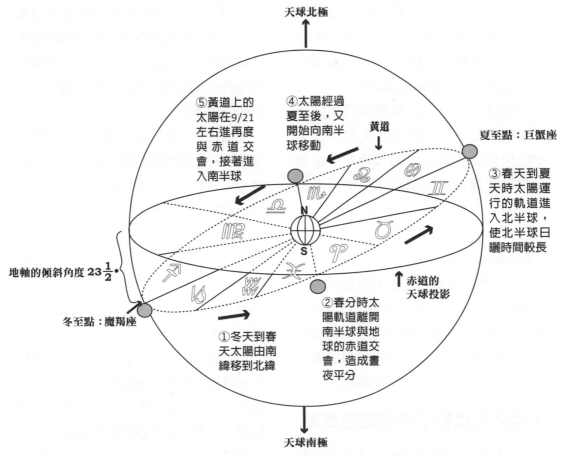

黃道概念圖

★回歸黃道與恆星黃道

但是對古代的占星學家來說，春分這一天爲牡羊座的起始點，是定義行星位置的重要座標，如果不斷移動或改變，在判定行星的位置上就會產生相當程度的困擾。於是大約在西元前一世紀左右，希臘的占星師與天文學家們決定，仍維持將每年三月二十一日春分時刻，「晝夜平分點」的太陽位置，作爲黃道上牡羊座的起始點（**這時的晝夜平分點及太陽的位置已經是在接近黃道上雙魚座的的位置**），並且維持著巴比倫時期的方式，從這一個點開始將黃道劃分成爲十二個平均的等份，維持著原有的命名，也就是將這樣的黃道系統稱爲「回歸黃道」（Tropical zodiac）。

不過，印度的占星學家們則使用不同的觀念，他們堅持以天空中牡羊座的恆星位置爲黃道的起始點，這樣的黃道計算方式則稱爲「恆星黃道」（Sidereal zodiac），這兩種不同黃道系統的觀念就是所謂的「黃道分歧」（Zodiac Diverge）。

今日的天文學上，對於黃道則需要更精密的區分方式，天文學家無法接受古代人把天空大致分爲十二星座的座標方式，他們將黃道上的星座做出了更爲細緻的區分，以利於行星的觀測。

★歐美占星師多使用回歸黃道

占星學的正確說法是，你出生時太陽位在黃道上的哪個星座，你便屬於哪個星座。目前歐美大部分的占星師都使用回歸黃道，但是如果你去找一位印度占星師，他使用的可能就是恆星黃道。例如：你的生日是四月二十一日，對於使用回歸黃道的占星家來說，那麼你便是金牛座；但是對於使用恆星系統的印度占星學來說，你卻是牡羊座。

第 30 頁的列表可以讓你清楚目前在「恆星黃道」系統與「回歸黃道」系統上，對於出生日期的不同看法，也舉出在天文學上當天太陽所經過的黃道位置，你會發現，蛇夫座已經被天文學家列爲黃道上的一個區域座標（黃道星座），而太陽經過每個星座的時間並不是像回歸黃道固定，而且印度占星學所使用的恆星黃道，的確比較接近目前天文學的黃道位置。

而現代的占星學家對於出生日期的星座也有更精細的推算方式，以至於在某一年三月二十一日出生的人，未必就是牡羊座，很有可能因爲一分鐘之差而仍是雙魚座。在占星家的眼中，也絕對沒有那種因爲出生在雙魚與牡羊座交界的日期，就擁有一半牡羊一半雙魚個性的說法，這些似是而非的說法讓很多占星家們頭痛。

至於爲何很多人會同時擁有不同星座的特質，或在不同時候展現出不同的個性，這在占星學上有更嚴謹的方法來解釋，我們也將於後面的篇章中一一介紹清楚。

★關於蛇夫座的釋疑

近代的天文學家宣稱發現了黃道上的第十三個星座——「蛇夫座」（Ophiuchus），甚至引起相當大的爭議，許多天文學家認為黃道上不應該只被粗略的分成十二個星座，或者占星家明明知道蛇夫座的的存在，卻視而不見。

這門公案其實得扯到天文學與占星學的爭論。從科學的角度來看，占星學是一門不夠嚴謹的知識系統，但是在歷史早期的天文學與占星學一直是同一門學問，直到科學時代之後，這兩門學問才分道揚鑣，自此也不斷地相互韃伐。

而蛇夫座也不是突然被天文學家發現的，事實上，蛇夫座一直都在黃道附近，並介於天蠍座與射手座之間。蛇夫座的形象是一個人抱著一條巨蛇，若我們觀察星空會發現蛇夫的一隻腳踩進了黃道，正好介於天蠍和射手之間。

早在泛希臘時代，在埃及的天文與占星學家托勒密的記載中，蛇夫座就已經出現在星座群當中，而蛇夫座也的確在某段時期曾列在黃道的星座群上，甚至也曾將南魚座列入，以至於一共有十四個黃道星座。

只是到了埃及時代，托勒密沿用了巴比倫將黃道等分成十二等份，將黃道上的星座刪成十二個之後，這種黃道觀念便沿用至今。

現代的天文學家只是藉由這個星座來表達占星學的不精確與不科學，今日大部分的天文學家已經將蛇夫座加入了黃道上的星座群當中，讓黃道上成為十三個不等分的黃道區域座標，但這樣的黃道位置標示方法，只使用在天文學上，絕大部分的占星學家們仍使用，從春分點開始將黃道十二個等分的十二黃道星座體系，又稱作「回歸黃道」。

【注解】

在英文當中有兩個字可代表「星座」，比較為人熟知的是「Sign」，另外一個字則是「Constellations」。

Constellations 常用在天文學上，而 Sign 則屬於占星學的用詞。

但因為在中文裡這兩個字都譯成星座，所以時常造成混淆。

★太陽經過黃道星座之對照表

星座	回歸黃道	恆星黃道	天文學上太陽經過該星座的日期
白羊座	3 月 21 日 - 4 月 19 日	4 月 14 日 - 5 月 14 日	4 月 19 日 - 5 月 13 日
金牛座	4 月 20 日 - 5 月 20 日	5 月 15 日 - 6 月 14 日	5 月 14 日 - 6 月 19 日
雙子座	5 月 21 日 - 6 月 20 日	6 月 15 日 - 7 月 16 日	6 月 20 日 - 7 月 20 日
巨蟹座	6 月 21 日 - 7 月 22 日	7 月 17 日 - 8 月 16 日	7 月 21 日 - 8 月 9 日
獅子座	7 月 23 日 - 8 月 22 日	8 月 17 日 - 9 月 16 日	8 月 10 日 - 9 月 15 日
處女座	8 月 23 日 - 9 月 22 日	9 月 17 日 -10 月 17 日	9 月 16 日 - 10 月 30 日
天秤座	9 月 23 日 - 10 月 22 日	10 月 18 日 -11 月 16 日	10 月 31 日 -11 月 22 日
天蠍座	10 月 23 日 -11 月 21 日	11 月 17 日 -12 月 15 日	11 月 23 日 -11 月 29 日
蛇夫座			11 月 30 日 -12 月 17 日
射手座	11 月 22 日 -12 月 21 日	12 月 16 日 - 1 月 14 日	12 月 18 日 - 1 月 18 日
魔羯座	12 月 22 日 -12 月 19 日	1 月 15 日 - 2 月 12 日	1 月 19 日 - 2 月 15 日
水瓶座	1 月 20 日 - 2 月 18 日	2 月 13 日 - 3 月 14 日	2 月 16 日 - 3 月 11 日
雙魚座	2 月 19 日 - 3 月 20 日	3 月 15 日 - 4 月 13 日	3 月 12 日 - 4 月 18 日

第三章　太陽系與八大行星

太陽系的形成

★銀河系的構造

地球位在太陽系之中，太陽則是銀河系當中的一顆恆星，而由大約二千億顆星星和數千個星團和星雲組成的「銀河系」（The milk way system）。整個銀河系看起來像是一個漩渦，天文學稱為「螺懸星系」，中心則稱為「核球」。大約有四百億顆星星位於核球上，而核球外側則有四條類似漩渦外緣的旋臂，有人將這四條旋臂分別稱為人馬臂、英仙臂、天鵝臂和獵戶臂，而太陽系就位在獵戶旋臂的內側。

太陽系誕生於大約四十六億年前的一次超新星爆炸（Supernova）。這次爆炸的震波在星際星雲中傳送，導致元素與氣體密度的不均勻更為嚴重。這麼一來，星際雲便朝著密度較濃的部分收縮，開始在中心形成原始太陽。原始太陽周圍的氣體往原始太陽掉落，距離較遠的氣體則開始繞著原始太陽旋轉，形成圓盤狀漩渦星雲，稱為原始太陽系星雲。

★內行行星與外圍行星

宇宙大爆炸之後所留下來約 25% 的氦、75% 的氫與極少量的其它元素，成為構成太陽系中成員行星的元素。不同的元素在不同的太陽輻射的溫度區域內產生變化，太陽的能量將較輕的元素（例如：氫、甲烷等氣體）推送到較遠的地方；較靠近太陽的行星如水星、金星、地球、火星等，則是由固態的物質顆粒碰撞聚集成微小行星，再由微小行星聚集而成。主要的構成元素是金屬，也稱為「內行行星」（Inner planet）或「類地行星」（Terrestrial planet）。

而較遠端的行星，如木星、土星、天王星、海王星，一開始是由冰與水相互吸附，在質量夠大後才進一步吸附氫和甲烷，形成「類木行星」（Jovian planet），也稱為「外圍行星」（Outer planet）。

「類地行星」的構成，是由核心的金屬加上外層小而密的岩石世界，外圍再由稀少的大氣包覆。而「類木行星」是體積大、質量大，但是密度小的氣體世界，具有濃密的大氣且包覆的範圍大，木星質量約為地球的 318 倍。

★冥王星重新定義為矮行星

根據西元 2006 年國際天文聯合會的定義，已將原本第九大行星的冥王星定義為「矮行星」（Dwarf Plant）使得原本大家熟知的「九大行星」成為「八大行星」。

冥王星的構成元素，和類地行星與類木行星有很大的差異，主要是由 80% 的岩石與 20% 的水冰所組成，表面由甲烷（10%）、氮（90%）及一氧化碳冰所覆蓋。太陽系當中還包括了一些小行星帶、慧星、流星體、流星隕石和產生慧星的「柯伊伯帶」（Kuiper belt）與「歐特雲」（Oort cloud）。歐特雲在距離太陽 5 萬天文單位到 1 光年之間，呈球殼狀分佈的冰晶，是長週期彗星的誕生地，而柯伊伯帶則在冥王星與歐特雲的中間，產生短期慧星。

八大行星
★太陽

太陽（Sun）是太陽系唯一的恆星，也是離我們最近的恆星，可以說是太陽系的主序星。太陽系 98% 的質量都在太陽，而這當中有 75% 是氫，25% 是氦，這些元素同時也是構成其他行星的重要元素。

太陽和其他恆星一樣，是一間巨型的化學工廠，它們的核心觸發核反應，把宇宙最初的元素氫和氦變成各種物質及重型元素，這些物質也就是宇宙的基礎材料，並由這些基礎材料形成行星、彗星等星體。雖然太陽是離地球最近的恆星，不過地球與太陽的距離約為 1 億 5 千公里，太陽所發出的光線需要 8.3 分鐘才能到達地球。

太陽的直徑有 139 萬公里，質量是 1.989×10^{30} 公斤，核心部分溫度高達 1500 萬 K，壓力是 2 千 5 億大氣壓，把內部的氣體部分都壓縮成液態。太陽表面的部分則稱為光球，溫度約為 6 千 K，而黑子則是太陽中較低溫的區域，約 4000K，太陽內部的核融合反應將氫轉換成氦，這當中產生了巨大的能量，根據估計大約是 3.86×10^{23} 千瓦，這些能量帶來了光和熱。（K= 凱氏溫度＝攝氏溫度 +276.15 度，為科學上的測量標準又稱為絕對溫標。）

太陽除了放出光和熱之外，還會產生密度很低的帶電粒子，亦即所謂的太

【注解】

天文單位（Astronomical Unit, AU）：天文學上的長度測量單位，約等於地球跟太陽的平均距離，一天文單位等於 149,597,870,691±30 公尺。

光年（Light Year）：天文學上的長度測量單位，指光在天文學上的長度測量單位中行走的距離，約九萬四千六百億公里。

陽風，其磁層則稱爲太陽風層。一般把太陽系的範圍定義爲太陽磁層涵蓋的範圍，之外就屬於其它恆星的區域了，這個範圍遠遠超出冥王星之外。而太陽風以每秒 450 公里的速度運行，遍及太陽系每個角落，太陽風強盛時所發出的更高能量粒子，甚至會干擾地球的無線電通訊。

★水星

早在公元前三世紀，蘇美人就已經觀測到水星（Mercury）的存在，水星是九大行星中最靠近太陽的行星，公轉軌道半徑爲 5,791 萬公里（0.38AU）；直徑爲 4,880 公里，是太陽系中第二大行星。水星表面佈滿撞擊後的坑洞，其岩質和月球一樣都相當古老，其平均密度則僅次於地球，約爲 5.43gm/cm³，這或許和水星高密度的鐵質核心有關，一般認爲水星的鐵質核心半徑達 1,800 至 1,900 公里，部分的核心可能是液態，而其岩石外殼只有 500 到 600 公里。

水星的大氣層相當薄，且多半是由太陽風吹襲水星表面所產生的，由於水星接近太陽，表面溫度很高，大氣層中的組成原子很快就會逸散到太空中，所以相較於金星與地球的大氣層，水星的大氣層幾乎是不斷在更新中。由於水星特殊的軌道以及自轉速度，使得水星的溫差也相當大，受到日照的部分大約是 700K 左右，而沒受到日照的地方卻因爲微薄的大氣層而使溫度降到 90K（攝氏零下 180 度左右）。

根據天文學家的觀察，水星有一個離心率很高的公轉軌道，近似橢圓，它的近日點距太陽只有 4,600 萬公里，但遠日點卻有 7,000 萬公里。一直到 20 世紀中期天文學家們仍一直以爲，水星自轉一圈與公轉一圈的時間相等，亦即水星幾乎是以同一個面在面向太陽，但許多天文學家就算是精準的測量出水星公轉自轉的數據，卻無法以牛頓的運動定理解釋，直到都卜勒雷達（Doppler Padar）精準地記錄了水星的自轉速度後才證實，水星每公轉兩周時，也同時自轉了 3 圈！如果以地球的觀念來說，水星每 3 天就是 2 年。

水星高離心率的公轉軌道造成許多特殊效果，例如：從地球上去觀測，會發現水星每年會有 2 到 3 次的逆行週期（亦即地球在公轉軌道上會追過水星），這個現象對占星家的解釋來說有著重大的意義。如果從水星的角度來看，則會發現在某些時刻，太陽會緩緩上升且越變越大，直到高掛天空、稍作停留，而後又突然開始倒退且變小，並逐漸落下。

★金星

人類很早就發現了金星（Venus），早期的蘇美人更認爲金星主宰著帝王的命運。金星只比地球小一點，所以有時候也會被視爲地球的姊妹

行星。金星的撞擊坑洞很少，平均密度及化學組成類似於地球。金星的直徑是地球的 95%，質量是地球的 80%，因此也有很多人猜想在金星厚重的雲層下，或許也有一個很像地球的環境，並且有生命的存在。

不過，金星仍然和地球有很多差異，金星的自轉速度異常地慢，一個金星日相當於地球的 243 天，甚至比金星完成一圈繞日公轉的時間再長一點，而且金星自轉方向是由東向西轉的，與地球和其他大部分的行星的自轉方向不同。

金星是九大行星中第二靠近太陽的行星，軌道半徑為 10,820 萬公里（0.72AU）；直徑為 12,103.6 公里，金星的公轉軌道是所有行星中最接近正圓的，其離心率不到 1%。金星的雲層當中可以產生時速高達 300 公里以上的風，但表面的風速卻只有數公里，據推論金星很可能曾經與地球一樣含有水，但在如此酷熱的環境中可能早就蒸發光了。

金星的地形大部分都是略有起伏的平地，一座巨大的麥斯威爾（Maxwell）山脈，和一些大型的盾狀火山（像是夏威夷上的火山）。最新的發現指出金星現在仍有火山活動，但是只有少數的熱點（Hot spots），不像地球有大規模的板塊運動，大部分地區的地質活動在過去數億年間是相當平靜的。

金星表面的大氣壓力高達 90 大氣壓（Atm）（相當於地球海洋中一公里深處的壓力），主要組成是二氧化碳，有數層達數公里厚的硫酸雲緊緊包覆著，使得從金星之外無法窺見其表面的任何部分。由於雲層相當的厚，熱氣無法發散，使得金星表面溫度高達 740K，這種溫室效應也使得金星和太陽的距離，雖然比水星遠了近乎一倍，但表面溫度卻反而高得多。

★地球

地球（Earth）是離太陽第三近的行星，軌道半徑為 14,960 萬公里（1.00AU）；直徑為 12,756.3 公里，質量是 5.9736×10^{24} 公斤。地球的組成從內到外包括了地核、地函、地殼，地核主要的主要成分是鐵、鎳，地心的溫度約有 7,500K。

其它類地行星也都具有和地球類似的結構與組成，但其中也有一些差異，月球核所占比例最小，水星核的比例最大，而地球可能是「類地行星」中唯一可再將地核分成內外核的，外地核是液態，而內地核是固態。地函的部分則是固態，不過在地函之上還有一層極小部分熔融的區域，稱為「軟流圈」。地函最頂部及整個地殼則稱為岩石圈，下部地函的主要成分可能是矽、鎂、氧，再加上一些鐵、鈣及鋁；上部地函主要成分則是橄欖石及輝石（鐵鎂矽酸鹽岩石），也有鈣和鋁。

地殼與地函之間有莫氏不連續

面（見下頁注解）（Mohorovičić discontinuity 又稱 Moho），固態的地殼厚度變化頗大，大陸地殼較厚，平均約 40 公里，海洋地區的地殼較薄，平均約 7 公里，有別於其它類地行星的是，地球的最外層（包含地殼及上部地函的頂端）被切分為數塊，「飄浮」於熾熱地函之上，也就是所謂的板塊。

地球大氣組成中，77% 是氮氣，而 21% 是氧氣，再來就是微量的氬、二氧化碳及水氣。地球初形成時的大氣很可能大部分都是二氧化碳，不過它們大多已被碳酸鹽類岩石給結合，其餘的則是溶入海洋及被綠色植物耗盡；如今板塊構造運動及生物作用，是大氣中二氧化碳消長的持續主控者。

大氣中存在的水氣及微量二氧化碳所造成的「溫室效應」，則是維持地表溫度極重要的作用，溫室效應使地表溫度提高了大約 35℃，否則地表的平均溫度將是酷寒的 -21℃！地球表面積 71% 為水所覆蓋，這也是太陽系當中為一擁有液態水的行星，因此水可說是地球上有生命的主要原因。

★月球

月球（Moon）是地球唯一的天然衛星，軌道半徑為 384,400 公里，直徑為 3,476 公里，質量是 7.35×10^{22} 公斤，平均溫度是攝氏 -23 度。月球雖然只是地球的衛星，但由於接近地球，且亮度僅次於太陽，以至於在占星學當中占了相當大的影響力。

事實上，因為地球與月球彼此影響，如果沒有月球，地球的自轉、公轉速度以及地軸的角度都會有所改變，有人甚至認為地球與月球應該以雙星系統來看待。月殼平均約厚 68 公里，遠比地球來得厚。不過，月殼厚度的變化很大，這是因為月球的質量中心並不在其地理中心上，而是向地球方向偏離 2 公里左右，較薄的一面則偏向地球。

此外，月球與地球之間的重力也造成潮汐現象，月球的吸引力在正對地球處最強，地球正背面處則最弱，在一天之中造成各地大約兩次的漲落潮。

不過，月球與地球之間的引力方向，並不是完全和地心與月心的連線重疊，因此也在這兩個星體間產生額外的力矩，導致月地系統的角動量由地球逐

【注解】

莫氏不連續面（Mohorovičić discontinuity）：是地球的地殼與地函的分界面。克羅埃西亞地震學家 Andrija Mohorovičić 在西元 1909 年發現。地震波在地殼與地函之間的某些區域波速會突然加快，因而將這介於地殼與地函的區域稱為莫氏不連續面。

漸轉移到月球上，使得地球自轉每世紀減慢約 1.5 毫秒，這個過程稱爲「潮汐鎖定」，這個效應同時造成月球以每年約 38mm 的速度遠離地球。月球的運行軌道大約是在黃道面上，這和其他行星衛星的運行軌道不同。

而月球在繞行地球的運動當中，也造成了新月與滿月的不同效果，這在占星學上也帶來不同的影響。簡單地說，由於太陽與月亮的角度相沖滿月將帶來能量，會使人們情緒難以控制，新月則因日月會合而造成穩定且和諧的能量。

從地球上觀察，太陽與月球最戲劇性的互動莫過於日月蝕，日蝕與月蝕之所以發生，是因爲太陽、地球、和月亮在運轉軌道上呈一直線。月蝕發生時，地球正好介於月球與太陽的中間，由於月球與太陽是正對的 180 度角，所以月蝕發生於滿月的時刻，又因爲月球的運行軌道並不是眞的在黃道上，而有 5 度左右的傾斜，所以月蝕的情況並不是常發生，也因爲月球位置是否在地球本影的關係，而有月全蝕與月偏蝕的不同。

相反的，日蝕發生的情況則是當月球介入了地球與太陽一直線的中間位置，因爲月球遮蔽的部分不同而有日全蝕和日偏蝕之分。無論是日蝕或是月蝕，在過去的民間信仰中都被解讀爲巨大災難來臨的前兆，並帶來許多不安。

★火星

火星（Mars）是從太陽外圍的第四顆行星，軌道半徑爲 22,794 萬公里（1.52AU）；直徑爲 6,794 公里；質量是 6.4219×10^{23} 公斤。自轉速度與地球相似，但公轉一圈卻需要 686 天。火星核半徑約 1,700 公里，內含一個密度較地球地函高的火成岩函及一個薄殼。火星比其它類地行星的密度都來得低，這可能是因爲火星核除了鐵質之外，還含有較多的硫化物碎片所致。

火星表面的岩層大多非常古老且多坑洞，但也有很多較年輕的裂谷、山脊、丘陵及平原，「奧林帕斯山」（Olympus Mons）是太陽系中最巨大的山，從四周平原算起足足有 24 公里高，整個火山有 500 公里寬，火星南半球主要是古老而多坑洞的高地，有一點像是月球表面，北半球則主要是由相對年輕、高度也較低、地質史更爲複雜的平原所組成。

火星表面許多地方有極清楚的侵蝕地形，包括大規模的洪氾痕跡及一些小河系，這說明了火星表面，在以前必定曾有流水、大湖甚至海洋，只是存在的時間不會太長，且是很久以前的事了，據推估差不多是 40 億年前。

火星有一層很薄的大氣，主要由僅餘的二氧化碳（95.3%）加上一點氮（2.7%）、氬（1.6%）、微量的氧（0.15%）及水氣（0.03%）所組成，表

面平均大氣壓大約只有 7 百帕，還不到地球的百分之一。

一般認爲，火星過去曾經更像地球，只是火星的二氧化碳多被固定在碳酸鹽岩石中，只是因爲缺乏板塊構造運動，火星並不能像地球一樣將這些二氧化碳釋放回大氣中，也無法擁有足夠的溫室效應，火星大氣的溫室效應僅能使表面溫度提高 5K，遠不及金星與地球，使得火星就算是位於地球的位置，氣溫還是遠比地球寒冷得多。

火星的兩極有永凍的冰冠，冰冠主要是由乾冰（固態二氧化碳）組成，呈現出由暗色塵沙與冰層交替的層狀結構。在北半球夏季，二氧化碳會自冰層全部昇華至大氣中，只剩下水冰層。

火星有兩顆小衛星，它們的軌道都很接近火星。火衛一弗伯斯（Phobos）較大也較接近火星，而它也是太陽系中最接近行星的衛星，距火星表面只有 6,000 公里，週期遠低於同步狀態，剛好與月球的情形相反，所以它的軌道會愈來愈低，大約五千萬年後它就會撞毀於火星表面，或是更有可能被分裂成火星環，火衛二戴摩斯（Deimos）是太陽系最小的衛星。

一般認爲火星的兩顆衛星來自外太陽系而非小行星帶，它們可能是受到木星重力擾動而被火星捕捉的。這兩顆衛星是由含碳豐富的岩石所組成的，但因密度太低，一般推估不可能純由岩石組成，可能摻雜有水冰。火星的西洋名稱就是戰神瑪爾斯（Mars），而在希臘神話中佛伯斯（希臘文中戰鬥之意；Phobos）與戴摩斯（希臘文中恐懼之意；Deimos）都是戰神的兒子。

★木星

木星（Jupiter）是太陽系中最大的行星，軌道半徑 77,833 萬公里（5.20AU），直徑爲 142,984 公里，質量是 1.900×10^{27} 公斤，是地球質量的 318 倍。

木星常是夜空中最亮的星體，亮度僅次於太陽、月亮、和金星，但因金星不容易在入夜之後觀測，而火星的亮度則是有時比木星高有時略低。**據說耶穌出生時東方的「伯利恆之星」（The Star of Bethlehem），是木星與土星的交會所產生的亮度。**

木星自轉的速度相當的快，一天大約是地球上的 9 小時，而公轉一周的時間是 11 年又 315 天。類木行星並沒有固態的表面，愈深處的氣體則愈密。木星的最外層則是由普通的分子氫氣及氦氣組成，也就是木星的大氣層，肉眼可見的木星表面就是這一厚層大氣的最頂部。木星大氣中還有少許的水、二氧化碳、甲烷等。據推測木星可能有一個岩石質的核，質量大約有地球的 10 至 15 倍之多。在這個核之上，占木星主要部分的是像液態金屬一樣的氫，這種狀態的氫是由游離的質子和電子混雜而成，很像太陽內部的電漿，但溫度低得多。

在此溫度下，木星內部的氫是液態而非氣態，它是電的良導體，也造成木星的特殊磁場。

而木星的組成中，氫占了大約 75% 的質量，而氦則占了約 25%（以原子數量來看，氫占 90% 而氦占 10%），還有微量的甲烷、水、氨及「岩石」，這與太陽系的前身「原始太陽星雲」（Solar Nebula）的組成相近。同為氣體行星的土星也是類似的組成，但天王星及海王星中的氫和氦就少得多。

觀測木星的照片時會發現，木星表面呈現出帶狀色彩的外觀，顏色較淡的稱為「區」（Zones）而較深的則稱為「帶」（Belts），這是因為所有的類木行星都有與緯度平行的風帶，每個相鄰風帶的風向都相反，各風帶的化學組成及溫度略有差異。這當中最著名的就是西元 1665 年由天文學家卡西尼（Cassini）所觀測到的大紅斑（Great Red Spot），這個大紅斑位於木星的南半球，長兩萬公里寬一萬公里，無法知道真正形成的原因，但有科學家推測這是颱風眼或是兩個不同方向的氣流所造成的，在今日大紅斑的顏色已經逐漸變淡。

木星的大小差不多已到了行星的極限，如果再多加質量，它將會因重力收縮而使得體積大小僅些微增加。恆星之所以可以更為巨大，是因為其核心核融合反應產生的高熱膨脹所致。木星至少要有 80 倍的質量，才能引發核融合反應而成為一顆恆星。木星本身發散至太空的輻射量，要比它從太陽吸收來的還要多，木星內部是高溫的，核心可達約 2 萬 K。

這些自產能量是起源於木星形成初期的收縮，不像太陽是以核融合反應產生能量，這是因為木星不夠大，其核心溫度尚不足以引發核融合反應。木星具有比地球強大得多的磁場，它的磁層向太陽相反方向可延伸達 6 億 5 千萬公里，甚至超過土星的軌道！而面向太陽方向也有數百萬公里厚，因此木星的衛星全都位於它的磁層之中。

木星擁有 38 顆衛星，其中四顆容易觀測到的大型衛星分別是：木衛一艾奧（Io）、木衛二歐羅巴（Europa）、木衛三嘉尼梅德（Ganymede），及木衛四凱依絲多（Callisto），這四顆也是著名的「伽利略衛星」（Galilean moons）。西元 1610 年伽利略（Galileo Galilei 1564-1642）發現這四顆星體絕不可能繞著地球運轉，這也是當時支持哥白尼的「日心說」最有力的證據之一。如果你對希臘神話有相當程度的瞭解，就會知道，**木衛的命名多半與宙斯身邊的人有關**，例如：艾奧、歐羅巴、凱依多絲都是宙斯（Zues）的情人，艾奧和凱依多絲都被嫉妒的天后西拉變成母牛和母熊；而歐羅巴被宙斯看上後，就被強行擄走帶到歐洲去；特洛依王子嘉尼梅德則是被宙斯變成老鷹，強行帶到天上成為天界的斟酒者。

★土星

土星（Saturn）是太陽系第二大行星，軌道半徑為 142,940 萬公里（9.54AU），直徑為 120,536 公里，質量是 5.68×10^{26} 公斤，土星公轉一圈大約是 29 年又 167 天，平均溫度只有 83K。從科學家的觀測當中，所有類木行星看起來都稍微有點扁，而土星因為自轉速度快，看起來比其他行星又更扁了一些。土星的密度是所有行星中最低的，平均比重只有 0.7，而組成成分與木星相當類似，有 75% 的氫和 25% 的氦，加上少量的水、甲烷、氨以及「岩石」，核心的部分可能是岩石與冰，內部是高溫的，核心可達 12,000K。

在觀測土星時最有名的就是土星環（Saturn's'riags）的觀測，在過去我們一直以為太陽系行星中僅土星有環，後來發現幾乎所有的「類木行星」都有環，只是亮度不夠無法輕易觀測到。

土星環非常亮，反照率達 0.2 至 0.6，似乎是主要是由水冰組成，但也可能有一些包著冰殼的岩石，土星環非常薄，雖然寬度達 25 萬公里以上，厚度卻不到 1.5 公里；它看起來頗為壯觀，但實際上包含的物質卻不多，如果把土星環所有的物體擠壓在一起，直徑連 100 公里都還不到。類木行星環的起源目前仍未知，即使行星環可能自行星形成時就已存在，其系統並不穩定且因各種作用而會不斷更新。

大部分的土星衛星就在土星環中，土星擁有太陽系當中數量最多的衛星，目前已知的就有 47 個，這當中只有 33 個被命名。土衛的命名就沒有火星或木星的那麼有趣，但大部分也是希臘神話中出現的人物，例如：泰坦（Titan）、潘恩（Pan）、潘朵拉（Pandora）等，而土衛六泰坦（Titan），則是太陽系中唯一一個擁有大氣層的衛星，在科學上被視為是觀察地球早期狀態的範本。

★天王星

天王星（Uranus）的軌道半徑為 287,099 萬公里（19.218AU），赤道處直徑為 51,118 公里，質量是 8.683×10^{25} 公斤，公轉週期是 84 年。西元 1781 年天王星被英國天文學家威廉赫協爾（William Herschel 1738-1822）發現，但其實之前的天文學家也曾看過天王星，不過都把它看成是一顆恆星，有些人稱它的「喬治星」（the Georgium Sidus），其餘大部分的人則稱天王星為「赫協爾」（Herschel），直到德國天文學家伯德（Johann Elbert Bode 1747-1826）提出以希臘神話當中的天空之神烏拉諾斯（Uranus，泰坦巨人與克諾斯 Chornos 的父親，也就是宙斯的祖父）來命名，也算符合其他行星的命名傳統。

天王星主要是由岩石及各種冰組成，氫只占 15%，氦更是少量，這與木

星及土星主要成分是氫有很大的不同。天王星和海王星很像是木星或土星去掉厚重液態金屬狀氫外殼後的核，天王星的岩石也不像木星及土星集中在核心，而是較均勻散佈在全體。

更有趣的是，大部分行星的自轉軸都近似垂直於黃道面，但天王星的自轉軸則幾乎完全平行於黃道面，可以說天王星是躺著自轉的。當航海家二號經過天王星時，它的南極幾乎正對著太陽，這使得天王星的南極區比赤道區接收到的太陽能量更多，但赤道溫度仍比極區高。用天文望遠鏡觀察時，天王星是藍色的，這是因高層大氣中的甲烷吸收紅光所致，像木星一樣的彩色風帶仍可能存在，但由於甲烷層覆於其上而無法看見。

一如其他氣體行星，天王星也有環，它們像木星環一樣很暗，組成則較像土星環，由差不多大小的物體環繞成最寬 10 公尺的環，其中還有一些細塵。天王星環是除了土星環之外第一個被發現的行星環，從此證明行星環是類木行星的常態。而天王星的衛星，截至目前為止共發現 27 個，只是對於它們的瞭解還不夠多。

★海王星

海王星（Neptune）是太陽系第四大行星，軌道半徑為 450,400 萬公里（30.06AU），直徑為 49,532 公里，質量是 1.0247×10^{26} 公斤。海王星公轉一圈是 142 年又 288 天多一些，但自轉只要 16 個小時，也就是說，一個地球人一輩子也過不完一個海王星年。而因為冥王星的公轉軌道特殊，有時候會插隊進入海王星與天王星中間，所以有時海王星會成為太陽系最外圍的一顆星。

雖然海王星內部散發出的熱能是吸收太陽熱能的 2 倍，但是海王星表面的溫度卻不高，大約是 50K，也就是零下 200 度以下。海王星的組成大致與天王星一樣，由冰及岩石組成，它很可能有一個比地球地核更小的岩石質核心。海王星的大氣層 85% 是氫氣，13% 是氦氣，2% 是甲烷，除此之外還有少量氨氣。海王星的大氣主要也是由氫、氦和少量甲烷組成。海王星和天王星一樣有著藍色的外觀，這是因大氣中的甲烷吸收紅光所致。

如同其他的「類木行星」，海王星也有行星環，不過不太明顯，而平行於緯線方向的高速風帶及大型渦流。科學家們曾在海王星的南半球表面發現過「大藍斑」（Great Dark Spot），就像是木星的大紅斑一樣令人好奇。不過後來的科學家用哈伯望遠鏡再次觀測時，大藍斑卻消失了，並在數月後在海王星的北半球發現另一個新的大藍斑。這表示海王星表面的氣體移動得很快，海王星的風甚至是太陽系中最快速的，時速可達 2,000 公里。

海王星的衛星大約有 13 顆，不過由於距離太遠了，目前仍沒有太多的研

究資料。

★冥王星

根據西元 2006 年 8 月間國際天文學聯合會所下的定義，冥王星（Pluto）已經從太陽系的九大行星行列中除名了，但是在占星學當中，冥王星依然占有重要的位置，為了方便讀者更瞭解占星學，仍然將冥王星列在本章討論，不過，為了避免混淆，在這裡特別說明，冥王星在天文學上的確已經被視為是矮行星之一，且不視為太陽系的大行星之一。不過這些定義都不會改變冥王星在占星學中的地位與影響。

冥王星的平均軌道半徑為 591,352 萬公里（39.5AU），直徑為 2,274 公里，質量是 1.27×10^{22} 公斤，公轉的速度相當的緩慢，繞太陽一圈要 248 年又 197.5 天，由於距離太陽相當遙遠，溫度也很低，大約是 33K 到 50K 左右。

冥王星的運行軌道相當特殊，有時會比海王星還更接近太陽，不過冥王星和海王星並不會發生碰撞，因為冥王星的軌道是傾斜的，冥王星在海王星軌道上方運行，兩顆行星之間的距離在 3.78 億公里以上。由於軌道的離心率較大，從西元 1979 年至 1999 年，冥王星與太陽的直線距離曾比海王星近。

冥王星被發現的過程，說來是靠點運氣，之前天文學家就發現天王星和海王星的運行軌道相當特殊，所以推斷必定還有一個行星在外圍產生重力干擾，於是在西元 1930 年時由美國天文學家克萊德湯伯（Clyde Tombaugh 1906-1997）發現了這顆行星。但是這顆新行星的公轉根本和預測軌道不合，只是湯伯在觀測他的時候湊巧很接近預測的位置，如果湯伯再早一點或晚一點進行觀測，可能就無法在原先預測位置上找到它，說實在的冥王星被發現真的帶了點運氣。

冥王星被發現之後，天文學家發現它小到無法解釋海王星的軌道異常，甚至認為地球當中有第十顆行星存在，而海王星與天王星的軌道異常，最後在測得海王星的質量之後被完全解釋了，這和第十顆行星完全無關。

冥王星的體積相當小，甚至比起一些衛星還小，只有月亮的 1/5，也因為運行軌道奇特，許多天文學家也質疑冥王星究竟夠不夠資格稱為一顆行星。這些科學家認為這顆位於太陽系最邊緣的柯伊伯帶的行星，因為許多地方與海王星的一號衛星崔頓（Triton）在公轉的軌道上有許多相同點，因此認為冥王星或許曾是海王星的衛星。

不過這個說法無法提出令人信服的證據，目前的說法認為海衛一過去很可能也是獨立繞著太陽公轉的行星，而被海王星的引力給抓住了成為其衛星，也有天文學家認為冥王星、海衛一和冥衛一，很可能都曾是大爆炸時擴散到太陽系邊緣的星體，後來又受到引力而被抓

了回來。在西元 1998 年也有科學家提出將冥王星從十大行星中剔除的構想，不過最後仍沒有被接受。

冥王星的組成仍是個未知數，一般推測可能是由 70% 的岩石質和 30% 的水冰所組成，大氣可能主要是由氮氣組成，再加上一些一氧化碳與甲烷，表面大氣壓力極小，可能只在近日點附近時是以氣態存在，其它時候都凍成冰。在近日點附近時，冥王星的大氣似乎會有部分逸散至太空中，而可能與冥衛一發生交互作用。

冥王星被發現有一顆衛星被命名為凱倫（Charon），習慣稱為「冥衛一」，在希臘神話中是冥界中擺渡亡魂的擺渡者。

★其他小行星

太陽系中除了唯一的恆星太陽、行星以及繞著行星運行的衛星外，還有許多小行星，有 90% 的小行星位於火星和木星之間的小行星帶，其他小行星則位於土星與天王星之間或柯伊伯帶當中。

小行星的研究開始於 18 世紀，當時的歐洲天文學家認為火星與木星間應該還有另一行星存在著，但在展開計畫的天體觀察後卻沒有結果。西元 1801 年義大利天文學家皮亞齊（Giu-seppe Piazzi 1746-1826）在西西里島巴勒摩的觀測站上，發現了一顆星圖上沒有的行星，起初認為是一顆慧星，於是他將該行星的軌道紀錄送往歐洲的天文機構，而最後由天文學家奧伯斯（Heinrich W. M. Olbers 1758-1840）在一年後重新發現這顆小行星，並命名為「穀神星」（Ceres），穀神也是西西里島的守護神。

因為這些研究，位於火星與木星之間的小行星也陸續被發現，其中

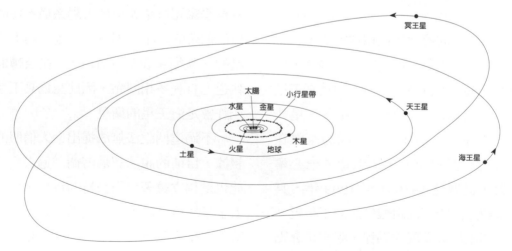

太陽系行星圖

較大的有智神星（Pallas）、婚神星（Juno）、灶神星（Vesta）等，另一個位於木星與天王星之間的小行星「凱龍星」（Chiron）在近代占星學上更是占有重要的地位，但可千萬不要將它和冥王星的一號衛星「凱倫」（Charon）給弄混了。

　　科學家們認為小行星的來源，是因為在太陽系成形的過程中，有些物質因木星的引力牽引干擾而無法形成行星，這些殘留物質就聚集成這些小行星。在占星學中，這些小行星有特別的職掌，也有人專門研究小行星所帶來的暗示，雖然許多占星家對小行星並不重視，但我們仍會在後面的篇章稍作介紹。

第四章　黃道上的十二星座

想要解讀星盤必須先認識星盤上的符號，這對一個占星師來說就像是學英文一定要先學會字母一樣。現代占星師與其說是在解讀天象，還不如說是在解讀星圖上的符號。通常在每張星圖的最外圈，都會以三十度為一個單位，並且在這十二個空格裡標上如下的符號，也就是所謂的黃道標誌，這些符號分別代表著黃道上的十二宮，亦即大家所熟知的十二星座。

這十二個星座有許多種分類法，首先就是所謂的「二分法」，亦即將十二星座分為「陰性」和「陽性」，開始的白羊座為陽性，下一個星座金牛座就是陰性，之後的雙子座又是陽性，依此類推下去。陽性星座多半具有活躍與主動的特質，包括白羊座、雙子座、獅子座、天秤座、射手座、水瓶座，而陰星座多半較為被動，包括有金牛座、巨蟹座、處女座、天蠍座、魔羯座和雙魚座。

而從各星座所對應的季節，則為「三分法」。位於季節開始的星座稱為「基本宮」（Cardinal sign），從北半球的角度來看，包括開始於春天的白羊座、夏天的巨蟹座、秋天的天秤座以及冬天的魔羯座，這些星座都被賦予開拓的特質。而季節中旬的星座，則具有濃厚的季節特質，也帶來更多的原則與堅持，所以也稱為「固定宮」（Fixed sign），包括有金牛、獅子、天蠍和水瓶。接著則是處在季節最末的雙子座、處女座、射手座和雙魚座，當太陽走到這些星座時帶來了季節的變化，因

十二星座符號對照表

♈ 白羊座 aries	♉ 金牛座 taurus	♋ 巨蟹座 cancer	♊ 雙子座 gemini
♌ 獅子座 leo	♍ 處女座 virgo	♎ 天秤座 libra	♏ 天蠍座 scopio
♐ 射手座 sagittarius	♑ 魔羯座 capricorn	♒ 水瓶座 aquarius	♓ 雙魚座 pisces

此變動、不穩定的特質，也深植於這幾個星座中，因此又稱爲「變動宮」（Mutebal sign）。

而「四分法」則是依照西洋神祕學中，古老的四元素觀念來區分十二星座，也就是大家都所熟知的「火相星座」（Fire sign，即白羊、獅子、射手）、「土相星座」（Earth sign，即金牛、處女、魔羯）、「風相星座」（Air sign，即雙子、天秤、水瓶）和「水相星座」（Water sign，即巨蟹、天蠍、雙魚）。

接下來就詳細介紹黃道上的十二宮，並詳述每個星座的元素、特質、神話。

我們習慣上說自己是什麼什麼星座，指的是當我們出生時刻，太陽所在的黃道位置，亦即大家所熟悉的「太陽星座」。我們在這裡也同時說明當太陽進入這些星座時，表現在人格上的特質與優缺點。

認識星盤當中的太陽星座

在太陽系中當中，周圍的行星因爲受到太陽重力的關係，而以太陽做爲中心環繞著太陽運行，這種以太陽爲中心、以自我意識做爲出發的方式，象徵著我們所意識到的那個自己。

地球上的生物也是透過太陽的光和熱而生存，當我們從事與自己星盤中太陽所落入的星座、或是太陽所落入的宮位，所象徵代表的特質與事物時，就會讓我們意識到自己像是太陽一樣散發出光和熱，吸引周圍的人向我們靠近，並透過像是太陽般的溫暖和熱力，來奠定在這個世界的成就。太陽的星座特質也是我們渴望讓這個世界認識並且看見我們的方式，同時也是我們榮耀自己的方式。

太陽的熱能創造了生命，所以太陽也象徵我們的生命力和活力。太陽是創造力的展現，讓我們以獨特的方式來呈現自己。太陽在心理占星學中代表的是每個人內在的陽性層面，承襲父系父權關係的影響而產生對於英雄原型的認知，太陽這個行星也與我們的自我認同與意志力有關。星盤當中的太陽，象徵著我想要成爲擁有什麼樣特質的英雄？我會用什麼樣的特質來克服人生的困難？我們認爲哪些是我們所認爲重要的人生目標？透過實現自己認爲重要的目標與使命，而讓自己得以成長的生命途徑。

因此，太陽在星盤當中所落入的星座與宮位，象徵著我們希望透過那個星座的特質與宮位的生活領域，來展現生命中重要的目標以及成就自己。例如：太陽在金牛座第三宮，三宮與學習、溝通、思考、生活鄰近的環境或是兄弟姊妹有關。太陽落在第三宮的人容易在學習新事物時，或是與他人分享交流生活當中可以應用的觀念、知識、資訊時，不但有種榮耀的感覺，也會感受到自己

的人生充滿了生命力以及活力。而太陽落在金牛座的人，就會偏重分享或傳遞一些生活中跟金牛座有關的特質，例如：金錢財務、理財資訊、美食資訊、享受感官所能帶來的愉悅舒適感受爲主。

當我們展現活出了自己太陽星座的特質，成就了太陽星座的重要目標，就會覺得生命充滿了活力和成就感。這是太陽星座在個人星盤當中所象徵的重要主題，是一個人的發展方向，一個人的成就特質，以及他渴望讓其他人認識並且榮耀自己的方式。記住太陽星座在個人星盤當中是我們發揮創意、生命力、領導力，並讓自己發光發熱的特質，透過太陽的光和熱來引導自己以及別人，朝向我們設定的人生目標前進，記住太陽在星盤當中有其重要性，但是卻不能夠代表所有的人生面向，這是進入專業占星學的第一步。

♈ 白羊座（Aries）

在天文觀測上，目前的白羊座位於赤經 2 時 4 分、赤緯 21 度上，整個星座並不是十分明亮，只有在秋天時能觀察得到。在牡羊座中有五顆亮度高於四等的星，最有名的分別是牡羊 α，β，γ，在中國又稱做「婁宿」。

不過在占星學上，經由托勒密等人的定義，白羊座不再是指天文觀測的牡羊座位置，而是指「回歸黃道」上的 0-29 度，也就是每年 3 月 21 日左右的春分點，作爲白羊座的起點。（在天文學上太陽在今天經過白羊座時已經是 4 月中的時候了，但少有占星家考慮這點。）

與白羊座有關的神話，則是希臘國王阿塔瑪斯（Athamas）打算迎娶底比斯的公主伊娜（Ino）爲妻，狠心的伊娜卻設計殺害阿塔瑪斯前妻所生的兩個小孩，由於當時正值飢荒，阿塔瑪斯派

白羊座的星座特質
陰陽性：陽性星座
星座特質：開創
星座元素：火相
符號象徵：♈ 羊角
關鍵字：領先、創造、快速、自我
優點：自信的、開創的、純真的、嘗新的、自我的、勇往直前的、理想主義的、冒險不怕失敗的、站在領導地位的
缺點：自我、粗心、急躁、三分鐘熱度、孩子氣、過分自負、有勇無謀

人前往台爾菲取得神諭，伊娜想辦法傳遞假的神諭，說只要將小王子佛力克索斯（Phrixus）與小公主赫蕾（Helle）獻祭就可以解除飢荒。於是國王不明就裡地將一對兒女送上祭壇，獻祭時突然有朵雲包住了兩人並帶走。

原來是他們的母親向宙斯祈求後，由宙斯派遣一頭金羊來救援，金羊載走兩人之後朝東方飛去，不料經過達達尼爾海峽（Dardanelles Strait）時，公主赫蕾向下看了一眼，因為感到害怕而摔落。平安獲救的佛力克索斯在落地後，將金羊宰殺獻給宙斯，並將金羊毛獻給他當時投靠的國王阿爾特斯（Aeetes）。而後宙斯將這頭金羊移到了星空中，因而有了白羊座，而金羊毛更引發了日後希臘英雄傑遜（Jason）王子的冒險。

* 太陽在白羊座

白羊座是開創星座火相。

因為白羊座是開創星座，而開創星座是北半球用來劃分四季的開始，白羊座開始於春分點，是一年春天的開始，象徵著新的開端、新的開啟。白羊座是黃道 12 宮起始的第一個星座，如同一個小孩般的天真率直，他們對周圍事物充滿了好奇想要去嘗試，這種躍躍欲試的心態，讓他們一股腦兒快速的往前衝，秉持著熱情與真切的性格，想要直達目標，過程當中可能因為魯莽與衝動而免不了與人產生衝撞，但這不是白羊

座關心在意的事情，因為他們眼中只有自己的目標，將全部注意力放在對自己目標的關注與重視上面，其他的一律都不重要。

這就可以解釋，為什麼太陽星座在白羊的人總是給人一副自信滿滿，活力充沛的感受，在許多事物上都喜歡透過競爭與速度搶在第一位，透過行動與征服來證明自己的存在。所以最好有一個特定目標作為白羊座可以努力的方向，他們就會像百米賽跑的選手般以速度全力衝刺。

開創星座代表著新生、開始、開啟、重要的意涵，同時擁有火相星座的外放、自信、積極，與對生命的熱情。太陽在白羊座的人通常有著瞬間的爆發力，當他們以快速的決定與直接的行動力對眼前的目標展開行動時，往往奮不顧身的往前衝，他們需要行動來證明自己的存在，所以我們很少看到一個安安靜靜等待時機的白羊座，或許耐性妥協不是他們的強項，他們寧可速戰速決的去創造機會，也不願意坐等時機的到來。這種衝勁與熱情很容易成為先驅者或是開拓者，也像是童話當中那些英勇的武士去解救落難的人。

因此要強烈建議白羊座的人，在工作的選擇上，一定要選擇大部分事物需要獨立作業完成，而且是自己感覺有興趣的工作做，最好要有些難度、具有挑戰性的工作比較適宜。因為白羊座並不擅長團隊合作，如果需要花太多時間去

配合商量，或是去做準備的工作並不適合白羊座，這容易磨損白羊座的衝勁與行動，反而帶來了挫折感。

和白羊座有關的事業包括冒險家、警察、軍人、消防人員、運動員、牙醫等。由於**白羊座守護頭部，加上守護星火星的影響，使得白羊座常容易有發燒頭痛的現象，也會常犯運動傷害或是肌肉拉傷發炎等毛病。**

♉ 金牛座（Taurus）

金牛座是冬季星空中最大、最明亮的星座，在一月的時候特別的明顯，天文學上的中心位置，是在赤經4時20分赤緯17度，附近有英仙座（Perseus）與御夫座（Aurigae）。在金牛座當中最有名的是「畢宿星團」（Hyades Cluster），畢宿星團形成牛角部分的 V 字形，而且其中的畢宿五是天空中少數明亮的一等星，埃及人相信畢宿星團象徵著黑暗之神賽特（Set）。

此外，金牛座裡的「昂宿星團」（Pleiades Cluster）也是用肉眼可以觀察到的。而在占星學上，金牛座是黃道上 30 到 59 度的稱呼，太陽經過的時間通常是農民曆上「穀雨」的節氣。

其神話故事與歐羅巴（Europa）有關，腓尼基公主歐羅巴是有名的美女，她總是做著奇怪的夢。夢中有一位神明自稱是亞洲大陸的守護神，宣稱出生在亞洲的歐羅巴是屬於他的，但卻有另一個人宣稱歐羅巴是屬於他所掌管的另一塊大陸，歐羅巴為這個怪夢困擾不已。

某日天神宙斯在巡視人間時，被歐羅巴的美麗給吸引了，想要接近她，可是歐羅巴身邊總跟著一群少女們不好接近。這天當宙斯看到歐羅巴又與一群女孩到草原上遊玩時，他靈機一 將自己變成了一頭美麗的金牛，少女們看到了忍不住的靠近撫摸並且騎在他的背上玩耍，輪到歐羅巴騎上去時，金牛突然以

金牛座的星座特性
陰陽性：陰性星座
星座特質：固定
星座元素：土相
符號象徵：♉ 牛頭
關鍵字：物質、擁有、感官、保存、緩慢、不變
優點：物質的、安定的、堅強的、包容的、有條理的、腳踏實地的、對美與大自然感受敏銳的
缺點：保守的、固執的、遲緩的、重視物質、占有慾強烈、應變能力低

迅雷不及掩耳的速度發足狂奔，歐羅巴害怕地緊緊抓住金牛的脖子。

原以爲金牛到了海邊就會停下來，沒想到金牛更是頭也不回的朝著大海前進，直到克里特島（Crete island）才停下來，並且告訴歐羅巴不用害怕，他其實是天神宙斯，爲了她的美麗所吸引才會將她帶到這裡。

歐羅巴與宙斯相戀後生下了三個兒子，並且將她所在的大陸命名爲歐羅巴，這也正是今日歐洲的由來，這頭宙斯變身而成的金牛，也在完成任務後成爲天上的星座。

* 太陽在金牛座

金牛座屬於土相星座，在三分法中屬於固定星座，土相星座務實踏實的做事方式往往帶給別人一種可以信賴的安全感。如果我們說白羊座是開拓者是先驅，那麼金牛座無疑就是守成的人，他們的毅力以及沉著穩重的處事態度，往往是能堅持到最後的人。

土元素加上固定星座的影響，使得行星進入金牛座時多半沾染上強調物質穩定的色彩，他們很重視生活當中物質所能提供的安全感與舒適感，物質對於太陽在金牛座的人來說是非常重要的，很少看見不愛錢財的金牛，如果星盤當中其他土象星座也被強調的話，這種對於物質需求的特質會更明顯。

太陽在金牛座的人對許多事情都很堅持自己的原則，他們不喜歡生活當中

有太多的變化，維持現狀是金牛座的人認爲最穩定的方式。而黃道第二宮的金牛座掌管的是感官，舉凡視覺、聽覺、味覺、觸覺等，都是金牛座的人所在乎的，而他們對生活當中的認知就是去實際的擁有，畢竟想像力並不是金牛座的強項（除非星盤當中水相星座被強調），唯有透過實際擁有事物，才是金牛對這個世界產生認知的方式。也就是說，許多事物必須經過體驗、透過觸摸、經過實證才能讓金牛座明白這是怎麼一回事。

受到守護星金星的影響，金牛座更強烈地表現出對物質的需求及占有，對人對物如此，對錢也是一樣。「錢不是萬能，但沒有錢卻萬萬不能」正是金牛的信念。不過，金牛也不完全只是個守財奴，他們也很能享受金錢物質所能帶來的愉悅與享受，在辦公室他可以是拚命努力賺錢的金牛，但下了班的牛兒也懂得去享受生活當中的輕鬆美好，他們很可能會到音樂廳享受美好的音樂，或是挑間評價不錯的餐廳享受一頓美食，對於家中的擺設與休閒生活也同樣的重視。畢竟，在金星的守護下，爲了讓自己有能力享有這些悠閒與娛樂，牛兒才會在上班時卯起來做事，以便在閒暇時可以放鬆地去享受生活。

毅力與不輕易妥協的個性，可以讓金牛座堅持他們的目標而帶來財富，他們很少會涉入需要冒險或是投機的事物，畢竟金牛座比較屬於苦幹實幹的那

一型，要他們去開創新局面會被他們視為是危險的，即使他們知道改變會替自己帶來更好的可能性，但要投入一個新的環境意味著需要做出調整和改變，這對於牛兒來說是項挑戰，因為他們的固執可是出了名的。而且很少人能強迫牛兒去做一件他不願意做的事，即使已經到了毫無退路，他們仍像山一樣動也不動。除了固執的個性外，脾氣暴躁的牛實在少見，因為牛兒的冷靜與自制也是出了名的，即使別人再怎麼樣的無理，他也不肯改變他的從容與優雅，往往是一笑置之，最多拉下臉來走掉，而不願意去干預他人的事情，他們寧可選擇寧靜的生活方式。

除了上述特點外，金牛座的做事方式有時會被批評為守舊不知變通，但事實上，這點正是他們引以自豪的地方，除非出生圖上的水星，或同樣掌管溝通學習的第三宮，受到海王星、雙魚座或白羊座的粗心或迷糊的影響，不然牛兒

絕對有本事，一絲不苟地把別人所交代的事情完成。也由於他們做事仔細，加上受金星守護的影響，對音樂、藝術有特殊的鑑賞天分，所以與金牛有關的職業有藝術家、歌手、音樂家、財務人員、農業、芳香療法、園藝、餐飲等。

此外，金牛座也象徵正在發育的嬰兒，嘴巴與觸感是他們獲得安全感的最大來源。所以他們偏好美食，也喜歡與愛人有親密的身體接觸，金牛座在身體上守護著喉嚨，舉凡甲狀腺和喉嚨部分的毛病都與金牛座有關。

♊ 雙子座（Gemini）

在二月的星空當中，我們可以明顯的觀測到雙子座，其中心位置在赤經 7 時 10 分赤緯 24 度，其中雙子 α、β 的亮度分別是二等與一等，中文稱為河北 2 與河北 3。

占星學當中所指的雙子座是黃道上的 60-89 度，太陽經過這裡的時間大約

雙子座的星座特性
陰陽性：陽性星座
星座特質：變動
星座元素：風相
符號象徵：♊ 雙人
關鍵字：迅速、多變、傳達、媒介、學習
優點：友善的、機靈的、多變的、快速的、多才多藝、擅長傳遞訊息的、充滿知性與理智的
缺點：狡猾的、善變的、輕浮的、緊張的、不夠誠懇的

是五月二十一日至六月二十日左右，占星學家們把這個區間稱為雙子座，千萬不要和天文學搞混了。而太陽進入雙子座的時間，也正好是中國節氣中的「小滿」。

而其神話故事與宙斯有關，宙斯的風流從來沒間斷過，對象從女神、仙女到一般的凡人都不放過，而且無論男女皆可。這一次宙斯看上的是斯巴達王妃麗妲（Leda），於是化身成為一隻美麗的白天鵝來吸引她，不久之後麗妲生下了兩顆金蛋，其中一顆生下了國王的骨肉，哥哥卡斯特（Castor）與姊姊克萊尼斯特拉（Clytemnestra），另一顆金蛋則生下了宙斯的血脈波呂克斯（Pollux）與後來引發大戰的美女海倫（Hellen）。

雖然兩人的父親不同，但卡斯特與波呂克斯兄弟兩感情非常好，無論到哪裡都在一起，卡斯特擅長軍事與騎術，而波呂克斯則擅長格鬥，更因為波呂克斯是天神宙斯的兒子，而擁有不死的身軀，兩個人甚至一起參加了阿古號艦（Argo）的遠征，成為希臘人的英雄。

某次這對兄弟為了一些緣故（據說是牛隻或女人）與他們的堂兄弟起了爭執，卡斯特身中數箭而死，波呂克斯雖然也受了傷，但因身上的神性使他不死。在宙斯將死去的卡斯特接到天上時，波呂克斯因為不願意與哥哥分離，於是和宙斯商量將他的生命與哥哥分享，讓他們兄弟倆一天在天上一天在人間，最後兩個人都變成了星星。

＊太陽在雙子座

雙子座屬於風相星座，如果從三分法來看，又屬於變動的星座。因為風相本身與流動、交流、訊息、人際關係的互動與串連有關，當任何行星進入雙子座的時候，就被賦予了串連交流與傳遞訊息的特質。雙子座非常關注身邊的人事物，他們能快速的蒐集眼前發生的資訊而做出傳遞與分享，如果想知道最新的八卦新聞或是小道消息，或是最新的生活資訊與消費訊息，問問他們準沒錯。但這並不是在說，每個雙子座都是八卦專家，而是他們充滿了好奇心，與追求新知的天生渴求，加上敏銳的頭腦與反應機敏的特質，往往可以觸類旁通，舉一反三，但也可能因為興趣太多，懂得知識太過博雜，比較少有機會去鑽研專精於一門深入的學問當中。

風相星座加上守護星水星的影響，雙子座的人通常在言談之間會展現出幽默、風趣、機靈、聰明的特質，特別在人際關係上容易給別人留下好印象。水星又是太陽系的行星中公轉速度最快的一顆行星，這也是為何雙子座的思緒總是如此迅速停不下來，甚至讓人覺得善變的原因了。他們說話溝通的模式也是不停的在變化調整當中，沒有固定的模式，能夠因應當下的場合或是對象的不同，而做出不同的反應與言詞上面的調整，也有可能會讓人覺得不夠誠懇與實

在（除非星盤當中有顆腳踏實地的火星，或是固定星座與土星在星盤當中被強調）。

雙子座的人如果能善用機敏的臨場反應，以及才思敏捷的溝通能力與文字駕馭的能力，很適合在傳播或是出版界工作，很多主持人、名嘴、作家、記者都是雙子座的，另外也是依靠創意與口才混飯吃的廣告界，同樣也是雙子的天下（別忘了廣告更是行銷重要的一環）。除了太陽在雙子座的人，月亮雙子（這個位置更適合文案寫作）、水星雙子或是上升雙子的人也很適合從事上述的職業。任何涉及或是從事與文字、溝通、教學有關的工作也很適合。還有商業活動當中的超級業務員或是銷售冠軍，也都跟雙子座有關。

黃道上的第三宮掌管的也是與溝通、思考、生活鄰近周遭的事物、早期的學習狀態有關。這裡強調出雙子座對於日常生活的關注，他們總是像花蝴蝶一樣忙進忙出的周旋於各種人際互動與學習的興趣當中，他們好奇生活裡有趣好玩的人事物，或許保持好奇心就是他們年輕的原因。所有心智上的刺激與活動也受到雙子座的喜愛，例如：各種字謎遊戲、猜謎、撲克牌、心理測驗。雙子座與身上成對的器官有關，嘴、肺、手臂和雙手呼吸器官都與雙子座有所關連。

♋ 巨蟹座（Cancer）

在春天的星空中，巨蟹座除了中央的星團外，其實很難被分辨出來，巨蟹座的星星亮度並不高，中心位置大約在赤經 8 時 10 分赤緯 20 度。

在中國天文學上，巨蟹座中央的星團被稱為「鬼宿的積屍氣」，看起來像是一團白色鬼火的霧氣，在西洋則稱為「蜂巢星團」（Beehive Cluster），不過西洋人對這隻螃蟹也沒什麼好感；癌症這個字就是來自於希臘文中螃蟹的拼

巨蟹座的星座特質
陰陽性：陰性星座
星座特質：開創
星座元素：水相
符號象徵：♋ 蟹鉗（懷抱與乳房）
關鍵字：養育、保護、母性、安全感
優點：敏感的、保護的、顧家的、節儉的、自省的、善體人意的、心地善良的、想像力豐富
缺點：多疑的、嫉妒的、情緒化的、沒有安全感的、過於執著的

法「Cancer」，只有在埃及最早的黃道圖中，巨蟹座被聖甲蟲給取代，聖甲蟲在埃及為太陽的化身，他們將聖甲蟲放入亡者的心臟位置保護亡靈。

占星學上巨蟹座的位置約在 90 度到 119 度，也就是太陽約在 6 月 21 日左右的位置，由於黃道並非正圓的關係，太陽經過巨蟹座的時間稍微長了些，會比其他星座多上個一兩天，此外太陽在這一天的日照時間最長，也就是中國農民曆上「夏至」的節氣。

至於巨蟹座的神話故事，這一回又跟宙斯有關，黃道上與宙斯的性情有關的星座就有 5 個，分別是金牛座、雙子座、巨蟹座、獅子座和水瓶座。在希臘史詩中，巨蟹座和獅子座都與希臘英雄海克力士（Hercules）的故事有關，海克力士是宙斯與麥錫尼公主阿爾克墨涅（Alcmene）所生下的兒子，從一出生就相當強壯。由於天后西拉（Hera）嫉妒宙斯與情婦們的性情，一直想要殺害海克力士，從海克力士出生時就派出了一尾毒蛇去殺害他，只是這條蛇卻活活被還是嬰兒的海克力士給捏死。

海克力士相當聰明且好動，無論是摔角騎射搏鬥都相當精通，不過卻對於音樂相當頭大，甚至用琴將他的音樂老師打死，他的養父安菲特律翁（Amphitryon）為了避免這種事再度發生，便將海克力士送到奇塔羅尼克的牧場當中。

長大之後的海克力士在天后西拉的設計之下，被迫完成尤里修斯（Eurystheus）所交代的十二件任務，其中之一就是去殺害九頭蛇海德拉（Hydra），問題是海德拉不是簡單的妖怪，海克力士每砍下他一個頭，馬上會從傷口中再長出另一個，弄得海克力士精疲力竭。最後海克力士拿了火把，每砍下海德拉一個頭，就迅速地將火把烙在九頭蛇傷口的脖子上，讓他沒機會長出另一個頭。

天后西拉很不高興這樣的結果，於是派遣巨大的螃蟹去趁機殺害海克力士（有另一傳說是巨蟹是九頭蛇海德拉的好友，跳出來幫助海德拉）。而這頭倒楣的巨蟹卻出師未捷地在慌亂中被海克力士一腳踩死，最後天后很不甘願地將九頭蛇與巨蟹都移到天上去成為星座。而巨蟹座也被視為是天后西拉保衛自己家庭的武器，因此巨蟹座與家庭的關係非常密切。

＊太陽在巨蟹座

巨蟹座屬於開創的水相星座，水元素與滲透、滋養、滋潤、情感、感受有關。無論是女性或是男性的巨蟹座，他們都很重視家人與家庭，並且與家庭事務和女性有所牽連。任何行星進入巨蟹座時都會有保護的特質，這種保護特質源自於我們是同一個家族或是來自於同一個血緣，甚至延伸至民族國族的連結。光是從觀察巨蟹座的符號就可以理解，螃蟹的外殼非常堅硬，那一對如鉗

子般的大螯就是爲了保護柔軟的內在。

巨蟹很在乎歸屬感，這也是他們很重視歷史與家族傳承的原因，因爲來自於過去以及家族情感的延續會讓巨蟹的人有種心裡上連結的安定感，即使是在工作場域中，他們也希望能營造出家庭的溫馨風格。那些過往的生活經驗，無論富有歷史的痕跡古董或是具有家族意義與傳承的老東西，往往會比新潮時髦的物品更能吸引他們。

在黃道 12 宮中，當太陽運行到巨蟹座時，就像是一個人開始步入了青少年時期，生理與心理都開始產生變化，開始意識到男性與女性的分別，個性當中也有些靦腆與害羞，對許多事情敏感而尷尬，有時也容易逃避事情或無法控制自己的情緒。

無論是男性或是女性的巨蟹座，都很在意情緒與感受能力，他們的心思纖細敏感，很容易被過去的記憶和經驗影響。通常水相星座的人記憶力都不錯，但是巨蟹座的人特別容易記得過往事件所帶給他的感受，假設當時的經驗是美好的，以後他就會對此類似的經驗都賦予美好的感受與期盼，但是若曾經帶來的是不愉快的經驗連結，即使日後要扭轉也非常困難，因爲他們很容易被過往的情緒給綁架。

巨蟹座的守護星是月亮，再次強調了情感上的滋潤與感受能力，出於本能的需求，巨蟹座的人常在有意或是無意當中擔負起滋養照料的工作，他們可能

從小就會幫助父母分擔家務照顧弟妹，在求學階段就會參加愛心社去照顧貧困或是弱勢團體，或是去照顧流浪動物，也可能會對照料孕育植物的園藝工作感到興趣。月亮跟情緒感受有關，而巨蟹座豐沛的情感很需要有抒發宣洩的管道，例如寫作、繪畫、音樂戲劇等，所以這個星座常會出產一些偉大的文豪和詩人，他們的作品往往能捕捉人們內心當中情感的需求與心靈深處所需要的慰藉。

水相星座的巨蟹深深瞭解人類脆弱心靈需要哪些呵護與照料，心地善良的螃蟹，如果選擇從事服務業，他們的心細絕對會讓客戶有賓至如歸的感覺，例如許多需要愛心的行業，像是護士、老人看護、幼教老師、特殊教育師資。而螃蟹天生與水或海洋有著密不可分的關係，與水或海洋有關的職業像是水產養殖也挺適合他們的。

月亮也跟飲食與日常生活的照顧有關，如果巨蟹座有星群或是太陽、上升或月亮在巨蟹座位居星盤當中重要的位置，也會對烹飪、餐飲有興趣。因爲巨蟹座位在黃道上的第四宮，在占星學上掌管了家庭環境、土地、房屋和雙親，所以巨蟹座的人對於家庭的依戀是很顯而易見的，這種對於家庭土地的熟悉有會讓他們進入房仲業，他們會將熱忱放在給客戶居家安定的需求與保障上。當然居家生活管理或是傢俱家飾品有都有巨蟹座的蹤影。

巨蟹座的人雖然有強烈的保護與被保護的情感需求，感覺敏銳的他們通常很快就會接收到對方的需求而採取行動，但是他們卻很少直接表達出自己內心的需求和感受，往往在面對需要表達自己的情緒與需求時會採取比較迂迴間接的方式，有可能是想要保護自己免於被拒絕的傷害。巨蟹座守護的身體部位，則是胸部、乳房、胃部、以及腸胃等消化系統。

♌ 獅子座（Leo）

春天時，獅子座是天空中閃耀的星座，其中心位置在赤經 10 時 30 分，赤緯 16 度，包含了許多閃耀的星星，最有名的就是在獅子座心臟位置的「軒轅十四」（Regulus）亮度 1.35，他是天空中亮度排名第 21 的星星，在春天的星空中，獅子座的 β 星與處女座、牧夫座[注1]的星星，形成了春季的等邊三角形，如果再加上獵犬座，看起來就像一顆鑽石一般。

整個獅子座總共有 18 顆以上的四等星，其中 β 星與 γ 星（軒轅十二）則是可以目視的雙星[注2]。占星家使用的回歸黃道上，獅子座位在 120 度到 149 度之間，太陽大約從 7 月 23 日前後開始進入獅子，在中國農民曆上大約是「大暑」的節氣。

獅子座的神話由來，則是另外一個海克力士的功績，海克力士因為曾經率領底比斯人成功反抗統治他們的奧爾霍麥諾斯（Orchomenus），底比斯國王在感激之餘，將他的女兒墨佳拉（Megara）嫁給了他。但因天后西拉不斷盤算著要讓海克力士吃盡苦頭，於是命令瘋狂女神讓海克力士失去理智。

失去理智的海克力士也因此失手殺死了自己的妻子與小孩，理智恢復後的海克力士十分後悔，於是前往台爾菲請求阿波羅（Applo）的神諭贖罪，神諭指示他前往服侍尤里西斯王，並且完成尤里西斯指派的十二件任務。

他的第一件任務是去剷除居住於尼米安（Nemean）的獅子，這隻獅子據說是巨人提豐（Typhon）與人蛇女妖所生，全身刀槍不入。起初海克力士用弓箭射向獅子，結果獅子自然是毫髮無

【注解】

①牧夫座（Bootes）：在春天北方的星空中，位於赤經 +30 度，赤緯 15 時的方位，形象為一個高舉著槍牽著獵犬的牧人追逐著大熊星座（Ursa Major）。

②雙星（Binary star），在天文學當中雙星系統有兩種，一種稱為物理雙星，指的是兩個鄰近恆星組成一個雙星系統，他們的軌道互相圍繞或是其中一個繞著另一個打轉。另一種稱為光學雙星，指的是從地球看來兩個恆星似乎靠得很近，事實上他們彼此的距離相當的遙遠。通常若沒有特別說明時，雙星指的是物理雙星。

傷,最後海克力士用棍棒將獅子趕入洞穴中,活活地將獅子勒死,且剝下了獅子的皮做成袍子披在身上,並將獅子帶回去給尤里西斯王,把尤里西斯嚇得躲進了地下的青銅爐子裡。海克力士為了誇耀自己的功績,以後總是穿著這一件刀槍不入的獅皮。

而海克力士的另外十一件任務則包括殺掉九頭蛇、活捉克里耐雅山上的金鹿、殺掉居住在厄律南蘇山上作怪的野豬、清理奧格安國王的巨大馬廄、驅逐斯廷法羅斯湖作怪的鳥、帶回克里特島上的公牛、帶回迪莫德斯以人肉為食的馬匹、取回亞瑪遜女王的腰帶、取回三頭怪傑昂的紅牛、取回由巨龍所看守的金蘋果,以及帶回地獄的三頭犬等等。

* 太陽在獅子座

獅子座是火相星座,在三分法中和金牛、天蠍、水瓶一樣同屬固定星座。任何行星進入獅子座時都帶來自信、熱情、光明、積極的特性。獅子座的人有股天生的領袖氣質,如同其守護星太陽一樣散發出光和熱,他們的個性多半很開朗而慷慨,展現溫暖寬大的胸襟而吸引周圍的人向他們靠近。獅子座的人天生有股聚焦的魅力,而他們也很享受別人對自己的關注。

獅子座也掌管黃道上的第五宮,這個宮位與創意、娛樂、表演、帶來歡愉快樂的人事物有關,而這愉快的事物包括了興趣、休閒嗜好、戲劇、戀愛、子女。這也是為什麼第五宮會被稱作「戀愛宮」的原因。當我們展現出獨特的自己,獲得他人的認可,就彷彿英雄一般的受到尊崇,這也說明了為何獅子座往往盛產「大人物」。受到守護星太陽的影響,獅子座頭上的光環總是特別閃耀,瑪丹娜、阿諾史瓦新格,以及美國前總統比爾柯林頓,都是獅子座的。這個星座就是天生具有群眾魅力與領袖特質。除了電影、娛樂、或是傳播界這類

獅子座的星座特質

陰陽性:陽性星座
星座特質:固定
星座元素:火相
符號象徵:♌ 獅尾
關鍵字:創造力、行動、目標取向、自信、自我中心

優點:豪爽的、愉快的、領導的、尊嚴的、有創意的、不畏縮的、自我與自信、充滿活力的
缺點:專斷的、固執的、狂妄的、奢侈的、虛榮心強

需要創意的工作適合獅子座外，獅子座也和投機、投資行為息息相關。

黃道上的第五宮與戲劇表演有關，觀察獅子座你會發現他們的言談之間充滿了戲劇化的表現，誇張的手勢配上抑揚頓挫的語調，把每一件事、每一個想法、每一個情緒放大到極致，無論是暴怒或狂喜，都是為了讓觀眾更清楚明白他們的心情。就算再怎麼不敏感的人也能夠感受到他們賣力的演出，當然他們最痛恨的，也是那些不把他們的表演當一回事的人，那只會讓他們表演得更「用力」。如果星盤當中獅子座與雙魚座都被強調，那麼電影、戲劇、娛樂就會是他們的生活的重心和追求的目標，他們喜歡被看見，需要被重視，他們渴望活在鎂光燈下被關注。

太陽本身也強調目標與方向。所以太陽在獅子座的人總是堅守著自己的信念與想法，很少願意做出妥與讓步。他們將自己看得很重要，無論是自身的想法、自我的方向、自我的理想與目標，因為自我是如此的重要，於是這些自我的延伸就是彰顯出榮耀與自尊的地方。如果做出妥協或是退讓，似乎就意味著自己並不是最重要的，他們無法忍受屈居次要的角色。他們永遠是光鮮華麗的出場，獅子座追求的是別人的關注與認可。他們永遠是光鮮華麗的出場，即使生病的獅子也很難讓大家看見他的病容，這和獅子的自尊有關，他希望自己出場的時候永遠能夠有最精彩的演出來博得掌聲。

獅子座適合從事創意或是啟發性質的工作，娛樂業、時尚產業、戲劇、舞台等表演藝術也都很適合他們去發揮。獅子座守護著人體的心臟血管，而脊椎也和獅子座有關。

♍ 處女座（Virgo）

處女座出現在春末初夏的天空中，是天球上第二大的星座，中心位置在赤經 13 時 20 分赤緯 -5 度，其中最明亮的星座是角宿一，亮度 1.0 是天空中十分明亮的恆星，象徵著女神狄密特（Demeter；羅馬人稱其為色蕾斯 Ceres）手上所持的麥穗。在占星學所使用的回歸黃道系統上，處女座象徵著黃經 150 度到 179 度的位置，太陽在 8 月 23 日左右經過的地方，這時農民曆上的節氣稱為「處暑」。

在星空中，處女座是一個有翼的女神抱著麥穗的形象，而關於處女座的神話有兩種說法，分別是農業女神狄密特與女兒波賽鳳（Persephone）的故事，另一個則是正義女神阿斯特裡亞（Astraea）的故事，其中正義女神說法當中都與天秤座有關，所以我們留在天秤座的時候說明。

有人說處女座抱著麥穗的形象就是來自於農業與大地女神狄密特，象徵秋割的時節，在過去由狄密特所掌管的人間是四季如春的，隨時都充滿了陽光與雨水，使農作物成長沒有季節之分。狄

密特是農業女神也是宙斯的姊姊，和宙斯生下一個女兒叫做波賽鳳（即約瑟芬），是一個相當美麗的女神負責掌管春天的作物，波賽鳳很喜歡花朵並且和他的母親居住在一起，但冥王黑蒂斯（Hades）卻看上了波賽鳳，並且想要娶她為妻。冥王知道以他不受歡迎的程度，想娶波賽鳳為妻是相當困難的，於是安排下計謀，在波賽鳳出門採花時將她強行擄走，並帶回冥府。

失去女兒蹤影的狄密特非常難過，四處都找不到女兒的蹤影，最後從太陽神那裡打聽到女兒被冥王黑蒂斯給擄走了。難過的狄密特將自己關在神殿當中無心於自己所掌理的農作，以至於所有農作物都無法發芽，大飢荒於是降臨人間。諸神為了讓狄密特開心，紛紛前來安慰，但這一切都無法讓狄密特開心起來。最後宙斯只好下令冥王黑蒂斯將波賽鳳還給狄密特。

不甘心的黑蒂斯在送波賽鳳回到大地之前，給了波賽鳳一盤石榴，波賽鳳吃了四個，黑蒂斯遂以波賽鳳吃了冥府的食物這個理由，對宙斯說波賽鳳每年必須留在冥府四個月，狄密特再怎麼不甘心也只能接受這折衷的辦法。

從此之後每年波賽鳳在人間的八個月分別是春夏與初秋的時間，從秋末開始波賽鳳就得回到冥府去陪伴黑蒂斯，這時候也是農業女神最難過的時間，人間的作物則無法成長。

* 太陽在處女座

處女座屬於變動的土相星座，當行星進入處女座時常具有不穩定而需要去學習調整，且重視細節的特質。很多人或許不喜歡太陽處女座的人，認為他們要求太過於完美，不容易相處。事實上，處女座的好處往往被人忽略，處女座的人其實很熱心，尤其是交付給他的任務，他總是認真的看待，因為他們很重視事物的先後順序，知道哪些事物是

處女座的星座特質
陰陽性：陰性星座
星座特質：變動
星座元素：土相
符號象徵：♍ 頭髮
關鍵字：服務、分析、嚴肅
優點：細心的、嚴肅的、認真的、儉樸的、熱心的、勤勞的、仁慈的、擅長分析的、 　　　犧牲奉獻精神
缺點：挑剔的、過於嚴苛的、情緒緊繃的、大驚小怪的

有利的該先完成，哪些該留待之後去處理，甚至哪些該汰舊換新，因為這樣的處事原則而容易讓人誤會是一個很難相處的人。

黃道上的第六宮同時也掌管了責任、工作、健康，這些特點反映在處女座身上，往往會讓他們要求自己在工作時絕不能出任何差錯。和雙子座一樣都受到水星的守護影響，同樣關注於訊息與資訊的獲得，但雙子座希望能夠獲取所有的資訊，而處女座卻用他們天生具備的區辨能力做出分辨，他們只去擷取對自己有用的資訊。

在人生觀較為實際的土相星座中，金牛與魔羯較關注於金錢物質與社會地位的獲得，而處女座則關注於能否提出更好的服務，他們的觀察力很好，往往能在細節上下功夫，別人忽略掉的他們卻能精準的找出來，他們也對手工藝很感興趣，所完成的作品，就像一件精美的手工藝品。處女座也因為對自我的要求很嚴格，加上分析辨識的能力，還有精細的細節處理與事前的規劃籌備工作，最後往往成為工匠藝匠或是某個行業的達人。

處女座最容易為人詬病的個性就是鑽牛角尖，往往事情還沒發生就已經把自己搞得神經兮兮，任何行星落到處女座都會展現出謹慎小心、一絲不苟的特質。處女座低調的行事風格，認真不愛喧嘩擾嚷的個性，其實還蠻適合從事分析研究人員的，退居幕後會讓處女座很

有安全感。除了研究人員之外，公務員所需要的精神處女座也都具備了，他們可以將繁瑣的行政程序處理得有條不紊。講求精準的處女座由於個性認真負責，會是許多公司所喜歡的行政人員，或是專案的執行者，需要調配與安排事物順序的祕書或是人力資源也很適合。

從占星學的角度來看，黃道第六宮所掌管的身體健康，會讓處女座對於自己的身體狀況非常在意，再加上未雨綢繆的個性，許多處女座的家中本身就是一個小藥房，受到這些因素的影響，醫生、藥劑師、營養師，或是其他與衛生健康相關的職業都很適合處女座。在身體部位方面，處女座守護的是腹部神經系統與大小腸。

♎ 天秤座

天秤座（Libra）是天空中大約五到六月時候可以觀察的星座，中心位置在赤經 15 時 10 分，赤緯 -15 度左右，其中最亮的四顆星 $\alpha, \beta, \gamma, \sigma$ 成為一個梯型。之所以稱為天秤座，是因為巴比倫人發現太陽經過這個位置時，正好是日夜平分的，於是就用平衡的秤子來稱呼這個星座。不過包括托勒密在內的希臘占星學家，有時也稱呼天秤座為「天蠍的爪子」，只是到了羅馬時期又改回原先的稱呼。不過，行星在經過時天秤座末端時，通常和天蠍座一樣，會有一段不穩定的週期。而在回歸黃道系統上，天秤座的位置為 180 度到 209

度，太陽經過的時間大約是在 9 月 23 左右，節氣為「秋分」。

由於在過去，秋分點落在天秤座位置時，正好是日夜平分的一天，對於耕作來說是相當重要的一個指標，於是人們便用平分的天秤來代表這一天。當然在神話中，也有一段故事來美化這個情形，相傳在一開始的時候，眾神與人們是生活在一起的，這時四季如春，眾神雖然居住在奧林匹斯山的天頂上，但也時常來到人間和人們居住在一起，這個時期稱為「黃金時代」。

只是，當黑蒂斯帶回了波賽鳳之後，人間開始有了四季的變化，樂土也開始消失，人們必須辛勞地工作才能獲得食物，也開始產生了紛爭。這時正義女神阿斯特裡亞（又有人說是雅典娜 Athena），成為這些問題的仲裁者，由於人性的改變，使得眾神對人們相當的失望，但仍有一批神明願意留在人間，這當中就包括了灶神與正義女神，和其姊妹慈悲女神，他們選擇留在人間傳達正義與公平的理念。

其中，正義女神就手持著天秤來判斷是非，手上的天秤會因為人的善惡而有所變化，並藉此來仲裁人們的問題。只是，人性卻沒有因為這樣而好轉，在進入青銅時代後，人間出現了所謂的英雄，同時也帶來了血腥的戰爭，甚至連親兄弟都會相互殺害。於是其他神靈紛紛逃回了天界，只剩下正義女神堅持留下來維護公義。

但在進入了鐵器時代後，大型殘忍的戰爭和殺戮，卻使得正義女神阿斯特理亞與慈悲女神也看不下去，於是成為最後離開人間的神明。處女座對事物的執著與認真的個性，就是從阿斯特理亞的特性而來，而判斷事物是否公正、公平，不能有所偏頗的天秤，則被放到黃道上成為評斷公義的標準。

* 太陽在天秤座

天秤座屬於開創的風相星座，任何行星進入天秤座時，都強調出一種和諧

天秤座的星座特質

陰陽性：陽性星座
星座特質：開創
星座元素：風相
符號象徵：♎ 秤子
關鍵字：和平、協調、客觀、他人

優點：美的、和平的、均衡的、舒適的、恬靜的、善交際的、溝通與協調
缺點：依賴的、多慮的、缺乏自信、猶豫不決

溫和的氣氛，希望以理性和平的方式來面對人際關係。太陽在天秤座的人，總是希望人間是那麼的和平安詳，於是會本能地運用上天賜予的天賦來平息爭吵，他們也擅長以微笑與口才，融化他人冰冷的眼神。黃道上的第七宮與均衡對等的關係有關，像是對手、伴侶，也掌管兩個人的生活，例如合夥關係、契約關係和法律事務。

受到守護星金星的影響，天秤座往往會從事與美感與設計的工作，美術設計、造型設計師、服裝設計師、美容髮型設計等等。與其他風相星座相同的是，秤座對於流行事物的敏感度，相對於雙子表現在新鮮資訊，水瓶偏向於哲學科技，秤座則展現在美術與生活美學上，他們的優雅品味往往營造出一股獨特的吸引力。

此外，秤座天生具備的外交專長，也很適合到企業的公關部門，負責與外界溝通協調，當有爭端出現時，他們也是擔任斡旋與仲裁的不二人選，而追求公平公正的天性，讓他們對於司法制度產生興趣，雖然司法不一定完全公正，但是秤座力求公正的原則，會讓他們朝著這個方向努力。所以律師、司法官甚至是其他與法律產生關係的職業，也和天秤有關。

而這個在金星維納斯守護之下，號稱專產帥哥美女的秤座，無論做事或說話的態度都十分優雅，他們不喜歡面對人際關係的紛爭與不和諧的場面，尤其是婚姻關係出現問題時，他們往往選擇逃避或是忽視問題，本來只是怕麻煩的心態，最後卻可能成為讓情況變得更混淆困難。

天秤座的人非常渴望得到別人的贊同，又因為重視情誼與合作關係，他們期盼關係，希望有人與他們一起生活或是工作，因為透過與另外一個人的互動他們才能看見自己的存在，就像是天秤的兩端要保持平衡一樣，沒有另外一方就會失去平衡。天秤座很在乎「我們」所以他們很少獨自行動，有可能因為過度依賴而讓自己無法成長。

天秤座不喜歡做決定，最怕陷入兩難的選擇當中，因為對他們來說下決定就等於失去平衡，他們總是在等待有雙贏的可能性，所以他們的猶豫不決也很出名。雖然，他們會覺得自己只不過是習慣用不同的角度看事情，為的也是不讓事情一面倒，有時為了讓情況有所平衡，他們也會稍微好辯一些。但秤子自然不會承認這一點，在他們心中這並不是好辯，而是為了平衡報導，不讓事情有所偏頗。

天秤座和其他風相星座一樣，都有點多情，只是因為不希望因此招受別人的批評，所以會習慣性地隱藏或壓抑。因此，他們表達情感時通常是點到為止，或是可以顯得風流而不下流。如果有一天，多情已經不會受到社會的道德批判，天秤很可能會跟水瓶或雙子一樣地多情吧。而天秤座的和諧，是因為不

喜歡面對正面衝突，但有時透過衝突才會更清楚知道問題出在哪裡，天秤座卻往往將困難先擱置，而造成日後相處的困難，這一點也是天秤座在處理感情與人際關係時必須注意的一點。而身為金星子民的他們，喜歡從容優雅地過生活，他們絕少使用粗暴的言行，更不喜歡別人有這樣的表現，他們待人親切和藹。而天秤所守護的部位，則是腎臟。

♏ 天蠍座（Scopio）

在夏季的天空中，天蠍座是十分耀眼的星座，中心位置處於天球的南半球當中赤經 16 時 40，赤緯 -36 度。天蠍座所占的面積更是寬廣，從中國安排星座的二十八宿來看，就占了三個，分別是心宿、房宿、尾宿。其中，心宿一、二、三，尾宿三、五、八、九，及房宿的四、五，亮度都非常高。在占星學所使用的回歸黃道中，天蠍座指的是太陽在 10 月 23 日過後的位置，以及黃道上的 210-239 度，正好是農民曆上「霜降」的時節。

而關於天蠍座的神話故事是這樣的，海神的兒子奧列翁（Orion）長相俊美有一頭帥氣的金髮，並且因為擁有海神的力量能在海上行走。他同時也是相當有名的獵人，但因種種因素讓他越來越驕傲，也曾因為太傲慢得罪了奇里歐島的國王奧伊諾皮翁（Oinopion）。奧伊諾皮翁設法將他灌醉後，不但挖出他的雙眼還將他放逐。而後奧列翁向神請求，於是神下達神諭說，只要奧列翁能夠到達太陽神的東方國度，接受早晨陽光的照射就有機會復明，而奧列翁在眾人的幫助下也順利地復原。

復原的奧列翁為了找奧伊諾皮翁報仇，於是到了克里特島上，並因此遇見了月神阿爾黛蜜斯（Artemis），兩人一起在島上狩獵。為了吸引月神，他誇口自己是世界上最偉大的獵人，並宣稱「大地上沒有一個生物是他所畏懼的。」這個舉動引起了大地之母的不滿，於是派出了怪物蠍子來追殺他。

天蠍座的星座特質
陰陽性：陰性星座
星座特質：固定
星座元素：水相
符號象徵：♏ 蠍尾
關鍵字：神祕、控制、重生
優點：直覺、敏感的、冷靜的、重生的、戰鬥性強、意志堅定的、觀察細微的 缺點：陰沉的、慘忍的、猜忌的、獨斷獨行的

而另一個傳說則是，太陽神阿波羅嫉妒奧列翁，於是趁著奧列翁某天在海上行走時，嘲笑月神阿爾黛蜜斯不可能射中海中的金黃點，中了激將法的阿爾黛蜜斯當場拔箭就射，讓奧列翁中箭死亡。其中，大地之母蓋雅（Gaia）放出的蠍子就是天蠍座，而死後的奧列翁則成為獵戶座。這些傳說也解釋了，為什麼每當天蠍座出現在星空時，獵戶座就會躲起來的原因。

* 太陽在天蠍座

大蠍座屬於固定的水相星座，水相星座為他們帶來了豐沛的情感與深層的感受，而固定星座帶給他們堅持、堅定與維持的個性，這兩種特質加起來讓天蠍座的人充滿了一種獨特的魅力，他們神祕又低調的個性，平日看起來冷冷的，但一旦他們認真起來卻又讓人感受到他們無比的激情。

受到火星與冥王星兩個守護星的影響之下，情感往往是天蠍座的罩門，他們對於情感的深度與強度往往不是一般人可以體會的，他們緊緊抓住在關係當中任何的情緒與感受，希望每一個瞬間都是永恆，也因為太在乎情感，渴望從身體到心靈都能緊密地結合在一起。但並不是每個人都能適應這樣密不透風無法喘氣的情感關係，有些人甚至會覺得這是一種情感上的操控，但是這對天蠍座而言是一種情感的專注，蠍子要的是情感上的獨占性，這也是他們容易為情所苦的原因。

天蠍座是黃道上的第八宮，掌管著神祕、禁忌及隱藏的事物，而向來被人們避而不談的性、死亡也由天蠍座掌控，當然八宮還包括地下的資源、黑社會、魔法、巫術、巫醫命相卜等神祕的事物。蠍座由冥王星與火星共管，他們的力量深埋在自己的心理和情緒當中，冥王星也跟隱藏的力量以及危機有關，他們總是習慣先做最壞的打算，才能不被外在的人事物所掌控，所以天蠍座的人他們遇事時總能冷靜以對，也能幫助他人如何去面對危機。

天蠍座與牡羊座同樣都受到火星的影響，牡羊座的人會開誠佈公的直接展開行動，鮮少去計畫或是思考可能的結果。而天蠍座則傾向以祕密隱祕的方式暗中進行，確定在安全無虞的狀況下才會出手，這是因為天蠍座的人對於安全感的需求非常高，他們不希望自己的生存遭受到威脅。

天蠍們擁有天生洞悉事物的直覺，他們常常無意中就挖掘出他人的祕密，如果有心的話所有的真相在他面前更是無所遁形。當你想要隱瞞或是欺騙他很容易就踢到鐵板，畢竟一個調查高手也得是個反追蹤高手，他們就是有本事將關於自己的事情都鎖上密碼，讓別人無法觸碰，這也是他們為什麼號稱神祕份子的原因了。天蠍座所屬的黃道第八宮，也讓蠍座和祕密、死亡、神祕事情結下不解之緣。

而冥王星所掌管的還有再生的能力，所以天蠍座是不怕失敗的，蠍子東山再起時夾帶的強大威力是很嚇人的。而且屬於固定宮位的他們不達目的絕不罷手，別看蠍子平時冷冷的，必要時他們強勁的爆發力可是讓人無法想像的。

在工作方面，黃道第八宮代表社會資源，以及他人的錢財，這讓蠍座在銀行業、信託公司、經紀、仲介、保險業上有傑出的表現。受到第八宮掌管死亡的影響，一些接近死亡的行業例如屠夫、殯儀館、法醫等也會是蠍座表現的場域。此外，第八宮也是一個與醫學、藥學、相關的行業，而這個象徵物質的變化與延伸的宮位，也掌管了化學業、石化工業等。

除了掌管的神祕、性、死亡、遺產之外，由於第八宮與第二宮遙遙相望，於是又被賦予了他人的錢財（第二宮是自己的錢財）及廣大的社會資源。這暗示著，天蠍座善於管理與結合他人的資源及能力來創造財富，當然這還得有其他行星的強力配合。而在身體健康上，天蠍座守護著性器官、生殖與泌尿系統。

♐ 射手座（Sagittarius）

從地球的位置來觀察，射手座正好在銀河的中央，顯得相當的璀璨耀眼，中心位置在赤經 19 時，赤緯 -28 度，其範圍內有許多星雲，而光是亮度在四等以上的星就有二十顆。射手座位於回歸黃道上 240 度 -269 度的位置，約是冬天 11 月 23 日左右，在農民曆上的節氣是「小雪」。

射手座具有半人半馬的特性，在星空當中有兩個星座都是以半人半馬的形象出現，在黃道上的被稱爲射手座，也有人稱爲人馬座，但事實上在黃道外頭還有一個半人馬座（Centaurus），雖然指的是同一種生物，卻是由不同的傳說而來，爲了不讓兩者產生混淆，占星家們習慣將黃道上的人馬座稱爲射手座。

射手座的星座特質

陰陽性：陽性星座
星座特質：變動
星座元素：火相
符號象徵：♐ 箭頭
關鍵字：真理、自由、擴張

優點：自由的、率直的、樂觀的、果斷的、熱情大膽、迅速主動的、追求真理的
缺點：放縱的、誇張的、粗暴的、好賭成性、過分樂觀的

在神話故事中，半人馬族群的由來是因傲慢的依克西恩王（Ixion），老是妄想著要與天后西拉交歡，於是宙斯與西拉大怒，將一朵雲做成西拉的形象給他，之後生下了一群半人馬的後代，而這個族群同時也繼承了依克西恩的傲慢與殘忍。不過在這些人馬中，同時還有另一個與眾不同的人馬「凱龍」（Chiron），亦即克諾斯（Chornos）與河神之女的兒子。

凱龍一出生就遭受母親的嫌棄，但在眾神的養育下，他學會了武術、醫術、占卜、音樂等。心地善良的他喜歡幫助別人，更是許多希臘英雄的老師，例如：傑森和醫界之神阿斯克勒庇俄斯（Aesculapius），雖然凱龍本身的傳說不多，但希臘的英雄史詩上都少不了他。可是他的死因卻有點莫名其妙，就在海克力士追逐襲擊其他人馬時，這些半人馬逃入凱龍所居住的洞穴當中請求凱龍的幫助，就在凱龍出面時被海克力士的箭給射中。雖然凱龍具有不死的神性，可是箭頭上九頭龍毒液卻讓凱龍痛苦不已，最後在宙斯將他的不死神性與普羅米修司對調後，才讓他得以解脫，並且將這位造就無數英雄的賢者移到天上成為射手座。

* 太陽在射手座

射手座是火相的星座，在三分法中屬於變動星座。火元素帶給射手座熱情、直接的行動能力，射手座的人就像是射出去的箭一般，永遠只會往前，他們的個性樂觀直爽，重視自由和未來，喜歡過著隨性的生活，所以他們不喜歡受到過去的影響而限制了自己的發展，更不喜歡被任何人事物給束縛。

因為受到守護星木星的影響，他們帶著輕鬆自在與好奇的心態來探索這個世界，他們的慷慨與和善總是能吸引很多朋友。木星帶來的擴大效應，讓射手座的人著眼於大格局，他們總是希望可以走得更遠，透過冒險的行動來探索這個未知的世界，卻很懶得處理身邊瑣碎繁雜的事物，這使得射手座的人容易給人不拘小節的印象。

射手座和對面的雙子座都與思考學習有關。雙子座關注的是生活知識上的應用和學習，思考的是如何應用手邊有的資訊讓生活更便利，強調當下可以在生活當中應用的。但是射手座則關注於真理的追尋，他們思考的是道德與理念的實踐，宗教哲思和生命的意義的探究，強調未來的方向與未來的目標。射手座同時屬於變動的火相星座，他們之所以給人不安穩的感受，是因為他們一邊行動一邊學習，透過學習與調整來適應未來。政治、哲學、道德議題宗教的事物也容易引起射手座的興趣。

射手座位於黃道上的第九宮，掌管的是長遠的距離、宗教、真理、人生哲學、和國外的事物。這個宮位除了掌管了深入的思考外，還兼顧國際事物與長途旅行，雖然不見得所有射手座都喜歡

長途旅行，但是他們多半和國外很有緣分，擅長觀察國際情勢變化的射手，能夠在旅行業、國際貿易、外交事物上有傑出的表現，不斷快速進步且充滿變化的大眾傳播業也很合射手座，其中出版事業在占星學中，就是歸射手座管理的。

射手座的理念是堅持尋找生命的意義，他們花很多時間去探索這個世界，他們對青菜一斤多少錢這種生活常識沒有興趣，卻可能對青菜當中富含哪種維生素對人體有益而感到興趣。或許有些人認為射手座太好高騖遠，但是如果沒有他們去探索這些並找出其中的意義，那生活將是多麼空泛啊！射手座因為受到木星影響，而木星自古以來就被視為第一大吉星，也或許因為他們總是往好處想，所以幸運之神也似乎特別眷顧他們，即使遇到險阻，也總能逢凶化吉。但是木星一向有「過度」的議題，隨著射手座年齡漸長，他們開始意識到培養

紀律的重要性，也就是學會了土星的經驗法則之後，射手的智慧將會引領他們更成熟的去面對責任，並活得更自在自由。在掌管身體部位方面，射手座守護的則是肝臟、臀部和大腿。

♑ 魔羯座（Capricorn）

魔羯座又稱為山羊座，不過為了避免與白羊座弄混，在此書中還是一概以魔羯座稱呼。魔羯座的中心位置在赤經 21 時赤緯 -18 度，在秋天的星空中很好辨認，形狀像是一個倒三角形。巴比倫人則將之想像為天空中帶著魚身的山羊。每年當北半球進入冬天時，太陽正好就進入魔羯座的位置，時間通常落在 12 月 23 日左右，中國人稱這一天為「冬至」，這一天北半球的日照時間也最短。

雖然魔羯座亮度高的星不多，卻因為處於重要的位置，也有人認為魔羯座是最早被定名的星座，從西元三千多年

魔羯座的星座特性
陰陽性：陰性星座
星座特質：開創
星座元素：土相
符號象徵：♑ 羊角與魚身
關鍵字：計畫、控制、侷限
優點：耐心、毅力、認真的、有計畫的、負責任的、不屈不撓的、腳踏實地的、有野心的 缺點：孤獨、功利的、陰暗的、自私的、斤斤計較的

前的巴比倫星座表上就存在了。而今天占星家所指的魔羯座，則是回歸黃道上270度到229度的位置。

魔羯座又有人喜歡稱他山羊座，圖像是一種羊頭魚身的怪物。事實上，這個羊頭魚身的怪物就是神話故事中的牧神潘恩，據說他是漢米斯（Hermes）的兒子，一生下來就具有山羊角與蹄，他的個性相當開朗，居住在山林之中，掌管牧羊、熱情與瘋狂（獸慾）。他擅長吹奏蘆笛，身邊總是帶著一把稱為希里妮（Syrinx）的笛子，據說是因為他愛上了侍奉月神阿爾黛蜜斯的仙子希里妮，而對她展開瘋狂的追求。希里妮不喜歡潘恩拔腿就跑，最後來到一條河川無路可逃，希里妮就跳入河中請求神靈的幫助，掌管河川的神於是將希里妮變成了河邊的蘆葦，失望的潘恩只好摘下蘆葦做成笛子，每天帶在身邊吹奏。

至於魔羯座的故事則是牧神鬧出的一個笑話，某日眾神們在尼羅河邊宴會，牧神吹奏著笛子讓大家覺得輕鬆愉快，突然之間跑出了一個怪物，據說是反抗天神的提豐（Typhon）。提豐在希臘神話當中是赫赫有名的怪物，據說他是蓋雅對宙斯占據奧林匹斯山及打倒克諾斯的惡劣行徑相當不滿，而與地獄生下的怪物提豐（也就是颱風的英文字源）。提豐力大無窮且具有一個龍頭人身蛇尾，一出現在宴會中就使得眾神紛紛逃走，而牧神潘恩則把自己變成魚跳入尼羅河中逃走，卻只有尾巴和身體

成功地變成了魚，這頭半羊半魚的怪物自然是不會游泳的，最後這頭怪物也被宙斯移到天上成為星座。

* 太陽在魔羯座

魔羯是開創的土相星座，比起固定土相的金牛來得積極，也比變動土相的處女來得穩定。重視實際務實與架構的摩羯座，知道天底下沒有白吃的午餐，所以會很努力的從基層開始做起，因為他們早就做出了人生的規劃，很清楚知道自己要的是什麼，也懂得自我約束，透過紀律的要求來訓練自己攀上人生的頂峰，通常他們在很年輕時就已經在開始規劃自己的人生了。

開創特質帶給魔羯座的人積極性與主動出擊，當然前提是如果這與他們的人生成就規劃有關，即使再辛苦他們也會埋頭苦幹，魔羯座對於自己要做的事，為達到目的從不放棄也不會失誤，腳踏實地是他們達到成功的不二法門。他們的想法極為務實，也十分具有耐心，雖然會比較晚到達目的地，但如果將人生比喻為山峰，一般人的頂峰或許只是攀上七星山看看風景，但魔羯座的頂峰通常會是玉山或聖母峰，不信可以去翻翻世界名人錄，裡頭的魔羯一定不在少數。

受到守護星土星的影響，摩羯座的人比較不擅長表達自己的情感，許多話都悶在心裡不肯說，除了容易造成誤會之外，往往也帶給自己相當大的壓力。

此外，重視實際的他們，比較容易從物質世界的成就與否來定義自己，所以他們總是汲汲營營於追求世俗的成就，卻又不善於表達情感，常讓別人誤以為魔羯座的人是沒血沒淚的功利鬼。魔羯沉默寡言的特質，除了是受土相星座的影響外，守護星土星的影響力更是重大。土星的約束力量造成魔羯座不太願意成為受人矚目的焦點，如果又搭配到一個較外放的上升星座，就會讓他們變成一個悶騷的最佳典範。

許多魔羯常會帶給人冷漠的感覺，這是因為他們低調與自我保護的關係。在他們無法確定一件事情是否安全之前，通常會先遠遠地保持距離藉以觀察動向，確定能在自己能力所及之下才會展開行動。

土星這顆行星帶來的限制與壓力，也會讓許多魔羯的人在事情還沒發生前，就替自己的未來設下層層的障礙與諸多限制，他們很少是樂天派的人，因為他們總是會憂慮這煩惱那。但是他們的執行力非常夠，無論是什麼樣的業務或企畫，在他們手上一定會被實際且具體化的實現。當魔羯累積足夠的經驗之後，也會是一個野心勃勃但作風踏實的領導者，也因為一絲不苟的個性，使得他們非常適合從事行政事物或是到政府或是大型的機構服務。受到土星的影響，魔羯座和建築營建方面的行業也很適合。

魔羯座也是十二星座當中最重視長幼尊卑與階級之分的一個星座，經驗與傳統是他們所重視的，或許魔羯常給人保守的感覺，與其說他們對傳統的事物執著，倒不如說是不輕易改變自己的習慣。魔羯座的人多半會維持許多一輩子的好習慣，像是多吃水果、多喝水、保持運動等，在身體部位上，魔羯座守護的是骨頭與關節，這些都是象徵身體當中比較堅固的部分。

♒ 水瓶座（Aquarius）

水瓶座也稱為寶瓶座，在秋天的星空當中占了相當大的面積，據說是第十大的星座，不過有亮度的星不多，最亮的星不過 2.9 等，他的中心位置在 22 時分，赤緯 -13 度。在回歸黃道上水瓶座位在 300 度到 329 度的位置，太陽經過這裡的時間是每年的 1 月 18 日左右，這時中國的節氣大約是「大寒」，在尼羅河一帶，太陽經過的時間也正好是雨季，因此才會產生水瓶裡的水源源不絕倒出的形象。

在星空中，水瓶座是一個背負著水瓶的男子，從他的瓶中倒出了源源不絕的水，這水並不是一般的河水或泉水，而是天神們的酒，又稱為「智慧之水」。和水瓶有關的神話故事，也可以解釋為何水瓶座常和同性戀有著密切的關連。這一次，自然又和風流的宙斯有關。宙斯雖然已經有了許多情婦，但很少人知道他喜愛的對象是不分性別的。由於特洛依王子甘尼梅德

（Ganymede）長得十分俊美，讓許多女子都爲之傾倒，宙斯在看過他的長相之後也爲他所迷惑於是變成了一頭老鷹將正在山中牧羊的甘尼梅德帶走，並賜給他永恆的青春與不死的生命，要他在眾神的宴會上負責倒酒。後來，宙斯所化身的老鷹就成了星空中的天鷹座，而甘尼梅德和酒瓶則成爲水瓶座。

＊太陽在水瓶座

水瓶座是風相的固定星座，重視思考、溝通、觀點、想法、理性思維與人際關係。傳統的守護星是土星，現在守護星則是天王星。水瓶座是位在黃道上的十一宮，與社群、團體、公眾事務與社會福利有關，他們很重視友誼與人際關係的互動，但卻不太能適應過於頻繁親暱的互動方式，他們習慣與人保持一定的距離，好讓重視思考與理性分析的瓶子能夠透過這層距離有更客觀的方式與人互動。或許這也是瓶子總是讓人覺得有距離感難以親近的原因。

同樣都是受到守護星土星的影響，摩羯座和水瓶座都重視社會化的運作。但是水瓶座不像摩羯座那般重視集權與權威感，摩羯座會認爲這個世界是層層分級，透過階級架構才能管理好這個世界的運作，但是水瓶座更關切的是人道精神、群體甚至是全人類的福祉，我們應該打破種族、階級、性別差異的差異，才能讓人類整體進步，他們重視群體當中每一個人的自主性與獨立性，水瓶座的人很在乎思想觀點上的互動與交流，他們也許對任何人的說法論點感到興趣，但不代表他們容易聽取採納你的意見，因爲他們非常堅持自己的原則與想法，所以接受但不一定做出改變。

在占星學中，天王星代表的是獨特、創新、改革、自由、高科技，在心理狀態上，天王星代表著我們對於未來的期盼，象徵促成我們做出改變突破限制的地方。受到天王星影響的水瓶座，彷彿血液裡就有著反叛和與眾不同的基因。展現在外觀上，往往可以見到水瓶

水瓶座的星座性質

陰陽性：陽性星座
星座特質：固定
星座元素：風相
符號象徵：♒ 水波
關鍵字：改變、不規則、人性

優點：冷靜、理智、自我的、有創意、反應靈敏、思想前衛、關懷社會與人性
缺點：冷酷、古怪的、不切實際的、不按牌理出牌的、沒有秩序的

座的人標新立異的穿著打扮，或是很容易就從他們散發出來的獨特氣息來觀察。展現在思想論點上，你可以看到水瓶座的人勇於提出不同的觀點與改革創新的思維理念，他們往往是別人眼中的改革份子或是異議份子。展現在社群與團體當中，我們也常看見瓶子關注文化、經濟、社會、政治的活動，熱衷投身於社會改革的運動當中，往往在社工團體或是弱勢團體中都有他們的足跡。展現在人際關係互動上，他們的愛情與友情似乎是並存於一體的，有點像是盟友同夥一般的情誼，或許在他們眼中，任何關係最好都能有個距離，所以有時候他們也會將自身抽離開來當個旁觀者，這或許會對於情感的親密程度帶來一些困擾。

水瓶座的人不喜歡社會團體當中的特權與階級制度造成的不公義，強調每一個人的平等與獨特性，這會促使他們走向不一樣的道路，他們往往會是別人眼中的反叛者或是改革者。

因爲天王星也與電波有關，往往很多水瓶座都會從事與電子、電腦科技、科學、航太、航空或是群眾運動、社工、社福團體等相關工作，或是工作性質涉及了對未來趨勢發展，或是前瞻性與創意性的工作也很適合水瓶座。

♓ 雙魚座（Pisces）

雙魚座在多天的星空中並不是顯得很明亮，在有光害的地區更不容易觀察。不過，由於附近有很好辨認的飛馬座，所以只要找到飛馬座（Pegasi），在與飛馬組成得四角形的南方，就是雙魚座的位置。在天球的中心位置則爲赤經 0 時 10 分，赤緯 10 度。星座本身看來就像一個摺成 V 字的彩帶，V 字的最底端是雙魚座 α 星，而在過去一些的雙魚座 ω 星，則是目前天文學上太陽在春分時會經過的位置。至於在占星家所使用的回歸黃道上，雙魚座代表著 330-359 度，也就是太陽重新回歸春分點之前的最後一個星座。

雙魚座的星座特性

陰陽性：陰性星座
星座特質：變動
星座元素：水相
符號特徵：♓ 方向相反卻又繫在一起的魚
關鍵字：善良、慈悲、犧牲

優點：浪漫、善良、纖細的、無私的、慈悲的、直覺準確的、包容力強大
缺點：不理智、思緒混亂、控制力差、城府很深的、不切實際的

雙魚座的神話故事和魔羯座來自於同一個傳說，就像先前提到的，由於在諸神的宴會上出現了提豐，使得眾神紛紛逃跑，牧神潘恩因為不會游泳而想變成一條魚，其實是受到別人的影響，影響他的人正是愛神阿佛洛黛蒂（Aphrodite，羅馬神名為維納斯Venus）與她的兒子艾落司（Eros，羅馬名為丘比特 Cupid）。提豐出現後，愛神把自己和兒子變成了兩隻魚，為了怕走散於是用繩子將兩人繫了起來。牧神潘恩就是看到這樣的情況，才會想要變成魚逃入河中，不料卻變身失敗，成了半羊半魚的怪物。

至於提豐這個怪物最後的下場如何呢？據說，力大無窮的提豐將宙斯擊敗了，並且切下宙斯的手腳筋藏起，並且將宙斯囚禁了起來。而後，趁著提豐前往尋找大地之母蓋雅療傷時，聰明狡猾的漢米斯和他的兒子潘恩，聯手將宙斯救了出來，並找回他的手腳筋。恢復神力的宙斯在舉起雷電後，立刻擊敗了提豐，但因提豐是不死之身，宙斯只好將他用一座山壓住，據說這個位置就在今日西西里島附近。

＊太陽在雙魚座

雙魚座是變動的水相星座，傳統的守護星是木星，現代守護星是海王星。水相星座加上變動的性質使得雙魚座的人認為世事充滿了許多無法預料的變因，於是會讓自己處在一種調整順應的狀態。

雙魚座的人情感充沛，很能夠站在他人的角度來權衡事物，也因為他們非常重視人與人之間的情感互動與情緒感覺之間的連結，這樣的情懷有可能發展成兩種面向，其中一面能充分發揮包容、接納、體恤、同理他人，是黃道上最富有愛心與慈悲心的一個星座；而另外一面則有可能因為自身的敏感脆弱，過度設身處地替人著想，往往將自身考量或是自我的利益放在最後考量。若星盤當中土星沒有被強調，又缺乏土元素或是固定星座的支持，往往較容易受到周圍環境人事物的影響，加上自我意志較薄弱，很多事情較無法堅持己見，可能在關鍵時刻會選擇犧牲自己而成全別人。

這種無私與奉獻的精神可以說是雙魚座的最佳表現。倘若能帶著「覺知」，適當合宜的發揮，而不是一味的犧牲退讓，才不會在某些時候陷入於犧牲者或是被害者的情結當中。

雙魚座是黃道十二個星座當中最後一個星座，如果說我們將黃道起始的第一個星座牡羊座比喻為出生之始的嬰兒，那麼雙魚座就像是經歷了人生的悲歡離合，看盡人世間的紛擾，知曉人情冷暖的智慧老人，也更懂得放下過往的恩恩怨怨，凡事抱持著不執著的態度。也或許因為這樣，而讓很多雙魚座的人會投入與宗教、心靈、靈修、醫療等方面的工作。

在占星學當中海王星與滲透、消失模糊邊界、消弭人我界線、犧牲、奉獻、模糊、理想化有關。受到海王星影響的雙魚座，強調一種精緻純粹的理想精神，渴望超脫現實的羈絆達成美好的夢想。這種渴望超越世俗間的瑣碎現實，有可能讓雙魚座逃避現實生活必須承擔的責任，不願意承諾，也很難被歸類與定義。當雙魚座沉浸在對未來生活美好的幻想時，往往對日常生活常軌的忽略，或是現實物質世界有著不滿足的心態，或許容易讓周圍身邊的人覺得他們有些不切實際。

倘若能將海王星的滲透與昇華的特質應用在文學、音樂、繪畫、表演等相關的藝術創作當中，他們的作品往往能夠引起眾人的共鳴與迴響。如果工作領域涉及了宗教性、精神性的特質，往往能夠發揮得很好，或是從事藝術設計、特別是與影視聲光效果、舞台、電影等視覺藝術相關的領域，或是醫療、醫護、藥品、醫院或是慈善機構也很適合。

雙魚座的人個性謙遜、善良而敏感，自我的主觀意識沒有那麼強烈，很容易和別人融洽的共處，他們纖細易感與悲天憫人的胸懷，凡事不計較個人的得失，願意犧牲自己而退居幕後，他們往往比較不在意自己是否能夠功成名就，而更在乎的是集體的共榮，彼此共有的榮耀與成就，群體融合而沒有分別的一體感。

太陽在雙魚座的人追求的是一種超越肉體極限與現實侷限的高我，當他們朝向心靈精神與靈性意義的探求時，就會覺得自己正在成就一件人生最重要的目標。這種渴望跨越個人疆界與限制，而與更偉大事物精神的連接，會讓太陽在雙魚座的人覺得這就是英雄的榮耀。

第二部
星盤的意義與繪製
Mechanics of a Chart

我們出生在特定的時刻、特定的地點,如同葡萄收成的年份,我們擁有出生那一年、那一季的特質,占星學所聲明的不過如此。

——容格（G. C. Jung 1875-1961 精神分析心理學大師、
熱愛占星與神祕學的研究）

第五章　星盤上十二宮的意義

★ 上升星座的定義

　　經過訓練的占星師與坊間的星座專家之所以不同，在於占星師看一張命盤時，會仔細研究一個人的宮位與行星位置，這使得同一天出生的人，也會有不同的上升星座與宮位配置，並帶來不同的性格表現與命運。**上升星座，指的是出生的那一刻從東方地平線緩緩上升的星座。**

　　由於東方也是每天太陽升起的方向，對於古人而言，東方也特別具有啟發的意味。就連現今的英文或大多數的歐洲語系中，東方（Oriental）這個字也有定位、啟發、朝向的意義。也因此在出生那一刻，東方地平線上升的星座，具有對未來目標的影響力。

★ 先天盤與後天盤

　　大約在西元二世紀時，有占星家認為，從黃道上可以劃分天空中的黃道十二宮，象徵著行星在天界的影響。那麼從東方的上升點應該也可以畫出地面上的十二宮，象徵著被影響的範疇，例如：國家、君主、農業等，於是逐漸形成地面十二宮。在本書中為了避免造成初學者的混淆，除了這個章節因為解釋給予定義，會出現「黃道十二宮」的字眼外，之後，**我們稱呼黃道十二宮時一律用星座稱呼，而從上升星座開始的地面十二宮的「後天盤」（Natal Chart），才以「宮位」來稱呼。**

　　對於從沒有接觸過占星學的人來說，很容易把黃道十二宮與命盤十二宮搞混，或許我們可以借用中國紫微斗數的命理概念來解釋，在紫微斗數當中，將十二個宮位分成子、丑，這就類似於我們所說的黃道星座的牡羊、金牛，具有座標的意味；而當中又有命宮、夫妻宮等的存在，在占星學上也有同樣的意味，只是我們習慣稱第一宮、第二宮，而不稱呼他們為命宮或財帛宮、子女宮**（不過仍有許多學習中國占星學的占星師習慣用這樣的稱呼，這是習慣的不同，並不代表誰對誰錯。）**

　　而在星盤上，除了一般人熟知的太陽和月亮星座外，上升星座也是非常重要的。其中，太陽星座主導性格中的基本特性，太陽星座的個性也許會被上升星座或月亮星座給暫時掩蓋，但太陽星座所代表的個人本質卻是始終不變。

　　月亮星座代表的是童年時期，家庭

或環境帶來的影響，也象徵著一個人私生活的態度、原始的渴望與不安、情緒的掌控，以及表達情緒的方式。月亮星座帶來的影響，是想都不用想的反射動作。例如：月亮在金牛座的人，就怎樣也都不會明白，爲什麼自己會那麼在乎家裡的物資是否充沛。

★上升星座就像一張面具

星盤中第一宮的起點，就是一般所說的上升星座，在出生圖中這是相當重要的位置。**第一宮和一個人自我印象、外觀、精神層面上的意識有關，從上升星座也可看出一個人崇尚的生活態度。**從某些角度看來，上升星座就像是一張面具，是自己希望帶給別人的印象。所以從某方面來說，上升星座也可以看出一個人的人生目標及未來的走向。而坊間流傳著「三十歲以後要看上升星座」的說法，其實是非常粗略的講法。正確的說法是，正因爲當事人的努力，才使得生活態度與人生目標更加確定，上升星座的特質也因此更加顯著。

一旦找出上升星座作爲出生圖中的第一宮，其餘的十一宮也等於確定了。這十一宮代表了生活中的不同層面，像是大家最關心的第五宮「性愛宮」，同時也代表興趣、娛樂、賭博和子女等。而在解讀每個宮位時，首先要觀察的就是該宮位範圍內是否有行星，以及行星本身是否受到其他行星的幫助或干擾。

此外，此行星是否爲該宮位星座的守護星，或者相位是否良好等，都可以用來判斷當事人在某方面的表現。例如：某人第二宮爲雙子座（**第二宮和錢財有關**），而雙子座的守護星爲水星，則可以藉由水星所落的宮位判斷可能會以什麼行業維生，以及金錢運如何等。

假設他的水星落在和旅行、國際、出版有關的第九宮，那麼當事人很有可能從事大眾傳播或旅遊業，也可能有出國工作的機會。

底下，就逐一介紹每個宮位的意義。

十二宮的意義
★第一宮：自我

第一宮代表當事人希望成爲怎樣的人，以及外表上將如何表現，同時也反映了自己給人的第一印象、外貌特徵與

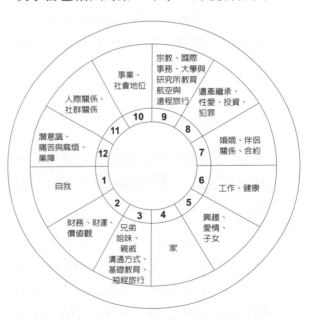

自我的態度。此外，第一宮的起點也就是「上升星座」（Ascendant），如果一個人的表現不符合太陽星座的特質，通常是受上升星座影響所致。

例如：一個太陽獅子座的人，在面對陌生人時若顯得較爲畏縮，多半是有個土相的上升星座。

而上升星座起點的前後 9 度，若是有行星出現，該行星也會賦予當事人在外表上相當顯目的特質，並對當事人的性格產生巨大的影響。

★第二宮：財務、財運、價值觀

以第二宮爲起點，逆時針方向的第二個位置就是第二宮。初學者不妨先從黃道上的第二個星座來作聯想，由於第二個星座是與物質有關的金牛座，所以一個人命盤上的第二宮，就和他的錢財狀況息息相關。從第二宮的起始星座及落入第二宮的行星，也可以觀察出這個人的金錢態度與運氣。此外，從第二宮起始星座的守護星位置（宮位），也可以觀察這個人適合以何種行業維生。

★第三宮：兄弟姊妹、親戚、溝通方式、基礎教育、短程旅行

第三宮掌管一個人與兄弟姊妹的關係，還有像是與死黨、密友和親戚的關係也可以算在裡面；又因爲第三宮受到雙子座密切的影響，也與學習能力、短

程旅行、還有溝通能力有關。其通常也代表一個人的基礎教育，例如：一個人從小學到中學的表現，在這段過程中的學習態度如何、心智發展過程是否順利等等，都可以從第三宮與第三宮守護星的所在的位置來觀察。不過在觀察一個人的溝通與學習能力時，除了上述的位置外，也不要忘記看水星的表現，將這三者綜合起來才能有更準確的判斷。

★第四宮：家

第四宮廣泛的意義在於家庭、家族、父母以及房子與土地。其中，家族的意味又特別濃厚，因爲第四宮又代表著「根源」，占星學家常會從第四宮、土星，以及南北月交點的位置，來看一個人過去的「業」，或是拿來解釋前世今生的關係。第四宮更重要的是父母親的影響，在過去第四宮被視爲是母親的影響力，或是家族當中女性的影響力，其中也包括了母親、祖母、姊妹等。

此外，從第四宮也可以看出一個人的生活態度，**由於黃道上的第四宮是巨蟹座，所以第四宮強的人，也帶了點巨蟹座的特色**，例如：重視家庭關係或是與母親的關係密切。而要觀察一個人的居家生活，除了看第四宮，月亮也是一個重要的參考依據。

第四宮的起點又叫「天底」（Imum coeli），與該點產生合相的行星將會對這個人的個性與職業產生明顯影響。

★第五宮：興趣、愛情、子女

基本上第五宮與興趣有關，並且從喜好的意義，延伸到愛情、情人、子女，或甚至是寵物。此外，第五宮也跟娛樂有關，在世俗占星學中，第五宮強的人和娛樂圈會特別有緣。但對於個人來說，**第五宮最重要的職掌則是愛情，所以又稱為「性愛宮」**。第五宮起始的星座與當事人對愛情抱持的夢想有關，而第五宮內的行星、第五宮起始星座的守護星，以及守護星的宮位與相位，則顯示了此人的愛情運。

當占星師分析一個人的愛情運勢時，同時還要參考金星、火星與第八宮的位置，金星反映一個人談性愛時的態度，性愛則交給火星和第八宮掌管。

第五宮的其他執掌，其實可以利用聯想法來延伸，或許從字面上來看會覺得很沒有邏輯，但事實上動點腦筋就可以發現彼此的關連，像是第五宮與興趣、娛樂有關，又因賭博也是娛樂的一種，所以從第五宮也可以看出賭運，而「偏財運」的好壞也可以從第五宮來看。由於絕大部分高風險的（股票、期貨）投資都帶有類似的性質，冒險性質越大時，受到第五宮的影響越深，但如果像是比較穩紮穩打的投資，類似定期存單、保險投資、共同基金等投資工具，就與第八宮的關連較為緊密。

★第六宮：工作、健康狀況

第六宮的職掌是工作與健康，和黃道上的第六個星座「處女座」掌管的層面相當類似。也由於第六宮和身體有關，第六宮所代表的工作較偏向勞力，或是為了維持基本生活所從事的工作。

所以一般勞工、上班族的工作狀態，都可以從第六宮來觀察，而一個人對工作的態度、工作上的表現，以及職場上的關係和部屬的互動等，也都和第六宮息息相關。

身體健康也是第六宮要透露的重要訊息，尤其是當本命盤、流年的推運盤、太陽回歸圖，或是月亮回歸圖中的第六宮裡，有行星嚴重受剋時，就必須更仔細地解讀。一般來說，占星家在看一個人的身體健康時，不一定只看第六宮內狀況，還包括這個人命盤中是否有行星受到嚴重的沖剋。

此外，第六宮的起始點星座，以及其守護星的位置與相位如何，都是分析一個人健康運勢的要件。

★第七宮：婚姻、伴侶關係、合約

一張星盤中，從上升星座開始的第一宮一直到第六宮，都是屬於個人生活範圍的部分。如果一個人星盤上的行星都集中在一到六宮，這個人可能較為內向，日常生活也與伴侶、家庭或是親密

的朋友較為緊密，較缺乏社交技巧，社交生活也侷限在少數人和少數的地方。

從第七宮開始，就是個人生活的對外延伸，七到十二宮象徵著家庭與社會，同時也是一到六宮所象徵的內在生活的延伸。

第七宮其實是第一宮對外在社會的延伸。和上升星座一樣，第七宮在個人的星盤中占有重要的地位，一個人與外在世界的結合首先反映在婚姻上，所以第七宮第一個重要的執掌就是婚姻。

落入第七宮的星座代表著一個人對婚姻的態度，而一個人的姻緣則與第七宮的行星有關。此外，**第七宮所在星座的守護星也是重要的觀察重點，守護星的運行順利與否，關係到當事人的婚姻狀態，而該行星座落的宮位，則可用來推論當事人在選擇婚姻時，是否有些什麼其他考量。**例如：一個人的第七宮如果落在金牛座，而守護金牛座的金星又正好進入掌管金錢的第二宮，那麼這個人在挑選結婚對象時，對方可以提供的金錢與物質條件就顯得重要許多。

除了婚姻關係之外，工作上的搭擋、合夥人，也和第七宮有類似的關連。第一宮掌管「自我」，而第七宮相對地就掌管「他人」，而這個他人仍和當事人維持著重要且緊密的關係，這些關係通常會有契約或法律的約束力量來加以規範。例如：結婚證書或合作契約等，所以第七宮也代表著法律問題。

第七宮的起點稱為「下降點」（Descendant），**在星盤當中上升點、下降點、天頂、天底有著同樣重要影響，如果有行星與下降點產生合相，則會影響這個人在職業和伴侶方面的選擇。**

★第八宮：遺產繼承、性愛、投資、犯罪

在占星學當中要搞懂第八宮與第五、六宮的複雜定義，恐怕是初學者最頭痛的事情，由於這些宮位都被賦予了較為複雜且有時毫無關連的事件，讓人很難發揮聯想。想要弄懂第八宮管些什麼，得靠黃道十二星座的知識來提供一些蛛絲馬跡。

首先，我們先從天蠍座開始，天蠍座是黃道上的第八宮，掌管的是神祕與禁忌，所以第八宮管理所有神祕的事情，像是占星、塔羅、神祕學、巫術、前世今生、催眠這一類的神祕事物。由於死亡對人們來說，是一件略帶神祕又恐懼的事情，所以第八宮也暗示著這個人對死亡的態度。

第八宮強的人通常很喜歡探討神祕學的事情，許多知名的占星師就有很強的第八宮。此外，「性」對許多人來說也常是神祕難以言說的，因此也歸第八宮管（**從星座與身體的關連來看，天蠍座正好就掌管性器官**）。所以，第八宮掌管了一個人對性愛的態度，而火星則可觀察一個人的性愛表現。

從另一方面來看，第八宮是第二宮

的延伸，既然第二宮掌管個人的財務，那麼第八宮就是個人財務的延伸，包括投資（股票期貨等）、保險、透過經理人的理財工具（如共同基金），以及從他人那邊得到的財產（像是遺產與贈與），或是你與他人在金錢上的合作表現。而從別人那裡得來的不義之財，也可以歸第八宮管，因為第八宮掌管神祕、不能為人所知的事情，所以也帶著一點犯罪色彩犯罪。

在世俗占星學中，第八宮就掌管了犯罪、地下團體等事件。

★第九宮：宗教、國際事務、大學與研究所的教育、航空與遠程旅行

要想瞭解第九宮掌管的事物並不難，第九宮是第三宮的延伸，第三宮掌管基礎的教育心智發展的過程，而第九宮掌管的就是這些事物的延伸。如大學、研究、圖書出版、新聞與知識傳播，或是更深入的哲學、宗教或是人類心理的層面。第九宮強的人對人生的看法相當積極樂觀，也樂於深入研究知識，由於第九宮牽涉到一個人的知性發展與知識研究，所以占星師也常透過這一宮來觀察一個人的夢想。

此外，第三宮也掌管短程的旅行以及生活周遭的環境，所以第九宮就更進一步掌管長途旅行、國外旅遊以及所有與國外相關的事物。

一個人的外語能力和第九宮也有所關連，第九宮強的人海外旅行的次數通常會較為頻繁，甚至有移民的可能。

★第十宮：事業、社會地位

第十宮在占星圖上相當重要，在某些分宮法中，第十宮的起點就是和上升星座同等重要的「天頂」（Medium Coeli），掌管的正是個人的社會表現、事業野心等等。如果使用等宮制的人需要區分天頂與第十宮的不同，那麼天頂更能代表一個人在事業上的表現。

第十宮代表一個人與社會的互動，以及當事人渴望獲得的社會地位。第十宮有很強的行星表現或相位時，當事人對於出人頭地、受人矚目的渴望會更強烈，這種人不但有強烈的野心，也很擅長累積自己的能見度，並藉此換取更高的社會地位及影響力。所以第十宮強的人有機會成為政治人物、明星，或是各行各業中頂尖的人物。

舉例來說，如果以等宮制的方式劃分，當一個人的第十宮位於白羊座，天頂卻落在一旁的雙魚座，那麼這個人在受到白羊座、第十宮的影響時，或許會比較積極，想要努力成為某些團體的領導人物（**第十宮裡要有很強的星耀才容易成就此事**）。但受到天頂位於雙魚座的影響，卻會讓這個人變得不是那麼積極，反而有點藝術家的特質或性格，做起事來有一搭沒一搭的，完全憑自己的喜好來決定，很像那些積極參與社會改造運動的文人或藝術家。而**在天頂附近**

與天頂產生合相的行星，則會對這個人的職業、外表特質，以及社會人格產生嚴重的影響。

★第十一宮：人際關係、社群關係

第五宮掌管興趣，而第十一宮則延伸為志同道合的夥伴，這和家人、鄰居、同學、同事等無法選擇的夥伴不同，這些夥伴或許不見得很親密，但多半是有著共同的興趣與看法的朋友。

所以第十一宮也代表社團與活動中認識的朋友，或是社會上的人脈。第十一宮所在的星座與行星，與一個人的社交技巧、應對進退有著重要關係。此外，這一宮也代表著較知 或精神層面的興趣，例如：思考、閱讀、書寫、幻想，和**第五宮較偏向物質或體能上的興趣有所區隔。**

★第十二宮：潛意識、痛苦與麻煩、業障

在傳統占星學中，第十二宮象徵著隱藏的位置，那些其他人或甚至自己都看不到的地方，因此第十二宮也有著逃避的意味。而自從心理學興起之後，關於潛意識的研究也讓第十二宮變得更容易解釋，第十二宮代表生活中被遺忘的訊息，特別是那些不願意面對或是見不得人的事情。此外，痛苦麻煩也與十二宮有關，當十二宮發揮強烈影響力時，當事人很容易覺得諸事不順。

第十二宮強的人通常有強烈的孤獨感，雖然因為心地善良有很多朋友，但卻常有時不我予的感覺。**太陽在第十二宮的人（亦即上午五點到七點出生的人），通常有著孤獨的童年，也頗為敏感早熟，但卻往往要到三十歲過後，才會自我覺醒，或是開始展現自我。**這種人無論擁有什麼樣的成就或地位，總是喜歡保持孤獨不被瞭解的狀態。

對於相信前世今生和輪迴因果的人，第十二宮有著相當重要的意義，代表著過去的、不願看見或無法看見的事業，亦即佛家所說的「業」。在因果占星學中，對十二宮有著特別的解釋，有些學習因果業力的占星師認為，第十二宮可以解釋成我們前世經驗與能力的累積，但由於某些經驗或特殊能力必須經過一段時間的生活歷練，或是等到適當時機才能使用，於是就把他們隱藏到第十二宮去，等待日後有充足的生活經驗時，才可以使用。

宮位的性質

★宮位的三分法與四分法

黃道上的十二宮有「特質三分法」，亦即先前所提過的基本、固定、變動宮位，而在後天盤上的十二宮也有所謂的始宮（Angular houses）、續宮（Succedent houses）和果宮（Cadent houses）。始宮又稱為「角宮」

（Angular houses），分別是上升星座開始的第一宮、第四宮（天底）、第七宮（下降點）、第十宮（天頂）。

始宮的起點附近有行星，將會強烈影響該人的外貌、性格與公眾表現。而續宮則是第二、五、八、十一宮，略帶有黃道固定宮的色彩。其餘四個宮位則為果宮，而「Cadent」這個字在過去則帶有下降的意味。

但除了始宮和始宮的四個起點較被重視外，其他宮則較少引起初學者的注意。反而是時辰占卜占星學或深入分析命盤時，才會有較多討論與運用。

事實上今日有許多占星師開始重視果宮的影響力，例如：法國統計學者高葛林的研究當中，當行星出現在命盤的四個角落時，會影響一個人的職業特質（後來他的妻子更進一步詮釋為對個人外顯的性格特質，並進而影響職業特質），這四個角落並不是完全包含在星盤上的角宮，在果宮的影響力也很大。

★星座的三分法與四分法

此外，黃道上的十二星座還有所謂的「元素四分法」和「性質的三分法」。在後天盤的十二宮裡，也可將宮位分成四個元素與三種性質。宮位的四分法分別對應於火相、土相、風相、水相，**第一類就是「自我宮位」（Self Houses）又稱「生活宮位」（Life Houses），包括自我認知的第一宮、掌管自我目標的第五宮、自我探索成長的**

第九宮，都和黃道上的火相星座有所對應。這三宮有許多行星的人會有很強烈的自我意識，知道自己該做什麼、想要什麼，通常也活得滿快樂的，而這三宮太弱的人則容易缺乏自信與人生目標。

第二類則為「物質宮位」（Substance Houses），包括掌管金錢的第二宮、工作與部屬關係的第六宮、事業與社會地位的第十宮，這些宮位具有類似土相星座的特質，對於金錢、物質與名利地位都相當在意，會讓自己在金錢和物質方面不虞匱乏，但也容易成為唯物論者。而這三宮缺乏行星的人，對於工作與物質生活又太過淡泊、不在乎，也容易眼高手低或太過理想化。

第三類稱為「人際關係宮位」（Relationships Houses），包含掌管兄弟親友關係的第三宮、伴侶關係的第七宮與社團關係的第十一宮，這三宮都很強的人有著不錯的人際關係，也很重視自己與他人之間的互動。這些人最適合從事行銷、公關、仲介等靠著人脈打天下的事業。這三宮都沒有行星進入的人，通常缺乏社交技巧，對事物的看法也通常有所偏限。

最後一組稱為「結束宮位」（Endings Houses），包括代表著與家庭和過去有關的第四宮、代表著神祕事物的第八宮和代表著孤獨、潛意識的第十二宮。這三宮都很強的人特別敏感，很容易受到周圍環境的變化影響，對於神祕事物有強烈的興趣，對於任何事

物也有自己獨特的看法，因此成爲思想家、哲學家、作家的機會也較常人高出許多。

宮位的劃分方式

「宮制」（House system）或「宮位的劃分」（House division）是一件相當值得討論的事情，在占星學的發展過程中發展出許多不同的分宮方法，而不同的宮制有時也會帶來不同的命盤解讀結果，讓許多初學者常被弄得一頭霧水的。

其實宮制就是針對後天的十二宮（**第一宮～十二宮，類似於中國命理說的命宮、子女宮、夫妻宮**）用不同計算方式的結果。目前最廣爲人知的包括「等宮制」（Equal house system）、「普拉西度制」（Placidus houses system）、「出生地分宮法」（Koch houses system）、「坎式分宮法」（Campanus houses system）、「芮氏分宮法」（Regiomontanus houses system）、「錐心分宮法」（Topocentric houses system）等。

目前占星學當中最常使用的包括等宮制、普拉西度制、出生地制，而芮氏分宮法因爲時辰占卜占星學的威廉李利（William Lilly）大力推廣，因此沿用至今。而歐美著名的「漢堡學派」（Hamburg School）則使用特殊的「子午線分宮制」（Meridian Houses），這在後面篇章討論到其學派時，將會有詳細討論。

每一種分宮法都有其不同的計算方式，其中以等宮制最爲簡單，只要找出上升星座後，就依照每宮三十度去劃分，也可避開其他宮制在高緯度地區產生某些宮過大、某些宮過小的問題，有時一個宮位甚至會大到橫跨三個星座，稱爲「劫奪宮」（Intercepted sign），並產生一個類似三明治中間的夾心星座，這時該星座範圍內的行星就很難有什麼影響力。

舉例來說，如果某人的第七宮開始於獅子座並結束於天秤座，這當中的處女座完全被包圍住了，這時若有行星進入處女座，也很難發揮影響力。有些時候，則是有兩個宮共同占據一個星座，例如：第十一宮和第十二宮的起點分別落在天蠍座的 2 度及 28 度，但少有占星家對這樣的特殊型態有特別的解釋。

爲了方便計算，本書大部分內容都採用「等宮制」，但底下仍會詳細介紹其他宮制的淵源。目前市面上大多數的占星軟體，也可以自由選擇喜愛的宮制，對其他宮制有興趣的人也可以藉此觀察不同宮制的準確性及應用面。

★等宮制

等宮制是歷史最悠久的宮位劃分法，大約在西元前三世紀就已經出現了，方法是從上升星座開始每 30 度劃分爲一宮。由於計算方法簡單，很適合

初學者使用。但是在使用等宮制時，必須注意天頂與天底的計算，在等宮制中，第十宮的起點並不等於天頂的位置。所以在使用等宮制時，不可以將天頂與第十宮起點混淆，必須另外找出天頂位置作解釋。目前以英國占星學會為主的占星師，多半使用這套系統。

★普拉西度制

據說是目前世界上最流行的宮位劃分法，由十七世紀義大利數學家普拉西度所提出，主要的是以天底到上升星座，以及上升星座變成天頂所需的時間來劃分宮位，以地心為主軸計算每兩個小時畫出一個宮位，並以上升星座作為第一宮的起點、天頂為第十宮的起點，藉此找出第二、三、十一、十二宮的起點。

普拉西度制屬於時間與出生地結合的計算方式，用這種分宮制就會出現上述的「劫奪宮」，而使得某個星座內的行星失去影響力。

★出生地分宮法

出生地分宮法（Birth place houses system）又稱為「Koch 分宮法」，是由十九世紀德國占星師華特科赫博士（Dr.Walter Koch）所創，和普拉西度制相似的部分是結合了時間與地點的分宮制，並將出生時的天頂沿著白晝的黃道運行，逆推回上升星座的時間，從中訂出第十一宮與第十二宮的位置，這種分宮法結合了出生地縱座標的計算。

這種分宮制算是另一種滿流行的分宮制，許多北美的占星師或德國占星師喜歡使用「Koch 分宮法」，而在「Koch 分宮法」中，天頂所代表的自我人格也顯得格外重要。

★錐心分宮法

與普拉西度制相當類似，同樣是計算天底到上升星座及上升星座到天頂的黃道運行，不過在地點的角度上，普拉西度以地心為中心，而錐心分宮法（Topocentric houses system）則以出生地的地表為中心來觀測天球，這個方式同樣有許多占星家使用。

★芮氏分宮法

在先前的占星史中曾提到芮氏分宮法，是十五世紀的占星家約翰穆勒所創，而瑞吉蒙塔奴斯（Regiomontanus）則是他的拉丁文名字。主要的計算方式是以天球赤道與東方地平線的交會為起點，在赤道上每 30 度做一個劃分，共畫出十二個點，再將這十二個點以南北極平於赤道為軸心，投影到黃道上找出十二宮的位置。

這個方法是從下面要介紹坎式分宮法中蛻變而來，穆勒和普拉西度都宣稱他們的分宮法是承襲於托勒密的思想。而拜印刷術出現的關係，以及穆勒所製作的精緻宮位表，使得芮氏宮位法在西洋占星史上占有相當重要的位置，一直

到普拉西度分宮法出現後才逐漸被取代。此外，由於知名的時辰占卜占星家威廉李利在著述中使用這樣的分宮法，也有部分的占星家在進行時辰占卜占星法時堅持使用芮氏分宮法。

★坎式分宮法

坎式分宮法是十三世紀喬凡尼（Giovanni di Campani）所創，他的計算方式將包含東方地平面到天頂的「主垂圈」（Prime Vertical）劃分成十二個等分，在以南北極平於赤道爲軸心投影到黃道上，但這種計算方式很快就被穆勒所改變。

★阿卡比特司分宮法

在不等宮制中，阿卡比特司分宮制算是相當古老的，從西元五世紀直流傳到中古世紀。其計算方式是將赤經上天底到上升點分成三等分，再將上升點到天頂的距離分成三等分，投影到南北點畫出十二個宮位。

宮位的解讀要點

在看一張命盤的宮位時有下列幾個重點：

①行星

觀察屬於四角宮的上升星座、天頂、第七宮與第四宮起點的附近是否有行星，如果有將會對這個人帶來強烈的影響。

②行星特質

有行星的宮位反應著這個位置的重要性，行星的特質與相位都影響著這個宮的表現，對於某些占星師來說，前面提到的劫奪宮則會使行星無法發揮效應。

③守護星

如果該宮沒有行星，那麼則從守護星的位置與相位來解讀。

④一個以上的宮位落入同一個星座

在非等宮制的星盤當中，因為依據上升與天頂之間的角度來劃分宮位，因此在高緯度地區有些星座的上升時間較長（處女、天秤、天蠍、射手、魔羯），使得劃分宮位時會有兩個（有時甚至三個）宮位落入同一個星座，此時會造成另外一或兩個星座包含在同一宮中，形成相當大的一個宮位，這一個宮位所掌管的事物由於包含三個星座的性質，具有複雜的特性需要特別注意，被截奪星座的性格雖然不會顯示出來，但卻會在內心當中發生衝突。

⑤截奪行星

若有行星位於被截奪的星座中，則稱爲截奪行星（Intercepted planet），網路上常有許多似是而非的觀念，認爲截奪星就是被劫走了失去效力，事實上占星師認爲截奪星的效力相當強烈，但需要一段長時間的醞釀，才能展現出驚人威力。

第六章　星圖上的主角：行星與特殊點

第三章以天文學的角度介紹了太陽系的行星，而這一章，則要從占星學的層面來切入。在一張星圖中，如果宮位象徵舞台，宮位所落的星座為舞台的背景，那麼行星就是其中重要的演員。而在心理占星學派中，則以原型與驅力來討論行星的影響力。

這一章除了介紹行星在占星學中代表的意義，也會介紹行星的符號，讓初學者可藉由符號作抽象式的聯想，增強對行星的認識。此外，也會介紹幾個出生圖上重要的位置，例如：凱龍星、月亮交點及幸運點等等。而由於每個星座都有各自的守護星（Ruler，又稱支配星），因此行星的位置也會形成所謂的強勢位置與失利位置。

行星

★太陽

太陽在星盤中占有相當重要的地位，太陽所在的黃道位置就是一般所謂的「太陽星座」，代表著一個人的本質、自我認知及人生態度，而太陽進入的宮位則暗示了當事人最在意的部分。

在希臘神話當中，太陽神阿波羅，是宙斯與黑暗女神勒托的兒子，月神阿蒂蜜斯則是他的孿生妹妹。據說他們出生在愛琴海上的代洛司島（Delos），到今天這個島嶼上仍有一處稱為聖池的地方，就是他們的出生地。

太陽星座掌管的事物，和阿波羅的神話都脫不了關係。由於阿波羅將醫術

太陽星座的特質

符號：⊙代表以自我為出發的靈魂
出生圖上代表的意義：一個人的基本特質、人生觀、心靈的本質和自我的態度
關鍵字：追求、父親、自我、力量的來源、創造、活力、表現方式
特色：以自我為中心展現的創造與表現的力量
正面影響：熱情、自信、領導力強、富創造力、擅長表現自我
負面影響：專制、傲慢、誇大
守護星座：獅子座
強勢位置：白羊座
失利位置：天秤座

傳給人們,所以是醫藥之神;再加上阿波羅同時擅長彈奏七弦琴、精通箭術,所以同時也是音樂家、詩人、弓箭手、獵人的守護神;更是寓言之神,位於台爾菲的神廟是古代希臘人求取預言的重要場所。

阿波羅不但掌管音樂、醫藥、藝術、寓言,也長得相當俊美,並具有光明磊落的性格特質。事實上阿波羅原本是真理與光明之神,只是後來又加上了太陽神的稱號,阿波羅的光明磊落與耀眼反映在它守護的獅子座上。而心理占星學也將太陽視為一個人的自我認同,在醫療占星學上,太陽則連結著心臟與脊椎、胸腺等身體部位。

★月亮

月亮代表著潛意識與無意識,而有關情緒與私密的事物也由月亮掌管,例如與母親之間的關係,母親對當事人的影響,並且象徵一個人的飲食習慣,以及對伴侶還有親密夥伴的態度。月亮所在的星座,反映著這個人的情緒反應方式,月亮所在的宮位則代表當事人憂慮的事物。受到月亮圓缺的變化,月亮通常也有變化與不安的意思。

月神黛安娜在希臘文稱作阿蒂蜜斯,她和他的哥哥阿波羅分別掌管日月的運行,是希臘神話中三位處女之神之一。黛安娜守護著森林與動物也稱為狩獵之神,同時守護著女性與小孩。在希臘神話中關於黛安娜的神話並不多,多半都是黛安娜的愛情故事,例如:黛安娜喜歡上擅長狩獵的海神之子奧列翁,當奧列翁在海上行走時,黛安娜被哥哥慫恿,為了顯示她精準的箭術,一箭射向阿波羅所指的海上黑點,卻意外地射死自己的情人,並且後悔不已。

而在另一則故事裡黛安娜愛上了牧羊人,擔心對方不是神,終有一日會死亡,她不忍見到情人死去,因此便施法讓情人保持住他的青春永遠沉睡。

在占星學中月亮守護著巨蟹座,也將月亮的多變、不安和直覺,都送給了

月亮星座的特質

符號:☽,反映事物的介質與潛藏的魂

出生圖上代表的意義:一個人的情緒反應、潛意識、不安與依賴、感情態度

關鍵字:需求、母親、不安、情緒、善變、敏感、害羞、日常生活的事物

特色:隨著情緒波動而產生的力量

正面影響:纖細敏感、包容、富同情心、深思熟慮、想像力豐富

負面影響:善變、忌妒、膽怯、歇斯底里

守護星座:巨蟹座

強勢位置:金牛座

失利位置:天蠍座

巨蟹座當禮物，而**身體部位方面，月亮代表著乳房、消化系統、交感神經。在心理占星學派裡，月亮代表無意識的心理狀態、精神狀態、兒時狀況、直覺、習慣和一個人的基本需求。**

★水星

在占星學中，水星掌管著學習、商業、旅行與溝通，並帶有靈敏與傳遞訊息的特質。水星所在的星座，暗示著這個人的溝通方式與適合的學習方式，水星所在的宮位則可顯示這個人對於哪些消息的掌握會特別靈通。水星是最靠近太陽的行星，其運行軌跡和太陽相距不會超過 28 度，所以水星總是在太陽前後星座或是同一個星座。

水星的守護神是漢米斯，在羅馬神話當中他被稱做麥邱理斯，也就是目前英文中水星「Mercury」的字源。漢米斯是宙斯與之稱天空的泰坦巨人阿特拉斯（Atlas）的女兒邁亞（Maia）所生的兒子，聰明機靈且狡猾，心思相當細密，他出生的第一天就把阿波羅的牛群給偷走，最後做了一張七弦琴向阿波羅賠罪才獲得原諒。而且直到阿波羅原諒他時，狡詐的漢米斯這才交出阿波羅的弓箭，在那之前阿波羅壓根就沒發現他重要的武器被偷了。

漢米斯的衣服、鞋子、頭盔和手杖上都有一對翅膀，飛行移動的速度很快，是天界的訊息之神，更掌管商業與交通，同時也是旅人與商人的守護神。水星所守護的星座有雙子座與處女座，在占星學中，這暗示著這兩個星座其實是該行星的一體兩面，水星帶給雙子座靈活與機靈，卻也帶給他們稍微狡猾的特性，並將細密的思維留給了處女座。

不過仍有許多占星學家主張，應該分別替這兩個星座找到專屬的守護星與守護神，這些人主張處女座的守護神應該是工神（火神）瓦爾肯，他是宙斯與天后西拉唯一的兒子，擅長工藝心地善良是工匠與孩童的守護神。工神雖然和水星無關，好幾次當天文學家號稱發現

水星的特質

符號：☿，注重傳遞靈魂的介質，並且結合靈魂肉體與媒介三者
出生圖上代表的意義：一個人的溝通、學習能力及特殊專長
關鍵字：變動、迅速、傳播、溝通、學習、傳送運輸、理性思考分析
特色：傳遞訊息與快速變動的力量
正面影響：口才極佳、理性思考、擅長溝通學習、反應靈敏、具商業才能
負面影響：詭辯、緊張、狡猾
守護星座：處女座、雙子座
強勢位置：水瓶座
失利位置：獅子座

第十顆行星時，也曾打算將第十顆行星配給處女座或金牛座，不過工神的特性還真的和處女座有些符合。**在醫療占星學中，水星與呼吸系統、腦部、神經系統、甲狀腺、智力有關，在心理占星學中，水星則象徵著溝通與連結，也與傾訴有關。**

★金星

金星在占星學中帶來了諧和的氣氛，喜好與情感也是由金星掌管的，從金星可以看出許多特性，包括個人的喜好興趣、外在打扮與個人魅力，以及一個人的感情態度。對男人而言，金星也代表他所喜歡的女性原型，而如果是在愛情中喜歡主導的人，其金星的影響力也會很強。

金星所在的宮位，會讓當事人在該宮位所代表的生活層面特別愉快，像是金星在第九宮的人，會特別容易有異國戀情。由於金星的運行軌道也接近太陽，金星與太陽總是不會超過 48 度，

也就是說，金星若不是和太陽落在同一個星座，也會在前兩個星座或後兩個星座之內。

金星的守護神是愛神維納斯，希臘文名字叫做阿佛洛黛蒂。關於她的出生過程有許多不同的傳說，有人說她是天神烏拉諾斯被殺害時，掉入地中海化成泡沫的性器所變成的，也有人說她是宙斯與女神迪涅娥（Dione）所生，而無論哪種版本的故事，維納斯都象徵著美麗。鴿子和姚金孃（植物名）是維納斯的代表物，希臘人則以母牛獻祭給她。也因為維納斯太美麗了，使她成為眾神追求的對象，據說就連父親宙斯都曾追求過她，並且因為被拒絕，憤而將維納斯嫁給了又醜又瘸的火神瓦爾肯。不過後來維納斯卻愛上戰神瑪爾斯，並且和他生下幾個兒子，其中之一就是大家所熟悉的小愛神丘比特。

金星守護著天秤座與金牛座，同樣又是一個分享著守護星的雙星座，不過大部分的占星師都認為，金星應是專屬

金星的特質

符號：♀，重靈魂勝於物質
出生圖上代表的意義：一個人的愛情、金錢觀、藝術能力及心中的女性原型
關鍵字：和平、浪漫、愛情、友誼、愉快、交換、藝術氣氛、田園風光
特色：和平與平衡的力量
正面影響：具藝術氣息、愛好和平、合群、受人喜愛的
負面影響：懶散、放縱、無主見
守護星座：金牛座、天秤座
強勢位置：雙魚座
失利位置：處女座

於天秤座的守護星，地球才是金牛座的守護星，而金牛座實際與踏實以及對物質的需求的想法，的確也符合地球在占星學中的意義。但也有部分占星師認為，金牛座的守護神應該是十二主神中的農業與大地女神狄密特，但這樣的說法仍有許多爭議。

不過大部分的占星師認為，金星將美感、外觀與敏感的藝術氣息給予天秤座，而將感官、情慾、和平的田園氣質給予了金牛座。在醫療占星學當中，金星與喉嚨、腎臟、腰部、副甲狀腺有關，在占星心理學裡，金星是衡量自我的標準，和自尊與慾望有關，在容格占星學的說法，金星的位置即是所謂的「女性原型阿尼馬」（The Anima）的象徵，從金星的位置也可以觀察男孩心中喜歡的女孩典型。

★火星

火星掌管行動力、意志力、性、暴力、攻擊等，而一個人的做事態度、待人處事的方式也和火星有關。在愛情與情慾方面，一個人喜歡的男孩典型也可以從火星中看出來，而在愛情裡喜歡處於被動的人，也可以從火星觀察喜歡的典型。此外，火星也可以看出一個人習慣的性愛方式，不良的火星相位則會讓當事人產生暴力傾向，或是相反地容易猶豫不決。

在占星學中，火星是由戰神馬爾斯守護，他的希臘名字又叫做愛瑞斯（Ares），代表的是戰爭的暴力與殘酷，他也是宙斯與天后西拉的兒子，長得十分俊美，後來更與愛神維納斯相戀，並有了幾個小孩，之前提到的愛神丘比特就是其一。此外，戰神的另外兩個兒子弗伯斯（敗退之神）與戴摩斯（恐慌之神），在戰場上總是一起出現，並帶來腥風血雨的殺戮。在喜好和平的希臘人眼中，戰神馬爾斯帶來的則是暴力，而且只要一受傷就很懦弱地逃走，

火星的特質

符號：♂，更早以前則以「＋」取代箭頭，代表重視物質（＋為物質）勝過靈魂（○）
出生圖上代表的意義：一個人的行動、生存的意志、決斷力、性衝動及心目中的男性原型
關鍵字：行動、保衛、創造、建構、攻擊、破壞、性、暴力、意志、體力
特色：兼具開創衝刺與破壞的力量
正面影響：積極主動、行動力強、意志力強、行事果斷
負面影響：暴力、侵略、破壞、好鬥、魯莽、沒耐性
守護星座：白羊座、天蠍座（天蠍也接受冥王星的共管）
強勢位置：山羊座
失利位置：巨蟹座

但羅馬人則把馬爾斯當成他們的守護神，並認為他是羅馬人的祖先。

在過去，火星同時守護著牡羊座與天蠍座，不過當西元 1930 年發現冥王星之後，天蠍座就被歸為冥王星守護。不過，多數占星師仍相信天蠍座和火星有些關連，火星將行動與勇氣賜予牡羊座，而將意志力與恐懼力量給與天蠍座。在醫療占星學中火星與肌肉、泌尿生殖系統、腎上線、血液有關，也常和發燒、發炎燙傷外傷有關。在心理占星學派裡，火星代表原始的衝動與性愛，而容格占星學中，則以火星代表「男原型阿尼馬斯」（The Animus），而女孩喜歡的男孩典型也可以由此觀察出。

★木星

木星是太陽系裡最大的行星，所以最重要的關鍵字是「擴散」。木星同時也是一顆幸運之星，並代表理想、氣度、胸襟與慈愛等特質，木星所在的星座也代表當事人的生活態度與生活哲學，所在的宮位則暗示當事人在哪方面是比較快樂與幸運的。

在希臘神話中，**木星的守護神是宙斯，木星的英文名字也來自他的拉丁文名稱朱彼得（Jupiter）**。宙斯是希臘神話中的天神，是最重要的神祇，希臘神話的許多故事中總少不了他的出現。宙斯取得世界的過程相當特殊，宙斯的父親克諾斯（Kronos）（羅馬人稱他薩坦；Sartum，是土星的守護神，翻譯成薩坦是因為不希望和惡魔撒旦有連結），殺害他的父親而取得主神的地位。某天他從預言知道自己的兒子也會推翻自己，於是當妻子瑞亞（Rhea）每生下一個兒子時，他就會把他們吞進肚子裡，瑞亞妻子不忍自己的兒子遭到這樣的命運，所以在生下宙斯時，就偷偷地將胎兒用石頭掉包，讓克諾司把包著嬰兒的包袱給吞下去。

宙斯長大之後則在祖母大地女神蓋

木星的特質
符號：♃，新月型象徵媒介的魂，位於＋（代表物質），象徵提昇於物質之上並免除物質的束縛
出生圖上代表的意義：一個人的理想、抱負與幸運機會
關鍵字：幸運的、樂觀、擴張的、提昇的、理想的、仁慈、希望、進步
特色：擴張與帶來機會的力量
正面影響：樂觀、幸運、大方、自信、仁慈、充滿理想、追求心靈上的成長
負面影響：過於樂觀、誇張、放縱
守護星座：射手座、雙魚座（雙魚也接受海王星的共管）
強勢位置：巨蟹座
失利位置：魔羯座

雅的幫助下推翻了父親，並強迫他吐出過去吞下的兄弟姊妹，並與其中的西拉結婚。之後宙斯與他的兄弟們抽籤決定掌管的世界，宙斯抽中天界，波賽頓掌管海洋，而黑蒂斯則掌管冥間。宙斯的個性相當的風流，和無數的女神或女人有性情，甚至連俊美的男子也難逃他的追求，並擁有許多的私生子，當中就包括出名的英雄海克力士。宙斯的風流史簡直是希臘神話的主要架構，而雷電與地震都是宙斯的武器。

在占星學中木星守護射手座，在過去雙魚座也是由木星守護，不過當海王星發現後雙魚座就改由海王星守護。但一般占星家仍認為，射手座繼承了木星的樂觀與幸運，而雙魚座也受到木星的影響，有了慈悲與愉快的特質。**在身體部位上，木星守護肝臟與腦下垂體，在心理占星學中，木星與心靈成長的過程有關。**

★土星

在過去的占星學中，土星並不是很受歡迎，甚至可以說是惡名昭彰，因為相對於木星帶來的好運，土星就像是災難與厄運之星。雖然現代的占星師（特別是心理占星師）已經改用較正面的觀念來，將土星帶來的課題視為教訓、學習或業力，但仍不改它嚴肅、不順利與不愉快的色彩。如果說木星代表擴散，土星代表的就是壓抑或限制。這或許是因為在過去的天文觀測中，土星是最遙遠的一顆行星，等於是宇宙的極限，也因此有了限制的意思。部分的人認為土星限制的意義是基於它明顯的土星環，但事實上，土星環是近代發明高倍數的天文望遠鏡後才觀察到的結果，而土星的限制意味早在西元前幾世紀就開始了。

土星所在的宮位，會為當事人帶來嚴肅且該學習的課題，由於土星每二十

土星的特質

符號：♄，新月型的介質魂位於代表物質＋的下方，代表遭受物質的囚禁，而具有形體。

出生圖上代表的意義：一個人的責任與考驗必須面對的現實部分

關鍵字：現實的、經驗與教訓、責任、憂鬱、冷漠、嚴肅、無情的

特色：帶來經驗教訓與責任的自我反省且沉重保守力量

正面影響：嚴肅、認真、自律、謹慎、負責任、雄心勃勃

負面影響：過於無情、冷漠、保守、自我壓抑的

守護星座：魔羯座、水瓶座（水瓶也接受天王星的共管）

強勢位置：天秤座

失利位置：白羊座

八到三十年繞行黃道一週，在占星家眼中每一次的土星回歸（當土星在二十八年後回到出生圖的位置時），代表對這個人的再一次考驗，就像是一個期末考一樣。**第一次土星回歸的時間大約在三十歲左右，人生在這時候多半會有一些挑戰，同時也是在暗示當事人這一生中最重要的試煉是什麼。**

土星的守護神是宙斯的父親克諾斯，在希臘文中就代表時間，到現在英文單字中的字根「Chrono-」仍有計時的意味存在。克諾斯是十二位泰坦之首，為了奪取權位閹割了他的父親，卻被父親烏拉諾斯預言，克諾斯也將被自己的兒子給推翻囚禁，並重蹈了他推翻父親的覆轍。於是克諾斯將他妻子所生的每個兒子都吞下肚子裡去，不過最後卻仍逃不過命運，被宙斯給推翻。

克諾斯是土星的希臘文命名，在拉丁文中稱為薩坦，也就是今日土星的英文名稱，薩坦還有一個重要的角色也就是農神，負責管理耕作。在傳統的占星學中，土星守護魔羯座與水瓶座，不過十八世紀天王星被發現後，水瓶座改由天王星守護，但水瓶座仍然受到土星憂鬱特質的些許影響。土星代表的限制、嚴肅，以及對權力渴望的特質，也是今天人們對魔羯座的認識。**在醫療占星學中，土星對應著皮膚、骨頭與關節牙齒；心理占星學中則代表自我壓抑的部分。**

★天王星

天王星一直到十八世紀才被發現，在此之前太陽系最外圍的行星一直是土星。當天王星被發現時，過去一千多年的既有秩序受到劇烈衝擊，也在人們心裡產生震撼，因此天王星的第一個關鍵意義就是「改革」。而天王星奇特的自轉方式更是賦予了它與眾不同的特色，在天文觀測中，天王星的自轉軸傾斜近九十度，也就是說天王星的北極並不像是其他行星一樣與黃道垂直，而是與黃道平行，這一點更讓占星學家賦予天王星奇特與離經叛道的特性。

天王星在星盤上的不同位置也將帶來不同的定義，在現代的占星學家眼中，天王星和之後的海王星、冥王星代表著世代的集體意識，例如：天王星在天秤座的 70 年代，當時人們開始對婚姻與伴侶結合的觀念開始有了變化，影響最深的就是誕生在這個時期的人們，紛紛出現各種不同的婚姻態度，也對過去的婚姻制度有重大變革。而 80 年代，天王星進入了天蠍座，顯示人們在性愛觀念上的改變，性愛的開放或是無等不同觀念百花齊放。天王星繞黃道一週需要八十四年，當天王星回歸時也代表一個人對於人世間有著更新的體驗。

在神話當中，天王星的守護神是烏拉諾斯，無論在希臘與羅馬都是同一個字，拉丁文中的「Uranus」就是今日天王星的名字。烏拉諾斯是最古老的天

神，據說大地女神蓋雅從混沌中出生（有另一說法是愛神艾洛斯也一起出生），而蓋雅許諾要將希望深植於地球上出生的每一個生命裡，於是生出烏拉諾斯成爲掌管天界的神，再藉由蓋雅與烏拉諾斯的結合，孕育了地球上的生命。

　　蓋雅和烏拉諾斯一起生下了十二位泰坦之神、三位獨眼巨人以及其他醜陋的妖怪，烏拉諾斯因爲討厭其他醜陋的妖怪便將之關在地底，蓋雅認爲烏拉諾斯不應這樣對待自己的兒子，要求他釋放他們，但烏拉諾斯不肯，於是蓋雅便串通了最小的兒子克諾斯殺害他。可是沒想到克諾斯篡位成功後，並沒有釋放他醜陋的兄弟們，直到宙斯推翻克諾斯之後，獨眼巨人才獲得釋放。而從神話當中，可看出天王星與所守護的水瓶座就象徵著不斷的變革，且不受權力與傳統的束縛。**在醫療占星學中，天王星代表著人體中的循環系統與腺體，在心理占星學裡，天王星則代表著意識的分裂**及閹割情節。

　　許多占星學者認爲同性戀與天王星、海王星及水瓶座有所關連，但這樣的星盤解釋其實是不完整的，特別是將帶負面色彩的天王星（**離經叛道**）與海王星（**受到蠱惑或混淆迷惘**）視爲同性戀的原因，也帶著相當程度的歧視。而目前最受歡迎的說法，則較爲符合心理學家們對同性戀的解釋，亦即在每個人的性格中多少都帶有同性戀的傾向（**每個人的命盤當中都有天王星與海王星**），但是當這兩顆行星展現強大的影響力時，這個人的「性傾向」就會被強調。但大體來說，天王星的確與同性戀有部分的關連，但可從星盤中判斷一個人是不是同性戀的學說與方法，則還有待證實。

★海王星

　　海王星的關鍵字是夢幻與虛幻，並和幻覺、毒品、麻醉劑及聲光煙霧等有關，而海王星所落入的宮位也帶來模糊

天王星的特質

符號：♅，代表「○」的靈被物質的「＋」給分開成新月型的介質魂「）」
出生圖上代表的意義：天王星所在的位置將展現奇異創新與改革的能力
關鍵字：創意、發明、科技、特立獨行、反傳統、無法掌握、人道主義
特色：無法控制的突變與改革創造力量
正面影響：友善、人道主義、改革、創意、獨立
負面影響：古怪、反叛、無秩序的
守護星座：水瓶座
強勢位置：天蠍座
失利位置：金牛座

與迷惘的特質。海王星的幻覺並不總是負面，海王星也代表豐富的想像力、理想主義，或是一個完美卻很難達成的形象。因此，海王星也和宗教、藝術、創作、催眠、心靈療法有關。海王星第一次被發現時，正好是代表社會主義烏托邦精神的共產宣言出現的時候。當海王星出現在某一宮位，會讓這個層面的事物變得過度理想化，而有不切實際的夢幻，如果海王星逆行則情況會稍微減弱一些。

在希臘神話中，海王星是由海神波賽頓（Poseidon）守護，波賽頓在羅馬人的名字當中稱為聶普頓（Neptune）也就是今日海王星的命名根源。在希臘神話中波賽頓總是拿著他的武器三叉戟，並駕著馬車在海上巡邏。波賽頓也是農神之一，海洋歸他掌管的傳說則是在之後，當宙斯推翻克諾斯之後，波賽頓與他的哥哥們抽籤，來掌管不同的世界，最後由波賽頓負責海洋。

波賽頓雖然在海裡頭有一座豪華的宮殿，不過他也常出現在奧林匹斯山頂上。波賽頓的故事中最著名的包括波賽頓與雅典娜爭奪雅典城的守護權，眾神們要求他們一人給人類一樣禮物，波賽頓給了人們馬，而雅典娜則給了代表和平與智慧的橄欖和橄欖樹。後來天神們認為橄欖比起馬有用多了，於是將雅典這座城交給雅典娜守護，波賽頓一怒之下便把三叉戟丟到地面上，並造成了地震與洪水，所以波賽頓也與地震有關。不過在今日的占星學裡，普遍認為天王星對地震的影響比起海王星來得多。

而在守護星的部分，原本由木星掌管的雙魚座，在海王星出現後改由海王星守護，所以舉凡藝術、幻覺、直覺以及對於宗教的迷戀、依賴等，都成為雙魚座與海王星的共同特色。**在心理占星學上，海王星與情緒化的歇斯底里、移情作用與投射心態有關，在醫療占星學上，海王星則與麻醉藥、幻覺有關，並掌管心理與視覺神經部分。**

海王星的特質

符號：Ψ，代表「）」的魂被物質的「＋」給刺穿而犧牲

出生圖上代表的意義：海王星所在的位置將展現出敏感與理想化的特質

關鍵字：大愛、仁慈、犧牲、幻想、虛幻、夢境、藝術展現、心靈感應的直覺

特色：無法捉摸的直覺與虛幻力量

正面影響：仁慈、感受力強、浪漫、想像力豐富、具藝術創造力

負面影響：欺騙、麻痺、蠱惑、過於理想化

守護星座：雙魚座

強勢位置：巨蟹座

失利位置：處女座

★冥王星

　　冥王星出現在世界經濟大恐慌的西元 1930 年代，**占星家們認為冥王星的出現，替人間帶來了蕭條的景氣**。也因此冥王星每移動一個星座，都會替社會上帶來一些變動，在西元 1984-1995 年期間冥王星位於天蠍座，這段期間最震撼人們的問題包括了愛滋病（天蠍座所掌管的），使得人們談性色變，以及第三世界國家與產油國家對全球的影響（都與天蠍座有關連）。而西元 1995 年過後直到今日，冥王星進入了射手座，恐怖主義讓射手座所守護的交通與航空業都受到嚴重的轉變，特別是近幾年來著名的攻擊事件，都落在飛機與交通工具上。此外，冥王星的出現也會帶來被迫的改變、強烈的控制慾望，以及死亡與出生的循環等。

　　冥王星由冥界之神黑蒂斯所掌管，他在羅馬人眼中同時也是財富之神，又稱作普魯托，而英文中冥王星的命名就是這麼來的。黑蒂斯在三兄弟的抽籤當中抽中了冥界，掌管死者並居住在地府裡，他很少拜訪人間與天界，但擁有一件隱形的盔甲可以讓他不被人看見。神話中的黑蒂斯沒有什麼同情心，個性冷酷且不受別人的歡迎，但卻相當公正。在神話故事中黑蒂斯出現的機會不多，最著名的是他看上了大地之神的女兒波賽鳳，於是強行把她擄走，讓大地女神狄密特無心工作，使得大地陷入一片荒蕪，最後在眾神的介入下，波賽芬每年有一半的時間回到母親的身邊，剩下的時間待在冥界。

　　黑蒂斯的形象雖然冷酷無情，但也不是完全沒有談判空間。除了和大地之神的談判外，在奧菲歐（Orpheus）與尤里狄契（Eurydice）的故事中，他也曾因被奧菲歐的歌聲所感動，破例允許他帶走死亡的妻子。只是，當奧菲歐不守約定，於返回陽間的路上忍不住回頭看了妻子一眼時，黑蒂斯便斷然拒絕履行約定，將奧菲歐的妻子留在陰間。這

冥王星的特質

符號：♇，代表「○」的靈與被物質的「＋」由新月型的介質魂「）」結合再生
出生圖上代表的意義：冥王星所在的位置將展現強大的意志與掌控力
關鍵字：神祕、恐怖、掌控、意志、死亡與再生、隱藏的資源
特色：置之死地而後生的力量
正面影響：直覺、意志力強、轉換能力、開創新局面、豐富的資源
負面影響：恐怖的、極權、控制、殘酷的
守護星座：天蠍座
強勢位置：獅子座
失利位置：金牛座

種略帶殘忍的特質，也同樣影響了冥王星所守護的天蠍座。**在心理占星學中，冥王星代表著暴力與強迫行為。在醫療占星學上則與性、生殖、細胞的組合再生有所關連。**

命盤上的特殊符號
★北月亮交點，也稱為龍頭

月亮交點並不是行星，而是月亮運行軌道與黃道的交會點，共有北月亮交點（North Node）和南月亮交點。占星術由印度傳入中國之後，則將北月交點稱為「羅候」，將南月交點稱為「計都」。

而在占星學的觀點中，**月亮交點（又稱月交）和前世、業障等有關，尤其是南月亮交點總是容易與厄運扯上邊。**而北月亮交點則比較偏向幸運與福報，表示當事人能得到幸運的地方。如果北月亮交點落在第五宮，那麼當事人在愛情的路上吃香喝辣的絕對沒問題。透過北月交的位置，也可以幫助當事人找到幸福。

現代的占星家對於北月交又有新的解讀，認為北月交代表著我們精神成長的方向，北月交所在的星座與宮位所意涵的主題與生活環境，也就是我們所選擇的人生課題。例如：北月交在「雙子座」、「第七宮」的人，他需要透過溝通、學習（與雙子座有關）以及伴侶關係、與他人合作（與第七宮有關）來達成他的精神成長，而溝通與伴侶關係也是此人重要的人生課題。

★南月亮交點，也稱為龍尾

相對於北月亮交點的幸運，傳統的占星學中南月亮交點（South Node）則代表著人生的困境，略同於占星學中土星所代表的業障。由於北南兩個月亮交點總會呈現 180 度，所以當南月亮交點落在第五宮時，雖然當事人容易在愛情上陷入困頓，但因為北月交進入十一宮，也會讓當事人擅長於人際關係的經營。有時候，或許就因為外在社交生活的忙碌，而讓當事人忽略了情人與自己的生活。

現代的占星學家對於南月交出現了新的觀點，**南月交不再是困境與障礙，相反的卻是我們過去（前世）所累積的經驗，**南月交所在的宮位暗示著你已經完成的課題，甚至代表著你習慣的行為模式或熟悉的環境，你在這樣的主題或生活環境當中感到舒適，卻無法讓你成長。我們往往習慣於南月交所在宮位或星座的相關事務，也因為感到舒適，而前進到北月交所代表的今生精神成長課題當中，或者我們在挫折時可以回到南月交的舒適環境中休息，或是利用南月交代表的行為模式來面對困境。

例如：有人的南月交在獅子座又在第八宮，於是自我表現、創意、戲劇、創作（與獅子座有關）或是性愛、處理他人金錢物質、神祕的知識與行動（與

第八宮有關），成為此人的熟悉模式與過去經驗的累積，他擅長於這些事物，也感到舒適，可以在面對挫折時他可能回到這些領域當中稍作休息，但卻對精神成長沒有幫助，占星師們必須鼓勵此人朝著北月交所代表的精神成長目標前進。

★幸運點

幸運點（Part of Fortune）的符號類似地球的代表符號「⊗」，因此很容易被弄混。和上升星座一樣的是，幸運點雖然不是行星，卻受到許多占星學家的重視。幸運點是所謂「阿拉伯點」當中的一個，早在巴比倫人時代就被使用。除了幸運點外，還有像是婚姻點等不同的計算特殊點，將會在其餘章節作詳細的解釋。幸運點的計算方式並不複雜，只要先分出早上出生與晚上出生的人，白天出生的人由上升星座開始，加上月亮的度數，減掉太陽的度數；而晚上出生的人，則是上升星座加上太陽的度數，並減掉月亮的度數，便是幸運點的位置，而幸運點通常和財富有關，阿拉伯點所在的宮位則會帶來幸運的事件。

行星逆行

★行星逆行的原因

在傳統的占星學中，將行星的逆行視為一種凶兆，暗示著不吉利的事情發生，但近代的占星學家則對這樣的解釋抱持著質疑的觀點，認為行星逆行不見得會帶來壞事。在星盤中逆行的行星會被賦予「℞」的符號，意思就是「逆行」（Retrograde），在星曆上看見這樣的符號「℞」，表示從這一天起該顆行星開始逆行，而當行星結束逆行時則會標示成「D」，表示行星恢復了順行。

事實上，黃道上的行星有一定的運行方向，並不會出現倒退的情形，但因為行星公轉的軌道並不是正圓，也不全都在同一個平面上，加上行星之間的運行速度不同，例如：水星、金星等內行星雖然速度比地球快，不過公轉軌道的直徑卻較地球來得小，所以在某些特殊觀察角度與投影時，從地球上看到的情形就會是靜止不動或呈現倒退的情形。

如下頁左圖第一點時，地球與金星處在同一直線，到第二點時因為金星運行速度較快而超前於地球，到了第三點時行星雖然保持一樣的速度，但地球上的人們卻因為角度以及圓周較大的關係，看不到該行星有明顯移動。中國古代的占星家則稱這個點為「留」，因為從地球看去，該行星會有幾天停留在該點不動。

而到了第四點時，地球前進了一些，該行星卻是在較小的圓周上移動，就因為軌道是圓形不是直線，所以從地球上的觀測該行星時，這顆行星正在圓形的黃道上轉向且倒退。這樣的倒退有時呈現「之」字形有時呈現柳葉型，其

投射角度會維持1到2個月左右（水星有時只需要三週），之後地球觀測行星的角度又將恢復以往，因此行星看起來就像又開始正常的在軌道上運行，如同圖中的第五點。

至於地球運行的軌道在地球外圍的火星、木星、土星、天王、海王、冥王等行星，發生逆行的原因則與金星、水星不同，如右圖所示，一開始地球處於落後的位置（第一點），但由於地球的軌道較小、公轉的速度較快，很快的地球就接近該行星，到了第三點時，地球已經和該行星呈一直線平行；而到了第四點時，因為另一顆行星的軌道較長，移動的速度沒有地球快，也就是說被地球給追過去了，所以住在地球上的人會覺得該行星像是在後退（**就像火車快速**

前進時，移動速度較慢的人、車，或靜止不動的樹木等，對於火車上的人而言，就好像在後退一樣），而木星以外的行星（木星、土星、天王海王冥王等星）逆行通常要維持很長一段時間。

★行星逆行或恢復順行時會有強烈影響力

目前占星學家比較肯定的是，逆行發生的當天，以及逆行結束要開始恢復順行的前後，都會對世事產生強烈的影響力。過去一般認為，逆行的吉星通常被解讀為較無法發揮影響力，而凶星則容易帶來加倍的破壞力，但事實上並非每一顆行星都如此。

現代的占星家解釋行星的逆行，會造成當事人在某方面難以展現，注意到

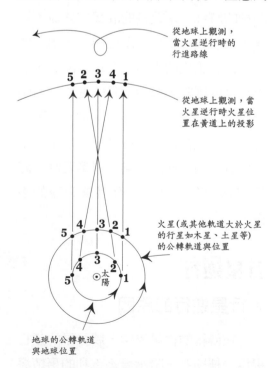

地球的公轉軌道與地球位置

水星或金星的公轉軌道與位置

從地球上觀測水星或金星逆行時在黃道上所投影的位置

從地球上觀測水星或金星在逆行時的進行模式

從地球上觀測，當火星逆行時的行進路線

從地球上觀測，當火星逆行時火星位置在黃道上的投影

火星（或其他軌道大於火星的行星如木星、土星等）的公轉軌道與位置

地球的公轉軌道與地球位置

「展現」這個關鍵詞，並不是指這個人缺乏該方面的能力，而是難以被別人觀察到，或是難以表現出來。因此逆行並不全然是壞事，一個人的星盤中多少會有 2、3 顆逆行的行星，用以代表生命中過早發展的事物。例如：金星逆行可能暗示此人太早體會到愛情，而對於之後的感情世界造成影響（**可能是負面影響或者對愛情不感到興趣**），使此人的愛情會在停滯多年後再重新開啓行動。

★水星逆行

根據經驗水星逆行時會帶來交通上的混亂，以及商業交易的不順利等等，特別是發生在水星逆行開始的當日，或是水星恢復順行前後的日子。舉例來說，由於西元 2005 年 8 月時，水星正處於獅子座逆行，在那半個月內大大小小的空難事件高居五起之多，並有三百多人因而喪生。在越接近水星恢復順行前的日子裡，傷亡就越嚴重。

西元 2004 年 12 月在水星逆行的週期裡，葡萄牙、委內瑞拉、阿根廷和加拿大就傳出了五起的軍機空難，並造成 18 人死亡。

對個人星盤而言，水星的逆行則會帶來不良的溝通能力，如發生在小時候則易產生在學習上的困擾。但並不是說逆行的水星會造就笨蛋或是智障，相反的，逆行的水星常會造就許多文豪與作家，或許正因為溝通受阻，或是早期自我表達不被人所觀察，反而會讓他們的

思考更加深入。不過水星逆行也可能帶來鑽牛角尖的結果，建議當事者不妨透過書寫來宣洩情緒。

★金星逆行

金星掌管金錢、情感和興趣，金星逆行週期最常觀察到的，就是許多怪異的感情事件。當金星逆行時，人們情感表達能力會受到嚴重阻礙，並因而引發感情上的紛爭或衝突，有時甚至會受到嚴重的驚嚇。在實際的觀察中，金星逆行的週期會讓合作的案件容易發生問題，此時所產生的國際紛爭也很難平息。

在個人的出生圖上，當出生時刻的金星正好逆行時，必須認真觀察此人對感情的態度，這樣的人情感通常較早熟，或是在很小的時候就易遭遇一段刻骨銘心的戀情，並且因為受到傷害，而不再輕易顯露自己的情感。不輕易表達感情並不代表此人沒有感情，反而可能是用情更深的多情種。

這時如果再加上不良的相位，常會讓當事人封閉自己的感情，想要開啓心門會是一件艱鉅的工程，絕非一年半載可以完成，有時除非等到他們年紀稍長，歷練也較成熟時，才有可能改變自己的情感態度。

★火星逆行

火星掌管行動，當火星逆行時常會帶來阻礙或拖延，事物的結果也較難預

測。一個人的出生圖中若有火星逆行，當事人的行動常不夠迅速，而在某些方面（**端看發生的星座與宮**）也較缺少野心或不喜歡競爭，除非有他人的催促，否則通常會花上較長的時間才能完成。

不過，火星逆行也不全然都只有壞事，如果沒有嚴重的相位衝突，火星逆行的人在行動前，通常也會有較仔細的計畫。

如果說火星在代表旅行、研究的第九宮逆行，會產生一種情形，就是極有可能花很長一段時間在學習和研究上。這種人雖然受的是科學訓練，但並不會否定宗教與哲學的意義，反而能用更客觀的角度來面對。只是，**當火星逆行於第九宮時，也可能會使當事人在某一段歲月對出國旅行興趣缺缺。**

★木星逆行

木星掌管運氣、擴張、理想與宗教哲學，有時也與法律有關。木星逆行的週期常會讓個人或是事件「擴張」的速度減緩。例如：公司的收購、增資、擴張版圖，或是個人的理想計畫實現、進修等，都會出現明顯的阻礙或發展遲緩的情形。

如果相位不佳時，也會讓當事人對這樣的擴張行動感到質疑，或甚至發現自己的計畫已經走錯方向等等。

因此，木星的逆行並非壞事，只是讓你有機會可以喘口氣，休息一下，順便檢視自己的計畫是否正確。畢竟有時

候卯起來向前衝，也會有衝過頭或走錯路的時候，遇到木星逆行的週期，就可以彌補這樣的錯誤發生。

不過一般占星師仍不建議人們在木星逆行時作出重大決定，畢竟木星掌管的是運氣，總沒有人喜歡觸霉頭吧！

此外，在出生圖當中木星的逆行，代表一個人在宗教或哲學上，抱持更為審慎的態度，這種人不是懷疑論者就是宗教哲學研究者，不會是一般的普通信徒。所以，對於任何信仰或哲學，除非本身深入研究，否則是不會輕易相信的。

這樣的人在自我實現上，較不易過於急躁，他們擴張人生領域的方式，可以用「蠶食」來形容，習慣一步一步慢慢進行。這是因為木星的急躁被逆行修正了，所以反而能顧及一般人忽略的細節，所以在龜兔賽跑中，這些人往往是典型的烏龜贏家。

★土星逆行

土星代表教訓、野心、經驗與束縛，當這樣的行星逆行時，可不是簡單一句「解開束縛」就了事。土星的逆行帶來錯綜複雜的效應，從正面來說這樣的人是檯面下的經驗主義者，他不會大聲嚷嚷地表示一定要遵循前人的傳統云云，但是一旦證實有效或有害的事情，他會牢記在心中，一輩子也不會忘記。

家人或小時候發生在身邊的事情，可能會帶給他一輩子的警惕，這樣的人

有點敏感早熟，卻不容易被人察覺，也或許是不願意讓人看出自己的目標，所以習慣隱藏自己。

這種人不能說沒有野心，但通常隱藏得很好，並且一邊謹慎的思考著如何達成目標，以及如何避開麻煩。

更重要的是，**出生圖當中有土星逆行的人，往往在年輕時，就知道他們這輩子要什麼、該怎麼做、該怎麼準備。但不一定會明白地表達出來，畢竟逆行的土星也會將他們的野心蒙上一層面紗**，而且這種人也需要時間來考驗過去所累積的經驗，或是過早發展的野心。

另一方面出生圖（或者流年當中）出現土星逆行，也容易帶來不安全感與挫折感，讓人有說不出的難過與束縛、退縮與害怕，以及不敢面對挑戰等等的情形出現。當土星逆行時，必須學會更加小心處理事情，且勇於面對事情的真相。再加上土星也是「業障之星」，該來的是怎麼躲也躲不掉的，還不如認真地面對。

★天王星逆行

從地球的角度看來，天王星與其外圍的兩顆行星，經常處於逆行的狀態，而且逆行的時間長達三、四個月，冥王星甚至會長達半年。由於這三顆行星的運行速度較慢，影響所及會擴及整個世代，所以在個人星盤裡的影響力反而變得較小。

不過當這些行星進入重要位置（上升、天頂、角宮），或是與其他行星產生強烈的相位時，就不可以忽視他們所帶來的改變。

天王星掌管改革與變動，如同前面所提，行星逆行不見得會使行星失效，有時反而會產生更巨大的能量，天王星逆行所帶來的改革，代表的就是經過仔細考慮之後的改革。受到逆行天王星影響的人，他們雖然想要與眾不同，但絕不會是標新立異，很可能是捉摸不定的性格，或有特殊的品味或堅持。

許多政治家或社會運動的領導者，都有強勢的天王星逆行出現在顯著的位置，如：接近上升星座、天頂、天底或角宮（第四、七、十宮）的開端。這些人或許不願意操縱別人，但卻對其他人有著強烈的影響力，換言之，他們可以用另一種方式操縱他人。

★海王星逆行

海王星掌管直覺、夢幻與藝術，逆行的海王星有種撥開迷霧的效果，但往往看見的卻是傷人的真相。

海王星所掌管的夢幻與藝術在逆行時會變得更為深刻，如果他們取得強勢的位置，很有可能會造就偉大的藝術家、音樂家或詩人。但是，如果逆行的海王星處於不佳的位置與相位，這種人通常比較敏感脆弱，心靈容易受到傷害，反而會把自己關進幻想的世界中。

★冥王星逆行

冥王星每年幾乎有六個月在逆行，這也是為什麼我們說一個人的命盤當中多少有一兩顆行星會遇到逆行的原因，冥王星掌握蛻變與轉變，通常不會對個人發揮直接的影響力。

所以冥王星逆行的影響力比較是經年累月，以潛在的、慢慢的蛻變，並同時檢討內在的自我。除非冥王星在上升、天頂或角宮等重要位置，或與其他重要行星產生交會，否則無法輕易檢視出冥王星的特殊影響。

解讀行星吉凶的技巧

(1) 從行星的職掌，搭配行星所位在的星座與行星的吉凶來解釋。例如：太陽代表一個人的個性；月亮代表潛意識、情緒、居住環境和女性的關係；金星代表喜好、興趣、喜歡的女性等，這是星盤解讀最基礎的部分，所有受過基礎占星訓練，或是多看點星座書的人都可以做到這個地步。

(2) 傳統占星學中的火星、土星，以及稱為現代行星的天王星、海王星、冥王星等，有吉凶之分。在解讀個人命盤時，除非出現負面角度，否則不必將這些行星視為凶星，但世俗占星學或卜卦占星學，則對行星的吉凶有其他代表的意義。

(3) 接下來就是如同上一節中提到的，從行星的宮位和相位來分析，這需要一些訓練，剛開始或許會有所混淆，不過卻是解讀命盤當中相當重要的部分。

(4) 行星所在的位置替行星帶來的吉凶，行星之間的相位與交互影響，以及相位圖形，則有特殊的意義。

(5) 從行星所守護的宮位來解讀。這通常需要一段時間的練習，由於綜合之前所有的技巧，牽連的層面相當複雜，但對於進階的命盤解析則有很大的幫助。特別是在解讀流年命盤時，會有更準確的判斷。

第七章　行星的相位及相位圖形

在一張占星圖中，如果把黃道比喻為舞台，十二宮位是舞台上的佈景，那麼行星就是其中最重要的演員。

每顆行星的特性不同，執掌的事情也不盡相同，而行星之間的相位，則代表這些事物之間的相互關係。相位指的是行星之間的角度，如果一個人的太陽位於獅子座 20 度，而月亮在射手座 20 度，那麼這兩個行星之間就有 120 度角的差距，亦即所謂的「三分相」。

除了行星之外，占星師也常把上升星座與天頂等重要位置，納入相位的計算中。此外，南北月亮的交點以及幸運點等，也是解讀星盤時重要的參考依據。

一般來說，**相位可以分為合相（0度）、柔和相位及強硬相位**。傳統占星學認為柔和相位是較正面的相位，包括了 120 度角（三分相）、60 度角（六分相）、30 度角（半六分相）。強硬相位則包括 180 度角（對相）、90 度角（四分相）、45 度角（半四分相）和 135 度（十二分之五相），一般來說這些相位的刺激力道較強，而且傳統的占星師認為這些都是負面的角度。而近年來許多占星師也對 150 度角（八

分之三相）做了許多研究，認為這個角度在星圖上有強烈的作用，但對於其所帶來的吉凶仍持保留態度。

相位的解讀除了正面的柔和與負面的強硬，依據影響力的強弱也分為強相、中相與弱相，強勢影響的包括合相、柔和相位的 120 度、負面相位的 180 度與 90 度，這些相位在命盤中會帶來強烈的特徵。中相包括 60 度與 150 度，影響力僅次於強相，弱相則有 30 度角、45 度角與 135 度，這樣的弱相角度除非具有關鍵位置（**例如：擁有弱相的行星，又正好處於其他兩個行星的中點**），否則占星師通常不太解釋其吉凶。

相位之間又有所謂的「角距」（Orbs），也就是說，行星之間雖然沒有剛剛好形成角度，但角距在容許值內的正負誤差裡，仍可算是形成相位。舉例來說，如果一個人的太陽在天秤座 10 度，而金星在天秤座 2 度，因合相具有強勢影響力，因此角距在 8 度之內，那麼這個人的太陽與金星就可以算是合相。相位之間的角距越接近，就稱為「緊密相位」（Close aspects）。相位越緊密就代表事情發生得更加自然，

也比較不容易找出原因，對個人的影響，就像是與生俱來的壞脾氣或急性子等，但若是相位間的角距越大，就表示較容易找出事情發生的原因。

所謂的「正相位」就是指兩顆行星形成相位的角度相同，沒有太大的誤差（例如：**太陽在天蠍座 15 度，月亮在金牛座 15 度所形成的對分相就是正相位。**），如果僅相差 1、2 度則稱其為緊密相位。而入相位指的是，兩顆移動當中的行星，移動快速的行星將要與另一個移動較慢的行星形成相位，也就是說相位已經在角距容許值當中，且將要

形成正相位。例如：移動較慢的土星在金牛座 10 度，而月亮在魔羯座 2 度，兩者間的距離已經進入了三分相的容許值 8 度，而且月亮持續前進，此時稱為入相位。

當月亮前進魔羯座 10 度時，正好與土星的金牛座 10 度成為三分相，且此相位的差距是 0 度，稱為正相位。而「出相位」是指移動較快速的行星已經離開正相位，並且慢慢地遠離中，如同前一個例子，月亮前進到魔羯座的 11 度時，雖然在三分相的 8 度容許值中仍算是形成相位，但已經離開土星，就稱

相位的解讀

第一步

我們要找出是哪兩顆行星產生相位。例如：月亮與土星產生相位時，必須先釐清這兩顆行星代表什麼意思，月亮有情緒、安全感、需求、日常生活與母親、女性伴侶的關係，與自身女性層面的關係有關。而土星有限制、壓抑、穩固、蕭條、權威等意思，試著把這兩者的關鍵字作結合，找出例如：自身的女性層面受到限制，或情緒（需求）受到壓抑，等有意義的字眼。

第二步

找出這兩顆行星所在宮位所代表的生活層面，或是星座所代表的特質。例如：在第一宮的月亮可以代表自我（第一宮）的女性意識（月亮）或自我的（第一宮）的需求（月亮），第七宮的土星可以解釋為，他人的（第七宮）權威（土星），法律的（第七宮）限制（土星）。第四宮的土星可以解釋為家族中的（第四宮）長者（土星）等。

第三步

我們要觀察兩者產生的相位是哪一種型態，代表交換特質的合相？或是協調共鳴的三分相？或是僵持壓抑的四分相？或是對立、刺激互動的對分相？將這個相位的關鍵字與動態帶入剛剛找出的意涵當中，以剛才的例子第一宮月亮與第四宮土星的四分相，可以解釋為自我的（第一宮）女性意識（月亮）受到父母的（第四宮）權威限制（土星），而有著備受壓抑的感受（四分相）。或者第一宮的月亮與第七宮的土星形成對分相時，我們可以解釋為，自我的（第一宮）需求與情緒（月亮）受到伴侶的（第七宮）限制（土星），而有著激烈的對立（對分相）。如此一來我們就可以輕鬆的作出相位的解讀了。

做出相位。正相位通常代表事情將要發生，出相位則代表狀況即將消失。

許多占星初學者往往對於相位感到頭痛，不知該如何解釋，事實上，相位的解讀並不難。

底下將針對上述的相位進行定義，至於不同行星的不同相位，則會在後面的章節中加以詳述。

常見相位

★合相

符號：☌

角度：0度

角距：前後8度內

合相（Conjunction）通常被視為是正面的角度之一，但在某些時候則會削減該行星的特色，所以不能完全視為正面的相位。正確的說法是，合相會讓兩個行星的特質（無論正面負面）互相結合，並產生影響。合相是一張星圖當中重要的位置，解讀個人星盤時千萬不可以錯過，因為這個位置將是個性的重點之一。例如：當一個人的火星與木星形成合相，那麼火星的行動力與爆發力，將會受木星的擴散傳播力影響，使這個人常有誇張且令人驚訝的舉動出現，因此其影響是很難判定好壞的。

值得一提的是，除了一顆行星的前後8度內可以算是合相之外，占星學上有另一種類似合相的作用，稱為「互融」（Mutual reception），要了解互融是如何形成的，就必須先熟悉行星及其守護星座，在個人星盤中，當火星進入了雙子座（由水星守護），同時水星也進入牡羊座（由火星守護）時，就稱為互融，就算這兩個行星之間沒有真的產生任何角度，但因這兩顆行星藉由其交換守護位置，也會產生交流共鳴，所以火星將會被水星的特色強烈影響，水星也會被火星的特色影響。

合相的相位代表著和諧與調和，與負面角度所帶來的對立衝突或壓力有所不同，其影響力則和另外兩種柔和相位差別不大，區隔上也不是那麼地明顯，同樣都帶有幫助、幸運與協調的成分在。

無論在肇生占星學或是卜卦或是世俗占星學時，當一顆行星具有負面相位

☌

柔和相位（正面相位）
合相，0度

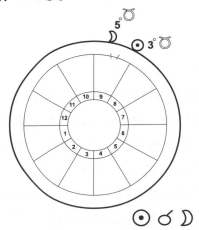

⊙ ☌ ☽

帶來壓力或衝突時，若同時與另一顆行星產生正面相位，則暗示這些壓力與衝突正是解決之道。西方占星家又稱正面相位爲「柔和相位」（Soft aspect），表示兼具包容與柔和的轉變能力，而相對的，較負面的角度就稱「強硬相位」（Hard aspects），常帶來較多的衝突或挑戰。

★三分相

符號：△

角度：120度

角距：前後 8 度

120 度又稱做三分相（Trine）亦即是一個圓 360 度的三分之一，這樣的行星角度所產生的共鳴多半是正面的，也能讓行星發揮較具建設性的影響力。120 度的三分相具有和諧的特質，也可說是一種帶來幸運的相位，通常也能讓某些特色變得更爲明顯，透過不同屬性的行星所產生的三分相，會讓事情變得更爲完整。

舉例來說，如果太陽、火星、木星等行星之間形成三分相，就會讓這些行星的陽性特質，變成一種讓人印象鮮明的特色，當事人在該行星所處宮位的積極表現也會讓人印象深刻。如果屬於陽性行星的太陽、火星、木星、天王星，與陰性的月亮、金星、土星、海王星、冥王星產生三分相，對於當事人的性格也具有協調作用，能讓其行動更加完備。

不過，120 度角所帶來的和諧與幸運，有時也會爲當事人帶來盲點，例如：天生具有數學頭腦的人，很難察覺到其他人計算程式分解時的痛苦，因爲這對他而言根本就像是吃飯喝水一樣簡單。擁有很多三分相的人可說是天生的幸運兒，但也很容易成爲被寵壞的孩子，很可能無法體會賺錢的辛苦，或是不知該如何珍惜幸福等等。以聲樂家的例子來說，能夠輕易唱到高音的人，或許可以當一個出色的男女高音，卻很難指導學生如何唱出高音。

此外，三分相通常也代表與生俱來的天賦，這些天賦有時連當事人本身都不自覺，只是自然而然地流露出來。而三分相對於組成這個相位的行星，則具有和緩與和諧的作用，並依據行星原本的特性，產生正面的影響力。例如：火

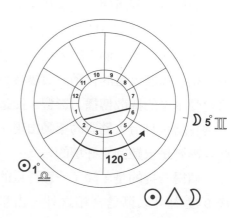

三分相，120度

星原本帶有衝勁，表現在行動上則帶點暴力色彩，而經由 120 度角所帶來的影響就是推進力與行動力，不過當然還必須看該行星所在的星座賦予的特色。

★六分相

符號：⚹

角度：60 度

角距：前後 4 度

六分相（Sextile）同樣具有調和的作用，並依據行星的特性去發揮正面的影響力，和 120 度角的三分相有些類似，但從影響力的強弱來說則屬於中等。如果硬是要區分出六分相的特色，那麼六分相具有幫助與調和，與三分相那種強而有力的無形影響，更能讓人清楚地感受到。

打個比方來說，如果 120 度的三分相讓一個人天生就有個富爸爸，從不必辛苦賺錢，那麼 60 度角的六分相就是有一個懂得理財的顧問指導當事人如何理財。這樣的正面影響是有自覺地受到幫助或是聽從建議，在個人的個性或行動也會產生正面的改變，比起三分相來說六分相更增添了多樣性與技巧。

三分相與六分相的差別在於，三分相與六分相除了天生感受與努力不同之外，六分相的互動性更為明顯，三分相的互動則代表自然而然的形成，就像是一眼看到就很投緣的朋友。而六分相的互動則需要多點努力，所以友情也會更為明顯，通常六分相代表著友誼、機會、與他人的良性互動，或經由某些事件帶來的朋友。

★半六分相

符號：⊻

角度：30 度角

角距：前後 2 度

30 度角又稱作「半六分相」（Semi-sextile），也帶有調和的意味，但因為屬於「弱勢相位」，發揮影響力的時機不多，多數占星師認為半六分相的影響力，只有在成為其他兩個行星的中點，或是相當緊密小餘 0.5 度的容許值（例如：太陽在魔羯座 10 度而月亮在水瓶座九度五分，此時兩者之間相距角度是 30.5 度，與半六分相的 30 度之間只有 0.5 度的容許值差距），時才會發揮作用，其發揮的特性就像是雪中送

⚹
六分相，60度

♀5 ♓

♂7 ♑　　☉ ⚹ ♂

ⅴ
半六分相，30度

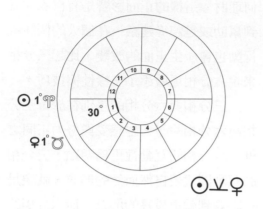

炭或是臨門一腳的幫助，雖然不大，卻具有非常關鍵的影響。

因為半六分相帶來的調和，常會讓這些行星與所在星座的特質，產生些微不同調的情形，有些占星師甚至認為半六分相可以算是一種弱的負面相位。半六分相就像是家人每天的叨念，雖然和自己的個性不合，但卻會在關鍵時刻產生幫助。

★對分相

符號：☍

角度：180度

角距：前後8度

180度角稱為對分相（Opposition），由於行星處於一個圓最對立的兩端，正好是性質最具衝突的兩個星座。對分相代表衝擊，由於行星處於對立星座的位置，就算是原本溫和的行星，也有可能因為所處星座的對立性質而產生衝突。

例如：月亮與金星在本質上並不衝突，但因為月亮在天秤座，而金星卻處於相對的牡羊座，那麼金星在受到牡羊座的影響後，就容易帶來衝動與草率的感情態度與自負，嚴重的影響天秤月亮，而出現隨時需要有人陪伴的心態。這也可以解讀成，因為想要隨時有人陪伴，加上衝動草率的感情態度，讓這個人的情感世界顯得相當複雜混亂。

如果這時又正好相互形成180度的對分相，就會造成當事人嚴重的自我譴責與內心衝突。

對分相會使行星的影響力減弱，並帶來負面的影響，其負面的影響則可從行星的負面特質來觀察，例如：太陽帶來自負、火星帶來破壞、木星帶來放縱或擴散，或是天王星帶來混亂等。此外，陰性行星則會帶來情緒化，並造成

☍
強硬相位（負面相位）
對分相，180度

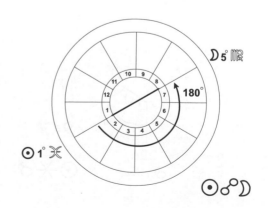

失敗（月亮）、軟弱無力（金星）、封鎖限制（土星）、模糊錯亂（海王星），或是退縮蕭條（冥王星）。

對分相通常會造成顯而易見的衝突，特別是關係上的衝突，其破壞性很強，如果沒有好的相位帶來抒解，對該行星將會有非常嚴重的影響。但凡事沒有全然的好也全然的壞，大部分的占星師仍認為，對分相與四分相能帶給人們更多驅動力，並讓此人活力十足。

一個人的星盤中如果有許多對分相，這種人常喜歡在他人身上尋求意見，並驗證自己的想法，喜歡從他人身上來認識自己，但時常造成矛盾並鑽牛角尖。克服困難是這些人該做的事，他們不像擁有很多三分相的人一樣可以茶來伸手飯來張口，但卻比這些人更有機會成功。

當占星師面臨這樣的性格時，必須瞭解這種人對事情的要求很高，總想讓自己和事情更加完備，因此可以建議當事人不必太拘泥小節，而應著重在自我平衡與調節上，如此一來，才能更早發現生命中的課題，並進一步替自己與他人帶來幸福。

★四分相

符號：□

角度：90度角

角距：前後8度

90度角又稱「四分相」（Square），

與對分相不同的是，四分相並不是那麼直接地帶來衝突，而比較像是一個壓力點，暗示著壓力、困難、不順利與刺激。當四分相出現在個人星盤中時，暗示著強烈或負面的干擾，而世俗占星學或是時辰卜卦圖的解讀，則是暗示著壓力的出現。

如果要和180度角所形成的對立衝突作比較，那麼90度角則比較像是因為不同層面的考量，所帶來的壓力、緊張與困擾。對分相造成的緊張與破壞，通常與他人有關，特別容易破壞此人與他人的關係，而四分相的緊張和刺激，則是容易帶來沮喪，或相反地引發行動去改變現況。

但四分相的困擾與壓力，也是幫助人們成長的關鍵，讓人舒服的三分相或六分相是不會帶來刺激與進步的，所以應該主動面對四分相所帶來的刺激與反

□

四分相，90度

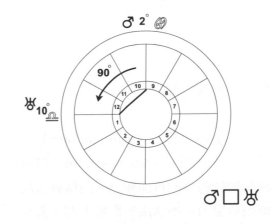

♂□♅

省，不要害怕壓力和挑戰，才能幫助自己更上一層樓。要知道幫助人們成長的不是那些舒服的三分相或六分相，而是對相分與四分相。

★半四分相

符號：∠

角度：45度角

角距：前後2度

∠

半四分相，45度

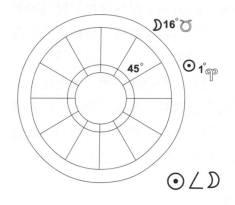

★八分之三相

符號：⊡

角度：135度角

角距：前後2度

　　「半四分相」（Semi-square）、「八分之三相」（Sesquisquare）這兩種都屬於弱勢的負面相位，同樣會引起緊張與壓力，不過由於影響力弱，真正引起壓力的機會不大，但也容易因為忽

⊡

八分之三相，135度

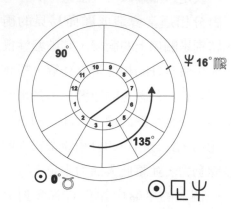

略而引發意外。就和正面相位中的30度角一樣，弱勢角度通常只在兩行星的中點發揮影響力，並造成小小的緊張或小小的困擾，有時也會造成失誤或是遺憾，而包容、放鬆與幽默感，是這兩個角度所必須學習的。

敏感角度、次要相位與無相位

★十二分之五相

符號：⊼

角度：150度角

角距：前後2度

　　150度角「十二分之五相」（Qunicunx）是一個相當特殊的角度，過去曾有占星師認為這個角度屬於負面角度，和死亡、疾病等息息相關，

⊼
十二分之五相，150度

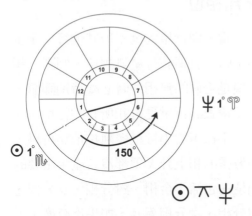

⊙1♏

Ψ1♈

⊙ ⊼ Ψ

但也有人認為這個小角度根本不值得注意。占星相位大師蘇·湯普金（Sue Tompkins）認為，這個角度所帶來的疾病與意外，多半是由心理上的長期擔憂所造成的。

不過現代占星師多半認為，150度角屬於模糊且敏感的角度，而且比起半四分相、半六分相等角度來得重要許多，150度角常暗示著心理、健康與財務方面的問題。特別在心理上，150度角常讓人覺得自己不夠完美或是對於自身或某些事物感到缺憾，於是產生對他人的過分需求，或因此去做一些不該做的事情，或對不公平的對待表現出委曲求全、自我貶抑等姿態。

基本上150度角發生在兩個無法互相感受的對立星座上，兩個不同性質的星座產生互動，的確容易帶來緊張，但卻與負面角度帶來的衝擊不同，而比較是模糊而曖昧的，讓人不能坐視不管。唯一的方式是重新整理所有的事物，特別是這兩顆行星所在宮位所涉及的事情，並且要有勇氣作出變革，也因此不要忘記150度角有需要調節的意味，暗示著對於我們所不願意面對的事物應有的態度。

★五分相

符號：Q 或 Qnl

角度：72 度角

角距：前後 2 度

Q
五分相

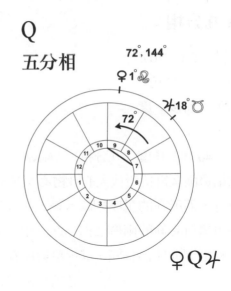

72°,144°

♀1♌

♃18♉

72°

♀ Q ♃

「五分相」（Quintile）為行星呈72度角時，這個角度與創造和精神層面的活動有關，也代表著這個人所擁有的天賦，而倍五分相144度也有同樣的效果。

★七分相

符號：7 或 Sep

角度：51.26 度角

角距：前後 2 度

當行星呈 51.26 度時，這個角度相當特殊，與過去的業有關，也有人認為七分相（septile）暗示某件當事人必須深入探討的課題。當這個相位出現時，表示這個人必須在該方面多作努力，並對該宮位所帶來的困擾作加倍的付出，而七分相的雙倍 102.51 度與三倍 154.48 度等角度，也有同樣的影響力。

★九分相

符號：9 或 Novl
角度：40 度角
角距：前後 2 度

40 度的角度「九分相」（Novile），意指這兩個宮位所代表的事物必須同時進行，而所在的星座則暗示著，完成這件事情所必備的兩個法則。九分相通常也和婚姻或伴侶有關，其行星與所在星座則暗示當事人的伴侶，必須具備何種性格或特質，只是這通常和當事人心中認定的有所不同。

★十分相

符號：10 或 Dec1
角度：36 度角
角距：前後 2 度

36 度角「十分相」（Decile）暗示當事人容易遇到的困難，通常是因內在

個性所引起的問題。

★無相位

當一顆行星完全不與其他行星產生相位時，就稱該行星無相位，判斷一顆行星是否真的無相位時必須特別謹慎，除了檢查該行星是否和所有的行星（大多人不採用的小行星與阿拉伯點可以不必考慮）和上升天頂都沒有產生主要的相位（包括了合相、對分相、三分相、四分相、六分相等），如果沒有產生上述的相位，就能判斷這顆行星是無相位。

無相位引起的討論相當特殊，首先該顆行星與所在的星座、宮位所代表的意義，將會在這個人的性格上明顯的呈現，卻也常是這個人的人格當中，無法依靠個人力量整合的部分。有時甚至得藉助心理諮商等力量來撫平這樣的傷口。

例如：當某人的水星在處女座與第七宮，當中沒有和任何行星還有上升天頂產生合相、對分相、三分相、四分相、六分相等角度時，我們就可以判斷，這顆水星是無相位行星。而水星所代表的溝通學習、處女座所代表的規律、健康、服務精神，和第七宮代表的伴侶，都可能成為此人性格當中相當特殊突出無法自我整合的部分。

當事人可能對伴侶關係（第七宮）有一套獨特（無相位）的想法（水星）。也或許他對所有的科目都沒興

趣，但對於健康醫療（處女座）或是法律（第七宮）有著令人驚訝（無相位）的學習熱誠，也可能是自我情緒困擾（處女座）引發的學習障礙（水星），這些例子都可能出現在水星的無相位當中，無相位常帶來個人的困擾，需要靠著他人的力量，才能夠將這些突出的人格特質整合。

★天球赤道相位：平行與對立平行

在遵循古老傳統的時辰占卜占星學當中，習慣應用星球南北緯的度數來進行一些判斷，例如：遺失物品的位置。而過去占星師也將星球的赤道緯度，當作一個重要指引座標。但是這種天球的立體概念沉寂了好一段時間，許多占星師也因此將命盤上的二度空間視為宇宙的縮影，不過在今日，有許多占星學家不斷的提出呼籲，要正視天體的三度空間特性。也就是不要只注意行星們在黃道上的座標，也要注意行星所在的赤道緯度。

「天球赤道相位」（Declinational Aspects）是美國占星師凱薩琳包瑞（Katherine Boehrer）在 90 年代重新提出的觀念，她應用黃道與赤道傾斜 23.5 度的概念，找出行星與天球赤道相對應南北緯度度數，因而產生相位。

例如：當太陽在天球赤道的北緯 12 度時，若同時有其他行星也落在天球赤道的北緯 12 度時，就稱為「平行」（Parallel），其符號是「‖」，屬性與合相類似。若行星的天球赤道位置在北緯 10 度，而另一個行星的位置卻在南緯 12 度，就稱為「對立平行」（Contra-parallel），符號畫作「⫫」，其屬性則類似對分相，而這兩個相位的容許值都只有一度。這樣的立體角度也說明了，占星學不應只存在於一張紙上的平面，而應該將出生圖以立體的宇宙觀來看待。

相位圖形

相位圖形亦即正負面相位的延伸，幾個正負面相位組合起來，成為特殊的圖形時，就被視為特殊格局，並替當事人的性格帶來一些特殊的表現。其實，在許多人的命盤中都可以看見一到兩個相位圖形，而常見的相位圖形則有「大三角」、「大十字」、「T 形」、「風箏」、「上帝之指」和「星群」等。

★大三角

大三角（The grand trine）的出現，是因為三顆行星（**包括上升、天頂、幸運點**）出現三個相互連接的三分相。例如：月亮在水瓶座 2 度、太陽在天秤座 5 度、土星在雙子座 1 度，這三顆行星正好各處於一個正三角形的三個端點，如果把相位線畫上去，就會清楚的看見一個正三角形。

大三角的相位圖形，通常替一個人

★大十字

在傳統占星學中，**如果說大三角會帶來幸運，那麼大十字（The grand cross）就是厄運的表徵，因為十字在拉丁語系中本來就和酷刑、殘酷有關。**大十字的形成是四顆分別相隔90度的行星在黃道上交會，如果將相位線畫出，就會看到一個十字架。撇開「十字」與「殘酷」在文字上的連結，光是想像兩個180度的行星正面衝突，就夠讓人不舒服的了。

大十字的確會帶來許多困擾與衝突，特別是內在性格上的問題，這種人需要花許多力氣在人格整合上，在人生的道路上也比其他人有更多困難。大十字的位置通常落在四個屬性不同，性質卻相同的星座。包括白羊、巨蟹、天秤、魔羯的大十字，又稱做基本宮大十字或開創星座大十字，這樣的人在輕易展開行動時總容易遇到麻煩，也容易有

帶來某些不需要努力，就能夠擁有的天賦才能。而從不同的星座性質或宮位性質，則可解釋出當事人的能力在哪裡。例如：**風相星座的大三角代表知性與理解層面的天賦；水相大三角表現在情感上；火相大三角則帶來行動與自信；土相大三角則顯示在物質方面的幸運。**而宮位的部分，一、五、九宮形成的大三角會帶來天生的自信與樂觀，二、六、十宮若有行星形成大三角，則表示工作與金錢上有天生的好運氣與管理能力，三、七、十一宮的大三角則表現在人際關係與溝通方面，四、八、十二宮則表現在精神與深入思考、神祕學等事物。

不過有些占星家認為，大三角雖然替一個人帶來天賦，有時卻也會帶來困擾。例如：比較懶散的人如果有大三角，就會更不懂得警惕自己，也不容易記取教訓，這樣的人本身或許不自覺，但卻會讓身邊的人相當困擾。雖說如此，大三角仍是一個帶來幸運的角度。

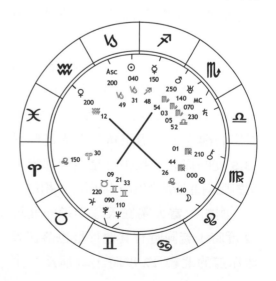

親情與家庭事業上的問題，常有自我認同的困擾，究竟自己該成為父母所期待的好兒子（巨蟹），還是上司所期待的好員工（魔羯），或是伴侶眼中的好丈夫（天秤），或者該去做自己最想做的自己（牡羊）？

另一種組合為雙子、處女、射手、巨蟹，稱為變動宮或變動星座大十字，通常是個性上的猶豫不決與多變帶來困擾，在感情上容易有鑽牛角尖，或因個性隨性善變而碰到困難。這些人的困擾常在於服務他人、治療他人（處女）與犧牲自我（雙魚）的主題上，生活當中的知識與思考問題也常成為這些人的困擾。例如：我要從哪裡獲得資訊和知識（雙子），這些資訊和知識的細節為何？要如何檢驗分析（處女），這些知識是否就是人們所說的真理（射手）？這些知識是否能夠幫助人們有所成長，或是從痛苦中解脫、超脫輪迴？

最後一種稱為固定星座大十字，這種由金牛、獅子、天蠍、水瓶形成的大十字，是占星家們最不看好的一種大十字，因為這樣的人很固執，執念會讓他們不懂得何時該放手，也較不懂得變通，就算選擇的方向錯誤也不容易回頭，這樣的人也常對物質金錢相當敏感，他們常困擾著要如何賺錢？要如何支配自己的財產（金牛）、要如何與他人分享榮耀名譽（水瓶），與金錢物質（天蠍），又要如何創造自己的榮譽與名聲和物質（獅子）。

有大十字的人在別人眼中常常自找麻煩，如果沒有吉利的相位在一旁化解，更會讓本人備受煎熬。但從另外一個角度來看，大十字也會讓人提高警覺，雖然常常遇到麻煩，但也容易養成習慣面對挑戰的個性。有大十字的人很少是溫室中的花朵，對於麻煩也比較能處之泰然，甚至能因此闖出了一番名號。畢竟，在逆境中求生存也是許多名人或偉人必備的條件啊！

★ T 形相位

T 形相位（T-Square）又被占星家們稱為等腰三角，擁有 T 形相位圖形是一件累人的事。由於等腰三角形是由三個互成 90 度的相位線組成，三顆行星相互成為 90 度，其中兩個行星就是對衝的 180 度，而另一個行星則分別和這兩個行星呈 90 度，因此兩個對相的行星就像是 T 字的橫槓，介於中間的行星則成為 T 字直線的端點（**我們通常稱**

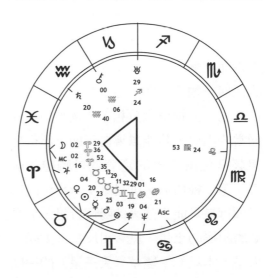

為 T 形第三顆行星），而這顆行星也就是壓力的聚集點。

T 形三角的圖形相位擁有強大的能量，由於對衝行星的能量完全加諸在第三顆行星上，會使得這顆行星所在的宮位承受最大的壓力，或是會讓當事人的個性較為壓抑。這個位置也是最具有挑戰的地方，假設某人的火星在第十宮，而木星在第四宮成為 180 度的對相，這時候土星在第七宮的位置又分別和火星、木星呈現 90 度，土星與所在的第七宮則會成為壓力所在。

這可以解釋為當事人忙於應付著家人的期望（第四宮的木星），另一方面又想要實現自己的理想，在外頭闖出一番名號（火星在第十宮），當兩件事情有所衝突已經忙得不可開交時，當事人和伴侶之間就會有溝通困難的情形，或時常陷入冷戰（第七宮的土星），而這時候 T 字底端第七宮的土星，也容易成為壓力的焦點，並時常成為被犧牲的部分。

不過，T 形三角的狀況會因為兩種因素而化解，第一種是當 T 形三角當中的任何一顆行星與其他不在此三角的行星產生三分相或六分相，會讓壓力找到適當的出口，將能量導向正面，該行星與該宮位所代表的意義就是難題的解答。第二種情形，則是當 T 形相位的第三顆行星是能量強大的陽性行星，或是耐磨耐操的土星，就會用反抗（太陽、火星、木星）、變革（天王星）的態度

來挑戰這樣的問題，如果是土星或冥王星，也因善於承受壓力而能成為支撐力量。但如果是水星、月亮、金星、海王星等，則需要外力的幫助來化解這樣的壓力。以上述的例子來說，如果圖形沒有與任何吉相位交會，那麼土星的應變方式，就是保持冷漠與忽視的態度，來面對婚姻上的問題，並默默承受這種壓力。

★風箏

一只風箏（Kit）要能夠飛得起來，必須有均衡的風箏結構加上逆向的風，才會讓風箏飛得又高又遠。在占星學家眼中，風箏是相當漂亮的圖形相位，其組成包括一個大三角，加上某顆與大三角中任一顆行星呈現對相位置的行星，而此行星卻又分別和另外兩顆行星成為六分相，這時畫出來的圖形就像是一只風箏。那顆與大三角中某顆行星對衝的行星，又稱為端點，是一個關鍵

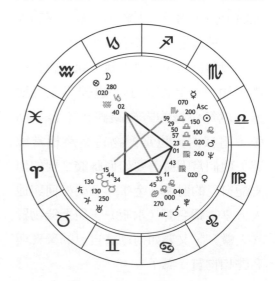

位置。

　　風箏的圖形相位之所以好，是因為它不只有帶來幸運的大三角，還有一個衝突的對相可以帶來能量（負面的180和90度被認為會帶來強而有力的能量）。一個人如果單單只有大三角，或許反而表現不出優點，只會被幸運所蒙蔽，但因為其中某顆行星受到負面角度的刺激，使得這個大三角的幸運更能夠顯現出來，而個人也有所自覺，所以會更為靈活地處理這樣的問題，也更懂得掌握自己的機會與好運。有風箏圖形的人擅長於處理問題與挑戰，懂得利用自己的長處與優點來克服困難，在面對壓力時也能夠從容以對，自然會讓他們有更傑出的表現。

　　在判斷風箏圖形時必須注意，一個完整的結構有時除了對衝的行星之外，如果其他兩顆行星沒有和端點的行星形成六分相，並在容許值的4度當中，如果超過或小於容許值的4度就不能算是風箏圖形了。如果端點的行星剛好處於該行星的守護星座，則會因為足夠的能量而引起強大的共鳴，這樣的端點和他的位置，暗示著是什麼樣的事物會帶來這種諧和且強大的能量。

★上帝之指

　　這種相位圖形，指的是有顆行星同時與另外兩顆行星形成150度角，這種圖形有點像是一支箭頭，有人則套用猶太教中的「上帝之指」（Yod）來形

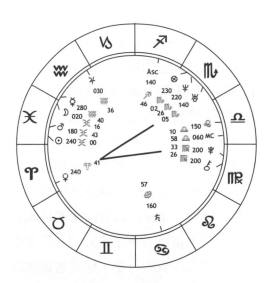

容這樣的角度。由於150度角（亦即十二分之五相位）是一個敏感的位置，而同時承受兩個150度角的行星就是「手指」的部位，又稱「端點行星」（Apex planet），也就是敏感的位置所在。

　　較為宿命論的說法是，「上帝之指」暗示著一種無法避免的命運，想想看150度角在占星學中與財物和身體健康甚至死亡的暗示，這隻手指指出了當事人的使命，至於是什麼樣的任務，則要看端點行星所在的宮位。上帝之指通常會帶來與本人意志相違背的劇烈改變或大挑戰，這些壓力容易出現在端點行星的宮位。而非端點的另外兩顆互成60度的行星與宮位，則暗示著能夠給予幫助適應挑戰的能力。

　　也不要忽略和焦點行星呈現正對面180度那個位置的星座和宮位，我們稱為反應位置。例如：某人的「Yod」的

焦點行星位在第二宮的獅子座，那麼和焦點行星呈現 180 度的位置就是第八宮（第二宮的正對面），與水瓶座（獅子座的正對面）；而第八宮暗示的是他人財產、性愛、死亡，以及水瓶座所暗示的社團與獨立精神也會是此人注意的重點，當流年或是合圖中的某個行星出現在「反應位置」時，會讓此人帶來更明顯的壓力，這種狀況會暗示著挑戰的任務出現。當事人有了充分的心理準備後，所開始採取的行動，通常透過非端點的另外兩顆互成 60 度的行星還有宮位的互動，會替這個人帶來啟發，重新替自己的生命歷程定調。

如果一個人本身的命盤的反應位置就正好有一顆行星時，則稱為「封閉式的上帝之指」（Closed Yod）或稱為回力標（Boomerang），和其他案例不同的是，非端點行星所在的宮位，或是該行星暗示著自我成長、醫療或解決問題的能力。

但這樣的能力，容易被當事人給刻意忽略，或許是因為壓力或恐

懼，使得當事人不敢觸碰。同時此人會一直執著於端點行星所在宮位所代表的事物，與反應位置宮位所代表的事物。長久的忽略非端點兩顆行星，也容易替此人帶來身心上的困擾。

★星群

在占星學上，當三顆以上的行星在同一個宮位，或同一個星座形成合相時，就稱作「星群」（Stellium）。舉例來說，如果水星在巨蟹座 5 度、太陽在巨蟹座 9 度、金星在巨蟹座 14 度，最後又加上木星在巨蟹座的 21 度，這些行星串連在一起，就稱為星群。

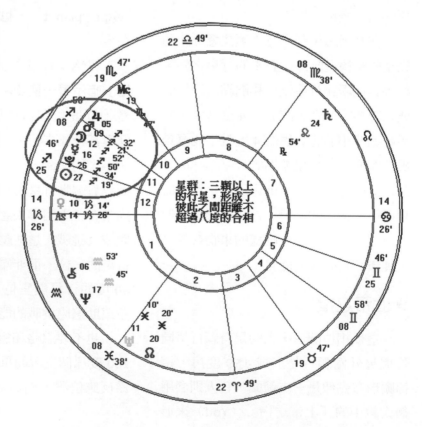

星群：三顆以上的行星，形成了彼此之間距離不超過八度的合相

當一個人有一群行星落在同一星座時，就表示這個人的性格受該星座的影響至深。如果以上述例子來說，當事者不但有巨蟹座的基本性格，也因為水星的影響而會有巨蟹座的細密思考，以及保守奉獻的愛情觀，而巨蟹座的直覺、想像力與慈悲也會發揮在事業上。

一個人的出生圖出現星群，也暗示著這個人會將大部分的精力都放在某件事情上，而且也會對自己及身邊的人帶來巨大的壓力。其中，星群所在的宮位，代表當事人將主要的精力放在哪個部分，而這一堆行星所在的星座和星座守護星的位置，則暗示著這個人怎麼處理這件事。

如果仍以上述例子來說，由於星群落在巨蟹座，巨蟹座的守護星為月亮，而這個人的月亮位於天頂的位置，那麼這個人很可能將畢生的精力奉獻給事業。再加上此人會將心血只投注在此事上，成功的機率自然會比較高，但也因此會有許多壓力與不平衡的狀況出現。占星師在遇到這種人時，可以先觀察星盤上有哪些行星與星群有好的相位，並建議當事者投注部分注意力在那上面。

★分離相位

在星盤上出現合相、三分相、星群、大三角形時，此時行星多半處於同一個星座或同相的星座。但這些相位如果是由不同星座或不同元素的星座組成（因角距的關係），就稱為「分離相位」（Dissociate aspects）。例如：一個白羊座 28 度的太陽，與金牛座 2 度的火星形成合相，或是水瓶座 27 度的金星，與巨蟹座 3 度的月亮形成三分相，這些情況都稱為「分離相位」。

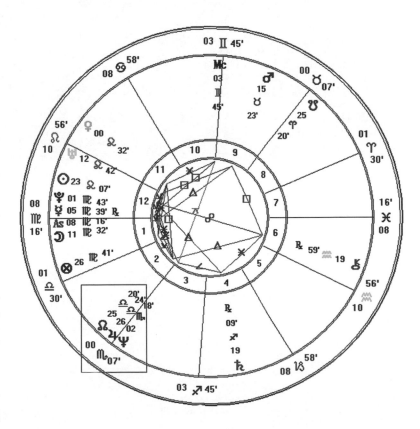

目前占星學家有兩種說法，第一種稱爲「托勒密規則」，他們認爲這樣的角度就不能稱爲角度，而第二種看法（也是較爲主流的看法）認爲，分離相位雖然增添了解釋的複雜性，但卻可以算是好事。由於兼具不同的特質，雖然會讓當事人的個性變得複雜，但也容易面面俱到。舉例來說，如果金牛座的火星與白羊座的太陽形成合相，卻屬於分離相位，便可解釋成金牛火星替白羊太陽的理想主義添加踏實的特質，減緩急躁個性，而太陽也帶給原本弱勢的金牛火星更多的動力。

第八章　繪製占星圖

今天占星圖的繪製工作大多已經由電腦取代，傳統的繪製星圖雖然相當有趣，但也容易產生誤差，有時候因為差個一、二分鐘，或因看錯星曆、少了幾個小數點，就讓行星整整移動了一個宮位。在我還在用手繪占星圖的石器時代（大約是 25 年前）裡，我還一直以為自己的火星是射手座 29 度 58 秒，直到啟蒙老師用電腦畫出占星圖時，才驚覺到原來自己一直活在錯誤當中啊！

電腦繪製的占星圖較為精準，目前職業占星師多使用 Winstar 與 Solar Fire 這兩套系統，但免費的 Astrolog 軟體在占星業間也相當流行，其創作者是 Walter D. Pullen。目前這套程式也有中文化的介面，可以到它的官方網站 http://astrolog.offline.ee/astrolog/ 下載最新版的 Astrolog 軟體，這個版本是由 Valja 先生所改良的，也可以在中文占星網站日月網 http://sunmoon.pair.com/ 上找到這個軟體的介紹與使用說明，甚至還可以找到將 Astrolog 使用介面中文化的小程式，這套軟體對於占星有興趣的初學者，是相當有幫助的一套利器。在這裡也要感謝這些熱愛占星的研究者，替大家創造這麼方便的占星環境。

雖然電腦已取代了占星圖的繪製工作，但許多占星老師們在教學時仍然強調親手繪製占星學的課程，因為藉由親手繪製的過程，對於行星的位置與相位和宮位會有更深刻的體驗，並瞭解到占星學的運作與原理。例如：在計算出一個人的天頂和上升的正確位置時，占星師們就可以從一個個的步驟中瞭解當事者。所以如果想朝職業占星師或占星研究者的方向發展，親手繪製占星圖可說是一門重要的課程。

繪製占星圖的工具

開始繪製占星圖前，要準備的工具有空白星圖、尺、計算機、鉛筆和橡皮擦（方便更正）、星曆以及當事人的出生時間地點，並可利用本書後頁所附的空白星圖。本書所使用的是傳統的格林威治標準時間零時的星曆，而網路上也有瑞士星曆公司所出版的免費網路使用版可以使用，只要不用來公開販售，甚至是可以列印下來使用的。（如果要公開印製，或使用他們的星曆計算程式作為程式的資源，就必須取得他們的許

可並付費。）瑞士星曆是由 Dieter Koch Alois Treindl 這兩位先生製作的，在此也感謝他們提供占星愛好者免費使用他們的星曆。

免費版的瑞士星曆網址為 http://www.astro.com/swisseph/ 到右方的欄位去找「Printable 3200 year ephemeris files」這一欄按下去之後就可以選擇要參考的年分。要提醒的是，電腦裡必須先安裝 Acrobat Reader（這個閱讀程式是相當普遍的，而且是免費的），才可以閱讀這份星曆。

計算星圖

有了星圖與星曆後，就可以開始計算星圖了。第一個步驟最為困難，可是一旦完成之後就輕鬆多了。計算星圖時，格林威治以東與西和南緯北緯有著不同的計算方式。底下案例就分別以台北為格林威治時間以東的地點，以紐約做為格林威治以西的地點，南緯就以雪梨來做計算。

範例一
格林威治以東：台北 David · 1974 年 10 月 7 日 14：00 出生

Step 1
首先要查出這個地點的經緯度，以及該地點與格林威治標準時間的時差。台北的經緯度分別是東經 121 度 30 分，寫作「121E30'00"」，北緯 25 度 03 分寫作「25N03'00"」，台北與格林威治標準時間的時差永遠為 +8 小時，也就是說台北永遠比格林威治要快上 8 小時。

Step 2
將這個人出生的時間換算成格林威治標準時間，因為台北的時間比格林威治標準時間要快上 8 小時，所以必須將下午 2 點這個時間減掉 8 小時，換算出來的時間是格林威治時間 AM6:00，有時因時差的關係，台灣時間上午 8 點以前出生的人，換算格林威治標準時間的時候會變成前一天的晚上。

Step 3
接下來要注意的是，出生這一天是否在夏令時間內，在某些國家為了節約能源會實施夏令時間，將時間提前 1 小時（有些國家則提前 2 小時），在台灣從民國 68 年之後就沒有再實施過了，而 1974 年的夏令時間也到 9 月 30 日為止，（假設 David 在 1974 年 9 月 7 日下午兩點出生的話，他的出生時刻因為被提前了 1 小時所以得先拉出來，到標準時間，也就是先減 1 小時等於下午 1 點，然後再減 8 小時，換算成格林威治標準時間。）

Step 4

　　找出蘇黎世星曆表上當天的恆星時間，就是第二個欄位標明了 Sidt 的位置。由於地球自轉軸偏差的關係，通常會比一般時間快上一些，這也是為什麼每四年就需要閏年來更正多出來的時間，本書所使用的蘇黎世星曆的恆星時間，是當天午夜 12 點，如果計算出來的日子是格林威治時間的前一天，就必須使用前一天午夜的恆星時間。如果計算出來的時間超過 24 小時，將會在後面的步驟修正。

　　查表後得知 1974 年 10 月 7 日的恆星時間是 1 點 1 分 2 秒，而格林威治標準時間 6:00AM 加上這個時間，來求出出生時刻的恆星時間如下：

　　6 時｜1 時 1 分 2 秒＝ 7 時 1 分 2 秒

Step 5

　　因為恆星時間每 6 分鐘誤差又會有 1 秒的誤差，所以每 1 小時中就得增加 10 秒，這時就必須計算得更精確一些。案例中 David 出生時的格林威治標準時間與午夜相差 6 小時，等於有 60 秒的差距，所以需將這 1 分鐘加上去。

　　7 時 1 分 2 秒加上 1 分鐘＝ 7 時 2 分 2 秒

Step 6

　　接下來，必須將這個格林威治的恆星時間，換算回出生地的恆星時間，也就是剛才計算過後的格林威治恆星時間加上時差（在西經的時候是減），為求準確必須利用經度的換算。台北是東經 121 度 30 分，先將度數換算成分，亦即將 121 乘以 4 就可以得到 484 分，最後將這個分除以 60 換算成時間。而後將這個數值，加上之前計算出來的格林威治恆星時間，得到的就是出生地的恆星時間，如果這個數值大於 24 就減掉 24。

　　經度 121×4 ＝ 484

　　換算成時間 484÷60 ＝ 8 小時 4 分

　　加上出生的格林威治恆星時間 7 時 2 分 2 秒＋ 8 時 04 分＝ 15 時 6 分 2 秒

　　出生地的恆星時間是 15 時 6 分 2 秒

Step 7

　　最後將出生地的恆星時間配合出生地的緯度，在本書所附的「北緯上升天頂位置」表中（見第 130 頁），找出上升星座與天頂的位置。在這個案例中，因為台北的緯度是 25N03，先找出書中的台北緯度，其最接近的對應時間是 15 時 6 分 10 秒。

　　15 時 6 分 10 秒在北緯 25 度 03，所查出來的天頂為天蠍座 19 度，上升為水瓶座 4 度 54 分。

Step 8

　　①此時為了求得更精確的數值，必須先找出剛剛使用的當地恆星時間和前一個恆星時間，計算之間的差距，並將這個差距全部化成秒數為數值 A。

　　使用出生地恆星時間為 15 時 6 分 10 秒，前一個恆星時間為 15 時 2 分 9 秒，與 15

時 6 分 10 秒相差 4 分 1 秒，則得到如下結果：

4 分 1 秒＝（4×60）＋ 1 = 241 = A

②而後再找出其後的恆星時間，計算與剛剛使用的恆星時間的差距數值，並且變成秒數 B。因為後一個恆星時間為 15 時 10 分 13 秒，與 15 時 6 分 10 秒相差 4 分 3 秒，所以得到如下結果：

（4×60）＋ 3 = 243 = B

③接下來找出之前使用的上升點度數與其前一個上升點度數的差距，並再將這個度數乘以 60 等於分換為數值 C。以水瓶座 4 度 54 分，與之前的上升點是水瓶座 3 度 47 分相差 1 度 7 分，所以得到：

67 = C

④而後將 B×C÷A，亦即 243×67÷241 = 1 度 07 分。最後將這個度數，加上剛剛的水瓶座 4 度 54 分＝水瓶座 6 度 01。（這個度數雖然相當接近正確的上升度數。）

⑤接下來找出之前使用的天頂數值，與其前一個天頂數值的差距（通常是 1 度），再將這個度數乘以「1」60 等於 60 分，得到數值 D。

⑥而後將 B×D÷A，亦即 243×60 ÷241 = 60 = 1 度，加上天蠍座 19 度得出來的最後天頂度數是天蠍座 20 度。因此得到 David 的上升是水瓶座 6 度 01 分，天頂是天蠍座 20 度。

範例二
格林威治以西：紐約 Gina・1974 年 10 月 7 日 14：00 出生

Step 1

首先要查出這個地點的經緯度，以及該地點與格林威治標準時間的時差，紐約的經緯度分別是西經 74 度 00 分，寫作「74W00'00"」，北緯 40 度 43 分寫作「40N43'00"」，紐約與格林威治標準時間的時差永遠為 -5 小時，也就是說紐約永遠比格林威治要慢上 5 小時。

Step 2

將這個人出生的時間換算成格林威治標準時間，因為紐約的時間比格林威治標準時間要慢上 5 小時，所以必須將這個時間加 5 小時，換算出來的時間是格林威治時間 19:00PM，表示為：

14 ＋ 5:00 = 19PM（GMT）

Step 3

接下來要注意出生這一天是否在夏令時間內，美國每年都會施行夏令時間一直到 10 月底，所以 Gina 出生的時間必須減掉 1 小時。

19 － 1 ＝ 18PM

Step 4

找出蘇黎世星曆表上當天的恆星時間，就是第二個欄位標明了 Sidt 的位置。由於地球自轉軸偏差的關係，通常會比一般時間快上一些，這也是為什麼每四年需要閏年來更正多出來的時間，本書所使用的蘇黎世星曆的恆星時間是當天午夜 12 點，如果計算出來的日子是格林威治時間的前一天，就必須使用前一天午夜的恆星時間，如果計算出來的時間超過 24 小時將會在後面的步驟修正。查表後得知 1974 年 10 月 7 日的恆星時間是 1 點 1 分 2 秒，而格林威治標準時間 18 點加上這個時間，來求出出生時刻的恆星時間，表示如下：

18 時＋ 1 時 1 分 2 秒 ＝ 19 時 1 分 2 秒

Step 5

因為恆星時間每 6 分鐘誤差會有 1 秒的誤差，所以必須在每 1 小時就得增加 10 秒，在這步驟中必須計算得更加精確一些。案例中 Gina 的出生時的格林威治標準時間與午夜相差 18 小時，等於有 180 秒的差距，也就是 3 分鐘，因此需將這 3 分鐘加上去。

19 時 1 分 2 秒加上 3 分鐘 ＝ 19 時 4 分 2 秒

Step 6

接下來，將這個格林威治的恆星時間換算回出生地的恆星時間，也就是剛才計算過後的格林威治恆星時間減去時差（在西經的時候是減），為求準確必須利用利用經度的換算。紐約是西經 74 度 00 分，先將度數換算成分，亦即用 74 乘以 4 得到 296 分，最後將這個分除以 60 換算成時間。而後將這個數值，減去之前計算出來的格林威治恆星時間，得到的就是出生地的恆星時間，如果這個數值大於 24 就減掉 24。

經度 74×4 ＝ 296
換算成時間 296÷60 ＝ 4 小時 56 分
減去出生的格林威治恆星時間 19 時 4 分 2 秒 － 4 時 56 分 ＝ 14 時 9 分 2 秒
出生地的恆星時間是 14 時 9 分 2 秒

Step 7

最後將出生地的恆星時間配合出生地的緯度，在本書所附的上升天頂位表中，找出上升星座與天頂的位置。在這個案例中，紐約的緯度是 40N43，先找出書中最接近的緯度是 40N43，再找出最接近的對應時間是 14 時 6 分 59 秒。

14 時 6 分 59 秒在北緯 40 度 43，所查出來的天頂為天蠍座 4 度，上升為魔羯座 9 度 20 分。

接著我們就可以按照之前的例子修正天頂與上升的度數並且按步驟填入行星完成一張星圖。

南緯度的計算方式

南緯度的計算方式其實與北緯度的類似，但最後有些步驟需要另作處理。

範例：雪梨 Anna・1974 年 10 月 7 日 14：00

Step1

　　首先要查出這個地點的經緯度，以及該地點與格林威治標準時間的時差，雪梨的經緯度分別是東經 151 度 13 分，寫作「151E13'00"」，南緯 33 度 52 分寫作「33S52'00"」，雪梨與格林威治標準時間的時差永遠為 +10 小時，也就是說雪梨永遠比格林威治要快上 10 小時。

Step 2

　　將這個人出生的時間換算成格林威治標準時間，因為雪梨的時間比格林威治標準時間要快上 10 小時，所以必須將這個時間減 10 小時，換算出來的時間是格林威治時間 4:00AM。

　　14 － 10:00 ＝ 4AM（GMT）

Step 3

　　接下來要注意的是，出生這一天是否在夏令時間內，在某些國家為了節約能源會實施夏令時間，將時間提前一小時（有些國家則提前二小時），澳洲每年的夏令時間都從十月底開始，所以 Anna 並沒有遇到夏令時間的問題。

Step 4

　　找出蘇黎世星曆表上當天的恆星時間，就是第二個欄位標明了 Sidt 的位置，由於地球自轉軸偏差的關係，通常會比一般時間快上一些，這也是為什麼每四年需要閏年來更正多出來的時間。本書所使用的蘇黎世星曆的恆星時間，是當天午夜十二點，因此如果計算出來的日子是格林威治時間的前一天，就必須使用前一天午夜的恆星時間，如果計算出來的時間超過二十四小時，將會在後面的步驟修正。

　　查表後得知西元 1974 年 10 月 7 日的恆星時間是 1 點 1 分 2 秒，而格林威治標準時間 4:00AM 加上這個時間，來求出出生時刻的恆星時間。

　　4 時 ＋ 1 時 1 分 2 秒 ＝ 5 時 1 分 2 秒

Step 5

　　因為恆星時間每六分鐘誤差又會有 1 秒的誤差，所以必須每 1 小時就得增加 10 秒，這時必須計算得更加精確一些。案例中 Anna 的出生時的格林威治標準時間與午夜

相差 4 小時，等於 40 秒，因此需將這 40 秒加上去。

5 時 1 分 2 秒加上 40 秒＝ 5 時 1 分 42 秒

Step 6

接下來要將格林威治的恆星時間換算回出生地的恆星時間，也就是剛才計算過後的格林威治恆星時間加上時差（在西經的時候是減），為求準確必須利用經度的換算。雪梨是東經 151 度 13 分，先將度數換算成分為 151 乘以 4，就可以得到 604 分，最後將這個分除以 60 換算成時間，而後再將這個數值加上之前計算出來的格林威治恆星時間，再加上 12 小時，得到的就是出生地的恆星時間，如果這個數值大於 24 就減掉 24。

經度 151×4 ＝ 604

換算成時間 604÷60 ＝ 10 小時 4 分

加上出生的格林威治恆星時間 5 時 1 分 42 秒＋ 10 時 4 分 ＝ 15 時 5 分 42 秒

出生地的恆星時間是 15 時 5 分 42 秒

+12 小時 ＝ 27 時 5 分 42 秒

因為大於 -24 小時所以減去 24 ＝ 3 時 5 分 42 秒

Step 7

最後將出生地的恆星時間配合出生地的緯度，雖然本書所附的上升天頂位表是北緯的宮位，但仍可加以應用，只要在最後階段作修正即可。接下來先找出上升星座與天頂的位置，在這個案例雪梨的緯度是「33S52」，先找出附表最接近的緯度是 33 度 20，再找出最接近的對應時間是 3 時 6 分 9 秒。

15 時 6 分 9 秒在北緯 33 度 52，所查出來的天頂為金牛座 19 度，上升為獅子座 23 度 17 分。

Step 8

由於雪梨是南緯，因此必須將這些星座與對宮交換，並將天頂由原本的金牛改成黃道上的對宮天蠍座，所以 Anna 的天頂在天蠍座 19 度，而上升改成了水瓶座 23 度 17 分，之後便可作更詳細的修正和開始解讀星盤。

計算行星位置

接下來要計算行星位置,參考瑞士星曆當天的行星位置,記住如果換算成格林威治時間是前一天或後一天,就要以那一天為基準。

Step 1

查出行星位置後,先將這些資料填在一張空白紙上。以上述例子來說,David 的出生時刻為 1974 年 10 月 7 日 14:00,出生時刻換算成格林威治是同一天的上午 6 點,並查出如下資料:

太陽天秤座 13 度 20 分 42 秒
月亮雙子座 20 度 4 分
水星天蠍座 8 度 10 分
金星天秤座 5 度 29 分
火星天秤座 15 度 48 分
木星 R 9 度 14 分

(注意星曆上代表逆行的 R,逆行不可以忽略,直到代表順行的 D 出現才算恢復順行)

土星巨蟹座 18 度 21 分
天王星天秤座 27 度 12 分
海王星射手座 7 度 29 分
冥王星天秤座 6 度 57 分
北月亮交點射手座 13 度 9 分
凱龍星牡羊座 R22 度 37 分

Step 2

為了求得更詳細的數值,必須查出格林威治時間第二天凌晨的行星度數,

如果想偷懶的話,只計算太陽到土星即可。而根據上述案例,找出 10 月 8 日的度數如下:

太陽天秤座 14 度 19 分 54 秒
月亮巨蟹座 3 度 43 分
水星天蠍座 8 度 48 分
金星天秤座 6 度 44 分
火星天秤座 16 度 28 分
木星 R 9 度 9 分
土星巨蟹座 18 度 24 分

Step 3

找出了剛才的兩個數值之後,我們必須求得最精確的位置,我們以月亮為例來計算,因為月亮通常是移動最快的,先將兩者的度數相減求得移動的度數,月亮從由雙子座 20 度 4 分,移動到巨蟹座 3 度 43 分,總共移動了 13 度 39 分。

再將這個度數除以 24 = 0.56,所以月亮大約每小時移動 0.56 度,或者可乘以 60 換算成為 34 分(四捨五入)。

接這下午 2 點距離凌晨零點的時間差為 6 小時,所以要計算這當中月亮走多遠就要把 6×34 = 204,除 60 換算成度數為 3 度 24 分。

而後,就把月亮從第一次查表的雙子座月亮(雙子座 20 度 4 分),加上經由內插法求出來的 3 度 24 分,得到雙子座 23 度 28,這各位置就是最準確的月亮位置。通常我們會計算太陽、月

亮、水星、金星、火星等行星的詳細位
置，而木星以外的行星由於移動緩慢我
們通常不用作這樣的精確推算只要將該
行星依照星曆所標示出的的度數填入星
盤位置即可。

分宮

　　本書利用「等宮法」的方式來分
宮，因爲這是最簡單最傳統的分宮制。
我們可以利用本書所附的空白星圖來繪
製占星盤，以前述例子來說，我們先
在圓環上 12 個空格中最靠近左手邊的
端點，填上度數 6 度與水瓶座的符號
「♒」這是他的上升星座（圖①），
然後以逆時針方式分別填上雙魚座的符
號「♓」也寫上六度，然後是牡羊座的
符號「♈」並在之前寫上 6，直到回到
水瓶座上方，填上魔羯座符號「♑」
與六度（圖②）。

繪製星盤

　　接著，從水瓶座的 6 度 01 分的位
置，標上 ASC 的記號代表上升星座，
並在天蠍座 20 度的地方標上 Mc（or
MC）表示天頂的（Medium Coeli），
對面（金牛座 20 度）標上 IC 代表天
底，並將剛才計算完畢的正確行星位
置，標上行星所代表的符號♀☊☿等
的。（圖③）

計算相位

　　在知道行星的位置後，就要開始計
算行星的相位了，並且別忘了把相位
的容許度考慮進去。而後，首先要觀
察太陽與月亮距離是否產生 0-8 度的合
相、或距離 112-128 度的三分相、172-
188 的對分相等等，並將這樣的相位填
在星圖下方相位表裡。在前述 David 的

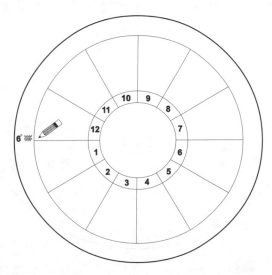

圖①

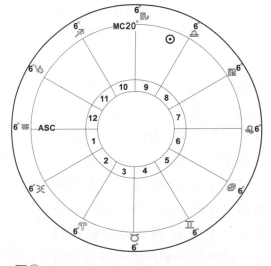

圖②

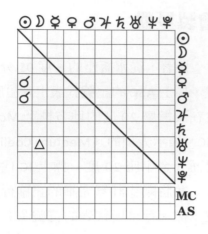

圖③

星盤中，會發現太陽與金星、火星都可以算是合相，垂直的第一行代表太陽，David 的太陽和金星、火星產生合相，就沿著第一行開始往下找，找到第三格的金星與第四格的火星，在這一格當中畫上代表合相的「☌」標誌（圖③）。

此外可以在星盤上產生相位的兩顆行星之間劃上一條線，並且在這條線上標示代表相位的符號，也可以用不同的顏色來區分，依此類推。例如 David 月亮則和天王星形成三分相。因此除了要在月亮與天王星之間畫上一條線，並且標上代表三分相的「△」（圖④），也要在相位表當中找到月亮（第二行），並往下數第八格找到天王星，並在這一格標上同樣的符號。依此類推找出全部的相位，填入相位表格當中，也在星盤上畫上線與符號，這時候一張星圖就等於完成

了，並且可以開始準備詮釋星圖的工作。

畫完占星圖之後，我們也即將正式的進入占星學的世界，絕大部分的人知道自己幾月幾日出生是什麼星座，有些人更屌，他們知道自己的月亮星座、金星位置、上升星座……在你開口前他們會以一副星座專家的姿態告訴你，三十歲之後是要看月亮星座喔！或是上升星座占了一個人性格的 30% 喔！

好了！聽了這麼多，你真的搞糊塗了，建議你暫時先忘記這些似是而非的觀念，讓我們從占星學的正確觀念開始學起，一點一點的，你就會知道到底三十歲要看什麼？上升星座到底左右你多少百分比的性格？

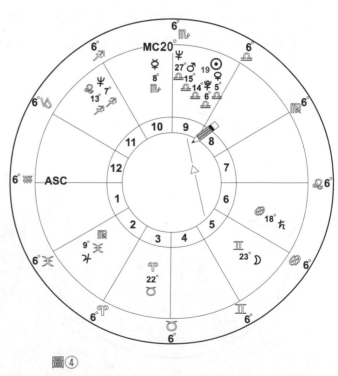

圖④

北緯上升天頂位置表

相對城市 北緯度數			吉隆坡 2 度　　50 分			雅加達 6 度　　8 分			馬尼拉 4 度　　36 分			高雄（香港） 22 度　　37 分			台北 25 度　　3 分		
恆星時間	天頂 度數	天頂 星座	上升 度數	上升 星座	分	上升 度數	上升 星座	分	上升 度數	上升 星座	分	上升 度數	上升 星座	分	上升 度數	上升 星座	分
12:00:00 AM	0	牡羊	1	巨蟹	8	2	巨蟹	27	5	巨蟹	55	9	巨蟹	25	10	巨蟹	32
12:03:40 AM	1	牡羊	1	巨蟹	58	3	巨蟹	17	6	巨蟹	45	10	巨蟹	14	11	巨蟹	21
12:07:20 AM	2	牡羊	2	巨蟹	49	4	巨蟹	8	7	巨蟹	35	11	巨蟹	3	12	巨蟹	10
12:11:01 AM	3	牡羊	3	巨蟹	39	4	巨蟹	58	8	巨蟹	25	11	巨蟹	52	12	巨蟹	58
12:14:41 AM	4	牡羊	4	巨蟹	30	5	巨蟹	48	9	巨蟹	15	12	巨蟹	41	13	巨蟹	47
12:18:21 AM	5	牡羊	5	巨蟹	20	6	巨蟹	39	10	巨蟹	4	13	巨蟹	30	14	巨蟹	35
12:22:02 AM	6	牡羊	6	巨蟹	11	7	巨蟹	29	10	巨蟹	54	14	巨蟹	18	15	巨蟹	24
12:25:42 AM	7	牡羊	7	巨蟹	1	8	巨蟹	20	11	巨蟹	44	15	巨蟹	7	16	巨蟹	12
12:29:23 AM	8	牡羊	7	巨蟹	52	9	巨蟹	10	12	巨蟹	34	15	巨蟹	56	17	巨蟹	0
12:33:04 AM	9	牡羊	8	巨蟹	43	10	巨蟹	1	13	巨蟹	23	16	巨蟹	45	17	巨蟹	49
12:36:45 AM	10	牡羊	9	巨蟹	33	10	巨蟹	51	14	巨蟹	13	17	巨蟹	33	18	巨蟹	37
12:40:27 AM	11	牡羊	10	巨蟹	24	11	巨蟹	42	15	巨蟹	3	18	巨蟹	22	19	巨蟹	25
12:44:08 AM	12	牡羊	11	巨蟹	15	12	巨蟹	33	15	巨蟹	53	19	巨蟹	11	20	巨蟹	13
12:47:50 AM	13	牡羊	12	巨蟹	6	13	巨蟹	23	16	巨蟹	43	19	巨蟹	59	21	巨蟹	2
12:51:32 AM	14	牡羊	12	巨蟹	57	14	巨蟹	14	17	巨蟹	33	20	巨蟹	48	21	巨蟹	50
12:55:15 AM	15	牡羊	13	巨蟹	49	15	巨蟹	5	18	巨蟹	23	21	巨蟹	37	22	巨蟹	38
12:58:57 AM	16	牡羊	14	巨蟹	40	15	巨蟹	56	19	巨蟹	13	22	巨蟹	26	23	巨蟹	27
1:02:40 AM	17	牡羊	15	巨蟹	31	16	巨蟹	47	20	巨蟹	3	23	巨蟹	15	24	巨蟹	15
1:06:24 AM	18	牡羊	16	巨蟹	23	17	巨蟹	39	20	巨蟹	53	24	巨蟹	4	25	巨蟹	3
1:10:07 AM	19	牡羊	17	巨蟹	15	18	巨蟹	30	21	巨蟹	44	24	巨蟹	53	25	巨蟹	52
1:13:52 AM	20	牡羊	18	巨蟹	7	19	巨蟹	22	22	巨蟹	34	25	巨蟹	42	26	巨蟹	41
1:17:36 AM	21	牡羊	18	巨蟹	59	20	巨蟹	13	23	巨蟹	25	26	巨蟹	31	27	巨蟹	29
1:21:21 AM	22	牡羊	19	巨蟹	51	21	巨蟹	5	24	巨蟹	15	27	巨蟹	20	28	巨蟹	18
1:25:06 AM	23	牡羊	20	巨蟹	44	21	巨蟹	57	25	巨蟹	6	28	巨蟹	9	29	巨蟹	7
1:28:52 AM	24	牡羊	21	巨蟹	36	22	巨蟹	50	25	巨蟹	57	28	巨蟹	59	29	巨蟹	56
1:32:39 AM	25	牡羊	22	巨蟹	29	23	巨蟹	42	26	巨蟹	48	29	巨蟹	48	0	獅子	45
1:36:25 AM	26	牡羊	23	巨蟹	22	24	巨蟹	35	27	巨蟹	39	0	獅子	38	1	獅子	34
1:40:13 AM	27	牡羊	24	巨蟹	15	25	巨蟹	27	28	巨蟹	31	1	獅子	28	2	獅子	23
1:44:01 AM	28	牡羊	25	巨蟹	9	26	巨蟹	20	29	巨蟹	22	2	獅子	17	3	獅子	12
1:47:49 AM	29	牡羊	26	巨蟹	2	27	巨蟹	14	0	獅子	14	3	獅子	8	4	獅子	2
1:51:38 AM	0	金牛	26	巨蟹	56	28	巨蟹	7	1	獅子	6	3	獅子	58	4	獅子	51
1:55:28 AM	1	金牛	27	巨蟹	51	29	巨蟹	1	1	獅子	58	4	獅子	48	5	獅子	41
1:59:18 AM	2	金牛	28	巨蟹	45	29	巨蟹	54	2	獅子	50	5	獅子	38	6	獅子	31
2:03:08 AM	3	金牛	29	巨蟹	40	0	獅子	49	3	獅子	43	6	獅子	29	7	獅子	21
2:07:00 AM	4	金牛	0	獅子	35	1	獅子	43	4	獅子	35	7	獅子	20	8	獅子	11
2:10:52 AM	5	金牛	1	獅子	30	2	獅子	38	5	獅子	28	8	獅子	11	9	獅子	1
2:14:44 AM	6	金牛	2	獅子	25	3	獅子	32	6	獅子	21	9	獅子	2	9	獅子	52
2:18:38 AM	7	金牛	3	獅子	21	4	獅子	27	7	獅子	15	9	獅子	53	10	獅子	42
2:22:32 AM	8	金牛	4	獅子	17	5	獅子	23	8	獅子	8	10	獅子	45	11	獅子	33
2:26:26 AM	9	金牛	5	獅子	14	6	獅子	19	9	獅子	2	11	獅子	36	12	獅子	24
2:30:21 AM	10	金牛	6	獅子	10	7	獅子	14	9	獅子	56	12	獅子	28	13	獅子	15
2:34:17 AM	11	金牛	7	獅子	7	8	獅子	11	10	獅子	50	13	獅子	20	14	獅子	7
2:38:14 AM	12	金牛	8	獅子	4	9	獅子	7	11	獅子	44	14	獅子	13	14	獅子	58
2:42:11 AM	13	金牛	9	獅子	2	10	獅子	4	12	獅子	39	15	獅子	5	15	獅子	50
2:46:09 AM	14	金牛	9	獅子	60	11	獅子	1	13	獅子	34	15	獅子	58	16	獅子	42
2:50:08 AM	15	金牛	10	獅子	58	11	獅子	59	14	獅子	29	16	獅子	51	17	獅子	34
2:54:08 AM	16	金牛	11	獅子	57	12	獅子	56	15	獅子	25	17	獅子	44	18	獅子	27
2:58:08 AM	17	金牛	12	獅子	56	13	獅子	54	16	獅子	20	18	獅子	37	19	獅子	19
3:02:09 AM	18	金牛	13	獅子	55	14	獅子	53	17	獅子	16	19	獅子	31	20	獅子	12
3:06:10 AM	19	金牛	14	獅子	55	15	獅子	51	18	獅子	13	20	獅子	25	21	獅子	5
3:10:13 AM	20	金牛	15	獅子	54	16	獅子	50	19	獅子	9	21	獅子	19	21	獅子	58
3:14:16 AM	21	金牛	16	獅子	55	17	獅子	50	20	獅子	6	22	獅子	13	22	獅子	52
3:18:20 AM	22	金牛	17	獅子	55	18	獅子	49	21	獅子	3	23	獅子	7	23	獅子	45

上海 31度 13分			東京 35度 39分			紐約（北京）40度 43分			威尼斯 45度 30分			倫敦 51度 30分			愛丁堡 55度 57分			斯德哥爾摩 59度 2分		
上升度數	上升星座	分	上升度數	上升星座	分	上升度數	上升星座	分	上升度數	上升星座	分	上升度數	上升星座	分	上升度數	上升星座	分	上升度數	上升星座	分
13	巨蟹	34	15	巨蟹	56	18	巨蟹	54	22	巨蟹	3	26	巨蟹	35	0	獅子	30	3	獅子	33
14	巨蟹	21	16	巨蟹	42	19	巨蟹	39	22	巨蟹	46	27	巨蟹	15	1	獅子	7	4	獅子	8
15	巨蟹	9	17	巨蟹	29	20	巨蟹	24	23	巨蟹	29	27	巨蟹	55	1	獅子	44	4	獅子	43
15	巨蟹	56	18	巨蟹	15	21	巨蟹	9	24	巨蟹	12	28	巨蟹	35	2	獅子	22	5	獅子	18
16	巨蟹	44	19	巨蟹	2	21	巨蟹	54	24	巨蟹	55	29	巨蟹	15	2	獅子	59	5	獅子	53
17	巨蟹	31	19	巨蟹	48	22	巨蟹	39	25	巨蟹	38	29	巨蟹	55	3	獅子	36	6	獅子	28
18	巨蟹	18	20	巨蟹	34	23	巨蟹	23	26	巨蟹	21	0	獅子	35	4	獅子	13	7	獅子	3
19	巨蟹	5	21	巨蟹	20	24	巨蟹	8	27	巨蟹	4	1	獅子	15	4	獅子	50	7	獅子	37
19	巨蟹	52	22	巨蟹	6	24	巨蟹	52	27	巨蟹	46	1	獅子	55	5	獅子	27	8	獅子	12
20	巨蟹	39	22	巨蟹	52	25	巨蟹	37	28	巨蟹	29	2	獅子	34	6	獅子	4	8	獅子	47
21	巨蟹	26	23	巨蟹	38	26	巨蟹	21	29	巨蟹	11	3	獅子	14	6	獅子	41	9	獅子	22
22	巨蟹	13	24	巨蟹	24	27	巨蟹	5	29	巨蟹	54	3	獅子	54	7	獅子	18	9	獅子	56
23	巨蟹	0	25	巨蟹	10	27	巨蟹	50	0	獅子	36	4	獅子	33	7	獅子	55	10	獅子	31
23	巨蟹	47	25	巨蟹	55	28	巨蟹	34	1	獅子	19	5	獅子	13	8	獅子	32	11	獅子	6
24	巨蟹	34	26	巨蟹	41	29	巨蟹	18	2	獅子	1	5	獅子	52	9	獅子	9	11	獅子	40
25	巨蟹	21	27	巨蟹	27	0	獅子	2	2	獅子	43	6	獅子	32	9	獅子	45	12	獅子	15
26	巨蟹	8	28	巨蟹	13	0	獅子	46	3	獅子	26	7	獅子	11	10	獅子	22	12	獅子	50
26	巨蟹	55	28	巨蟹	59	1	獅子	31	4	獅子	8	7	獅子	51	10	獅子	59	13	獅子	25
27	巨蟹	42	29	巨蟹	44	2	獅子	15	4	獅子	50	8	獅子	30	11	獅子	36	13	獅子	60
28	巨蟹	29	0	獅子	30	2	獅子	59	5	獅子	33	9	獅子	10	12	獅子	13	14	獅子	34
29	巨蟹	16	1	獅子	16	3	獅子	43	6	獅子	15	9	獅子	49	12	獅子	50	15	獅子	9
0	獅子	4	2	獅子	2	4	獅子	27	6	獅子	57	10	獅子	29	13	獅子	27	15	獅子	44
0	獅子	51	2	獅子	48	5	獅子	12	7	獅子	40	11	獅子	8	14	獅子	4	16	獅子	19
1	獅子	38	3	獅子	34	5	獅子	56	8	獅子	22	11	獅子	48	14	獅子	41	16	獅子	54
2	獅子	25	4	獅子	20	6	獅子	40	9	獅子	5	12	獅子	28	15	獅子	19	17	獅子	30
3	獅子	13	5	獅子	6	7	獅子	25	9	獅子	47	13	獅子	8	15	獅子	56	18	獅子	5
4	獅子	0	5	獅子	52	8	獅子	9	10	獅子	30	13	獅子	47	16	獅子	33	18	獅子	40
4	獅子	48	6	獅子	39	8	獅子	54	11	獅子	13	14	獅子	27	17	獅子	10	19	獅子	15
5	獅子	36	7	獅子	25	9	獅子	39	11	獅子	56	15	獅子	7	17	獅子	48	19	獅子	51
6	獅子	24	8	獅子	12	10	獅子	23	12	獅子	38	15	獅子	47	18	獅子	25	20	獅子	26
7	獅子	12	8	獅子	58	11	獅子	8	13	獅子	21	16	獅子	27	19	獅子	3	21	獅子	2
7	獅子	60	9	獅子	45	11	獅子	53	14	獅子	4	17	獅子	7	19	獅子	41	21	獅子	38
8	獅子	48	10	獅子	32	12	獅子	38	14	獅子	47	17	獅子	48	20	獅子	18	22	獅子	13
9	獅子	36	11	獅子	19	13	獅子	23	15	獅子	31	18	獅子	28	20	獅子	56	22	獅子	49
10	獅子	24	12	獅子	6	14	獅子	8	16	獅子	14	19	獅子	8	21	獅子	34	23	獅子	25
11	獅子	13	12	獅子	53	14	獅子	54	16	獅子	57	19	獅子	49	22	獅子	12	24	獅子	1
12	獅子	2	13	獅子	40	15	獅子	39	17	獅子	41	20	獅子	29	22	獅子	50	24	獅子	38
12	獅子	51	14	獅子	27	16	獅子	25	18	獅子	24	21	獅子	10	23	獅子	28	25	獅子	14
13	獅子	40	15	獅子	15	17	獅子	10	19	獅子	8	21	獅子	51	24	獅子	7	25	獅子	50
14	獅子	29	16	獅子	3	17	獅子	56	19	獅子	52	22	獅子	32	24	獅子	45	26	獅子	27
15	獅子	18	16	獅子	50	18	獅子	42	20	獅子	36	23	獅子	13	25	獅子	24	27	獅子	3
16	獅子	8	17	獅子	38	19	獅子	28	21	獅子	20	23	獅子	54	26	獅子	2	27	獅子	40
16	獅子	57	18	獅子	27	20	獅子	15	22	獅子	4	24	獅子	36	26	獅子	41	28	獅子	17
17	獅子	47	19	獅子	15	21	獅子	1	22	獅子	48	25	獅子	17	27	獅子	20	28	獅子	54
18	獅子	37	20	獅子	3	21	獅子	47	23	獅子	33	25	獅子	58	27	獅子	59	29	獅子	31
19	獅子	27	20	獅子	52	22	獅子	34	24	獅子	17	26	獅子	40	28	獅子	38	0	處女	8
20	獅子	18	21	獅子	41	23	獅子	21	25	獅子	2	27	獅子	22	29	獅子	18	0	處女	46
21	獅子	8	22	獅子	30	24	獅子	8	25	獅子	47	28	獅子	4	29	獅子	57	1	處女	23
21	獅子	59	23	獅子	19	24	獅子	55	26	獅子	32	28	獅子	46	0	處女	37	2	處女	1
22	獅子	50	24	獅子	8	25	獅子	42	27	獅子	17	29	獅子	28	1	處女	16	2	處女	38
23	獅子	41	24	獅子	57	26	獅子	30	28	獅子	3	0	處女	10	1	處女	56	3	處女	16
24	獅子	32	25	獅子	47	27	獅子	17	28	獅子	48	0	處女	53	2	處女	36	3	處女	54
25	獅子	24	26	獅子	37	28	獅子	5	29	獅子	34	1	處女	36	3	處女	16	4	處女	32

相對城市 北緯度數			吉隆坡 2 度　　50 分			雅加達 6 度　　8 分			馬尼拉 4 度　　36 分			高雄（香港） 22 度　　37 分			台北 25 度　　3 分		
恆星時間	天頂 度數	天頂 星座	上升 度數	上升 星座	分	上升 度數	上升 星座	分	上升 度數	上升 星座	分	上升 度數	上升 星座	分	上升 度數	上升 星座	分
3:22:24 AM	23	金牛	18	獅子	56	19	獅子	49	22	獅子	0	24	獅子	2	24	獅子	39
3:26:29 AM	24	金牛	19	獅子	58	20	獅子	50	22	獅子	58	24	獅子	57	25	獅子	33
3:30:35 AM	25	金牛	20	獅子	59	21	獅子	50	23	獅子	56	25	獅子	52	26	獅子	28
3:34:42 AM	26	金牛	22	獅子	1	22	獅子	51	24	獅子	54	26	獅子	47	27	獅子	22
3:38:50 AM	27	金牛	23	獅子	4	23	獅子	52	25	獅子	52	27	獅子	43	28	獅子	17
3:42:58 AM	28	金牛	24	獅子	7	24	獅子	54	26	獅子	51	28	獅子	39	29	獅子	12
3:47:06 AM	29	金牛	25	獅子	10	25	獅子	56	27	獅子	50	29	獅子	35	0	處女	7
3:51:16 AM	0	雙子	26	獅子	13	26	獅子	58	28	獅子	49	0	處女	31	1	處女	2
3:55:26 AM	1	雙子	27	獅子	17	28	獅子	1	29	獅子	49	1	處女	28	1	處女	58
3:59:37 AM	2	雙子	28	獅子	21	29	獅子	4	0	處女	48	2	處女	25	2	處女	54
4:03:49 AM	3	雙子	29	獅子	25	0	處女	7	1	處女	48	3	處女	21	3	處女	50
4:08:01 AM	4	雙子	0	處女	30	1	處女	10	2	處女	48	4	處女	19	4	處女	46
4:12:14 AM	5	雙子	1	處女	35	2	處女	14	3	處女	18	4	處女	49	5	處女	51
4:16:27 AM	6	雙子	2	處女	41	3	處女	18	4	處女	50	6	處女	14	6	處女	39
4:20:41 AM	7	雙子	3	處女	46	4	處女	22	5	處女	51	7	處女	11	7	處女	36
4:24:56 AM	8	雙子	4	處女	52	5	處女	27	6	處女	52	8	處女	9	8	處女	33
4:29:11 AM	9	雙子	5	處女	59	6	處女	32	7	處女	53	9	處女	7	9	處女	30
4:33:26 AM	10	雙子	7	處女	5	7	處女	37	8	處女	55	10	處女	6	10	處女	27
4:37:43 AM	11	雙子	8	處女	12	8	處女	43	9	處女	57	11	處女	4	11	處女	25
4:41:59 AM	12	雙子	9	處女	19	9	處女	48	10	處女	59	12	處女	3	12	處女	22
4:46:17 AM	13	雙子	10	處女	27	10	處女	54	12	處女	1	13	處女	2	13	處女	20
4:50:34 AM	14	雙子	11	處女	34	12	處女	0	13	處女	3	14	處女	1	14	處女	18
4:54:52 AM	15	雙子	12	處女	42	13	處女	7	14	處女	6	15	處女	0	15	處女	16
4:59:11 AM	16	雙子	13	處女	50	14	處女	13	15	處女	9	15	處女	59	16	處女	15
5:03:30 AM	17	雙子	14	處女	59	15	處女	20	16	處女	12	16	處女	59	17	處女	13
5:07:49 AM	18	雙子	16	處女	7	16	處女	27	17	處女	15	17	處女	58	18	處女	12
5:12:09 AM	19	雙子	17	處女	16	17	處女	34	18	處女	18	18	處女	58	19	處女	10
5:16:29 AM	20	雙子	18	處女	25	18	處女	41	19	處女	22	19	處女	58	20	處女	9
5:20:49 AM	21	雙子	19	處女	34	19	處女	49	20	處女	25	20	處女	58	21	處女	8
5:25:10 AM	22	雙子	20	處女	43	20	處女	56	21	處女	29	21	處女	58	22	處女	7
5:29:30 AM	23	雙子	21	處女	52	22	處女	4	22	處女	32	22	處女	58	23	處女	6
5:33:51 AM	24	雙子	23	處女	2	23	處女	12	23	處女	36	23	處女	58	24	處女	5
5:38:13 AM	25	雙子	24	處女	11	24	處女	20	24	處女	40	24	處女	58	25	處女	4
5:42:34 AM	26	雙子	25	處女	21	25	處女	28	25	處女	44	25	處女	59	26	處女	3
5:46:55 AM	27	雙子	26	處女	31	26	處女	36	26	處女	48	26	處女	59	27	處女	2
5:51:17 AM	28	雙子	27	處女	40	27	處女	44	27	處女	52	27	處女	59	28	處女	1
5:55:38 AM	29	雙子	28	處女	50	28	處女	52	28	處女	56	28	處女	60	29	處女	1
6:00:00 AM	0	巨蟹	0	天秤	0	0	天秤	0	0	天秤	0	0	天秤	0	0	天秤	0
6:04:22 AM	1	巨蟹	1	天秤	10	1	天秤	8	1	天秤	4	1	天秤	0	0	天秤	59
6:08:43 AM	2	巨蟹	2	天秤	20	2	天秤	16	2	天秤	8	2	天秤	1	1	天秤	59
6:13:05 AM	3	巨蟹	3	天秤	29	3	天秤	24	3	天秤	12	3	天秤	1	2	天秤	58
6:17:26 AM	4	巨蟹	4	天秤	39	4	天秤	32	4	天秤	16	4	天秤	1	3	天秤	57
6:21:47 AM	5	巨蟹	5	天秤	49	5	天秤	40	5	天秤	20	5	天秤	2	4	天秤	56
6:26:09 AM	6	巨蟹	6	天秤	58	6	天秤	48	6	天秤	24	6	天秤	2	5	天秤	55
6:30:30 AM	7	巨蟹	8	天秤	8	7	天秤	56	7	天秤	28	7	天秤	2	6	天秤	54
6:34:50 AM	8	巨蟹	9	天秤	17	9	天秤	4	8	天秤	31	8	天秤	2	7	天秤	53
6:39:11 AM	9	巨蟹	10	天秤	26	10	天秤	11	9	天秤	35	9	天秤	2	8	天秤	52
6:43:31 AM	10	巨蟹	11	天秤	35	11	天秤	19	10	天秤	38	10	天秤	2	9	天秤	51
6:47:51 AM	11	巨蟹	12	天秤	44	12	天秤	26	11	天秤	42	11	天秤	2	10	天秤	50
6:52:11 AM	12	巨蟹	13	天秤	53	13	天秤	33	12	天秤	45	12	天秤	2	11	天秤	48
6:56:30 AM	13	巨蟹	15	天秤	1	14	天秤	40	13	天秤	48	13	天秤	1	12	天秤	47
7:00:49 AM	14	巨蟹	16	天秤	10	15	天秤	47	14	天秤	51	14	天秤	1	13	天秤	45
7:05:08 AM	15	巨蟹	17	天秤	18	16	天秤	53	15	天秤	54	14	天秤	60	14	天秤	44

上海 31度 13分			東京 35度 39分			紐約（北京）40度 43分			威尼斯 45度 30分			倫敦 51度 30分			愛丁堡 55度 57分			斯德哥爾摩 59度 2分		
上升度數	上升星座	分	上升度數	上升星座	分	上升度數	上升星座	分	上升度數	上升星座	分	上升度數	上升星座	分	上升度數	上升星座	分	上升度數	上升星座	分
26	獅子	15	27	獅子	27	28	獅子	53	0	處女	19	2	處女	18	3	處女	56	5	處女	10
27	獅子	7	28	獅子	17	29	獅子	41	1	處女	5	3	處女	1	4	處女	37	5	處女	49
27	獅子	59	29	獅子	7	0	處女	29	1	處女	51	3	處女	44	5	處女	17	6	處女	27
28	獅子	51	29	獅子	58	1	處女	18	2	處女	38	4	處女	27	5	處女	58	7	處女	6
29	獅子	44	0	處女	49	2	處女	6	3	處女	24	5	處女	11	6	處女	38	7	處女	45
0	處女	36	1	處女	39	2	處女	55	4	處女	10	5	處女	54	7	處女	19	8	處女	24
1	處女	29	2	處女	31	3	處女	44	4	處女	57	6	處女	38	8	處女	0	9	處女	3
2	處女	22	3	處女	22	4	處女	33	5	處女	44	7	處女	21	8	處女	41	9	處女	42
3	處女	16	4	處女	13	5	處女	22	6	處女	31	8	處女	5	9	處女	23	10	處女	21
4	處女	9	5	處女	5	6	處女	11	7	處女	18	8	處女	49	10	處女	4	11	處女	0
5	處女	2	5	處女	56	7	處女	1	8	處女	5	9	處女	33	10	處女	45	11	處女	40
5	處女	56	6	處女	48	7	處女	50	8	處女	53	10	處女	17	11	處女	27	12	處女	20
6	處女	50	7	處女	40	8	處女	40	9	處女	40	11	處女	2	12	處女	9	12	處女	59
7	處女	44	8	處女	33	9	處女	30	10	處女	28	11	處女	46	12	處女	51	13	處女	39
8	處女	38	9	處女	25	10	處女	20	11	處女	15	12	處女	31	13	處女	33	14	處女	19
9	處女	33	10	處女	17	11	處女	10	12	處女	3	13	處女	16	14	處女	15	14	處女	59
10	處女	27	11	處女	10	12	處女	1	12	處女	51	14	處女	0	14	處女	57	15	處女	39
11	處女	22	12	處女	3	12	處女	51	13	處女	39	14	處女	45	15	處女	39	16	處女	20
12	處女	17	12	處女	56	13	處女	42	14	處女	28	15	處女	30	16	處女	21	17	處女	0
13	處女	12	13	處女	49	14	處女	33	15	處女	16	16	處女	15	17	處女	4	17	處女	40
14	處女	7	14	處女	42	15	處女	23	16	處女	5	17	處女	1	17	處女	47	18	處女	21
15	處女	3	15	處女	35	16	處女	14	16	處女	53	17	處女	46	18	處女	29	19	處女	2
15	處女	58	16	處女	29	17	處女	5	17	處女	42	18	處女	31	19	處女	12	19	處女	42
16	處女	54	17	處女	22	17	處女	57	18	處女	31	19	處女	17	19	處女	55	20	處女	23
17	處女	49	18	處女	16	18	處女	48	19	處女	19	20	處女	3	20	處女	38	21	處女	4
18	處女	45	19	處女	10	19	處女	39	20	處女	8	20	處女	48	21	處女	21	21	處女	45
19	處女	41	20	處女	4	20	處女	31	20	處女	57	21	處女	34	22	處女	4	22	處女	26
20	處女	37	20	處女	58	21	處女	22	21	處女	47	22	處女	20	22	處女	47	23	處女	7
21	處女	33	21	處女	52	22	處女	14	22	處女	36	23	處女	6	23	處女	30	23	處女	48
22	處女	29	22	處女	46	23	處女	5	23	處女	25	23	處女	51	24	處女	13	24	處女	29
23	處女	25	23	處女	40	23	處女	57	24	處女	14	24	處女	37	24	處女	56	25	處女	11
24	處女	22	24	處女	34	24	處女	49	25	處女	3	25	處女	23	25	處女	40	25	處女	52
25	處女	18	25	處女	28	25	處女	41	25	處女	53	26	處女	9	26	處女	23	26	處女	33
26	處女	14	26	處女	23	26	處女	32	26	處女	42	26	處女	56	27	處女	6	27	處女	15
27	處女	11	27	處女	17	27	處女	24	27	處女	32	27	處女	42	27	處女	50	27	處女	56
28	處女	7	28	處女	11	28	處女	16	28	處女	21	28	處女	28	28	處女	33	28	處女	37
29	處女	4	29	處女	6	29	處女	8	29	處女	11	29	處女	14	29	處女	17	29	處女	19
0	天秤	0	0	天秤	0	0	天秤	0	0	天秤	0	0	天秤	0	0	天秤	0	0	天秤	0
0	天秤	56	0	天秤	54	0	天秤	52	0	天秤	49	0	天秤	46	0	天秤	43	0	天秤	41
1	天秤	53	1	天秤	49	1	天秤	44	1	天秤	39	1	天秤	32	1	天秤	27	1	天秤	23
2	天秤	49	2	天秤	43	2	天秤	36	2	天秤	28	2	天秤	18	2	天秤	10	2	天秤	4
3	天秤	46	3	天秤	37	3	天秤	28	3	天秤	18	3	天秤	4	2	天秤	54	2	天秤	45
4	天秤	42	4	天秤	32	4	天秤	19	4	天秤	7	3	天秤	51	3	天秤	37	3	天秤	27
5	天秤	38	5	天秤	26	5	天秤	11	4	天秤	57	4	天秤	37	4	天秤	20	4	天秤	8
6	天秤	35	6	天秤	20	6	天秤	3	5	天秤	46	5	天秤	23	5	天秤	4	4	天秤	49
7	天秤	31	7	天秤	14	6	天秤	55	6	天秤	35	6	天秤	9	5	天秤	47	5	天秤	31
8	天秤	27	8	天秤	8	7	天秤	46	7	天秤	24	6	天秤	54	6	天秤	30	6	天秤	12
9	天秤	23	9	天秤	2	8	天秤	38	8	天秤	13	7	天秤	40	7	天秤	13	6	天秤	53
10	天秤	19	9	天秤	56	9	天秤	3	9	天秤	3	8	天秤	26	7	天秤	56	7	天秤	34
11	天秤	15	10	天秤	50	10	天秤	3	9	天秤	52	9	天秤	12	8	天秤	39	8	天秤	15
12	天秤	11	11	天秤	44	11	天秤	12	10	天秤	41	9	天秤	57	9	天秤	22	8	天秤	56
13	天秤	6	12	天秤	38	12	天秤	3	11	天秤	29	10	天秤	43	10	天秤	5	9	天秤	37
14	天秤	2	13	天秤	31	12	天秤	55	12	天秤	18	11	天秤	29	10	天秤	48	10	天秤	18

相對城市北緯度數			吉隆坡 2度 50分			雅加達 6度 8分			馬尼拉 4度 36分			高雄（香港）22度 37分			台北 25度 3分		
恆星時間	天頂度數	天頂星座	上升度數	上升星座	分	上升度數	上升星座	分	上升度數	上升星座	分	上升度數	上升星座	分	上升度數	上升星座	分
7:09:26 AM	16	巨蟹	18	天秤	26	17	天秤	60	16	天秤	57	15	天秤	59	15	天秤	42
7:13:43 AM	17	巨蟹	19	天秤	33	19	天秤	6	17	天秤	59	16	天秤	58	16	天秤	40
7:18:01 AM	18	巨蟹	20	天秤	41	20	天秤	12	19	天秤	1	17	天秤	57	17	天秤	38
7:22:17 AM	19	巨蟹	21	天秤	48	21	天秤	17	20	天秤	3	18	天秤	56	18	天秤	35
7:26:34 AM	20	巨蟹	22	天秤	55	22	天秤	23	21	天秤	5	19	天秤	54	19	天秤	33
7:30:49 AM	21	巨蟹	24	天秤	1	23	天秤	28	22	天秤	7	20	天秤	53	20	天秤	30
7:35:04 AM	22	巨蟹	25	天秤	8	24	天秤	33	23	天秤	8	21	天秤	51	21	天秤	27
7:39:19 AM	23	巨蟹	26	天秤	14	25	天秤	38	24	天秤	9	22	大秤	49	22	天秤	24
7:43:33 AM	24	巨蟹	27	天秤	19	26	天秤	42	25	天秤	10	23	天秤	46	23	天秤	21
7:47:46 AM	25	巨蟹	28	天秤	25	27	天秤	46	26	天秤	11	24	天秤	44	24	天秤	18
7:51:59 AM	26	巨蟹	29	天秤	30	28	天秤	50	27	天秤	12	25	天秤	41	25	天秤	14
7:56:11 AM	27	巨蟹	0	天蠍	35	29	天秤	53	28	天秤	12	26	天秤	39	26	天秤	10
8:00:23 AM	28	巨蟹	1	天蠍	39	0	天蠍	56	29	天秤	12	27	天秤	35	27	天秤	6
8:04:34 AM	29	巨蟹	2	天蠍	43	1	天蠍	59	0	天蠍	11	28	天秤	32	28	天秤	2
8:08:44 AM	0	獅子	3	天蠍	47	3	天蠍	2	1	天蠍	11	29	天秤	29	28	天秤	58
8:12:54 AM	1	獅子	4	天蠍	50	4	天蠍	4	2	天蠍	10	0	天蠍	25	29	天秤	53
8:17:02 AM	2	獅子	5	天蠍	53	5	天蠍	6	3	天蠍	9	1	天蠍	21	0	天蠍	48
8:21:10 AM	3	獅子	6	天蠍	56	6	天蠍	8	4	天蠍	8	2	天蠍	17	1	天蠍	43
8:25:18 AM	4	獅子	7	天蠍	59	7	天蠍	9	5	天蠍	6	3	天蠍	13	2	天蠍	38
8:29:25 AM	5	獅子	9	天蠍	1	8	天蠍	10	6	天蠍	4	4	天蠍	8	3	天蠍	32
8:33:31 AM	6	獅子	10	天蠍	2	9	天蠍	10	7	天蠍	2	5	天蠍	3	4	天蠍	27
8:37:36 AM	7	獅子	11	天蠍	4	10	天蠍	11	7	天蠍	60	5	天蠍	58	5	天蠍	21
8:41:40 AM	8	獅子	12	天蠍	5	11	天蠍	11	8	天蠍	57	6	天蠍	53	6	天蠍	15
8:45:44 AM	9	獅子	13	天蠍	5	12	天蠍	10	9	天蠍	54	7	天蠍	47	7	天蠍	8
8:49:47 AM	10	獅子	14	天蠍	6	13	天蠍	10	10	天蠍	51	8	天蠍	41	8	天蠍	2
8:53:50 AM	11	獅子	15	天蠍	5	14	天蠍	9	11	天蠍	47	9	天蠍	35	8	天蠍	55
8:57:51 AM	12	獅子	16	天蠍	5	15	天蠍	7	12	天蠍	44	10	天蠍	29	9	天蠍	48
9:01:52 AM	13	獅子	17	天蠍	4	16	天蠍	6	13	天蠍	40	11	天蠍	23	10	天蠍	41
9:05:52 AM	14	獅子	18	天蠍	3	17	天蠍	4	14	天蠍	35	12	天蠍	16	11	天蠍	33
9:09:52 AM	15	獅子	19	天蠍	2	18	天蠍	1	15	天蠍	31	13	天蠍	9	12	天蠍	26
9:13:51 AM	16	獅子	20	天蠍	0	18	天蠍	59	16	天蠍	26	14	天蠍	2	13	天蠍	18
9:17:49 AM	17	獅子	20	天蠍	58	19	天蠍	56	17	天蠍	21	14	天蠍	55	14	天蠍	10
9:21:46 AM	18	獅子	21	天蠍	56	20	天蠍	53	18	天蠍	16	15	天蠍	47	15	天蠍	2
9:25:43 AM	19	獅子	22	天蠍	53	21	天蠍	49	19	天蠍	10	16	天蠍	40	15	天蠍	53
9:29:39 AM	20	獅子	23	天蠍	50	22	天蠍	46	20	天蠍	4	17	天蠍	32	16	天蠍	45
9:33:34 AM	21	獅子	24	天蠍	46	23	天蠍	41	20	天蠍	58	18	天蠍	24	17	天蠍	36
9:37:28 AM	22	獅子	25	天蠍	43	24	天蠍	37	21	天蠍	52	19	天蠍	15	18	天蠍	27
9:41:22 AM	23	獅子	26	天蠍	39	25	天蠍	33	22	天蠍	45	20	天蠍	7	19	天蠍	18
9:45:16 AM	24	獅子	27	天蠍	35	26	天蠍	28	23	天蠍	39	20	天蠍	58	20	天蠍	8
9:49:08 AM	25	獅子	28	天蠍	30	27	天蠍	22	24	天蠍	32	21	天蠍	49	20	天蠍	59
9:53:00 AM	26	獅子	29	天蠍	25	28	天蠍	17	25	天蠍	25	22	天蠍	40	21	天蠍	49
9:56:52 AM	27	獅子	0	射手	20	29	天蠍	11	26	天蠍	17	23	天蠍	31	22	天蠍	39
10:00:42 AM	28	獅子	1	射手	15	0	射手	6	27	天蠍	10	24	天蠍	22	23	天蠍	29
10:04:32 AM	29	獅子	2	射手	9	0	射手	59	28	天蠍	2	25	天蠍	12	24	天蠍	19
10:08:22 AM	0	處女	3	射手	4	1	射手	53	28	天蠍	54	26	天蠍	2	25	天蠍	9
10:12:11 AM	1	處女	3	射手	58	2	射手	46	29	天蠍	46	26	天蠍	52	25	天蠍	58
10:15:59 AM	2	處女	4	射手	51	3	射手	40	0	射手	38	27	天蠍	43	26	天蠍	48
10:19:47 AM	3	處女	5	射手	45	4	射手	33	1	射手	29	28	天蠍	32	27	天蠍	37
10:23:35 AM	4	處女	6	射手	38	5	射手	25	2	射手	21	29	天蠍	22	28	天蠍	26
10:27:21 AM	5	處女	7	射手	31	6	射手	18	3	射手	12	0	射手	12	29	天蠍	15
10:31:08 AM	6	處女	8	射手	24	7	射手	10	4	射手	3	1	射手	1	0	射手	4
10:34:54 AM	7	處女	9	射手	16	8	射手	3	4	射手	54	1	射手	51	0	射手	53
10:38:39 AM	8	處女	10	射手	9	8	射手	55	5	射手	45	2	射手	40	1	射手	42

上海			東京			紐約（北京）			威尼斯			倫敦			愛丁堡			斯德哥爾摩		
31度		13分	35度		39分	40度		43分	45度		30分	51度		30分	55度		57分	59度		2分
上升度數	上升星座	分	上升度數	上升星座	分	上升度數	上升星座	分	上升度數	上升星座	分	上升度數	上升星座	分	上升度數	上升星座	分	上升度數	上升星座	分
14	天秤	57	14	天秤	25	13	天秤	46	13	天秤	7	12	天秤	14	11	天秤	31	10	天秤	58
15	天秤	53	15	天秤	18	14	天秤	37	13	天秤	55	12	天秤	59	12	天秤	13	11	天秤	39
16	天秤	48	16	天秤	11	15	天秤	27	14	天秤	44	13	天秤	45	12	天秤	56	12	天秤	20
17	天秤	43	17	天秤	4	16	天秤	18	15	天秤	32	14	天秤	30	13	天秤	39	12	天秤	60
18	天秤	38	17	天秤	57	17	天秤	9	16	天秤	21	15	天秤	15	14	天秤	21	13	天秤	40
19	天秤	33	18	天秤	50	17	天秤	59	17	天秤	9	15	天秤	60	15	天秤	3	14	天秤	21
20	天秤	27	19	天秤	43	18	天秤	50	17	天秤	57	16	天秤	44	15	天秤	45	15	天秤	1
21	天秤	22	20	天秤	35	19	天秤	40	18	天秤	45	17	天秤	29	16	天秤	27	15	天秤	41
22	天秤	16	21	天秤	27	20	天秤	30	19	天秤	32	18	天秤	14	17	天秤	9	16	天秤	21
23	天秤	10	22	天秤	20	21	天秤	20	20	天秤	20	18	天秤	58	17	天秤	51	17	天秤	1
24	天秤	4	23	天秤	12	22	天秤	10	21	天秤	7	19	天秤	43	18	天秤	33	17	天秤	40
24	天秤	58	24	天秤	4	22	天秤	59	21	天秤	55	20	天秤	27	19	天秤	15	18	天秤	20
25	天秤	51	24	天秤	55	23	天秤	49	22	天秤	42	21	天秤	11	19	天秤	56	18	天秤	60
26	天秤	44	25	天秤	47	24	天秤	38	23	天秤	29	21	天秤	55	20	天秤	37	19	天秤	39
27	天秤	38	26	天秤	38	25	天秤	27	24	天秤	16	22	天秤	39	21	天秤	19	20	天秤	18
28	天秤	31	27	天秤	29	26	天秤	16	25	天秤	3	23	天秤	22	21	天秤	60	20	天秤	57
29	天秤	24	28	天秤	21	27	天秤	5	25	天秤	50	24	天秤	6	22	天秤	41	21	天秤	36
0	天蠍	16	29	天秤	11	27	天秤	54	26	天秤	36	24	天秤	49	23	天秤	22	22	天秤	15
1	天蠍	9	0	天蠍	2	28	天秤	42	27	天秤	22	25	天秤	33	24	天秤	2	22	天秤	54
2	天蠍	1	0	天蠍	53	29	天秤	31	28	天秤	9	26	天秤	16	24	天秤	43	23	天秤	33
2	天蠍	53	1	天蠍	43	0	天蠍	19	28	天秤	55	26	天秤	59	25	天秤	23	24	天秤	11
3	天蠍	45	2	天蠍	33	1	天蠍	7	29	天秤	41	27	天秤	42	26	天秤	4	24	天秤	50
4	天蠍	36	3	天蠍	23	1	天蠍	55	0	天蠍	26	28	天秤	24	26	天秤	44	25	天秤	28
5	天蠍	28	4	天蠍	13	2	天蠍	43	1	天蠍	12	29	天秤	7	27	天秤	24	26	天秤	6
6	天蠍	19	5	天蠍	3	3	天蠍	30	1	天蠍	57	29	天秤	50	28	天秤	4	26	天秤	44
7	天蠍	10	5	天蠍	52	4	天蠍	18	2	天蠍	43	0	天蠍	32	28	天秤	44	27	天秤	22
8	天蠍	1	6	天蠍	41	5	天蠍	5	3	天蠍	28	1	天蠍	14	29	天秤	23	27	天秤	59
8	天蠍	52	7	天蠍	30	5	天蠍	52	4	天蠍	13	1	天蠍	56	0	天蠍	3	28	天秤	37
9	天蠍	42	8	天蠍	19	6	天蠍	39	4	天蠍	58	2	天蠍	38	0	天蠍	42	29	天秤	14
10	天蠍	33	9	天蠍	8	7	天蠍	26	5	天蠍	43	3	天蠍	20	1	天蠍	22	29	天秤	52
11	天蠍	23	9	天蠍	57	8	天蠍	13	6	天蠍	27	4	天蠍	2	2	天蠍	1	0	天蠍	29
12	天蠍	13	10	天蠍	45	8	天蠍	59	7	天蠍	12	4	天蠍	43	2	天蠍	40	1	天蠍	6
13	天蠍	3	11	天蠍	33	9	天蠍	45	7	天蠍	56	5	天蠍	24	3	天蠍	19	1	天蠍	43
13	天蠍	52	12	天蠍	22	10	天蠍	32	8	天蠍	40	6	天蠍	6	3	天蠍	58	2	天蠍	20
14	天蠍	42	13	天蠍	10	11	天蠍	18	9	天蠍	24	6	天蠍	47	4	天蠍	36	2	天蠍	57
15	天蠍	31	13	天蠍	57	12	天蠍	4	10	天蠍	8	7	天蠍	28	5	天蠍	15	3	天蠍	33
16	天蠍	20	14	天蠍	45	12	天蠍	50	10	天蠍	52	8	天蠍	9	5	天蠍	53	4	天蠍	10
17	天蠍	9	15	天蠍	33	13	天蠍	35	11	天蠍	36	8	天蠍	50	6	天蠍	32	4	天蠍	46
17	天蠍	58	16	天蠍	20	14	天蠍	21	12	天蠍	19	9	天蠍	31	7	天蠍	10	5	天蠍	22
18	天蠍	47	17	天蠍	7	15	天蠍	6	13	天蠍	3	10	天蠍	11	7	天蠍	48	5	天蠍	59
19	天蠍	36	17	天蠍	54	15	天蠍	52	13	天蠍	46	10	天蠍	52	8	天蠍	26	6	天蠍	35
20	天蠍	24	18	天蠍	41	16	天蠍	37	14	天蠍	29	11	天蠍	32	9	天蠍	4	7	天蠍	11
21	天蠍	12	19	天蠍	28	17	天蠍	22	15	天蠍	13	12	天蠍	12	9	天蠍	42	7	天蠍	47
22	天蠍	0	20	天蠍	15	18	天蠍	8	15	天蠍	56	12	天蠍	53	10	天蠍	19	8	天蠍	22
22	天蠍	48	21	天蠍	2	18	天蠍	52	16	天蠍	39	13	天蠍	33	10	天蠍	57	8	天蠍	58
23	天蠍	36	21	天蠍	48	19	天蠍	37	17	天蠍	22	14	天蠍	13	11	天蠍	35	9	天蠍	34
24	天蠍	24	22	天蠍	35	20	天蠍	21	18	天蠍	4	14	天蠍	53	12	天蠍	12	10	天蠍	9
25	天蠍	12	23	天蠍	21	21	天蠍	6	18	天蠍	47	15	天蠍	33	12	天蠍	50	10	天蠍	45
25	天蠍	60	24	天蠍	8	21	天蠍	51	19	天蠍	30	16	天蠍	13	13	天蠍	27	11	天蠍	20
26	天蠍	47	24	天蠍	54	22	天蠍	36	20	天蠍	13	16	天蠍	52	14	天蠍	4	11	天蠍	55
27	天蠍	35	25	天蠍	40	23	天蠍	20	20	天蠍	55	17	天蠍	32	14	天蠍	41	12	天蠍	30
28	天蠍	22	26	天蠍	26	24	天蠍	4	21	天蠍	38	18	天蠍	12	15	天蠍	19	13	天蠍	6
29	天蠍	9	27	天蠍	12	24	天蠍	48	22	天蠍	20	18	天蠍	52	15	天蠍	56	13	天蠍	41

相對城市北緯度數	天頂度數	天頂星座	吉隆坡 2度 50分			雅加達 6度 8分			馬尼拉 4度 36分			高雄（香港）22度 37分			台北 25度 3分		
恆星時間	天頂度數	天頂星座	上升度數	上升星座	分	上升度數	上升星座	分	上升度數	上升星座	分	上升度數	上升星座	分	上升度數	上升星座	分
10:42:24 AM	9	處女	11	射手	1	9	射手	47	6	射手	35	3	射手	29	2	射手	31
10:46:08 AM	10	處女	11	射手	53	10	射手	38	7	射手	26	4	射手	18	3	射手	19
10:49:53 AM	11	處女	12	射手	45	11	射手	30	8	射手	16	5	射手	7	4	射手	8
10:53:36 AM	12	處女	13	射手	37	12	射手	21	9	射手	7	5	射手	56	4	射手	57
10:57:20 AM	13	處女	14	射手	29	13	射手	13	9	射手	57	6	射手	45	5	射手	45
11:01:03 AM	14	處女	15	射手	20	14	射手	4	10	射手	47	7	射手	34	6	射手	33
11:04:45 AM	15	處女	16	射手	11	14	射手	55	11	射手	37	8	射手	23	7	射手	22
11:08:28 AM	16	處女	17	射手	3	15	射手	46	12	射手	27	9	射手	12	8	射手	10
11:12:10 AM	17	處女	17	射手	54	16	射手	37	13	射手	17	10	射手	1	8	射手	58
11:15:52 AM	18	處女	18	射手	45	17	射手	27	14	射手	7	10	射手	49	9	射手	47
11:19:33 AM	19	處女	19	射手	36	18	射手	18	14	射手	57	11	射手	38	10	射手	35
11:23:15 AM	20	處女	20	射手	27	19	射手	9	15	射手	47	12	射手	27	11	射手	23
11:26:56 AM	21	處女	21	射手	17	19	射手	59	16	射手	37	13	射手	15	12	射手	11
11:30:37 AM	22	處女	22	射手	8	20	射手	50	17	射手	26	14	射手	4	12	射手	60
11:34:18 AM	23	處女	22	射手	59	21	射手	40	18	射手	16	14	射手	53	13	射手	48
11:37:58 AM	24	處女	23	射手	49	22	射手	31	19	射手	6	15	射手	42	14	射手	36
11:41:30 AM	25	處女	24	射手	40	23	射手	21	19	射手	56	16	射手	30	15	射手	25
11:45:19 AM	26	處女	25	射手	30	24	射手	12	20	射手	45	17	射手	19	16	射手	13
11:48:59 AM	27	處女	26	射手	21	25	射手	2	21	射手	35	18	射手	8	17	射手	2
11:52:40 AM	28	處女	27	射手	11	25	射手	52	22	射手	25	18	射手	57	17	射手	50
11:56:20 AM	29	處女	28	射手	2	26	射手	43	23	射手	15	19	射手	46	18	射手	39
12:00:00 PM	0	天秤	28	射手	52	27	射手	33	24	射手	5	20	射手	35	19	射手	28
12:03:40 PM	1	天秤	29	射手	43	28	射手	24	24	射手	55	21	射手	24	20	射手	17
12:07:20 PM	2	天秤	0	魔羯	33	29	射手	14	25	射手	45	22	射手	14	21	射手	6
12:11:01 PM	3	天秤	1	魔羯	24	0	魔羯	4	26	射手	35	23	射手	3	21	射手	55
12:14:41 PM	4	天秤	2	魔羯	14	0	魔羯	55	27	射手	25	23	射手	53	22	射手	44
12:18:21 PM	5	天秤	3	魔羯	5	1	魔羯	46	28	射手	16	24	射手	42	23	射手	33
12:22:02 PM	6	天秤	3	魔羯	56	2	魔羯	36	29	射手	6	25	射手	32	24	射手	23
12:25:42 PM	7	天秤	4	魔羯	46	3	魔羯	27	29	射手	57	26	射手	22	25	射手	13
12:29:23 PM	8	天秤	5	魔羯	37	4	魔羯	18	0	魔羯	47	27	射手	12	26	射手	2
12:33:04 PM	9	天秤	6	魔羯	28	5	魔羯	9	1	魔羯	38	28	射手	2	26	射手	52
12:36:45 PM	10	天秤	7	魔羯	19	5	魔羯	60	2	魔羯	29	28	射手	53	27	射手	43
12:40:27 PM	11	天秤	8	魔羯	10	6	魔羯	51	3	魔羯	20	29	射手	43	28	射手	33
12:44:08 PM	12	天秤	9	魔羯	1	7	魔羯	42	4	魔羯	11	0	魔羯	34	29	射手	24
12:47:50 PM	13	天秤	9	魔羯	53	8	魔羯	34	5	魔羯	3	1	魔羯	25	0	魔羯	14
12:51:32 PM	14	天秤	10	魔羯	44	9	魔羯	25	5	魔羯	55	2	魔羯	17	1	魔羯	5
12:55:15 PM	15	天秤	11	魔羯	36	10	魔羯	17	6	魔羯	46	3	魔羯	8	1	魔羯	57
12:58:57 PM	16	天秤	12	魔羯	28	11	魔羯	9	7	魔羯	38	3	魔羯	60	2	魔羯	48
1:02:40 PM	17	天秤	13	魔羯	20	12	魔羯	1	8	魔羯	31	4	魔羯	52	3	魔羯	40
1:06:24 PM	18	天秤	14	魔羯	12	12	魔羯	53	9	魔羯	23	5	魔羯	44	4	魔羯	32
1:10:07 PM	19	天秤	15	魔羯	4	13	魔羯	46	10	魔羯	16	6	魔羯	37	5	魔羯	25
1:13:52 PM	20	天秤	15	魔羯	56	14	魔羯	38	11	魔羯	9	7	魔羯	30	6	魔羯	17
1:17:36 PM	21	天秤	16	魔羯	49	15	魔羯	31	12	魔羯	2	8	魔羯	23	7	魔羯	11
1:21:21 PM	22	天秤	17	魔羯	42	16	魔羯	24	12	魔羯	56	9	魔羯	16	8	魔羯	4
1:25:06 PM	23	天秤	18	魔羯	35	17	魔羯	18	13	魔羯	49	10	魔羯	10	8	魔羯	58
1:28:52 PM	24	天秤	19	魔羯	28	18	魔羯	11	14	魔羯	43	11	魔羯	4	9	魔羯	52
1:32:39 PM	25	天秤	20	魔羯	21	19	魔羯	5	15	魔羯	38	11	魔羯	59	10	魔羯	46
1:36:25 PM	26	天秤	21	魔羯	15	19	魔羯	59	16	魔羯	32	12	魔羯	53	11	魔羯	41
1:40:13 PM	27	天秤	22	魔羯	9	20	魔羯	53	17	魔羯	27	13	魔羯	49	12	魔羯	36
1:44:01 PM	28	天秤	23	魔羯	3	21	魔羯	48	18	魔羯	23	14	魔羯	44	13	魔羯	32
1:47:49 PM	29	天秤	23	魔羯	58	22	魔羯	43	19	魔羯	18	15	魔羯	40	14	魔羯	28
1:51:38 PM	0	天蠍	24	魔羯	52	23	魔羯	38	20	魔羯	14	16	魔羯	37	15	魔羯	24
1:55:28 PM	1	天蠍	25	魔羯	47	24	魔羯	33	21	魔羯	10	17	魔羯	33	16	魔羯	21

上海			東京			紐約（北京）			威尼斯			倫敦			愛丁堡			斯德哥爾摩		
31度		13分	35度		39分	40度		43分	45度		30分	51度		30分	55度		57分	59度		2分
上升度數	上升星座	分	上升度數	上升星座	分	上升度數	上升星座	分	上升度數	上升星座	分	上升度數	上升星座	分	上升度數	上升星座	分	上升度數	上升星座	分
29	天蠍	56	27	天蠍	58	25	天蠍	33	23	天蠍	3	19	天蠍	31	16	天蠍	33	14	天蠍	16
0	射手	44	28	天蠍	44	26	天蠍	17	23	天蠍	45	20	天蠍	11	17	天蠍	10	14	天蠍	51
1	射手	31	29	天蠍	30	27	天蠍	1	24	天蠍	27	20	天蠍	50	17	天蠍	47	15	天蠍	26
2	射手	18	0	射手	16	27	天蠍	45	25	天蠍	10	21	天蠍	30	18	天蠍	24	16	天蠍	0
3	射手	5	1	射手	1	28	天蠍	29	25	天蠍	52	22	天蠍	9	19	天蠍	1	16	天蠍	35
3	射手	52	1	射手	47	29	天蠍	14	26	天蠍	34	22	天蠍	49	19	天蠍	38	17	天蠍	10
4	射手	39	2	射手	33	29	天蠍	58	27	天蠍	17	23	天蠍	28	20	天蠍	15	17	天蠍	45
5	射手	26	3	射手	19	0	射手	42	27	天蠍	59	24	天蠍	8	20	天蠍	51	18	天蠍	20
6	射手	13	4	射手	5	1	射手	26	28	天蠍	41	24	天蠍	47	21	天蠍	28	18	天蠍	54
6	射手	60	4	射手	50	2	射手	10	29	天蠍	24	25	天蠍	27	22	天蠍	5	19	天蠍	29
7	射手	47	5	射手	36	2	射手	55	0	射手	6	26	天蠍	6	22	天蠍	42	20	天蠍	4
8	射手	34	6	射手	22	3	射手	39	0	射手	49	26	天蠍	46	23	天蠍	19	20	天蠍	38
9	射手	21	7	射手	8	4	射手	23	1	射手	31	27	天蠍	26	23	天蠍	56	21	天蠍	13
10	射手	8	7	射手	54	5	射手	8	2	射手	14	28	天蠍	5	24	天蠍	33	21	天蠍	48
10	射手	55	8	射手	40	5	射手	52	2	射手	56	28	天蠍	45	25	天蠍	10	22	天蠍	23
11	射手	42	9	射手	26	6	射手	21	3	射手	39	29	天蠍	25	25	天蠍	47	22	天蠍	57
12	射手	29	10	射手	12	7	射手	21	4	射手	22	0	射手	5	26	天蠍	24	23	天蠍	32
13	射手	16	10	射手	58	8	射手	6	5	射手	5	0	射手	45	27	天蠍	1	24	天蠍	7
14	射手	4	11	射手	45	8	射手	51	5	射手	48	1	射手	25	27	天蠍	38	24	天蠍	42
14	射手	51	12	射手	31	9	射手	36	6	射手	31	2	射手	5	28	天蠍	16	25	天蠍	17
15	射手	39	13	射手	18	10	射手	21	7	射手	14	2	射手	45	28	天蠍	53	25	天蠍	52
16	射手	26	14	射手	4	11	射手	6	7	射手	57	3	射手	25	29	天蠍	30	26	天蠍	27
17	射手	14	14	射手	51	11	射手	51	8	射手	41	4	射手	6	0	射手	8	27	天蠍	2
18	射手	2	15	射手	38	12	射手	36	9	射手	24	4	射手	46	0	射手	46	27	天蠍	37
18	射手	50	16	射手	25	13	射手	22	10	射手	8	5	射手	27	1	射手	23	28	天蠍	12
19	射手	38	17	射手	12	14	射手	8	10	射手	52	6	射手	8	2	射手	1	28	天蠍	48
20	射手	27	17	射手	59	14	射手	54	11	射手	36	6	射手	49	2	射手	39	29	天蠍	23
21	射手	15	18	射手	47	15	射手	40	12	射手	20	7	射手	30	3	射手	17	29	天蠍	59
22	射手	4	19	射手	35	16	射手	26	13	射手	5	8	射手	12	3	射手	56	0	射手	35
22	射手	53	20	射手	23	17	射手	12	13	射手	50	8	射手	53	4	射手	34	1	射手	10
23	射手	42	21	射手	11	17	射手	59	14	射手	35	9	射手	35	5	射手	13	1	射手	46
24	射手	31	21	射手	59	18	射手	46	15	射手	20	10	射手	17	5	射手	52	2	射手	22
25	射手	21	22	射手	48	19	射手	33	16	射手	5	10	射手	59	6	射手	31	2	射手	59
26	射手	11	23	射手	37	20	射手	21	16	射手	51	11	射手	42	7	射手	10	3	射手	35
27	射手	1	24	射手	26	21	射手	9	17	射手	37	12	射手	24	7	射手	49	4	射手	12
27	射手	51	25	射手	15	21	射手	57	18	射手	23	13	射手	7	8	射手	29	4	射手	48
28	射手	42	26	射手	5	22	射手	45	19	射手	10	13	射手	51	9	射手	9	5	射手	25
29	射手	32	26	射手	55	23	射手	34	19	射手	56	14	射手	34	9	射手	49	6	射手	2
0	魔羯	24	27	射手	46	24	射手	23	20	射手	44	15	射手	18	10	射手	29	6	射手	40
1	魔羯	15	28	射手	36	25	射手	12	21	射手	31	16	射手	2	11	射手	10	7	射手	17
2	魔羯	7	29	射手	27	26	射手	2	22	射手	19	16	射手	47	11	射手	51	7	射手	55
2	魔羯	59	0	魔羯	19	26	射手	52	23	射手	7	17	射手	32	12	射手	32	8	射手	33
3	魔羯	51	1	魔羯	10	27	射手	42	23	射手	56	18	射手	17	13	射手	14	9	射手	12
4	魔羯	44	2	魔羯	2	28	射手	33	24	射手	45	19	射手	3	13	射手	56	9	射手	50
5	魔羯	37	2	魔羯	55	29	射手	25	25	射手	35	19	射手	49	14	射手	38	10	射手	29
6	魔羯	31	3	魔羯	48	0	魔羯	16	26	射手	25	20	射手	36	15	射手	21	11	射手	8
7	魔羯	25	4	魔羯	41	1	魔羯	9	27	射手	15	21	射手	22	16	射手	4	11	射手	48
8	魔羯	19	5	魔羯	35	2	魔羯	1	28	射手	6	22	射手	10	16	射手	48	12	射手	28
9	魔羯	14	6	魔羯	29	2	魔羯	54	28	射手	58	22	射手	58	17	射手	32	13	射手	8
10	魔羯	10	7	魔羯	24	3	魔羯	48	29	射手	49	23	射手	46	18	射手	16	13	射手	49
11	魔羯	5	8	魔羯	19	4	魔羯	42	0	魔羯	42	24	射手	35	19	射手	1	14	射手	30
12	魔羯	2	9	魔羯	15	5	魔羯	37	1	魔羯	35	25	射手	25	19	射手	46	15	射手	11
12	魔羯	58	10	魔羯	12	6	魔羯	32	2	魔羯	29	26	射手	15	20	射手	32	15	射手	53

相對城市北緯度數			吉隆坡			雅加達			馬尼拉			高雄（香港）			台北		
			2度		50分	6度		8分	4度		36分	22度		37分	25度		3分
恆星時間	天頂度數	天頂星座	上升度數	上升星座	分	上升度數	上升星座	分	上升度數	上升星座	分	上升度數	上升星座	分	上升度數	上升星座	分
1:59:18 PM	2	天蠍	26	魔羯	43	25	魔羯	29	22	魔羯	7	18	魔羯	31	17	魔羯	18
2:03:08 PM	3	天蠍	27	魔羯	38	26	魔羯	25	23	魔羯	4	19	魔羯	28	18	魔羯	16
2:07:00 PM	4	天蠍	28	魔羯	34	27	魔羯	21	24	魔羯	2	20	魔羯	27	19	魔羯	14
2:10:52 PM	5	天蠍	29	魔羯	30	28	魔羯	18	24	魔羯	59	21	魔羯	25	20	魔羯	13
2:14:44 PM	6	天蠍	0	水瓶	27	29	魔羯	15	25	魔羯	58	22	魔羯	24	21	魔羯	12
2:18:38 PM	7	天蠍	1	水瓶	24	0	水瓶	13	26	魔羯	56	23	魔羯	24	22	魔羯	12
2:22:32 PM	8	天蠍	2	水瓶	21	1	水瓶	10	27	魔羯	55	24	魔羯	24	23	魔羯	12
2:26:26 PM	9	天蠍	3	水瓶	18	2	水瓶	8	28	魔羯	55	25	魔羯	25	24	魔羯	13
2:30:21 PM	10	天蠍	4	水瓶	16	3	水瓶	7	29	魔羯	55	26	魔羯	26	25	魔羯	15
2:34:17 PM	11	天蠍	5	水瓶	14	4	水瓶	6	0	水瓶	55	27	魔羯	27	26	魔羯	17
2:38:14 PM	12	天蠍	6	水瓶	13	5	水瓶	5	1	水瓶	56	28	魔羯	30	27	魔羯	19
2:42:11 PM	13	天蠍	7	水瓶	12	6	水瓶	5	2	水瓶	58	29	魔羯	32	28	魔羯	22
2:46:09 PM	14	天蠍	8	水瓶	11	7	水瓶	5	3	水瓶	59	0	水瓶	36	29	魔羯	26
2:50:08 PM	15	天蠍	9	水瓶	11	8	水瓶	5	5	水瓶	2	1	水瓶	40	0	水瓶	30
2:54:08 PM	16	天蠍	10	水瓶	11	9	水瓶	6	6	水瓶	5	2	水瓶	44	1	水瓶	35
2:58:08 PM	17	天蠍	11	水瓶	11	10	水瓶	7	7	水瓶	8	3	水瓶	49	2	水瓶	41
3:02:09 PM	18	天蠍	12	水瓶	12	11	水瓶	9	8	水瓶	12	4	水瓶	55	3	水瓶	47
3:06:10 PM	19	天蠍	13	水瓶	13	12	水瓶	11	9	水瓶	16	6	水瓶	1	4	水瓶	54
3:10:13 PM	20	天蠍	14	水瓶	14	13	水瓶	13	10	水瓶	21	7	水瓶	8	6	水瓶	2
3:14:16 PM	21	天蠍	15	水瓶	16	14	水瓶	16	11	水瓶	26	8	水瓶	16	7	水瓶	10
3:18:20 PM	22	天蠍	16	水瓶	19	15	水瓶	19	12	水瓶	32	9	水瓶	24	8	水瓶	19
3:22:24 PM	23	天蠍	17	水瓶	21	16	水瓶	23	13	水瓶	38	10	水瓶	33	9	水瓶	29
3:26:29 PM	24	天蠍	18	水瓶	25	17	水瓶	27	14	水瓶	45	11	水瓶	43	10	水瓶	39
3:30:35 PM	25	天蠍	19	水瓶	28	18	水瓶	32	15	水瓶	53	12	水瓶	53	11	水瓶	51
3:34:42 PM	26	天蠍	20	水瓶	32	19	水瓶	37	17	水瓶	1	14	水瓶	4	13	水瓶	2
3:38:50 PM	27	天蠍	21	水瓶	36	20	水瓶	42	18	水瓶	9	15	水瓶	16	14	水瓶	15
3:42:58 PM	28	天蠍	22	水瓶	41	21	水瓶	48	19	水瓶	18	16	水瓶	28	15	水瓶	28
3:47:06 PM	29	天蠍	23	水瓶	46	22	水瓶	55	20	水瓶	28	17	水瓶	41	16	水瓶	42
3:51:16 PM	0	射手	24	水瓶	52	24	水瓶	1	21	水瓶	38	18	水瓶	54	17	水瓶	57
3:55:26 PM	1	射手	25	水瓶	58	25	水瓶	8	22	水瓶	49	20	水瓶	9	19	水瓶	12
3:59:37 PM	2	射手	27	水瓶	4	26	水瓶	16	23	水瓶	60	21	水瓶	23	20	水瓶	28
4:03:49 PM	3	射手	28	水瓶	10	27	水瓶	24	25	水瓶	11	22	水瓶	39	21	水瓶	45
4:08:01 PM	4	射手	29	水瓶	18	28	水瓶	32	26	水瓶	24	23	水瓶	55	23	水瓶	3
4:12:14 PM	5	射手	0	雙魚	25	29	水瓶	41	27	水瓶	36	25	水瓶	12	24	水瓶	21
4:16:27 PM	6	射手	1	雙魚	33	0	雙魚	51	28	水瓶	50	26	水瓶	30	25	水瓶	40
4:20:41 PM	7	射手	2	雙魚	41	2	雙魚	0	0	雙魚	3	27	水瓶	48	26	水瓶	60
4:24:56 PM	8	射手	3	雙魚	49	3	雙魚	10	1	雙魚	18	29	水瓶	7	28	水瓶	20
4:29:11 PM	9	射手	4	雙魚	58	4	雙魚	21	2	雙魚	32	0	雙魚	26	29	水瓶	41
4:33:26 PM	10	射手	6	雙魚	7	5	雙魚	31	3	雙魚	47	1	雙魚	46	1	雙魚	3
4:37:43 PM	11	射手	7	雙魚	17	6	雙魚	42	5	雙魚	3	3	雙魚	7	2	雙魚	26
4:41:59 PM	12	射手	8	雙魚	27	7	雙魚	54	6	雙魚	19	4	雙魚	28	3	雙魚	49
4:46:17 PM	13	射手	9	雙魚	37	9	雙魚	6	7	雙魚	35	5	雙魚	50	5	雙魚	12
4:50:34 PM	14	射手	10	雙魚	47	10	雙魚	18	8	雙魚	52	7	雙魚	12	6	雙魚	36
4:54:52 PM	15	射手	11	雙魚	58	11	雙魚	30	10	雙魚	10	8	雙魚	35	8	雙魚	1
4:59:11 PM	16	射手	13	雙魚	9	12	雙魚	43	11	雙魚	27	9	雙魚	58	9	雙魚	27
5:03:30 PM	17	射手	14	雙魚	20	13	雙魚	56	12	雙魚	45	11	雙魚	22	10	雙魚	52
5:07:49 PM	18	射手	15	雙魚	31	15	雙魚	9	14	雙魚	3	12	雙魚	46	12	雙魚	19
5:12:09 PM	19	射手	16	雙魚	43	16	雙魚	22	15	雙魚	22	14	雙魚	11	13	雙魚	45
5:16:29 PM	20	射手	17	雙魚	55	17	雙魚	36	16	雙魚	41	15	雙魚	36	15	雙魚	13
5:20:49 PM	21	射手	19	雙魚	7	18	雙魚	50	17	雙魚	60	17	雙魚	1	16	雙魚	40
5:25:10 PM	22	射手	20	雙魚	19	20	雙魚	4	19	雙魚	19	18	雙魚	27	18	雙魚	8
5:29:30 PM	23	射手	21	雙魚	31	21	雙魚	18	20	雙魚	39	19	雙魚	53	19	雙魚	36
5:33:51 PM	24	射手	22	雙魚	44	22	雙魚	32	21	雙魚	59	21	雙魚	19	21	雙魚	5

上海 31度 13分			東京 35度 39分			紐約（北京）40度 43分			威尼斯 45度 30分			倫敦 51度 30分			愛丁堡 55度 57分			斯德哥爾摩 59度 2分		
上升度數	上升星座	分	上升度數	上升星座	分	上升度數	上升星座	分	上升度數	上升星座	分	上升度數	上升星座	分	上升度數	上升星座	分	上升度數	上升星座	分
13	魔羯	55	11	魔羯	8	7	魔羯	28	3	魔羯	23	27	射手	6	21	射手	19	16	射手	35
14	魔羯	53	12	魔羯	6	8	魔羯	25	4	魔羯	18	27	射手	57	22	射手	6	17	射手	18
15	魔羯	52	13	魔羯	4	9	魔羯	22	5	魔羯	14	28	射手	49	22	射手	53	18	射手	1
16	魔羯	50	14	魔羯	2	10	魔羯	20	6	魔羯	10	29	射手	42	23	射手	41	18	射手	45
17	魔羯	50	15	魔羯	2	11	魔羯	18	7	魔羯	7	0	魔羯	35	24	射手	30	19	射手	29
18	魔羯	50	16	魔羯	2	12	魔羯	17	8	魔羯	5	1	魔羯	29	25	射手	20	20	射手	14
19	魔羯	51	17	魔羯	2	13	魔羯	17	9	魔羯	3	2	魔羯	24	26	射手	10	21	射手	0
20	魔羯	52	18	魔羯	3	14	魔羯	18	10	魔羯	2	3	魔羯	20	27	射手	1	21	射手	46
21	魔羯	54	19	魔羯	5	15	魔羯	19	11	魔羯	3	4	魔羯	17	27	射手	53	22	射手	33
22	魔羯	56	20	魔羯	8	16	魔羯	22	12	魔羯	4	5	魔羯	14	28	射手	46	23	射手	21
23	魔羯	59	21	魔羯	11	17	魔羯	25	13	魔羯	6	6	魔羯	13	29	射手	39	24	射手	9
25	魔羯	3	22	魔羯	15	18	魔羯	29	14	魔羯	8	7	魔羯	12	0	魔羯	34	24	射手	59
26	魔羯	8	23	魔羯	20	19	魔羯	33	15	魔羯	12	8	魔羯	13	1	魔羯	29	25	射手	49
27	魔羯	13	24	魔羯	26	20	魔羯	39	16	魔羯	17	9	魔羯	14	2	魔羯	26	26	射手	40
28	魔羯	19	25	魔羯	32	21	魔羯	46	17	魔羯	23	10	魔羯	17	3	魔羯	24	27	射手	32
29	魔羯	26	26	魔羯	40	22	魔羯	53	18	魔羯	30	11	魔羯	21	4	魔羯	22	28	射手	25
0	水瓶	34	27	魔羯	48	24	魔羯	2	19	魔羯	38	12	魔羯	26	5	魔羯	22	29	射手	19
1	水瓶	42	28	魔羯	57	25	魔羯	11	20	魔羯	47	13	魔羯	32	6	魔羯	24	0	魔羯	14
2	水瓶	51	0	水瓶	7	26	魔羯	20	21	魔羯	57	14	魔羯	40	7	魔羯	26	1	魔羯	10
4	水瓶	1	1	水瓶	18	27	魔羯	33	23	魔羯	9	15	魔羯	49	8	魔羯	30	2	魔羯	8
5	水瓶	12	2	水瓶	30	28	魔羯	46	24	魔羯	21	16	魔羯	60	9	魔羯	36	3	魔羯	7
6	水瓶	23	3	水瓶	43	29	魔羯	60	25	魔羯	35	18	魔羯	12	10	魔羯	43	4	魔羯	7
7	水瓶	36	4	水瓶	56	1	水瓶	15	26	魔羯	51	19	魔羯	25	11	魔羯	51	5	魔羯	9
8	水瓶	49	6	水瓶	11	2	水瓶	31	28	魔羯	8	20	魔羯	41	13	魔羯	2	6	魔羯	13
10	水瓶	3	7	水瓶	27	3	水瓶	48	29	魔羯	26	21	魔羯	58	14	魔羯	14	7	魔羯	18
11	水瓶	18	8	水瓶	44	5	水瓶	7	0	水瓶	45	23	魔羯	16	15	魔羯	28	8	魔羯	26
12	水瓶	34	10	水瓶	2	6	水瓶	27	2	水瓶	7	24	魔羯	37	16	魔羯	45	9	魔羯	35
13	水瓶	51	11	水瓶	20	7	水瓶	48	3	水瓶	29	25	魔羯	60	18	魔羯	3	10	魔羯	47
15	水瓶	9	12	水瓶	40	9	水瓶	10	4	水瓶	54	27	魔羯	24	19	魔羯	24	12	魔羯	0
16	水瓶	27	14	水瓶	1	10	水瓶	34	6	水瓶	20	28	魔羯	51	20	魔羯	47	13	魔羯	17
17	水瓶	47	15	水瓶	23	11	水瓶	59	7	水瓶	47	0	水瓶	20	22	魔羯	13	14	魔羯	36
19	水瓶	7	16	水瓶	46	13	水瓶	25	9	水瓶	17	1	水瓶	51	23	魔羯	42	15	魔羯	57
20	水瓶	28	18	水瓶	11	14	水瓶	53	10	水瓶	48	3	水瓶	25	25	魔羯	14	17	魔羯	22
21	水瓶	50	19	水瓶	36	16	水瓶	22	12	水瓶	20	5	水瓶	1	26	魔羯	48	18	魔羯	51
23	水瓶	14	21	水瓶	2	17	水瓶	53	13	水瓶	55	6	水瓶	40	28	魔羯	26	20	魔羯	23
24	水瓶	38	22	水瓶	30	19	水瓶	25	15	水瓶	31	8	水瓶	21	0	水瓶	8	21	魔羯	58
26	水瓶	2	23	水瓶	58	20	水瓶	58	17	水瓶	10	10	水瓶	6	1	水瓶	53	23	魔羯	38
27	水瓶	28	25	水瓶	28	22	水瓶	33	18	水瓶	50	11	水瓶	52	3	水瓶	42	25	魔羯	23
28	水瓶	55	26	水瓶	58	24	水瓶	9	20	水瓶	32	13	水瓶	42	5	水瓶	35	27	魔羯	12
0	雙魚	22	28	水瓶	30	25	水瓶	46	22	水瓶	15	15	水瓶	35	7	水瓶	32	29	魔羯	7
1	雙魚	50	0	雙魚	3	27	水瓶	25	24	水瓶	1	17	水瓶	31	9	水瓶	34	1	水瓶	8
3	雙魚	19	1	雙魚	36	29	水瓶	5	25	水瓶	49	19	水瓶	29	11	水瓶	41	3	水瓶	14
4	雙魚	49	3	雙魚	11	0	雙魚	46	27	水瓶	38	21	水瓶	31	13	水瓶	52	5	水瓶	27
6	雙魚	20	4	雙魚	47	2	雙魚	29	29	水瓶	29	23	水瓶	36	16	水瓶	8	7	水瓶	48
7	雙魚	51	6	雙魚	23	4	雙魚	13	1	雙魚	22	25	水瓶	44	18	水瓶	30	10	水瓶	16
9	雙魚	23	8	雙魚	0	5	雙魚	58	3	雙魚	17	27	水瓶	55	20	水瓶	57	12	水瓶	52
10	雙魚	55	9	雙魚	39	7	雙魚	44	5	雙魚	13	0	雙魚	9	23	水瓶	29	15	水瓶	37
12	雙魚	28	11	雙魚	17	9	雙魚	31	7	雙魚	11	2	雙魚	27	26	水瓶	7	18	水瓶	30
14	雙魚	2	12	雙魚	57	11	雙魚	19	9	雙魚	10	4	雙魚	46	28	水瓶	50	21	水瓶	33
15	雙魚	36	14	雙魚	37	13	雙魚	11	11	雙魚	11	7	雙魚	9	1	雙魚	38	24	水瓶	46
17	雙魚	11	16	雙魚	18	14	雙魚	59	13	雙魚	13	9	雙魚	34	4	雙魚	32	28	水瓶	8
18	雙魚	46	17	雙魚	60	16	雙魚	50	15	雙魚	16	12	雙魚	2	7	雙魚	31	1	雙魚	41
20	雙魚	22	19	雙魚	42	18	雙魚	41	17	雙魚	20	14	雙魚	32	10	雙魚	34	5	雙魚	22

相對城市 北緯度數			吉隆坡 2度 50分			雅加達 6度 8分			馬尼拉 4度 36分			高雄（香港） 22度 37分			台北 25度 3分		
恆星時間	天頂 度數	天頂 星座	上升 度數	上升 星座	分	上升 度數	上升 星座	分	上升 度數	上升 星座	分	上升 度數	上升 星座	分	上升 度數	上升 星座	分
5:38:13 PM	25	射手	23	雙魚	56	23	雙魚	47	23	雙魚	19	22	雙魚	46	22	雙魚	34
5:42:34 PM	26	射手	25	雙魚	9	25	雙魚	1	24	雙魚	39	24	雙魚	12	24	雙魚	3
5:46:55 PM	27	射手	26	雙魚	22	26	雙魚	16	25	雙魚	59	25	雙魚	39	25	雙魚	32
5:51:17 PM	28	射手	27	雙魚	34	27	雙魚	30	27	雙魚	19	27	雙魚	6	27	雙魚	1
5:55:38 PM	29	射手	28	雙魚	47	28	雙魚	45	28	雙魚	40	28	雙魚	33	28	雙魚	31
6:00:00 PM	0	魔羯	0	牡羊	0	0	牡羊	0	0	牡羊	0	0	牡羊	0	0	牡羊	0
6:04:22 PM	1	魔羯	1	牡羊	13	1	牡羊	15	1	牡羊	20	1	牡羊	27	1	牡羊	29
6:08:43 PM	2	魔羯	2	牡羊	26	2	牡羊	30	2	牡羊	41	2	牡羊	54	2	牡羊	59
6:13:05 PM	3	魔羯	3	牡羊	38	3	牡羊	44	4	牡羊	1	4	牡羊	21	4	牡羊	28
6:17:26 PM	4	魔羯	4	牡羊	51	4	牡羊	59	5	牡羊	21	5	牡羊	48	5	牡羊	57
6:21:47 PM	5	魔羯	6	牡羊	4	6	牡羊	13	6	牡羊	41	7	牡羊	14	7	牡羊	26
6:26:09 PM	6	魔羯	7	牡羊	16	7	牡羊	28	8	牡羊	1	8	牡羊	41	8	牡羊	55
6:30:30 PM	7	魔羯	8	牡羊	29	8	牡羊	42	9	牡羊	21	10	牡羊	7	10	牡羊	24
6:34:50 PM	8	魔羯	9	牡羊	41	9	牡羊	56	10	牡羊	41	11	牡羊	33	11	牡羊	52
6:39:11 PM	9	魔羯	10	牡羊	53	11	牡羊	10	12	牡羊	0	12	牡羊	59	13	牡羊	20
6:43:31 PM	10	魔羯	12	牡羊	5	12	牡羊	24	13	牡羊	19	14	牡羊	24	14	牡羊	47
6:47:51 PM	11	魔羯	13	牡羊	17	13	牡羊	38	14	牡羊	38	15	牡羊	49	16	牡羊	15
6:52:11 PM	12	魔羯	14	牡羊	29	14	牡羊	51	15	牡羊	57	17	牡羊	14	17	牡羊	41
6:56:30 PM	13	魔羯	15	牡羊	40	16	牡羊	4	17	牡羊	15	18	牡羊	38	19	牡羊	8
7:00:49 PM	14	魔羯	16	牡羊	51	17	牡羊	17	18	牡羊	33	20	牡羊	2	20	牡羊	33
7:05:08 PM	15	魔羯	18	牡羊	2	18	牡羊	30	19	牡羊	50	21	牡羊	25	21	牡羊	59
7:09:26 PM	16	魔羯	19	牡羊	13	19	牡羊	42	21	牡羊	8	22	牡羊	48	23	牡羊	24
7:13:43 PM	17	魔羯	20	牡羊	23	20	牡羊	54	22	牡羊	25	24	牡羊	10	24	牡羊	48
7:18:01 PM	18	魔羯	21	牡羊	33	22	牡羊	6	23	牡羊	41	25	牡羊	32	26	牡羊	11
7:22:17 PM	19	魔羯	22	牡羊	43	23	牡羊	18	24	牡羊	57	26	牡羊	53	27	牡羊	34
7:26:34 PM	20	魔羯	23	牡羊	53	24	牡羊	29	26	牡羊	13	28	牡羊	14	28	牡羊	57
7:30:49 PM	21	魔羯	25	牡羊	2	25	牡羊	39	27	牡羊	28	29	牡羊	34	0	金牛	19
7:35:04 PM	22	魔羯	26	牡羊	11	26	牡羊	50	28	牡羊	42	0	金牛	53	1	金牛	40
7:39:19 PM	23	魔羯	27	牡羊	19	27	牡羊	60	29	牡羊	57	2	金牛	12	3	金牛	0
7:43:33 PM	24	魔羯	28	牡羊	27	29	牡羊	9	1	金牛	10	3	金牛	30	4	金牛	20
7:47:46 PM	25	魔羯	29	牡羊	35	0	金牛	19	2	金牛	24	4	金牛	48	5	金牛	39
7:51:59 PM	26	魔羯	0	金牛	42	1	金牛	28	3	金牛	36	6	金牛	5	6	金牛	57
7:56:11 PM	27	魔羯	1	金牛	50	2	金牛	36	4	金牛	49	7	金牛	21	8	金牛	15
8:00:23 PM	28	魔羯	2	金牛	56	3	金牛	44	6	金牛	0	8	金牛	37	9	金牛	32
8:04:34 PM	29	魔羯	4	金牛	2	4	金牛	52	7	金牛	11	9	金牛	51	10	金牛	48
8:08:44 PM	0	水瓶	5	金牛	8	5	金牛	59	8	金牛	22	11	金牛	6	12	金牛	3
8:12:54 PM	1	水瓶	6	金牛	14	7	金牛	5	9	金牛	32	12	金牛	19	13	金牛	18
8:17:02 PM	2	水瓶	7	金牛	19	8	金牛	12	10	金牛	42	13	金牛	32	14	金牛	32
8:21:10 PM	3	水瓶	8	金牛	24	9	金牛	18	11	金牛	51	14	金牛	44	15	金牛	45
8:25:18 PM	4	水瓶	9	金牛	28	10	金牛	23	12	金牛	59	15	金牛	56	16	金牛	58
8:29:25 PM	5	水瓶	10	金牛	32	11	金牛	28	14	金牛	7	17	金牛	7	18	金牛	9
8:33:31 PM	6	水瓶	11	金牛	35	12	金牛	33	15	金牛	15	18	金牛	17	19	金牛	21
8:37:36 PM	7	水瓶	12	金牛	39	13	金牛	37	16	金牛	22	19	金牛	27	20	金牛	31
8:41:40 PM	8	水瓶	13	金牛	41	14	金牛	41	17	金牛	28	20	金牛	36	21	金牛	41
8:45:44 PM	9	水瓶	14	金牛	44	15	金牛	44	18	金牛	34	21	金牛	44	22	金牛	50
8:49:47 PM	10	水瓶	15	金牛	46	16	金牛	47	19	金牛	39	22	金牛	52	23	金牛	58
8:53:50 PM	11	水瓶	16	金牛	47	17	金牛	49	20	金牛	44	23	金牛	59	25	金牛	6
8:57:51 PM	12	水瓶	17	金牛	48	18	金牛	51	21	金牛	48	25	金牛	5	26	金牛	13
9:01:52 PM	13	水瓶	18	金牛	49	19	金牛	53	22	金牛	52	26	金牛	11	27	金牛	19
9:05:52 PM	14	水瓶	19	金牛	49	20	金牛	54	23	金牛	55	27	金牛	16	28	金牛	25
9:09:52 PM	15	水瓶	20	金牛	49	21	金牛	55	24	金牛	58	28	金牛	20	29	金牛	30
9:13:51 PM	16	水瓶	21	金牛	49	22	金牛	55	26	金牛	1	29	金牛	24	0	雙子	34
9:17:49 PM	17	水瓶	22	金牛	48	23	金牛	55	27	金牛	2	0	雙子	28	1	雙子	38

上海			東京			紐約（北京）			威尼斯			倫敦			愛丁堡			斯德哥爾摩		
31度		13分	35度		39分	40度		43分	45度		30分	51度		30分	55度		57分	59度		2分
上升度數	上升星座	分	上升度數	上升星座	分	上升度數	上升星座	分	上升度數	上升星座	分	上升度數	上升星座	分	上升度數	上升星座	分	上升度數	上升星座	分
21	雙魚	58	21	雙魚	24	20	雙魚	33	19	雙魚	25	17	雙魚	3	13	雙魚	41	9	雙魚	13
23	雙魚	34	23	雙魚	7	22	雙魚	26	21	雙魚	31	19	雙魚	37	16	雙魚	52	13	雙魚	11
25	雙魚	10	24	雙魚	50	24	雙魚	19	23	雙魚	38	22	雙魚	11	20	雙魚	6	17	雙魚	17
26	雙魚	47	26	雙魚	33	26	雙魚	13	25	雙魚	45	24	雙魚	47	23	雙魚	23	21	雙魚	28
28	雙魚	23	28	雙魚	17	28	雙魚	6	27	雙魚	52	27	雙魚	23	26	雙魚	41	25	雙魚	43
0	牡羊	0	0	牡羊	0	0	牡羊	0	0	牡羊	0	0	牡羊	0	0	牡羊	60	0	牡羊	60
1	牡羊	37	1	牡羊	43	1	牡羊	54	2	牡羊	8	2	牡羊	37	3	牡羊	19	4	牡羊	17
3	牡羊	13	3	牡羊	27	3	牡羊	47	4	牡羊	15	5	牡羊	13	6	牡羊	37	8	牡羊	32
4	牡羊	50	5	牡羊	10	5	牡羊	41	6	牡羊	22	7	牡羊	49	9	牡羊	54	12	牡羊	43
6	牡羊	26	6	牡羊	53	7	牡羊	34	8	牡羊	29	10	牡羊	23	13	牡羊	8	16	牡羊	49
8	牡羊	2	8	牡羊	36	9	牡羊	27	10	牡羊	35	12	牡羊	57	16	牡羊	19	20	牡羊	47
9	牡羊	38	10	牡羊	18	11	牡羊	19	12	牡羊	40	15	牡羊	28	19	牡羊	26	24	牡羊	38
11	牡羊	14	12	牡羊	0	13	牡羊	10	14	牡羊	44	17	牡羊	58	22	牡羊	29	28	牡羊	19
12	牡羊	49	13	牡羊	42	15	牡羊	1	16	牡羊	47	20	牡羊	26	25	牡羊	28	1	金牛	52
14	牡羊	24	15	牡羊	23	16	牡羊	51	18	牡羊	49	22	牡羊	51	28	牡羊	22	5	金牛	14
15	牡羊	58	17	牡羊	3	18	牡羊	41	20	牡羊	50	25	牡羊	14	1	金牛	10	8	金牛	27
17	牡羊	32	18	牡羊	43	20	牡羊	29	22	牡羊	49	27	牡羊	33	3	金牛	53	11	金牛	30
19	牡羊	5	20	牡羊	21	22	牡羊	16	24	牡羊	47	29	牡羊	51	6	金牛	31	14	金牛	23
20	牡羊	37	21	牡羊	60	24	牡羊	2	26	牡羊	43	2	金牛	5	9	金牛	3	17	金牛	8
22	牡羊	9	23	牡羊	37	25	牡羊	47	28	牡羊	38	4	金牛	16	11	金牛	30	19	金牛	44
23	牡羊	40	25	牡羊	13	27	牡羊	31	0	金牛	31	6	金牛	24	13	金牛	52	22	金牛	12
25	牡羊	11	26	牡羊	49	29	牡羊	14	2	金牛	22	8	金牛	29	16	金牛	8	24	金牛	33
26	牡羊	41	28	牡羊	24	0	金牛	55	4	金牛	11	10	金牛	31	18	金牛	19	26	金牛	46
28	牡羊	10	29	牡羊	57	2	金牛	35	5	金牛	59	12	金牛	29	20	金牛	26	28	金牛	52
29	牡羊	38	1	金牛	30	4	金牛	14	7	金牛	45	14	金牛	25	22	金牛	28	0	雙子	53
1	金牛	5	3	金牛	2	5	金牛	51	9	金牛	28	16	金牛	18	24	金牛	25	2	雙子	48
2	金牛	32	4	金牛	32	7	金牛	27	11	金牛	10	18	金牛	8	26	金牛	18	4	雙子	37
3	金牛	58	6	金牛	2	9	金牛	2	12	金牛	50	19	金牛	54	28	金牛	7	6	雙子	22
5	金牛	22	7	金牛	30	10	金牛	35	14	金牛	29	21	金牛	39	29	金牛	52	8	雙子	2
6	金牛	46	8	金牛	58	12	金牛	7	16	金牛	5	23	金牛	20	1	雙子	34	9	雙子	37
8	金牛	10	10	金牛	24	13	金牛	38	17	金牛	40	24	金牛	59	3	雙子	12	11	雙子	9
9	金牛	32	11	金牛	49	15	金牛	7	19	金牛	12	26	金牛	35	4	雙子	46	12	雙子	38
10	金牛	53	13	金牛	14	16	金牛	35	20	金牛	43	28	金牛	9	6	雙子	18	14	雙子	3
12	金牛	13	14	金牛	37	18	金牛	1	22	金牛	13	29	金牛	40	7	雙子	47	15	雙子	24
13	金牛	33	15	金牛	59	19	金牛	26	23	金牛	40	1	雙子	9	9	雙子	13	16	雙子	43
14	金牛	51	17	金牛	20	20	金牛	50	25	金牛	6	2	雙子	36	10	雙子	36	18	雙子	60
16	金牛	9	18	金牛	40	22	金牛	12	26	金牛	31	4	雙子	0	11	雙子	57	19	雙子	13
17	金牛	26	19	金牛	58	23	金牛	33	27	金牛	53	5	雙子	23	13	雙子	15	20	雙子	25
18	金牛	42	21	金牛	16	24	金牛	53	29	金牛	15	6	雙子	44	14	雙子	32	21	雙子	34
19	金牛	57	22	金牛	33	26	金牛	29	0	雙子	34	8	雙子	2	15	雙子	46	22	雙子	42
21	金牛	11	23	金牛	49	27	金牛	29	1	雙子	52	9	雙子	19	16	雙子	58	23	雙子	47
22	金牛	24	25	金牛	4	28	金牛	45	3	雙子	9	10	雙子	35	18	雙子	9	24	雙子	51
23	金牛	37	26	金牛	17	0	雙子	0	4	雙子	25	11	雙子	48	19	雙子	17	25	雙子	53
24	金牛	48	27	金牛	30	1	雙子	14	5	雙子	39	13	雙子	0	20	雙子	24	26	雙子	53
25	金牛	59	28	金牛	42	2	雙子	27	6	雙子	51	14	雙子	11	21	雙子	30	27	雙子	52
27	金牛	9	29	金牛	53	3	雙子	49	8	雙子	3	15	雙子	20	22	雙子	34	28	雙子	50
28	金牛	18	1	雙子	3	4	雙子	49	9	雙子	13	16	雙子	28	23	雙子	36	29	雙子	46
29	金牛	26	2	雙子	12	5	雙子	58	10	雙子	22	17	雙子	34	24	雙子	38	0	巨蟹	41
0	雙子	34	3	雙子	20	7	雙子	7	11	雙子	30	18	雙子	39	25	雙子	38	1	巨蟹	35
1	雙子	41	4	雙子	28	8	雙子	14	12	雙子	37	19	雙子	43	26	雙子	36	2	巨蟹	28
2	雙子	47	5	雙子	34	9	雙子	21	13	雙子	43	20	雙子	46	27	雙子	34	3	巨蟹	20
3	雙子	52	6	雙子	40	10	雙子	27	14	雙子	48	21	雙子	47	28	雙子	31	4	巨蟹	11
4	雙子	57	7	雙子	45	11	雙子	31	15	雙子	52	22	雙子	48	29	雙子	26	5	巨蟹	1

相對城市 北緯度數			吉隆坡 2度　50分			雅加達 6度　8分			馬尼拉 4度　36分			高雄（香港） 22度　37分			台北 25度　3分		
恆星時間	天頂 度數	天頂 星座	上升 度數	上升 星座	分	上升 度數	上升 星座	分	上升 度數	上升 星座	分	上升 度數	上升 星座	分	上升 度數	上升 星座	分
9:21:46 PM	18	水瓶	23	金牛	47	24	金牛	55	28	金牛	4	1	雙子	30	2	雙子	41
9:25:43 PM	19	水瓶	24	金牛	46	25	金牛	54	29	金牛	5	2	雙子	33	3	雙子	43
9:29:39 PM	20	水瓶	25	金牛	44	26	金牛	53	0	雙子	5	3	雙子	34	4	雙子	45
9:33:34 PM	21	水瓶	26	金牛	42	27	金牛	52	1	雙子	5	4	雙子	35	5	雙子	47
9:37:28 PM	22	水瓶	27	金牛	39	28	金牛	50	2	雙子	5	5	雙子	36	6	雙子	48
9:41:22 PM	23	水瓶	28	金牛	36	29	金牛	47	3	雙子	4	6	雙子	36	7	雙子	48
9:45:16 PM	24	水瓶	29	金牛	33	0	雙子	45	4	雙子	2	7	雙子	36	8	雙子	48
9:49:08 PM	25	水瓶	0	雙子	30	1	雙子	42	5	雙子	1	8	雙子	35	9	雙子	47
9:53:00 PM	26	水瓶	1	雙子	26	2	雙子	39	5	雙子	58	9	雙子	33	10	雙子	46
9:56:52 PM	27	水瓶	2	雙子	22	3	雙子	35	6	雙子	56	10	雙子	32	11	雙子	44
10:00:42 PM	28	水瓶	3	雙子	17	4	雙子	31	7	雙子	53	11	雙子	29	12	雙子	42
10:04:32 PM	29	水瓶	4	雙子	13	5	雙子	27	8	雙子	50	12	雙子	27	13	雙子	39
10:08:22 PM	0	雙魚	5	雙子	8	6	雙子	22	9	雙子	46	13	雙子	23	14	雙子	36
10:12:11 PM	1	雙魚	6	雙子	2	7	雙子	17	10	雙子	42	14	雙子	20	15	雙子	32
10:15:59 PM	2	雙魚	6	雙子	57	8	雙子	12	11	雙子	37	15	雙子	16	16	雙子	28
10:19:47 PM	3	雙魚	7	雙子	51	9	雙子	7	12	雙子	33	16	雙子	11	17	雙子	24
10:23:35 PM	4	雙魚	8	雙子	45	10	雙子	1	13	雙子	28	17	雙子	7	18	雙子	19
10:27:21 PM	5	雙魚	9	雙子	39	10	雙子	55	14	雙子	22	18	雙子	1	19	雙子	14
10:31:08 PM	6	雙魚	10	雙子	32	11	雙子	49	15	雙子	17	18	雙子	56	20	雙子	8
10:34:54 PM	7	雙魚	11	雙子	25	12	雙子	42	16	雙子	11	19	雙子	50	21	雙子	2
10:38:39 PM	8	雙魚	12	雙子	18	13	雙子	36	17	雙子	4	20	雙子	44	21	雙子	56
10:42:24 PM	9	雙魚	13	雙子	11	14	雙子	29	17	雙子	58	21	雙子	37	22	雙子	49
10:46:08 PM	10	雙魚	14	雙子	4	15	雙子	22	18	雙子	51	22	雙子	30	23	雙子	43
10:49:53 PM	11	雙魚	14	雙子	56	16	雙子	14	19	雙子	44	23	雙子	23	24	雙子	35
10:53:36 PM	12	雙魚	15	雙子	48	17	雙子	7	20	雙子	37	24	雙子	16	25	雙子	28
10:57:20 PM	13	雙魚	16	雙子	40	17	雙子	59	21	雙子	29	25	雙子	8	26	雙子	20
11:01:03 PM	14	雙魚	17	雙子	32	18	雙子	51	22	雙子	22	26	雙子	0	27	雙子	12
11:04:45 PM	15	雙魚	18	雙子	24	19	雙子	43	23	雙子	14	26	雙子	52	28	雙子	3
11:08:28 PM	16	雙魚	19	雙子	16	20	雙子	35	24	雙子	5	27	雙子	43	28	雙子	55
11:12:10 PM	17	雙魚	20	雙子	7	21	雙子	26	24	雙子	57	28	雙子	35	29	雙子	46
11:15:52 PM	18	雙魚	20	雙子	59	22	雙子	18	25	雙子	49	29	雙子	26	0	巨蟹	36
11:19:33 PM	19	雙魚	21	雙子	50	23	雙子	9	26	雙子	40	0	巨蟹	17	1	巨蟹	27
11:23:15 PM	20	雙魚	22	雙子	41	24	雙子	0	27	雙子	31	1	巨蟹	7	2	巨蟹	17
11:26:56 PM	21	雙魚	23	雙子	32	24	雙子	51	28	雙子	22	1	巨蟹	58	3	巨蟹	8
11:30:37 PM	22	雙魚	24	雙子	23	25	雙子	42	29	雙子	13	2	巨蟹	48	3	巨蟹	58
11:34:18 PM	23	雙魚	25	雙子	14	26	雙子	33	0	巨蟹	3	3	巨蟹	38	4	巨蟹	47
11:37:58 PM	24	雙魚	26	雙子	4	27	雙子	24	0	巨蟹	54	4	巨蟹	28	5	巨蟹	37
11:41:39 PM	25	雙魚	26	雙子	55	28	雙子	14	1	巨蟹	44	5	巨蟹	18	6	巨蟹	27
11:45:19 PM	26	雙魚	27	雙子	46	29	雙子	5	2	巨蟹	35	6	巨蟹	7	7	巨蟹	16
11:48:59 PM	27	雙魚	28	雙子	36	29	雙子	56	3	巨蟹	25	6	巨蟹	57	8	巨蟹	5
11:52:40 PM	28	雙魚	29	雙子	27	0	巨蟹	46	4	巨蟹	15	7	巨蟹	46	8	巨蟹	54
11:56:20 PM	29	雙魚	0	巨蟹	17	1	巨蟹	36	5	巨蟹	5	8	巨蟹	36	9	巨蟹	43
12:00:00 AM	0	牡羊	1	巨蟹	8	2	巨蟹	27	5	巨蟹	55	9	巨蟹	25	10	巨蟹	32

MADE BY DR.PETER BRENT
本表之使用方式請參考第八章繪製占星圖，所顯示的時間為計算過後的恆星時間而非我們習慣使用的時間。感謝 Dr
PETER BRENT 利用程式製作出這張表格，並提供我們使用。
本表格僅列出北緯地區的城市，南緯地區請參考第八章繪製占星圖的計算說明。
由於香港地區緯度接近於高雄，北京的緯度接近於紐約，為了方便其他地區華人讀者使用，特別於括號中列出。

上海 31度 13分			東京 35度 39分			紐約（北京）40度 43分			威尼斯 45度 30分			倫敦 51度 30分			愛丁堡 55度 57分			斯德哥爾摩 59度 2分		
上升度數	上升星座	分	上升度數	上升星座	分	上升度數	上升星座	分	上升度數	上升星座	分	上升度數	上升星座	分	上升度數	上升星座	分	上升度數	上升星座	分
6	雙子	1	8	雙子	49	12	雙子	35	16	雙子	54	23	雙子	47	0	巨蟹	21	5	巨蟹	51
7	雙子	4	9	雙子	52	13	雙子	38	17	雙子	56	24	雙子	46	1	巨蟹	14	6	巨蟹	39
8	雙子	6	10	雙子	55	14	雙子	41	18	雙子	57	25	雙子	43	2	巨蟹	7	7	巨蟹	27
9	雙子	8	11	雙子	57	15	雙子	42	19	雙子	58	26	雙子	40	2	巨蟹	59	8	巨蟹	14
10	雙子	9	12	雙子	58	16	雙子	43	20	雙子	57	27	雙子	36	3	巨蟹	50	8	巨蟹	60
11	雙子	10	13	雙子	58	17	雙子	43	21	雙子	55	28	雙子	31	4	巨蟹	40	9	巨蟹	46
12	雙子	10	14	雙子	58	18	雙子	42	22	雙子	53	29	雙子	25	5	巨蟹	30	10	巨蟹	31
13	雙子	10	15	雙子	58	19	雙子	40	23	雙子	50	0	巨蟹	18	6	巨蟹	19	11	巨蟹	15
14	雙子	8	16	雙子	56	20	雙子	38	24	雙子	46	1	巨蟹	11	7	巨蟹	7	11	巨蟹	59
15	雙子	7	17	雙子	54	21	雙子	35	25	雙子	42	2	巨蟹	3	7	巨蟹	54	12	巨蟹	42
16	雙子	5	18	雙子	52	22	雙子	32	26	雙子	37	2	巨蟹	54	8	巨蟹	41	13	巨蟹	25
17	雙子	2	19	雙子	48	23	雙子	28	27	雙子	31	3	巨蟹	45	9	巨蟹	28	14	巨蟹	7
17	雙子	58	20	雙子	45	24	雙子	23	28	雙子	25	4	巨蟹	35	10	巨蟹	14	14	巨蟹	49
18	雙子	55	21	雙子	41	25	雙子	18	29	雙子	18	5	巨蟹	25	10	巨蟹	59	15	巨蟹	30
19	雙子	50	22	雙子	36	26	雙子	12	0	巨蟹	11	6	巨蟹	14	11	巨蟹	44	16	巨蟹	11
20	雙子	46	23	雙子	31	27	雙子	6	1	巨蟹	2	7	巨蟹	2	12	巨蟹	28	16	巨蟹	52
21	雙子	41	24	雙子	25	27	雙子	59	1	巨蟹	54	7	巨蟹	50	13	巨蟹	12	17	巨蟹	32
22	雙子	35	25	雙子	19	28	雙子	51	2	巨蟹	45	8	巨蟹	38	13	巨蟹	56	18	巨蟹	12
23	雙子	29	26	雙子	12	29	雙子	44	3	巨蟹	35	9	巨蟹	24	14	巨蟹	39	18	巨蟹	52
24	雙子	23	27	雙子	5	0	巨蟹	35	4	巨蟹	25	10	巨蟹	11	15	巨蟹	22	19	巨蟹	31
25	雙子	16	27	雙子	58	1	巨蟹	27	5	巨蟹	15	10	巨蟹	57	16	巨蟹	4	20	巨蟹	10
26	雙子	9	28	雙子	50	2	巨蟹	18	6	巨蟹	4	11	巨蟹	43	16	巨蟹	46	20	巨蟹	48
27	雙子	1	29	雙子	41	3	巨蟹	8	6	巨蟹	53	12	巨蟹	28	17	巨蟹	28	21	巨蟹	27
27	雙子	53	0	巨蟹	33	3	巨蟹	58	7	巨蟹	41	13	巨蟹	13	18	巨蟹	9	22	巨蟹	5
28	雙子	45	1	巨蟹	24	4	巨蟹	48	8	巨蟹	29	13	巨蟹	58	18	巨蟹	50	22	巨蟹	43
29	雙子	36	2	巨蟹	14	5	巨蟹	37	9	巨蟹	16	14	巨蟹	42	19	巨蟹	31	23	巨蟹	20
0	巨蟹	28	3	巨蟹	5	6	巨蟹	26	10	巨蟹	4	15	巨蟹	26	20	巨蟹	11	23	巨蟹	58
1	巨蟹	18	3	巨蟹	55	7	巨蟹	15	10	巨蟹	50	16	巨蟹	9	20	巨蟹	51	24	巨蟹	35
2	巨蟹	9	4	巨蟹	45	8	巨蟹	3	11	巨蟹	37	16	巨蟹	53	21	巨蟹	31	25	巨蟹	12
2	巨蟹	59	5	巨蟹	34	8	巨蟹	51	12	巨蟹	23	17	巨蟹	36	22	巨蟹	11	25	巨蟹	48
3	巨蟹	49	6	巨蟹	23	9	巨蟹	39	13	巨蟹	9	18	巨蟹	18	22	巨蟹	50	26	巨蟹	25
4	巨蟹	39	7	巨蟹	12	10	巨蟹	27	13	巨蟹	55	19	巨蟹	1	23	巨蟹	29	27	巨蟹	1
5	巨蟹	29	8	巨蟹	1	11	巨蟹	14	14	巨蟹	40	19	巨蟹	43	24	巨蟹	8	27	巨蟹	38
6	巨蟹	18	8	巨蟹	49	12	巨蟹	1	15	巨蟹	25	20	巨蟹	25	24	巨蟹	47	28	巨蟹	14
7	巨蟹	7	9	巨蟹	37	12	巨蟹	48	16	巨蟹	10	21	巨蟹	7	25	巨蟹	26	28	巨蟹	50
7	巨蟹	56	10	巨蟹	25	13	巨蟹	34	16	巨蟹	55	21	巨蟹	48	26	巨蟹	4	29	巨蟹	26
8	巨蟹	45	11	巨蟹	13	14	巨蟹	20	17	巨蟹	40	22	巨蟹	30	26	巨蟹	43	0	獅子	1
9	巨蟹	33	12	巨蟹	1	15	巨蟹	6	18	巨蟹	24	23	巨蟹	11	27	巨蟹	21	0	獅子	37
10	巨蟹	22	12	巨蟹	48	15	巨蟹	52	19	巨蟹	8	23	巨蟹	52	27	巨蟹	59	1	獅子	12
11	巨蟹	10	13	巨蟹	35	16	巨蟹	38	19	巨蟹	52	24	巨蟹	33	28	巨蟹	37	1	獅子	48
11	巨蟹	58	14	巨蟹	22	17	巨蟹	24	20	巨蟹	36	25	巨蟹	14	29	巨蟹	14	2	獅子	23
12	巨蟹	46	15	巨蟹	9	18	巨蟹	9	21	巨蟹	19	25	巨蟹	54	29	巨蟹	52	2	獅子	58
13	巨蟹	34	15	巨蟹	56	18	巨蟹	54	22	巨蟹	3	26	巨蟹	35	0	獅子	30	3	獅子	33

第九章　星盤的整體分析

繪製好一張星盤之後，重新檢查過一次所有的資料是否正確，並且詳細校正上升星座與天頂之後，接著檢視所有的相位，將所有行星的相位一一填入相位表格當中，就可以開始仔細研究星盤了。

不過，很多初學者在拿到星盤後，很可能就會開始對著對方說：「你的太陽在獅子座所以你很愛面子」、「你的月亮在巨蟹座所以你會很害羞」、「你的上升星座在天秤座所以你很擅長社交」、「可是你的水星逆行，所以你不擅長言詞」等等，種種前後矛盾的詮釋，讓對方聽得糊里糊塗的。

要知道古代占星師從繪製命盤到解讀，至少要花上三天的時間，在計算的過程當中就已經開始尋找這個人的特徵與要注意的事情。可是當人們普遍利用電腦繪製星盤後，這個計算與思考的過程都被略過了。所以，拿到星盤時最好能多花一點時間，好好將整張星盤仔細推敲過。

首先，可以先觀察整張星盤的行星分佈與元素比重，並構築出一個輪廓，接著再用行星、宮位等進入細節解說。為了方便解讀，本章在編排上做了一些特別的安排，先說明如何整體的解讀一張星盤的輪廓，其次從行星的層面切入行星，進入十二星座所帶來的不同影響，以及行星與行星之間的相位影響。最後，再從宮位的層面切入，利用宮位與行星之間的關係，以及宮位與守護星的關係，來觀察生活層面的不同表現。只要照著本書的方法，一個步驟一個步驟來執行，對星盤的解讀就能越來越上手。

元素比重分析

元素分析的步驟相當簡單，只要將行星所屬的星座元素挑出來即可。一般來說，只計算日、月、水、金、火、木、土、天王、海王、冥王，剩下的行星多半不計算。接下來，就可以觀察四元素在星盤中的比例，火元素多的人熱情，水元素多的人感 、風元素多的人理性、土元素多的人實際，比例較高的元素也較容易顯現出此種特質。

例如：某個人雖然是巨蟹座，但如果星盤中火相星座的比重很大，當事者除了巨蟹座的特質外，還會展現火相星座的熱情。

在解讀星盤時，如果某人星盤當中的特定「星座元素」都沒有行星駐守，例如：完全沒有行星進入火相星座的牡羊、獅子、射手，我們就必須尋找命盤上宮位當中的第一、五、九宮是否有行星駐守，如果有則能夠稍微彌補缺乏火相星座不夠積極主動沒有自信的缺憾，如果沒有就必須更仔細的討論這張命盤，與這個人自我有關的部分。

或者星盤中完全沒有行星落在土相星座，那麼這個人就會不夠實際，但這種缺憾有時也可藉由物質宮裡的行星來彌補，亦即在第二、六、十宮若有較多行星出現時，當事人不夠務實的缺點就會被補足。

一般來說我們會按照星座太陽、月亮、水星、金星、火星、木星、土星、天王星、海王星、冥王星等十個星體來計算元素的比重。但有些占星師認為，計算元素比重時必須有所謂的加重計分，並認為天王、海王、冥王等行星，對個人的影響不似其他行星那麼強烈，所以建議將太陽、月亮以 4 分計算，水星、金星、火星以 3 分計算，土星、木星以 2 分計算，天王、海王、冥王等星則以 1 分計算。這種計算方式也有一定程度的準確，不妨作為參考。

性質比重分析

除了星座元素的比重外，開創、固定與變動星座等星座特質的比重，也是解讀星盤時重要的參考因素。

一個人夠不夠主動、會不會固執，或是否善變等，都可以依照行星所占星座特質的比重看出。**白羊、巨蟹、天秤、魔羯等基本星座（亦稱為開創星座）**的比例較重的人較主動，適合從事開創期的工作，缺少這樣星座的人則缺乏主動出擊的態度，與對自我的基本信念。

固定星座包括了金牛、獅子、天蠍、水瓶，固定星座比例重的人，會顯得比較自我與固執，不喜歡變動，這樣的人適合守成，也擅長忍受逆境，如果完全缺乏固定星座，則容易顯得不穩定。最後一組稱為變動星座，包括了雙子、處女、射手、雙魚，所占比例較重時，個性會比較靈活多變，機動強，也擅長處理危機，如果星盤中完全沒有這樣的屬性，做事手腕就會不夠靈活，也較不懂得變通。

同樣的宮位也可以做出性質三分法的區分，四個起始的宮又稱做角宮分別是第一宮、第四宮、第七宮、第十宮**（其性質相當於黃道上的開創星座）**，這四個角分別是四個象限的起點通常被視為相當重要的位置，而且當有行星或其他符號與這四個角落接近時會帶來明顯的個人特質，第二組稱為承續宮他們接續著起始宮的特性也有著固定與穩定發展的特質，指的是第二、五、八、十一宮**（其性質相當於黃道上的固定星座）**，第三組稱為下降宮，代表著第

三、六、九、十二宮（**其性質相當於黃道上的變動星座**）。

做完這兩者分析時，我們可以找出解釋此人的類似性格，占星學上的術語稱做「落款星座」或「星座簽章」（Final Signature），例如：當我們完成某人的元素與型態分析時，找出此人最強的星座元素是火元素，而最強的星座性質是固定星座，我們可以將這兩者結合，得到固定的火相星座也就是獅子座，就算這個人是一個處女日座或巨蟹日座，但是我們可以從這個人的性格或事跡當中，看出獅子座的影響。如果一個人同時有兩個最強的元素或是兩個最強的性質，你可以選擇加入上升、天頂、南北交點與凱龍星再作一次分析。若仍舊找出兩種都很強的元素，則無需勉強找出一個答案，你可以兩種都解釋。

四象限分析

這種分析方式顧名思義，就是將星盤劃分成四個象限來看待，從上升星座到第三宮屬於第一象限、四～六宮為第二象限，七～九宮是第三象限，十～十二宮則是第四象限。**第一象限代表著自我範疇與童年；第二象限包括與我接近的人事物，象徵著青少年的成長過程，一直可以考慮到結婚之前；第三象限包含著自我的延伸，與他人的關係與遠處的關係，象徵著進入社會成家立業後的**生活；第四象限則是整個社會也象徵著面對年老與死亡的態度。

但在解讀星盤時，除非某個象限完全沒有行星，否則不會特別專注在這上面。例如：**缺少第一象限的人，的確少了些自我的概念，但也必須同時考慮到是否缺乏與自我有關的火相星座，或是第五宮（自我目標）與第九宮（自我成長）也沒有行星進駐**，如果有，可以建議當事人從這兩宮所代表的層面建立起自我，如果完全沒有，那麼占星師就得提醒當事人在這方面多下點功夫，多參加一些自我成長的研習。缺少第二象限的人對周圍的事物較為保守，也比較不願意接近身邊的人，可能會習慣封閉自我，或習慣向更遠的外頭尋求溝通，**如果缺乏土相星座的人將帶來不夠踏實的特質**，同時連第二宮（物質）、第六宮（工作、健康、規律日常生活）也沒有行星，這種人容易眼高手低，常常捨近求遠。

缺少第三象限的人缺乏與外界溝通的能力，對外頭的世界也沒什麼興趣，如果第三（溝通、學習）、五（娛樂、遊戲、愛情、子女）、十一宮（社團）和風相星座都同時缺乏行星，那麼得建議這樣的人去加強他的溝通能力與表達方式。而缺少第四象限的人較缺乏感性，對未來也比較悲觀但卻實際，如果四（家庭、父母、情緒）、八（神祕事物、個人無意識、性、他人金錢）、九（研究、哲學、國際事務）和十二（集

體無意識、隱藏的事物）這些宮位和水相星座都沒有行星，情況將會更為嚴重。

這種人對未來的態度會比較消極，對神祕學與感性的事情也比較不感興趣，想要改變這種人恐怕很難，除非拿出數據與實證來說服他們。

除了四象限的分析之外，天頂、天底、上升、下降等四個區域也是解讀星盤時的觀察重點。其分析方法較為簡單，只要將命盤分成從一～六的天底區，及七～十二的天頂區觀察。如果行星偏重在天底區（七、八顆以上的行星），這種人會將重心放在自我、家庭及生活環境上，對外界的興趣較低。如果行星的比重偏向天頂，那麼這樣的人就會將眼光放在未來，對於社會地位、社交生活有著相當大的興趣與野心。如果天底部位的行星少得可以，表示當事人對外界的關注，更勝於內在和家庭。

所謂的上升區為四～十宮，下降區則為五～九宮。如果行星完全偏重於位於東邊的上升區，那麼這樣的人較為自我取向，如果行星完全偏重與五～九宮的下降區，那麼當事人的思考方式則習慣以他人為主。

出生圖型態

星盤的整體分析除了上述方法，還可依照出生圖中行星排列的圖形，對一個人的行動模式作一番粗淺的瞭解。這個方法是由美國占星家馬克·愛德蒙·瓊斯（Marc Edmund Jones）所提出的七種星盤圖形特徵。

★集團型

當命盤中的行星落在範圍約120度左右的範疇時，就稱之為集團型（The Bundle）。但形成這種圖形的機會其實不多，特別是西元1955年夏天時候出生的人，最容易有這樣的命盤。這種人傾向於專精某件事情，將所有的精力放在那件事情上，因為全力以赴的關係，也很有可能成為某方面的專家。

★碗型

碗型命盤（The Bowl）的特色，

是所有行星都散落在半個圓的 180 度內，另外的 180 度則完全沒有行星。這時就要依照前述的四象限分析中的第二個方法，注意行星是否完全集中在天頂、天底，或是靠近上升點的東邊，亦或下降點的西邊來分析。擁有碗型命盤的人知道自己的能力到什麼程度，也懂得控制自我。他們也知道該如何自我充實，因為這種人會明顯感覺到自己生命中所缺少的部分，可以說是相當獨立的一種個性。

★ 提桶型

提桶型（The Bucket）類似於碗型，不同的是只有九顆行星位於半圓的 180～120 度內，另一顆行星則落在另外半個圓當中，而這一顆行星與集團當中最接近的行星不能小於 60 度。這顆行星是桶子的手把，影響力相當強。通常這樣的人會有相當程度的使命感，會傾全力做一件事，且毫不計較地付出，因此容易成為團體中的領導者，或是神職人員或教師等。至於此人所傾全力去做的事情為何？則需要看位於手把的是哪一顆行星位於哪個星座與宮位。

★ 蹺蹺板型

如果出生圖類似提桶型，而手把位置的行星超過三顆以上，兩個集團中最接近的行星間距離又大於 60 度，也就是說行星群分成兩個集團對立，就稱為蹺蹺板型（The See Saw）。就如同蹺蹺板兩邊的重量始終試圖取得平衡，這樣的人也習慣平衡事物，喜歡從事件的兩端來看待，找出最適當的平衡。

★ 火車頭型

火車頭型（The Locomotive）在圖

形上正好與集團型相反，所有的行星都散佈在一個接近 240 度的區間內，保留了另外 120 度左右的空白。在這種情況下，順時鐘方向的第一顆行星成為相當重要的火車頭，其所在的位置與宮位顯示這個人的精力在哪裡發揮得最適當。這樣的人在工作上通常有著相當不錯的執行能力，精力十足，也不會錯過成功的機會。

★散落型

散落型（The Splash）顧名思義，就是十顆行星平均散佈在命盤的各個角落當中，且行星形成集團的機會不多，正好與集團型的人性格完全相反。這樣的人很重視全方位的知識，他們常常是上通天文下通地理，什麼事情都有興趣，也都想涉獵，不過缺點就是常常樣樣通卻都不專精，專注力也比較不夠。

★擴散型

乍看之下擴散型（The Splay）的命盤有些類似散落型，不過行星卻都兩三

顆一組一組地分散開來，不像散落型是平均散佈，且很少形成集團。其組成要件是，命盤中必須有行星出現明顯的 120 度，才能算是散落型。這種人相當具有個人主義，也希望自己是一個特殊獨一無二的人物，不喜歡被歸類被貼標籤，更無法接受規律的生活。

上升星座與四角宮的行星

作完上述分析後，接下來要看的就是上升星座與四個角宮的行星分析。根據法國統計學家高葛林的證實，特殊的行星出現在四角的位置時，可以影響一個人的職業，與其說行星替他們選定了職業，還不如說是行星影響了這個人的性格，而這樣的性格促使這些人在適合的職業領域上得以發揮。所以，如果有行星接近四個角附近，或甚至呈現合相時，就會對這個人產生很大的影響，特別是在上升或天頂的行星，會影響到一個人的外在特質與給人的感覺（外表與氣質和給人的第一印象）。

在高葛林的研究中，特別是第十二

宮到第一宮的區域、第九宮到第十宮的區域、第三宮到第四宮的區域、第六到第七宮的區域，影響力會特別大。根據不同行星的影響，也會呈現出不同的職業類型與角色。例如：月亮出現在四個角落的人容易成爲作家或政客，火星在四個角落則容易成爲軍人、主管階級或運動員，木星爲演員、軍人、作家，土星則是專業的科學家與醫生。

這是因爲月亮的細密思考與敏感的特質，容易造就出作家與政客；火星的衝勁與擅長與挑戰，造就傑出的軍人與運動員；木星的引人注目與幸運出現在四角時，無論哪種場合都可以讓這個人受人注意；至於嚴肅的土星，則是對於需要全心全力投入精力與每個細節都很小心的醫生和科學家，有非常大的幫助。

當星圖的四個角落出現行星時，特別包含了高葛林強調的的位置（包含三、六、九、十二等宮的區域），就必須將這個重點挑出來仔細考慮，而且這顆行星的重要性將不亞於太陽、月亮、上升、天頂以及種種特殊的星盤圖形或相位圖形。

命主星與星盤主星的分析

命主星是套用中國算命方法的詞彙，在占星學中指的就是「上升星座的守護星」，上升星座的守護星的落在哪一宮，表示那方面的事情會是此人所努力的目標。命主星與其他行星的相位關係也至爲重要，承受太多負面相位的命

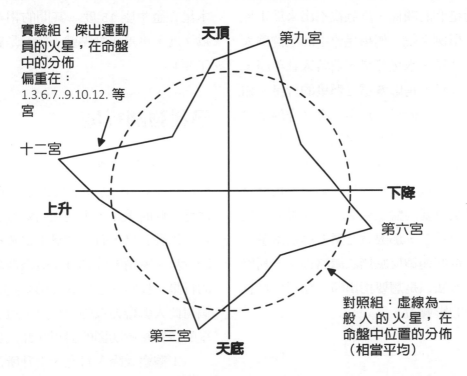

實驗組：傑出運動員的火星，在命盤中的分佈偏重在：1.3.6.7..9.10.12. 等宮

天頂
第九宮
十二宮
下降
上升
第六宮
第三宮
天底

對照組：虛線爲一般人的火星，在命盤中位置的分佈（相當平均）

主星，會帶來許多壓力衝突與困擾，身體健康多半不好，而與其他行星形成很多正面相位的命主星，則帶來更多的幫助與好運。

至於盤主星則是星盤上面重要的行星，必須先尋找星盤中有哪一顆行星承受了最多的相位角度，通常像是風箏相位圖形的把手行星，或是 T 型相位的端點行星，或是上帝手指的端點等，都可能是盤主星。所以占星師們通常會先找出一、兩顆盤主星，來分析行星之間的互動。

除此之外，如果星盤中出現星群，也可以透過星群所落入的星座，再找出此星座的守護星，把它當作是盤主星。有占星師甚至會從這顆星的星座，再找出下一顆守護星，如同連鎖反應般的指出行星們的關係，直到找不出來為止。

舉例來說，如果星盤中的星群為太陽、金星、水星等星，並落入牡羊座，那麼火星就是影響這三顆星的行星。如果火星落入的星座是金牛座（守護星為金星），就可以停止尋找，因為此時火星會和另外三顆行星呈現封閉式的互動，但火星又受到金星的影響，也確定金星是重要的盤主星之一。如果火星是落在射手座，那麼就必須去尋找木星，直到這個連鎖反應無法繼續為止。利用這種方法只是想要指出哪一顆行星具有關鍵的影響力。

最緊密相位的兩顆行星

產生最緊密相位的兩顆行星，也是我們必須注意的，在做這一項觀察時，我們可以暫時捨棄所有行星與天頂和上升點的相位，只研究行星與行星之間的相位，產生最緊密的相位的兩顆行星，往往暗示了此人性格上的重要表現，就算是這個相位是原本影響力不強的半六分相或是半四分相，也都可能帶來此人性格上相當明顯的特徵。

例如：某人出生時，金星在水瓶座 2 度 5 分，而土星在雙魚座的 2 度 1 分，這一個緊密的半六分相（其相差角度只有 0 度 1 分），表現將可強過一個火星與木星「寬鬆」的對分相。（寬鬆的定義，例如火星在天蠍座 8 度而木星在金牛座 15 度，其間的相差角度為 7 度，再差一點點就不能算是對分相了。）

尋找強調行星

「強調行星」（Planetary overtones），是近年來占星師在觀察命盤時候的重點，不過在判斷方法上其實不那麼容易，有些命盤上很難找出強調行星，所謂的強調行星是根據命盤上的行星、星座、宮位的互動來判斷出一個對此人影響力較強的行星，這一顆行星的特質將會明顯的表現在此人身上。

①觀察太陽、月亮、上升所在的星

座，並且找出這些星座的守護星。

②觀察與太陽、月亮、上升產生相位的行星當中，是否有與條①的守護星重複。

③觀察「命主星」、「盤主星」、「相位最緊密的兩顆行星」、「在四個角宮附近的行星」是否與條件①的守護星重複。

④如果有某一顆行星不斷的重複出現，我們就可以推測這一顆行星就是此人的強調行星，此行星的特徵將會明顯的表現在此人身上。

例如：小玉是處女日座（水星守護），上升星座又是雙子座（水星守護），出生時間的第三宮（水星守護）有許多行星，或者水星與上升、太陽、月亮產生相位，或者水星是剛才所說的，與最多行星產生相位的「盤主星」，或是兩顆「相位最緊密」的行星之一。或者，小玉的水星正好在上升、天頂、天底、下降等四個位置，那麼水星就會是小玉的強調行星。

命盤中的重點解讀

經過之前的步驟，我們已經對此人的命盤大致輪廓有一點的瞭解，接下來我們要開始分析命盤，在進入細部分析之前，我們不妨將此人的太陽、月亮、上升、天頂、命主星、盤主星、強調行星等所在的星座與宮位都列出來。此外也列出四個角宮內所在的行星，同時不

要忘記在三、六、九、十二宮範圍內的行星，也會替此人帶來影響，重新檢視一次這些要點，並且在一次思考這些行星與宮位是否強調了此人生命歷程中的某些事物。

接著我們找出此人命盤中的重點宮位，如果有人的命盤當中同時有三顆以上的行星落入一個宮位，自然此宮位所掌管的事物在此人的生命歷程當中相當的重要，如果此人屬於散落型的命盤，自然找不出重點宮位，則可以跳過這個步驟，而進入細部分析。

進入命盤的詳細解讀

接下來我們要解讀此人的星盤細部分析，但是千萬別忘記，當星盤的細部分析的內容當中，出現了與之前的八個步驟的解讀有所相似時，必須指出重點所在。同時不要忽略了，一張星盤如同一場戲劇演出，行星是演員、宮位是事件發生的舞台，而星座則是表演當中的布景氣氛、背景音樂，或是演員所穿著的服裝等。至於行星與行星或重要位置的相位則代表角色之間的對話或動作表演。

★個人行星

命盤當中行星代表著不同層面與特殊力量的表現，木星以內的內行星與個人生活層面有關，在不同的星座會賦予一個人不同的特質，此稱為個人行星

（Personal planets）。太陽與自我表現有關，月亮則與情緒、母親、親密伴侶、潛意識有關，金星與興趣、美感、金錢和女性形象有關，火星代表行動、暴力、衝動。在解釋這與內行星有關的事情時，你必須同時參考命宮中相關的宮位所帶來的影響。在下文中的關鍵字我們只舉出少數的例子，但是你可以將任何屬於此刻行星的關鍵字，與任何屬於另一行星（或上升、天頂、南北月亮交點），作任意的結合。

★社會行星

　　木星代表擴張領域、幸運領域、理想與氣度，代表一個人對外擴張的能力，土星代表教訓與業障顯示在哪，代表此人的限制或不安位於何處。這兩顆行星被現代占星學家歸為社會行星（Social planets），所指的是這兩顆行星暗示著此人與外界接軌的能力，如果社會行星與個人行星有著大量的相位形成，那麼此人將有許多管道與外界產生互動。

★外圍行星

　　至於土星以外的行星，雖然很少被賦予個人層面的掌管事物，但是他們進入不同宮位時就會發生不同的影響力。與星座搭配解讀時具有世代影響力，這就稱為「外圍行星」（Outer planets），天王星象徵改革、海王星象徵夢幻與直覺、冥王星象徵改造與重生

的巨大力量，這些行星出現在不同星座時，待了對某一族群的特殊影響。

★行星與宮位起點所在的星座解讀

　　許多自認為占星老手的人，往往不願意解讀行星在星座的影響力，認為這是膚淺且初學者的解讀，事實上行星所在星座仍是相當重要的，他們代表了此行星或宮位所具有的特殊氣氛，給當事人或他人的感受。同時星座同樣的也會賦予類似宮位所掌管的事物特質，例如土星在雙子座的人、土星在第三宮的人、第三宮在魔羯座（受土星影響）的人，都有著共同的主題，那就是對於學習、溝通、兄弟姊妹等必須嚴肅看待。

　　若要區分這三者的不同，往往行星在星座帶來的比較容易偏向情緒上的感受，或者外界的認知（回歸黃道上的星座，往往具有外界社會的意味）。而行星進入宮位或宮位起點（Cusp）所落的星座，則偏向於個人感受與實際上容易發生的狀況。但是這兩者都會替本人帶來影響，實在不必做過度的區分。

★宮位

　　在解讀個人事務上除了解讀行星所在星座的影響力之外，我們也不要忘記宮位的重要性，例如：解讀一個女人的感情世界時，太陽代表她自己，她的態度替一個人帶來了活力，金星代表感情態度和令她感興趣的事物、月亮代表她

對伴侶的態度，火星代表她喜歡的對象所必須具備的特質，而第五宮的起點星座和金星所在的星座一樣會影響她的感情世界，第五宮內的行星則會替一個人的感情帶來一些不同的特質，而第八宮則以同樣的方式來解讀生活。

除了解讀行星進入的宮位之外，我們也不要忘記應用守護星的技巧，找出每一宮起點所在星座的守護星所在的宮位與位置，表示這兩件事情會有連結，例如某人的第八宮守護星（他人的金錢）進入此人的第二宮，那麼此人的金錢收入來源很有可能來自於他人，甚至相當有可能他掌管著配偶的收入。這樣的解讀技巧相當複雜，我們會在宮位的章節有更詳細的解說。

★相位

而占星學當中如何解釋相位，是讓許多初學者頭大的事情，相位的解釋首先我們必須注意的是，哪兩顆行星產生相位，他們的關鍵字是什麼？兩者的關鍵字如何解釋？

例如：金星與火星產生四分相，我們首先注意到的是金星與火星，而非四分相，金星有柔和軟化的作用也可以代表情感，火星會帶來激化的效果，也可以代表行動，那麼第一個步驟就是，將兩者的關鍵字產生連結，例如：柔和的行動，或是激烈的情感，最後我們再將相位的特色加上去。四分相通常有困難與挑戰還有壓力，在這裡我們可以說不

夠強勢（柔和）的行動帶來困擾與壓力，或是對於情感的急迫帶來挑戰。

★注重關鍵字的連結

至於在解讀命盤上有許多重要且特殊的技巧，對於初學者來說相當的困難，必須一面翻書一面解釋，建議初學者先針對基本解釋進行練習，等到熟練之後再來關注特殊條件，基本功的練習其實相當簡單，關鍵字的聯想無論在塔羅或是占星，一直是學習占卜的關鍵。

舉例來說，如何解釋水星在巨蟹座與太陽合相，先把水星代表的溝通、心智能力、學習能力與巨蟹座，想像力、敏感、感性結合起來後就知道這個人在溝通上其實滿善體人意且有豐富的想像力，在學習過程中尤其在文學方面的科目會有不錯的表現，當水星又與太陽結合時，在巨蟹座的水星的思考與溝通加上太陽的自我或能量，可以解釋成這個人相當的有創意，無論在言語與行動上都相當的一致且有活力，也能夠利用太陽所帶來的活力去執行他的想法，如果太陽與水星緊密結合距離小於 5 度內還必須賦予「燃燒」（燃燒僅用於與太陽過度緊密的相位）的意味，表示這樣的人有些自我不夠客觀。這樣的解讀練習，只有在不斷的經驗累積之下才能夠做出正確的判斷。

第三部

行星的星座與相位

Planets, Signs and Aspects

每一張星盤都指出了靈魂進化過程當中的一個階段，並藉著靈魂的
性格特質與環境的突顯，而顯示此生自己所達到的進化階段。

——艾倫里奧（Alan Leo 1860-1917，當代占星大師）

第十章　太陽與其他行星的關係

太陽的關鍵字是自我、意志、男人（父親、丈夫）、未來目標、重要的事、想追求的事物。太陽代表此人有怎樣的自我形象，自我意識是否強烈。形成相位行星的特性也會替太陽星座帶來不同特質，如木星與太陽的近角度會帶來過度的反應，土星呈現的或許是壓抑。有時負面角度不一定是壞的，反而會是一種保護機制。

因為太陽代表了一個人的自我特質，所以在占星學中，常直接稱太陽在金牛座的人為金牛座；太陽在水瓶座的人為水瓶座，即是因為這個因素。

太陽與其他行星的相位也會對這個人的性格帶來影響，而太陽象徵著活力，如果是與掌管個人事物的內行星形成好的相位時，這些行星會替太陽添加該行星特質，而太陽會替該行星所掌管的事物注入活力，但是當太陽與行星形成合相時，多半稱為燃燒，表示該行星所代表的事物會受到主觀意識的影響。

強硬角度不一定全都是壞事，但常帶來更為明顯的影響。與太陽產生角度的行星也相對重要，代表我們希望他人如何看待我們，例如：某人太陽與火星產生相位，那麼此人的性格會帶有火星的行動力。

太陽在命盤中占有相當重要的位置，對於情感工作多少也會有影響。（請參考第四章〈黃道上的十二星座〉的解說）。

太陽與月亮的相位
★合相

關鍵字：自我意志、追求＋潛意識、需求＋「過度」燃燒

太陽與月亮的合相替一個人帶來了強烈的自我意識，如果又與其他行星產生負面相位，將會使此人的個性變得更偏激，常導致一個人將精力放在某件事物上。這種人做事專注且專心，不過卻對周圍的變化不夠敏感，對環境的適應力也較差，並且容易有生活飲食不規律、身體健康欠佳等缺點。

這樣的人也比較少關注自身以外的人事物，他們很少借重他人的經驗，喜歡自己親身嘗試。個性上較為自我，遇到問題不太喜歡向人求助。根據許多占星師的經驗，擁有這樣相位的人很少求助於占星師或是其他的諮詢，因為他們

喜歡自己去處理問題。

此外，合相所在的宮位和星座，代表的事物層面，會讓這個人投入大量的努力，因此忽略其他事情。此時如果和其他行星有 120 或 60 度角，將會緩和這樣的狀況，但如果太陽或月亮與另一顆行星產生 150 度角，就要特別注意健康狀況與身家安全。

★三分相、六分相、半六分相

關鍵字：自我意識、追求＋內在情緒、需求＋協調

當太陽與月亮呈現三分相（120度）或六分相（60 度）的協調相位時，會替一個人帶來內心的平靜。不僅為當事人帶來安寧的生活，也讓其他人願意和他們接近，再加上這種人面對事物的心態相當健康、樂觀，所以通常也很有人緣。

當日月相位呈現 60 度時，也會增強異性緣、創意能力與處理事情的靈活手腕；而日月相位呈現 120 度時，則更具有活力、自信與協調能力。不過這樣的人同時也比較喜歡安靜的生活步調，不喜歡與人競爭，常常會巧妙地躲過困難的事情，除非天頂、魔羯座或天蠍座等位置擁有強勢的行星，或是天頂上升就在魔羯與天蠍或土星、火星、冥王星，否則這種人通常不是十分有野心。

半六分相的 30 度角類似於六分

相，不過只有出現在其他行星的中間點時才會發生作用。

★對分相、四分相、半四分相與十二分之五相

關鍵字：自我意識、追求＋情緒、需求＋衝突

當太陽與月亮呈現對分相（180度）與四分相（90 度）時，影響範圍相當廣，除了所在宮位所代表的層面外，也暗示著當事人的內在有嚴重衝突，精神長期處於緊張與壓力之下。這種人的家庭關係、伴侶關係和身體精神狀態，通常也不是很好。

當日月呈現 90 度時，表示當事人常覺得受到束縛，很可能被迫去做自己不想做的事情，或與自己不喜歡的人結婚等等，和別人的溝通也常發生問題。這樣的人乍看之下很有活力，但卻容易替自己和別人帶來壓力。而日月呈現180 度時，則暗示著自我意識與潛意識的衝突，嚴重時甚至無法認同自己的行為。由於童年的經驗並不愉快，容易讓當事人對家庭與子女的態度有所偏頗，出現過度保護或完全漠不關心的情形。

不過，如果有其他行星和日月其中之一產生 120 或 60 度的交會，該行星所掌管的事物，或該行星所在星座與宮位相關的事物，都能夠對這種衝突人格產生抒解治療的作用。況且，日月呈現90 或 180 度角也不全然是壞事，因為

壓力與衝突通常會帶來成長，只要幫助當事人找到壓力來源，並找出解決的方法，就是邁向成功的時刻。

日月呈現 150 度的十二分之五相位，則容易帶來身體與金錢或物質上的緊張狀態、內在與外在的不協調，也會嚴重影響健康，相關的星座與宮位暗示著緊張的根源。而 45 度角同樣會替當事人帶來些許的壓力，與意識上的不協調，不過多半只有處在其他兩顆行星的中點才會發生作用。

太陽與水星的相位
★合相

關鍵字：自我、追求的事＋傳遞、思緒、溝通＋緊密結合或過分燃燒

太陽與水星在黃道上最大的距離約 28 度，所以太陽與水星唯一能產生的相位就是合相，如果結合的角度稍微有點距離，5 到 8 度是良好的結合，畢竟水星還保持一段距離不會被過分的燃燒，這時水星能適切地傳遞自我，並從學習的過程中，引導太陽的活力去實現理想，且有喘息的空間可思考與檢視自己的能力，是否用在適當的位置上。

當這些相位出現在風相星座與水星守護的星座時，可以發揮最大的效果。傳統的占星學解釋太陽與水星在 0.5 度到 5 度以內的結合，為思考能力的過度燃燒，這種人容易有心靈或心智與思

考上的盲點。但其中仍存在幾個例外，第一是水星與太陽的結合在 ±0.5 度以內，那麼水星仍可作為太陽的心靈引導；其二是水星與太陽呈現處於不同星座的分離相位，不同的星座的水星也可提供太陽反省與自我檢視的機會。

法國第五共和的開創者戴高樂就是這樣一個例子，他的太陽在天蠍座 29 度 49 分，與射手座 3 度的水星結合，水星與太陽在掌控權力慾望相當強的天蠍座緊密結合，讓戴高樂權傾一時。雖然是民主體制，但在當時他的權力之大無人能及，並頑強地抵抗歐洲統合與美國勢力的入侵。而其落入射手座的水星也提供他另一個反省的機會，減輕個性中的獨裁傾向，不至於在晚年退休後還繼續干涉政治。

太陽與金星的相位
★合相

關鍵字：自我＋歡愉、興趣、情感（金星）＋緊密結合或過度燃燒（0.5 到 5 度的合相）

金星與太陽的結合帶來令人愉快的性格，這樣的人行為舉止相當優雅，富有魅力與迷人的個性，對於藝術音樂或文學也有著相當大的興趣，很適合從事相關的行業。他們的生活品味還不錯，對於情感的需求也很大，肉體與精神的結合對這種人來說是很重要的，也很能

享受愛情與性愛的歡愉。

如果沒有負面相位的干擾，第五宮與第七宮也沒有負面的行星與相位時，通常會擁有精彩豐富的愛情生活。不過，這種人也會因為不肯結束歡愉的單身生活，而導致晚婚，或在婚姻生活中出現較多波折。如果在 5 度以內過度燃燒的狀況下，容易造就一個人的極度自我中心；希望所有人的注意力都放在自己身上，自我期望也會比較高。

★半六分相

關鍵字：自我＋情感＋對不同性質的包容與協調

太陽與金星的距離不會超過 48 度，所以唯一能產生的正面相位是 30 度的半六分相。但除非太陽或金星位在其他兩顆行星的中點，則不需要過分解釋。這樣的相位會替當事人帶來敏銳的審美觀與藝術觀；具有包容性的個性，也會讓當事人擁有不錯的人際關係。

★半四分相

關鍵字：自我＋情感＋不協調

45 度的半四分相所帶來的衝突與不愉快，會造成許多情緒上的問題，多半有敏感易怒的傾向。在感情生活上，容易因為無法調和自己的人生目標（太陽），而與情人（金星）發生衝突。如果有其他正面相位的幫助，則可緩和這

種情形。不過當事人也常因為這些刺激，引發藝術或舞蹈方面的特殊表現。

太陽與火星的相位
★合相

關鍵字：自我意識、追求的事＋行動＋過度結合或過度燃燒

精力旺盛與積極是這個合相的典型表現，太陽與火星的合相堪稱是白羊座效應，會產生明顯的牡羊座性格（白羊座是另一種太陽與火星合相的表徵）。擁有這個相位的人脾氣暴躁，很容易上火，卻不容易記仇。除非這樣的相位在擅長運籌帷幄的魔羯或天蠍，否則很容易出現個性急躁的人，而落在金牛與天秤時，雖然會將暴躁的脾氣減緩，但相對的，行動的速度與果決的態度也會減弱。

這樣的人容易將所有的精力都投注在某個特別的領域。過度燃燒的結果，會讓這個人沉迷於某件事情，端看兩顆星所結合的宮位。如果是分離相位（亦即太陽、火星落在不同星座）或是 5 度以上的合相，或許可以減輕這樣的負面影響，再者與其他行星的 120 度，也可以將這種旺盛的精力分散到其他領域。

★三分相、六分相、半六分相

關鍵字：自我意識＋行動＋協調

在協調的腳步下，太陽與火星發揮最佳的組合，這樣的人有膽識勇於冒險，總是充滿活力，也習慣適當且溫和的運動，會將身體健康保持在最佳狀態。在火星的幫助下，實踐自我的理想與目標不是難事，而每個行動也會經過一定程度的思考。此外，這種人十分重視公義。

其中，120度角會帶來膽識、快速的決策能力，以及源源不絕的活力，讓當事人喜歡面對挑戰。60度角與30度角帶來特殊的頑強精神，讓當事人不容易被擊倒，也比120度的人有更寬廣的思考，行事與計畫上也會更為完備。如果其中一顆行星在風相星座或變動星座上，會添加機動性，處理危機的能力也會增強許多。這種人在運動、政治、管理上都相當具有天賦。不過要再度重申的是，30度角必須在其他兩顆行星的中點時，才能發揮影響力。

★對分相、四分相、半四分相與十二分之五相

關鍵字：自我意識、追求的事＋行動＋不協調（180、90、45度）
自我意識、追求＋行動、性＋調節、敏感（150度）

在這幾個相位中，會出現敏感與易怒的情緒，或是暴躁的個性。不怕競爭甚至有點好鬥的性格，也是這些相位所造成的特色。但這樣的性格也容易造就

傑出的人物，偉大的音樂家貝多芬和拳王阿里都有這樣的相位，他們也顯示這個相位的特徵；自大且脾氣暴躁。

這種人在健康方面，容易顯得外強中乾，雖有旺盛的活力卻容易受傷。太陽與火星的位置也顯示容易受傷與發炎的位置。如果有其他行星與太陽或火星形成良好相位，則可觀察該行星落入的星座或宮位，提醒當事人應藉由哪些事情來控制自己的脾氣，或發洩掉過剩的精力。如果缺乏良好的相位，可能就需要心理醫師等外力介入幫助。

150度的特殊角度，容易帶來對自我挫折與失望，而且連當事人也不清楚這些困擾來自於哪裡，乃至於常弄錯目標與對象。例如：在感情上容易為了喜歡的人而犧牲自己的發展機會，或是低估自己的能力，甚至在行動上被人誤解。此外，150度所暗示的意外傷害與健康問題，也要特別注意。

太陽與木星的相位
★合相

關鍵字：自我＋擴散、樂觀、幸運＋結合

太陽與木星的合相容易造就一個樂天派的人物，這樣的人樂觀積極，社交範圍也相當廣，他們或許沒有很棒的社交技巧，但卻因為樂觀態度吸引許多人停留在身邊，這種樂觀的態度也容易讓

幸運的事降臨在自己身上。而且，太陽的自我意識與意志透過木星的擴散效應，也使得他們的理念能輕易地傳達出去，藉由這些號召力，可以幫助他們成就許多事情。這種人通常也頗有遠見，但缺點是會習慣性地逃避悲傷痛苦，這是因為他們永遠只想看見樂觀的一面。

★三分相、六分相、半六分相

關鍵字：自我意識＋樂觀、擴散、幸運＋協調、引導

　　太陽與木星的 120 度角和 60 度角，都帶來火相星座的特質，特別是射手座與獅子座的特性，包括樂觀、積極、主動等個性特質，木星所帶來的幸運也讓他們很少受到嚴重傷害。此外，60 度角與 30 度角更開拓這些人的胸襟，使他們有慈悲的精神。不過這些人有時也會比較懶散，因為不用怎麼努力好運就會到來，遇到困難時更是兩三下就解決。說好聽些，他們知足常樂，但想要成就大事可能沒那麼容易，除非有對分相與四分相加以衝擊，才能激發這些人的潛能。

★對分相、四分相、半四分相與十二分之五相

關鍵字：自我意識＋樂觀、擴散＋衝突、壓力

　　當木星與太陽形成對分相或四分相時，無論對當事人或周圍的人來說，簡直是一場兵荒馬亂的災難，由於木星替這個人帶來過度的樂觀，使得他們常低估事情的危險狀態，或是很輕易承諾一些事情，卻又因為眼高手低而無法完成諾言。

　　不知節制、不切實際是太陽與木星對分相的缺點，而木星與太陽呈現四分相與半四分相的人，則是缺乏耐心且追求快速，容易讓自己受到許多挫折，這些人往往相信快速成功或快速致富的法門，或是信仰即刻可以開悟解脫的新興宗教。而太陽與木星的 150 度角，則容易讓一個人用忙碌的方式，來掩飾缺乏自信的事實。所以這種人也容易因為過度忙碌而造成身體的負荷，尤其是肝臟問題及心臟血管疾病等問題。

太陽與土星的相位
★合相

關鍵字：自我意識＋嚴肅、教訓、限制＋結合

　　土星所帶來的教訓與嚴肅，結合在太陽的自我意識當中，這樣的人早熟且容易記取經驗教訓，但在成長過程中並不是十分愉快，悲觀以及灰暗的思想左右此人的生活。這種性格的形成通常與父親有關，或許是缺少父親的童年使得他必須背負重任，或是有一個嚴苛的父親，造成這個人對自我的認知與信任降

低。

這樣的人必須白手起家一步一步建構他的王國，才會在最後享受成功的果實。土星與太陽的結合，暗示著成功終將到來。這樣的人嚴肅的看待生活，無論對人或對己都要求得相當嚴格，在生活經驗與政治取向上都屬保守派，卻也常常為了追求成功與自我的野心不惜犧牲他人。

★三分相、六分相、半六分相

關鍵字：自我意識＋嚴肅＋學習、和緩、調和

土星與太陽的正面相位所強調的仍是一分耕耘一分收穫，但三分相與六分相的調和作用，在這兩顆行星的交會上發揮得淋漓盡致，土星的謹慎與限制讓這個人不會浪費一絲一毫的能量，謹慎地完成每一件事情，並發揮最佳的效益。這樣的人是相當傑出的企業領導者，個性保守、謹慎且重視組織與效率。

三分相能替當事人帶來平實且健康的生活，良好的組織能力，讓他們的付出獲得更大的效益，對自我有莫名的期許與要求。而太陽與土星呈現六分相的人，重視自身的付出，凡事事必躬親的態度會帶給他人壓力，生活與做事上有很多規矩，這些規矩卻是他邁向成功的關鍵。

★對分相、四分相、半四分相與十二分之五相

關鍵字：自我意識＋限制、嚴苛＋不協調的衝突（150 為調節與敏感）

土星的限制在這些相位中，嚴重的侷限自我的能力，這種人在實現自我上常常遭受打擊或失敗挫折。這些挑戰造就更為冷漠且強硬的人格，並習慣和其他人保持一定距離，不容易展現出內心的痛苦，而父親的負面影響也可能會重挫這個人的人格發展。

太陽和土星呈現對分相時，其衝突是顯而易見的，且常常背負著重要的責任，被迫犧牲自我意識，但只要當事人能妥善處理這些衝突，就是邁向成功的時候。但所謂「長痛不如短痛」，太陽與土星呈現四分相時，將比對分相更加麻煩，四分相會使人長期處於令人窒息的壓迫感，或許是來自於不愉快的童年經驗，也可能本身的自我要求較高，常使生活中充滿灰色與不愉快的氣氛。而周圍的人無法瞭解他的想法，更無法同情他，除非有良好相位的幫助，否則他們的生活將會受到壓力的影響，顯得非常枯燥單調。這些負面相位多半都帶來不健康的身體，尤其是土星所守護的關節與牙齒則容易出現問題。

如果出現 150 度，嚴重的心靈傷害將會造成自負與自卑的複雜情結，且認為許多傷害或挫折都是來自於報應，

甚至有習慣性的自虐或自我處罰的傾向。例如：不去接受醫療或拖延讓病情惡化等。健康狀況差除了前述的毛病之外，更要小心風濕性關節炎與類風濕心臟病之類的病症。

太陽與天王星的相位

★合相

關鍵字：自我意識＋獨立、特異＋結合或過度燃燒

太陽與天王星的合相替一個人帶來怪異且獨立的特質，這樣的人不甘於平凡，從小就不願意被人等閒視之，異於常人的想法也容易和他人顯得格格不入。天王星帶來的獨立意識使他們習慣追求孤獨，從另外一方面來說，這樣的人不願意被拘束，更討厭人云亦云，他們很早就開始獨立思考，且不斷在內心自問著為什麼。

這些性格看來和水瓶座有些類似，這是因為水瓶座的人就是太陽與天王星結合的另一種模式。而太陽與天王星在0.5到5度以內的結合，常會帶來更不為人所理解的怪異行為、孤僻的個性，例如：離婚或長期處於分居狀態的婚姻等，都是因為追求個人自由所帶來的後果。

★三分相、六分相、半六分相

關鍵字：自我意識＋自由、不平凡＋融合、接受

當太陽與天王星形成120度的三分相時，天王星的不平凡特質將深深影響這個人的自我，帶給他無遠弗屆的想像力，也習慣挑戰各種不可能的任務，當事人對於各種艱深難懂的事物，也有獨特的理解能力。

太陽與天王星的六分相，會讓當事人體認到自身的弱點，並且努力地補強，知名的盲人作家海倫凱勒就具有這樣的相位。這樣的人獨立自主，且能夠發揮特殊的影響力吸引他人靠近，而這些人的伴侶也可能是具有影響力的人物。

★對分相、四分相、半四分相與十二分之五相

關鍵字：自我意識＋不尋常、反傳統＋壓力與衝突

當太陽與天王星對分相時，天王星的特立獨行與反傳統，成了此人與外界的衝突來源。這種人很有自己的想法，卻因不夠實際而無法說服他人，有時也會被認為是為反對而反對。而當太陽和天王星形成90度角時，個人的特殊想法會被壓抑，也容易有暴怒傾向。這些人的童年可能會有不愉快的怪異經驗，

或與父親的互動極不尋常或有很多不滿。而對現況的不滿，也常是造成他們發 革命的原因，如果有良好的相位引導，能夠將他的想法傳遞給他人且被人接受，否則就容易反社會傾向。

當太陽與天王星形成 150 度時，當事人容易忽視自己的自卑，不甘於平凡的心理極為容易被觸動，這樣的人希望藉由超越他人來證實自己的不平凡，卻常常模糊了焦點，有時誤以為貶抑別人或將別人踩在腳底下，就是證實自己不平凡的唯一方法。天王星與太陽的負面相位，也容易導致意外與精神方面的疾病。

太陽與海王星的相位
★合相

關鍵字：自我意識、追求＋模糊、直覺、幻想力＋結合

如同前面所說的，合相總會把一顆行星正面與負面能力加諸在當事者身上，海王星的正面能力代表直覺與幻想力，這樣的人在藝術的表現相當傑出，可能會是很棒的藝術家、音樂家或文學家，他們的直覺也相當準確，但也容易因為迷信直覺而忽略了其他可能 。

從另一方面來看，海王星虛無飄渺的模糊特質也讓這個人變得容易恍惚，不知道自己該做什麼，在找出屬於自己的道路之前，這個人會顯得不安，且習慣依靠某些事情來填補自己的不安全感，或是透過藝術、心理、宗教、藥物來自我療癒或逃避。但如果是處於分離相位（亦即因為容許度的關係，太陽與海王星分別落在不同星座）時，情況則可稍微減輕。

★三分相、六分相

關鍵字：自我意識、追求＋直覺、想像力＋啓發與引導

太陽與海王星呈現 120 度或 60 度，會比直接交會好得多，其影響力也會讓當事人不至於模糊焦點，反而成為一種靈感似的啓發與影響。其中，120 度的結合容易帶來了文學與藝術上的天賦，對當事人來說，靈感與直覺如同呼吸般源源不絕的進出他的頭腦，想像力也十分寬廣。

而六分相的人則是藉由不同的觀察與比較來產生靈感，這樣的創作也較有衝擊性。此外，這種角度也會帶來浪漫的個性，在情感關係上可說既深情且專注。

★對分相、四分相、半四分相與十二分之五相

關鍵字：自我意識＋幻想、模糊、犧牲＋傷害

就像沙漠中的人，常朝著海市蜃樓走去而渴死在路上，用這樣的比喻來說

明海王星的傷害也相當貼切。海王星常帶來模糊地帶與幻想，如果再加上不經思考的執行力，將會更加危險。當 180 度的衝突發生時，當事人容易因為情緒因素，或被某種精神所感召而自我犧牲。

太陽和海王星呈現四分相時，暗示當事人有被迫害的情結（無論是不是妄想），他們承受著傷痛卻不願意反擊，除非有好的相位引導他們走出這樣的幻想中，否則會需要心理醫生的幫助。

而太陽與海王星呈現 150 度的人常有特殊能力，善良且願意付出，甚至達到犧牲自我的地步，這樣的特質導致需要幫助的人不斷地出現在他們身邊，直到他們耗盡精力為止，這種人的精神與健康狀況通常也很糟糕，所以體認到其實自己才是最需要幫助的人，得適時地保護自己，才是最重要的課題。

太陽與冥王星的角度

★合相

關鍵字：自我意識、意志力＋控制、未知力量＋結合（過度燃燒）

太陽本身就帶有強大的意志力，如果再加上冥王星，將會讓一個人擁有超級頑強的意志。這種人本身就擁有強大的再生力量，所以從不知危險與弱點為何物，就算被擊倒也很快就會站起來。

強烈的控制慾是擁有此相位的另一個特點，他們希望掌握所有的狀況，包括不小心闖入他們生活地帶的人，即使是家人與情人了都不例外。這個相位看來似乎只對自己有利，容易傷害周圍的人，更不用說是與他們做對的人，這種人過剩的自我意識也會導致他們無法理解別人的需求，只會一味要求別人符合他們的要求。

★三分相、六分相

關鍵字：自我意識、追求＋強大的意志力量＋支援

這樣的相位同樣會強化自我，使得擁有這個相位的人成為無敵鐵金剛，冥王星的控制與重生力量藉由不同的方式支援著自我。120 度代表力量源源不絕的再生，如同海克力士所面對的九頭蛇海德拉，被砍掉一個頭馬上長出另外兩個，堅強的自信與自我保護著當事人不受傷害。

六分相代表著來自於不同領域的補強，這些人面對問題時比起他人有更周全的準備。這兩種相位都會造就出強勢的領導人才，也很具有群眾魅力，擅長說服或催眠別人，更能從他人身上找出有利自己的事物。

★對分相、四分相、半四分相與十二分之五相

關鍵字：自我意識、追求的事＋毀滅掩

167

埋與再生＋支援

擁有力量卻不懂得正確應用，冥王星對太陽的負面影響，不僅會傷害個人還會傷害到周圍的人。再加上冥王星的強大控制能力，也會讓這個人總是想要操縱別人卻不得其法，引發的衝突與挫折會讓人覺得害怕。當太陽與冥王星呈現「對分相」時，會因為無法控制他人，而引起衝突、對立與反彈。

出現四分相時，則是無法控制別人所帶來的挫折，導致壓力與偏激的個性產生。擁有這個相位的人常有意料之外的舉動，當人們以為理解他的作為時，他又會出現讓人更為畏懼且不能理解的行為。

冥王星與太陽的 150 度角，暗示著一種自我毀滅或自我傷害的傾向，表面上不畏懼任何事情，可以從事任何危險的工作，但事實上這些行為暗藏著一種自我憎恨與自我傷害的意識。當占星師發現這種相位時，最好建議當事者尋求專業的心理諮詢。

太陽與上升星座、下降星座的相位

★合相

關鍵字：自我意識＋自我表達、外界社會（下降星座的關鍵字為「他人」）＋結合

太陽與上升星座的結合先是帶來強烈的自我意識，並讓這些人顯得較為任性或跋扈，除了因此帶來強韌的生命力，以及強烈的自我意識之外，這些人的眼中全是自己，只關注自己想做的事情。

如果太陽位於第一宮，其自我意識會更加嚴重，除非有其他相位來拓展視野。如果太陽是位在第十二宮時，表現得稍微退縮，在童年或青少年時也容易有自卑傾向，稍晚才能發展出自我認同，並關注於更多他人觀察不到的事件。附帶一提，如果太陽與下降星座形成合相，這種人就很擅長跟別人打交道，也會有不錯的伴侶、婚姻及合夥關係。

★三分相、六分相

關鍵字：自我意識＋自我表達、力量＋調和

太陽與上升星座形成的三分相（六分相），就容易與下降星座呈現六分相（三分相）。這種人能夠適度的調節自我與他人的關係，知道什麼時候該表現出什麼態度，才不會傷害他人。擁有這個相位的人，通常也會有不錯的合夥與婚姻關係。

★對分相、四分相、半四分相與十二分之五相

關鍵字：自我意識＋自我表達、力量＋

衝突

對分相比四分相產生的衝突較小，因為此時對分相的太陽有可能位在掌管婚姻合夥的第七宮，會讓當事人對婚姻相當重視，若處於第八宮則會很注意自己的健康。但無論是對分相或四分相，都需注意相關宮位與星座所代表的身體健康問題。

四分相的人較無法順利表達自己的想法，或是說無法表達自我的深沉意識，壓力則可能來自於太陽所在第十宮的事業，或是第四宮的家庭。而十二分之五的相位，則會讓人因為不安而急於表現自我，身體狀況更需要注意。

太陽與天頂的相位

★合相

關鍵字：自我、追求＋社會、名望＋結合

這種人多半出生在中午時分，就如同中午的太陽一樣威力驚人。由於自我意識與社會名望結合，使得這樣個性的人頗有野心，通常也會頗有成就，在政治、社會運動及各個階層中也相當活躍。這種人有時會忽略伴侶與家庭的重要，如果與其他行星有著不協調的搭配或相位，其名聲也很可能招致抨擊。

★三分相、六分相

關鍵字：自我、追求＋社會、事業＋協調

三分相與六分相所帶來的協調能力，讓這個人充滿社交手腕，在事業或對外的接觸中，也能夠靈活地和他人談判交涉。只是通常需要經過一些小挫折，才能學習到如何兼顧工作與家庭。

★對分相、四分相、半四分相與十二分之五相

關鍵字：自我＋社會或家庭＋衝突

出現此相位者，在自我的實現上容易受到來自家庭或老闆的挫折壓力，而與其他行星的良好相位，能夠幫助當事人從挫折中重新出發。

太陽與北南月交的相位

★合相

關鍵字：自我＋今生的精神成長目標（北月交）、前世完成的課題（南月交）＋結合

這是一個與前世今生相當有關的相位，當太陽與北月交結合時，會帶來天生的好運，能夠順利取得想要的資源。太陽與北月交所處的星座與宮位，則暗示著將在哪方面獲得成功。與南月交的

會合，則代表著個人的能力被限制，要
完成自我目標得付出加倍的努力。

★三分相、六分相

關鍵字：自我＋今生的精神成長目標
（北月交）、前世完成的課題（南月
交）＋協調

　　這樣的相位可說相當漂亮，無論是
代表好運的北月交，或是代表限制的南
月交，對此人來說，都會帶來正面的幫
助。而這種人也善於協調，能為自己和
他人營造雙贏的局面。這些人面對成長
課題與業力課題時也較為輕鬆。

★四分相、半四分相、十二分之五相

關鍵字：自我＋前世業障＋衝突

　　太陽與南北月交形成的四分相或
150度角，都會讓當事人在自我表達上
有些不合宜的表現，要不是過於激動，
就是異常沉默，讓他人難以理解。事實
上，造成這些怪異舉止的最大原因，主
要是因為當事人要挑戰前世所留下來的
任務與業障所致。

第十一章　月亮與其他行星的關係

月亮進入十二星座

月亮的關鍵字是需求、反應、不安、緊張、情緒、情感、過去、成長經驗及生活型態等。

相對於太陽的表意識，月亮代表的是潛意識，是一個人未經過思考就表現出來的行為或情緒。月亮也和母親有關，並影響當事人的私密生活與餐飲喜好，以及親密伴侶的關係等等。在占星學中月亮和需求有關，例如月亮在金牛對物質的需求，和太陽在金牛座對物質的追求，有著極大的不同，月亮在金牛的需求感受來得更為迫切，且多半會帶來擔憂與恐懼。

★月亮在白羊座

這是一個充滿活力的月亮星座，會不斷創造出許多新鮮有趣的小事物，並展現強烈的企圖心，其充滿活力的行動，看起來就好像隨時要展開一場全新的冒險行程。不過，月亮在白羊座的人通常沒什麼耐心，脾氣有些暴躁，對他們來說立即行動才是最重要的事，因為白羊月座的人感到需要時，無論是生理或心理都需要立即得到滿足。

愛好冒險是這個月座的特性，白羊月座出生的時候月亮正好位於象徵著自我的黃道第一宮，這個象徵著自我的宮位，會讓這個月座的人對親密的人表現得十分自我。例如：說話時總是自顧自滔滔不絕地說著「我怎樣怎樣……」或是「我想……」，而所謂親密的人就包含家人、配偶、伴侶及情人等。即使當事者的太陽落在善體人意的巨蟹或雙魚，在面對親密對象時，那種以自我為中心的態度也會不自覺地冒出來。

白羊月座的人從小受到母親的訓練，顯得十分獨立。他們的媽媽也不會是軟弱的女子，除了教導小孩獨立之外，也會自己身體力行。但也常因為主觀認知的不同，讓母子關係變得對立，也會讓夾在其中的家庭成員很為難。

月亮在白羊座的時期，常會帶來事物的改變、加速進行，或是效益的增進等，就像是有人把信心和肯定散布在空氣中，容易讓人產生自信與樂觀的念頭，並且產生令人振奮的效果。像是讓生病的人病情好轉，或是讓人有更多的勇氣去面對挑戰等等。「自信」是白羊月座的關鍵字，因為他們總是充滿活力與勇氣，將問題減至最小，並且把無窮

的活力發揮到極限。白羊月座總是充滿著勇氣去替自己實現夢想，對事物的感觸強烈且直接，情緒的反應也是強烈而無法持久。此外，追求自由也是他們生活的態度之一。

白羊月座在親密伴侶面前總是一副勇往直前的樣子，個性大而化之，神經又特別粗，在兩人關係中習慣扮演領導的角色，帶著另一半東奔西跑尋找新鮮事物，但因為沒有耐心的個性使然，一旦對事情失去新鮮感，便會欲振乏力。他們缺乏耐心的個性，在情人面前會更明顯，總是嫌棄對方對著鏡子化妝的時間太久，或是花在挑衣服的時間太長，常讓另一半為之氣結。而且他們在愛情中雖然喜歡居於主導的地位，但也不喜歡依賴心太強的另一半，一旦被干涉或過度依賴，都有可能造成感情上的裂痕。

★月亮在金牛座

金牛月座的人出生的時候，月亮正好運行到黃道第二宮的金牛座，在傳統的占星學中，當月亮運行到金牛座時是一個最安定的狀態，也屬於強勢的位置。這是因為月亮所帶來的不安與情緒，被金牛座的安定與沉穩的祥和氣氛給緩和，而金牛座溫和的特性更能將月亮的慈愛發揮到極致，因此一種被稱為大地之母的形象，會出現在金牛月座情人的身上。

金牛月座的母親價值觀會比較保守，但總會細心地注意到孩子的需求，考慮的問題也較實際，通常也滿注重家庭的生活品質。

月亮在金牛座時充滿了愉快與愛意，但是卻很少輕易地表現出來，因為對於物質的考量增多了，所以在做任何事時也會是比較腳踏實地。金牛月座的人通常還滿勤勞的，且個性堅定、思慮周密。月座金牛雖然對生活感觸良多，但多半可以轉化在藝術方面，對於美好事物也有強烈的鑑賞能力。

金牛月座的人基本上是嚴肅而實際的，而且十分熱愛金錢，常想著要如何讓自己更有錢，如何讓財產變多，他們也是一群保守份子，觀念也較為死板，對於事物的考慮通常以安全為重，金牛月座的人有點挑剔，有時候會以物質來衡量他人，對於自己工作的表現也十分在意。

月亮在金牛座代表著一種豐收的時刻，將理想落實紮根且成長。在情緒受到影響時，往往會藉由物質的揮霍來加以宣洩。所以金牛月座的人很少衝動，他們似乎一直在處理自己的情緒，用最溫和的毛刷將自己情緒的毛球給梳理掉，最常見的方式就是去購物或是享受美食，物質上的享受與滿足是最能夠安撫牛兒情緒的良藥。

雖說金牛月座在感情方面還算頗有耐心，卻很難抗拒來自於感官及肉體上的誘惑，他們十分清楚身體接觸時的舒適與安全感。但在衝動過後，他們通常

還是會乖乖回家，用極為僵硬的神情告訴另一半他什麼是都沒做。可以稍微慶幸的是，他們很少因為這樣的誘惑而決定分手。金牛月座雖然個性隨和，但有時他們可是會非常固執的，尤其無法接受突然的改變，特別是那些他們從小到大一直堅守的「好」習慣。

★月亮在雙子座

雙子月座的人較能忍受短期的約束及短程的旅行，因為雙子月座習慣在感覺上不斷地變化，所以常會發現這個月座的人習慣跑來跑去，十分聒噪地不停說話，也能夠將自己放在一個從來沒有遭遇過的環境當中，即使這事情完全不在當初的計畫中。這個月座出生的人很會左閃右躲，讓人捉摸不定，說起話來幽默風趣不輸給太陽雙子。雙子月座的人最害怕的就是無聊，充滿智性與心靈能量飽滿的雙子月座，最害怕沒事做、沒問題可以思考，沒人可以說話、沒人陪他們玩，這會讓他們的生命枯萎。因此會藉由說話談天、寫作、閱讀等等許多資訊交流的方式，來排除這項恐懼。

雙子月座是出了名的不安定，就算在情人面前，仍然敢對周遭的帥哥美女偷偷放電，這是一種與生俱來的能力，成熟些的雙子月座或許會用更成熟的手腕來放電，並控制放電的電壓和電流，但是這項本能絕不會因成熟而有所收斂或改變。愛上雙子月座的人也只能認了，要是不服氣的話或許也可以學著他們四處放電，這對他們似乎還有一些效用。

通常月亮在雙子座具備快速移動的能力，在雙子月座的期間，是許多小道消息被炒作得最熱鬧的時候，因為這時人們的溝通能力增加，觀察力也特別敏銳，常能夠從相似的事物中辨別出不同，並將此訊息傳遞給他人。在這方面的表現雙子月座較為活躍，但在傳遞前也比較不經思考。

反應靈敏的雙子月座思考的速度十分快，說與閱讀書寫的能力也很強，這也是雙子月座宣洩情緒的方法，舉凡廣播、電視、書信、新聞、雜誌等傳播工具，通常也受到月亮經過雙子座時受到影響而變得相當活潑，雙子月座的人還會隨著流行而表現出自我，將自己融入最新的潮流中，影響著周圍的人們，但同時自己也深受周遭人的影響。

雙子月座在童年時，多半有一個開朗而且注重溝通的母親，他們會鼓勵孩子多看書、多學習，一方面是受到母親的影響，擅長與人溝通的雙子月座，在別人面前更是伶牙俐齒、反應靈敏、幽默風趣，嘲弄別人的時候更是一拍兩擊、一語雙關，逗得身邊的人啼笑皆非。而且，雙子月座的文筆通常也很不錯，和這樣的人一起生活可說是充滿新鮮與樂趣。

★月亮在巨蟹座

巨蟹月座的人喜歡膩在家裡，受到

巨蟹月座的影響，他們十分在意自己所處的場所還有住處，也是十分念舊的一群，即使某些事物已經消失了，但還是可以在巨蟹月座的巢穴中看見這些事物，而且還保存得好好的。

其實這一點源自於巨蟹月座的不安全感，月亮所代表的的不安與患得患失，與巨蟹座產生了最強的共鳴，而世界快速的變換，更會讓巨蟹月座想要緊緊的抓住一些東西，換取微薄的安全感，於是他們會希望看好身邊的一切，特別是婚姻家庭與愛情，他們會用強而有力的蟹螯牢牢地箝住情人，並用溫柔、眼淚和關愛將對方牢牢捆住，只要情人稍稍有些不對勁，對他們來說就有如晴天霹靂、如喪考妣。

巨蟹月座的人幾乎都和母親有著切不斷的臍帶關係，雖然表面上很可能已經承擔起母親的工作，可以照顧好家裡的每個人，但在他們心底對母親卻又是那麼地依賴，這往往會讓巨蟹的情人受不了。想要和巨蟹月座成為長長久久的情人，千萬別和他們的母親爭寵，不妨聰明地分擔一些關心母親的工作，才能讓他們多花一點心思在自己身上。

巨蟹月座的人不習慣待在陌生場所，或擁擠的人群中，他們比較喜歡待在家裡，渴望溫暖跟舒適的感覺。

月亮在巨蟹座的表現會引起一個人的鄉愁，像是想念父母親啦！或是想家或是懷念以前的夥伴。不過巨蟹月座的人通常也能夠保留別人給他的物品，像

是祖先的遺產之類的，他們會像是守護著家人一般的保存著這些東西。巨蟹月座的人看來有些安靜深沉、有些神祕，但是十分的情緒化，有時候像是在替什麼事情難過一樣，在物質的需求還有愛情的需求上較為依賴，所以這些事物最好都不要離他太遠。

在希臘神話中，巨蟹是婚姻與家庭的保護者，極為重視婚姻家庭的一切，也很努力的守護著，可以辛苦地付出卻不求回報。細心的月亮巨蟹座也很注重小細節，會讓家人和另一半有種被呵護的感覺。

雖然巨蟹月座的細心體貼頗受好評，但多愁善感的性格看在情人眼裡，未免會覺得有點濫情，情緒變化多端的他們在情緒崩潰時會讓情人招架不住，因此，巨蟹月座對自己情緒的反應也得稍微控制一下。除了情緒化之外，月座巨蟹的醋勁比其他星座來得大，只能以「醋海」形容，而情人也容易因為這樣的占有慾而倍感壓力。

★月亮在獅子座

月亮在獅子座的時候，人們就像是獲得新生一般，有時候表現得像小孩子，熱情、有趣、精力旺盛，而且很需要別人將注意力集中在自己的身上。獅子月座的人十分風趣，很容易沉浸在自己的世界中。由於這個月座掌管了歡愉和快樂，因此娛樂的部分往往會超過生活中其它的事物，讓當事人沉溺在娛樂

場所、咖啡館、劇場、舞會或喧鬧的酒會中。

有些獅子月座在相處久了之後，除了自我中心、愛面子外，對物質方面的享受更是重視。如果另一半是勤儉持家型的人，可能會非常看不過去。月座獅子之所以會這麼奢華，原因來自於獅子月座的媽媽對小孩，幾乎是呵護到了溺愛的地步，獅子月座的媽媽絕對是疼小孩的，孩子就是他們的寶貝，這樣的媽媽作風開明，但也有專制強勢的一面，而且喜歡聽兒女的讚美。和這樣的情人媽媽相處，除了得開朗有自信，不能太寒酸之外，也要很懂得甜言蜜語。

月座獅子的生活中永遠充滿著趣味，而且他們的運氣總是特別好。這個月座也通常是個不錯的情人，有著討人歡欣的特質，熱情且充滿了活力，在情人面前也絕對慷慨。不過，這樣的人難免也會有些小缺點，例如：喜歡情人在他們耳邊不停訴說著「你是最棒的情人」等。

大體來說，他們的確是很不錯的情人，對情人也可謂百般照顧與呵護，但他們在付出時可說是比較一廂情願的，對於對方真正想要的東西，卻不是很敏感。而且，獅子月座對待親密伴侶時，總是十分直接、激烈且強勢，有時甚至會有點霸道、獨裁，希望別人都能依照自己的方法行事。

獅子月座有時會表現得寬大為懷，有時候又極容易動怒，戲劇性的情緒反應就是他們的標準作風，目的只是想要引起別人的注意，即使憤怒地摔東西也並非真正有意傷人。這時只要對方表示關心，他們很快就會像隻大貓一樣地平息下來，千萬別不理他，這會讓他們覺得自尊受損，並且引來真正的暴風雨。

獅子月座也常常沉浸在別人的追求、親吻，還有自己的羅曼史當中，有時候更會忍不住向別人炫耀這些事情。十分特別的是，當推運圖上月亮經過獅子座時，會讓人在精神上充滿溫暖與愉快，而且非常適合展開對愛情的追求。

★月亮在處女座

處女月座的關鍵字就是「純潔」，這個特點表現在生活的各個層面，無論是興趣、生活瑣事，或是對感情的需求。月亮處女的人很注重禮節，也相當冷靜，不過也常造成情感的疏離，其實他們並非情感不豐富，只是對處女月座來說，感情是必須經過思考及詳細觀察，直到確定自己安全無誤的時候才被允許的。

此外，處女月座的人對身體健康也十分在意，即使只有少部分的月座處女背熟醫藥百科，但大部分的月座處女仍會努力收集這方面的資訊，並且身體力行，而這種個性多半是受到母親的影響。

當處女座的人遇到麻煩時，通常會去分析事情的來龍去脈，不過他們容易焦慮、急躁，而過分的緊張又讓他們無

法順利表達自己的情緒，於是降低他們的理智分析能力。另一方面他們也因為自己變得不理智而開始自責自己的情緒化，不斷壓抑和自責的結果會讓他們對自己失去信心，而活在不信任當中。

愛乾淨到了潔癖的地步，則是處女月座另一項更為明顯的表現，或許不至於像一般的印象那樣，連一粒灰塵都會讓他們受不了，但他們總是盡量讓房間看來井然有序。即使月座處女再怎麼宣稱自己的房間有多亂，仍可以注意到他不時地擺正客人剛剛碰過的瓶子。他們講求的潔癖與其說是乾淨，倒不如說是一種秩序。

除此之外，處女月座的人滿注意自己的言行，而且喜歡解決問題，也常會自責或以工作轉移自己的情緒困擾。這個月座同樣愛挑剔事務，對象則由每個人轉為自己較為親密的對象，如情人或是家人，批評的方式則由大聲批評轉為嘮叨與嘀咕，情況好一些的則會一邊幫情人收拾善後，但仍免不了一頓嘮叨，旁人無法阻止他們停止幫助，同樣的也沒有辦法阻止他們嘮叨。

人們通常在月亮經過處女座時，思路會較為清楚，而且會把注意力放在相關的事物或工作上，努力去除矛盾且不確定的感覺。處女月座常會去注意那些實際事物，像是收拾舞會之後滿目瘡痍的工作；這時人們像是回到了工作崗位；開始關心那些該去做的工作，即使是讓人感到無聊的職位，去付帳單、修補東西、或者是幫人善後的工作，都在他們的範圍之中。處女月座通常過著簡樸的生活，而且讓自己的事物看來有秩序，除了熱愛自己的工作之外，通常也會熱衷於社會服務。

處女月座所主導的事物總是進度緩慢，但絕對是品質保證，就連愛情也一樣，處女月座很懂得照顧情人，喜歡享受那種被需要的感覺，雖然做事時嘴裡仍不停地唸著，但是心裡卻挺高興的，忙碌會讓一個處女月座有安全感，為了情人忙碌更會讓他滿足愉快。

★月亮在天秤座

天秤月座的人非常重視和諧的氣氛，也十分重視人與人之間的關係，喜歡和別人和平相處，喜歡感受那種友愛、美麗，還有彼此相攜的感覺。月亮在天秤座的人總是努力經營自己和別人的關係，而當月亮經過天秤座時，也會讓人不容易做出判斷。這也是為什麼許多時候，和這個月座交往最無聊的一件事情，便是等著天秤月座做決定。因此，急性子的人在和天秤月座交往時，很容易被那種猶疑不定的狀態給氣死。

但在情緒方面，如果沒有一個擅長處理情緒的其他位置（例如：日座、上升星座或火星位置），往往會讓這個月座陷入煩膩的情緒泥沼中，除了許多事情無法下決定造成的困擾之外，這些情緒多半來自人與人相處的不安。

天秤月座的人情緒不是很穩定，雖

然不像巨蟹月座或雙魚月座一樣每天高潮迭起，但也十分敏感，特別是在一個人獨處的時候。這是因爲月亮經過黃道第七宮的天秤，讓他們在生命中特別需要有人陪伴，使得天秤月座的情緒起伏較爲頻繁，但是對象只限於較爲親密的朋友與家人、情人。不過幸好，在經過這樣的情緒反應後，稍有自主能力的天秤月座就會試著自己處理。因此當發現月座的情人或朋友心情不太好時，走到他身邊陪他聊聊，相信他一定會感激地想給予一個擁抱。

　　天秤月座十分重視禮儀，無論在哪些環境下，都很討厭聽見不優雅的事物，或是粗魯的言語或態度，大半的天秤月座女性在有了小孩之後，會要求孩子的禮貌與言行舉止符合優雅，他們的心中常放著一本禮儀規範手冊，要求自己和身邊的人言行舉止合乎禮儀。之所以會如此，源自於天秤月座的心裡有個重視生活情趣的母親，帶著子女享受美食，享受優雅的生活藝術，訓練孩子行事說話要符合禮儀且得體。天秤月座的母親絕少在孩子面前大吼大叫，和這樣情的母親相處，得注意言行舉止，不過她們多半是很好相處的。

　　天秤月座的人重視悠閒的生活，生活中少不了伴侶，喜歡把自己擺在他人之後，有了情人之後也會以情人爲優先。天秤月座可以爲情人改變自己，如果排除掉優柔寡斷的個性，說實在的天秤月座會是一個很不錯的情人。天秤月座喜歡帶著另一半在週末下午一同去喝下午茶，或是晚上在家裡泡咖啡、聽音樂，把自己的房間妝點得非常別緻。這個月座的人生活中少不了美，無論是音樂、藝術或是優雅的生活環境，少了這些東西可能會讓他們過得不快樂且浮躁。

　　天秤月座的人對於外來的機會，多半抱持保留的態度，並且習慣試著將周遭的朋友分類，而後選擇和自己習性相同的人處在一起，尤其是能夠安慰人、相互幫助、有耐心，且能忍受天秤月座起伏不定情緒的朋友。

　　天秤月座的人通常不太獨立，且習慣依賴別人，有時也會造成好朋友的困擾。但月亮在秤座時，通常代表著結合與分享，這時候出生的人對別人一視同仁，待人仁慈且溫和，同時也擁有迷人的特質。月亮經過天秤時，通常能美化許多事物，也有利於藝術活動的進行，不過在處理事情上就比較容易欠缺活力、勇氣，而且立場容易搖擺不定。

★月亮在天蠍座

　　天蠍月座的人情感濃烈，但也容易讓自己深陷在不愉快的情緒裡，雖然表面上不一定看得出來，因爲天蠍月座實在太會隱藏了，但事實上他們是很容易不安的，心裡往往充滿了恐懼、猜疑或罪惡，並促使他們採用較激烈的表現方式來宣洩情緒。

　　所以當天蠍月座受到刺激而憤怒

時，絕對沒有大事化小、小事化無的道理，他們就是有本事搞得天翻地覆，而事情的嚴重，端看這件事情對他們的傷害程度，如果是小小的傷害，他們只會略施薄懲（只是份量通常會是對方無法承受），要是傷害他們太重，他們可能會用最嚴厲的方式報復，即使同歸於盡也在所不惜。

愛恨分明的天蠍月座絕對搞得清楚，誰是愛他的人誰是傷害他的人，月亮經過天蠍座時也容易陷入報復還有嫉妒的心態，因為代表黑暗的勢力通常會在這個時候運作。值得注意的是，推運圖上當月亮走到這個位置時會讓人突然由愚昧轉變成聰明，通常是因為人的思緒在這個時候容易變得比較深沉，容易陷入黑暗勢力的漩渦中，也常會接觸到一些不可思議的事情，還有死亡、謊言、遺產及重獲新生的力量。如果遇到天蠍月座的對手可要特別小心，因為他們總有辦法知道對方在想什麼，即使是再天衣無縫的計畫，也躲不過他們敏銳的直覺雷達以及觀察力。

月亮經過天蠍座時，容易發生與財務有關的事情，舉凡錢財的進出、利息的調升，以及各種神祕而隱藏的直覺、性、利息、死亡、投資、他人的財產、社會資源及地下社會等事物，都與黃道上的第八宮有關。這也讓天蠍月座的人顯得特別神祕。天蠍月座的另一個異能是，能夠幫助他人克服心理障礙，因為他們對人類內心的祕密或恐懼有著充分的瞭解，甚至可以操控自如。但洞悉心靈、玩弄恐懼，並不是他們唯一擅長的招數，天蠍月座同時掌管最可怕的毀滅力，並且能從灰燼殘骸中重生。

天蠍月座的母親對孩子的控制欲望很強，如果採取對立的姿態，很有可能會遭到更強烈的打壓。受到母親強力控制的天蠍月座，雖然不一定順從母親，但看清反抗亦是徒勞無功後，會學習到不如在表面上溫順，才會讓日子好過一點。

月座天蠍的人也不喜歡和別人分享事物，行為模式多半也會比較激烈，甚至帶點強迫性，並充滿激情與渴望。天蠍月座的人出發點通常是為了自己的需求，有些殘酷，帶點野性的追逐方式，就像是一種刺激的追逐賽。天蠍月座追求自己的欲望時，會表現得一副要和別人拚個你死我活的樣子，和天蠍月座的人熟識是一件十分刺激的事情，有時候像是一場毫無規則的競賽活動，他們喜歡諷刺別人，也容易因此而傷到別人。他們情慾十分熱切且敏感，也只有在對待自己的情人時才會難得表現出溫柔的一面。

★月亮在射手座

月亮經過射手座時容易帶來進步，這是因為這時候人的心裡充滿信心，而且常表現出一副樂天派的樣子。射手月座的人則常會幻想許多新的可能、新的世界、新的標準，月亮落入射手座時就

像是脫離了黑暗的渾沌狀態，在離開過去的陰影之後，發現許多新的世界需要去探索，或是到另一個地方展開全新的生活。

射手月座的人看待宗教時，喜歡用比較形而上的角度來看問題，他們很討厭死氣沉沉的感覺，更不喜歡瑣碎的事情。月亮在射手座出生的人，常表現得忙碌且樂觀，在生活中也會保持喜悅和開朗的態度，認為理智和真理才是解決情緒或感情問題的最好方法。此外，冒險、旅行及各種和自由有關的事物上，也是他們最熱衷的事物。

雖然這樣看來射手月座的人應該還滿理智的，但可別忘了他們仍是熱情的火相星座，在親密的人面前仍是比較直接的，盛怒的時候還是有動手傷害到人的可能。不過真正的憤怒並不多，射手月座不喜歡情緒出現在自己身上，特別是惡劣的情緒。射手月座可以讓神經得避開任何不悅的狀況，透過轉移話題或轉移目標，甚至換個環境，來讓自己避開不悅的情緒困擾。

射手月座通常也滿懂得逃開情緒的困擾，而且就因為他們不擅長處理情緒，所以才要不斷地追求心靈成長，一面理智地要求自己處理許多困擾，一邊又樂觀地相信問題總有一天會解決的。至於在真正遇到無法躲避的問題時，只好選擇唯一的解決方法——逃。

活躍的射手碰上了月亮，會使得當事者無法安定下來，他們似乎有用不完的精力，時常東奔西跑，追逐新的發現，他們的好奇心不亞於雙子座和水瓶座，常會豎起耳朵偷偷地收集情報。除了八卦消息之外，這個月座的求知慾也極強，會不自覺地大量閱讀吸收新資訊，這一切的 力源自於自我成長的要求。

雖然月亮的刺激是比較不經過思考的，也會讓當事人無法清楚意識到自己為何會這麼做。這種態度主要是源自於母親的影響，射手月座的母親多半很活潑，而且會有一些很可愛的興趣，例如：繪畫、音樂或旅行，她們多半很樂觀，也懂得讓自己過得很快樂，不過射手月座的人總會有一段時間不太愛搭理母親，因為覺得母親過分干涉自己的生活。

對射手月座的人來說，無論再怎麼親密的人，還是得保持些自由空間，讓大家都可以自由的活動，或是呼吸新鮮空氣。射手月座的愛再怎麼濃烈，也不會把對方綁得緊緊的，心情好時可以一起去遊山玩水，或是從事刺激冒險的運動，但有些時候他們也希望能一個人自由自在的玩耍不受牽絆，在射手月座的眼中，你走你的陽關道我過我的獨木橋，並不是不愛對方的表示，而是對對方的尊重。射手月座最害怕的，就是遇到那種沒有情人在身旁，就會死去活來的人。

月亮在射手座的人完全與深沉的印象扯不上邊，感覺上射手月座常陷入崇

高的理想，更多的啓蒙與教化，也常常去面對個人的道德良知，他們會在一段時間後對學習、教育或是哲學思考上產生興趣，除此之外也會不時的對國際事物、國家或是倫理等事物產生興趣，而射手月座對這些事情的發展，也多半抱持樂觀的態度。

★月亮在魔羯座

月亮經過魔羯座時會讓人們對責任的態度較爲重視，比較容易面對現實，對問題也考慮得較詳細，並習慣用二分法來看待世界，像是非黑即白，不是好就是壞等觀念。

魔羯月座的人通常很有政治頭腦，也會用比較傳統的眼光來看社會上發生的事情，月亮在這樣位置的人十分有責任感，並且穩重、嚴肅，常被家族的事務所圍繞著。這也是爲什麼魔羯月座的人，表現得相當早熟，這種早熟來自於他們對社會的細微觀察，提早體驗社會的現實與殘酷，事實上他們的心靈羞澀敏感，只是過早接觸現實社會的一切，而讓他們變得老成冷漠。

魔羯月座的人雖然老成，但是在感情的表現上卻極爲羞澀，不擅長表達情感的他們，談性愛時，總讓人覺得無趣不夠體貼，事實上，內心再怎麼澎湃洶湧，總還是會被自己莫名奇妙地壓抑下去。這是因爲浪漫的行爲被嚴肅的土星給限制了，性愛過程中的甜言蜜語或討好的行爲，會讓他們覺得很肉麻。

不過，只要取得魔羯月座的信任，一點一點地加以調教，他們其實是不錯的情人。只是，魔羯月座或魔羯日座的人心中，總會有很多祕密，要他們打開心中祕密的門窗可不是一件容易的事。

月座魔羯的人多半有很高的 EQ，可以比美月亮在金牛的穩定。但比起月亮在水瓶或天蠍天生的冷靜，魔羯月座卻只會用壓抑的方式處理情緒。如果從精神分析的角度來看，過度壓抑自己的情緒往往會產生很多問題。而這一點和月座魔羯的母親或許脫離不了關係，這個月座下的母親絕對不會寵愛小孩，雖然不見得會實施斯巴達式的訓練，不過她們總會透過各種方式，把小孩教育得像個小大人似的。

魔羯月座的人雖然習慣壓抑情緒，但偶爾也會在情人面前潰堤。一旦魔羯月座在別人面前情緒崩潰時，可以解讀到兩項訊息，第一是這件事情的刺激實在太大了，大到他們無法承受，第二是魔羯月座的人已經將對方視爲非常重要的人，才願意在對方面前卸下冷漠的武裝。

魔羯月座的人十分清楚，到成功那一端還有多少距離，而且同時很明確的知道，這一路上要拔除掉多少困難，通常行事愼重，而且考慮許多事情，有時候表現得很低沉、害羞及憂鬱，但是通常在事業上會很有成就。

當月亮進入魔羯座時會讓事情的進行較爲緩慢，而且考慮得比較詳細，人

們在此時通常會要求安靜，並且讓事物有組織、有規則些，這時候的思緒表現得穩重且有條理。人們也會較有技巧地將自己的計畫付諸實現。

★月亮在水瓶座

月亮進入水瓶座時，人們從怨恨、死板的生活中被解放出來，又體驗了新的人際關係、同志情誼及群體的關係。此時充滿了希望，而且能夠感受到靈魂的愛與和平，並且用完美的方式結合了物質與心靈之間的關係。雖然在此之前，人們仍不願意放棄原來的生活方式，但最後還是得接受另一種新的生活方式。因此，水瓶月座的人在情感表現上較為理智且冷靜，面對情緒問題時也會用理性的思考或討論的方式來解決。

也因為這樣的影響，讓月座水瓶的人，在處理情緒問題上非常有一套，他們不喜歡過於激動的情緒，使自己喪失理智，因此會努力防堵自己的情緒洩漏出來，因為亂發脾氣對於崇尚理智的人們來說，簡直是一大污點。水瓶月座對待情緒化的人有兩種表現；一是不耐煩的走開，二是開導他們走向清醒與理智的路上。

事實上，這樣的待人方式其實是受到母親的影響，水瓶月座的母親會像朋友一樣的和孩子相處，而且尊重孩子的決定，即使有些時候做為母親的關心與關愛被兒子、女兒視為生活上的干擾而反抗，常讓水瓶座的母親受挫不少，不過她們仍會維持理性的與孩子溝通。

水瓶月座的人很重視個人隱私，這一點來自於對自由的支持，在他們眼中每個人都應該是獨立的個體，可以互相關心、互相關懷，但千萬不能過分干涉。

這個月座往往是傳統家庭觀念的大敵，在家中他們會被視為孤僻冷漠的怪物，甚至與家人脫離關係也不覺得如何，常常認為家人之間的牽扯會影響到他們的自由。水瓶月座的人不喜歡受到他人的牽絆，姑且不論原因是什麼，他們總是喜歡一個人處理好自己的事情，不喜歡依賴別人，更不喜歡讓別人依賴。

不過水瓶月座的人對朋友卻極為友善，而且沒有性別、階級、種族膚色之分，他們以一律平等的觀念，和善地對待每個人，不過仔細觀察仍看出，即使是在群體中，他們仍然堅持自己成為一個獨立的個體。而水瓶月座最常讓情人抱怨的是，他們對情人或朋友一律以相同的對待。其實，情人和朋友的待遇當然是不同的，只要另一半細心感覺，依然可以感受到他們對情人的關愛。

不過，月座水瓶很常在情緒累積到一定程度時，做出令人訝異的動作，例如：突然從家裡、情人的懷中或工作崗位上逃脫，過著自我放逐的生活。不過受到行為怪異的天王星影響，這個冷僻的月座如果受到火星、土星、天王、海王、冥王的負面影響，而沒有宣洩的管

道時，也有可能會做出令人意想不到的冷酷行為。

月亮水瓶座的人，在面對親密夥伴時會是種隨性的方式，且讓身邊的人、事、物、環境通通變得十分輕鬆，在這時候對他最有幫助的是那些從來不曾預期會出現的事物，因為在月亮經過水瓶座時，計畫常會突然改變或有情勢逆轉的情形。但想要重新出發的人或事物遇到這種情形，通常是好事。水瓶月座的人常在好奇心驅使之下進行冒險，並且夢想著實際上不存在的烏托邦，這是水瓶月座最大的特色。

★月亮在雙魚座

受到夢幻的海王星影響，雙魚月座通常會發生一些與醫務、酒精、吸毒、監獄，或和逃脫的事物有關，而且會出現許多奇奇怪怪的事情，讓情況變得很難解決。令人困惑是因為所有答案看起來似乎都是對的。所以在月亮進入雙魚座的時候，必須在採取行動時，對相關的事物多做一些觀察。

不過當月亮在雙魚座時，並不是任何事情都是負面的，有人說這是個充滿詩、音樂，並且依靠直覺的時期，這樣的狀況常替許多藝術家帶來創作的靈感，雙魚月座的人通常充滿著高度的熱誠，所有對人類的感情通通能夠在他們身上表現出來，但在感情方面也容易漂浮不定，讓人無法猜透。

雙魚月座的羞怯在遇到問題時，會希望由別人來解決，情緒上有困擾時，也等著別人來安慰，一切幾乎處於被動的狀態，如果別人不搭理，他們就會有種不被關愛的感覺，更傷心難過地躲到自己的夢幻世界去。如果和情人之間有些困擾，也會退縮不去面對問題，除非情人主動敲開他們的心門。

不過，雙魚月座通常心地都很善體人意，能為別人著想，既使別人曾經傷害過自己，仍會以宗教家的精神去包容對方。有時，他們甚至會不由自主地成為犧牲者，雖然在旁人眼裡他們簡直就是有被虐狂或被迫害妄想症，但他們深深覺得，自己只是成全他人罷了。雙魚月座並不是沒有能力察覺陷阱，只是當他們看到陷阱時，仍不願相信世界上真的有心腸狠毒的人，這也往往是他們會成為受害者的原因，有時他們甚至會認為對方一定有不得已的苦衷。

雙魚月座的天真浪漫，有部分原因要歸咎於母親，部分的雙魚月座的母親對小孩無微不至的關心，簡直到了溺愛的地步。另一部分的母親則很早就依賴著孩子，這些行為都會促使雙魚月座的孩子變得細心而敏感。與雙魚月座的母親相處，只要你付出細心與體貼，相信他們很快就會接納你的。

雙魚月座的人十分相信直覺與幻覺，通常不會用實際的狀況來分析事物，再怎麼實際的雙魚月座，也會在生活中加上些浪漫的色彩。許多人把雙魚的善良看成軟弱，把此人相信直覺的本

能看成是瘋狂不理智的，這也往往使得雙魚月座在現實生活中備受挫折。

　　一個雙魚月座總是在挫折之後（特別是情感糾葛），會對某種事物產生興趣，換句話說會賴上某樣東西取得依靠，情況好些的則會藉由藝術創作、美術、音樂、設計、文學、詩詞等，或接觸宗教取得心靈上的平和，而且這樣的涉入絕對不是點到為止，而是完全投入，許多跡象顯示雙魚月座的人陷入了某種興趣後會很難自拔，情況糟一點的就再隨便找個人依賴，並一再地讓自己受傷害，更糟的還會沉淪於藥物酒精當中，或者完全逃避到自我的世界中不與外界接觸，或是產生精神上的幻覺。

　　雙魚月座的耽溺有各種形式，無論是毒癮、醉心於藝術創作，或是將自己全然貢獻給社會，雙魚月座都會讓自己全然投入。而一旦雙魚月座的人嚐到幫助別人的快感後，其他的事物就不算什麼了，心靈纖細敏感的雙魚月座能深深體會人類的各種痛苦，也能夠給予需要幫助的人最適切的幫助。

　　擁有神祕的智慧及靈光一閃的洞察力，是這個月座的特徵，有時候真理會像是照耀白晝的天空一樣，出現在雙魚月座的腦海中，但也很可能隨即又變成虛幻的事物。月亮在雙魚的時候，常讓人感覺到傷痛、後悔，以及罪惡感，這樣的傷痛來自過去的家庭或童年時的記憶，矛盾、多疑、憂慮或是感到傷痛的幻覺，將會讓雙魚月座無法思考或採取行動，這時他們應該提醒自己，這一切都已經過去，逃避並不是解決的辦法，只有勇敢地面對，並且做好現在該做的事情，才能避免痛苦再次發生。

月亮與水星的相位

　　關於月亮與太陽的相位關係，請參考第十章太陽與月亮相位的關係，同時，我們也挑出一些重要的關鍵字列出，你可以選擇任何與此行星有關的關鍵字來應用結合，不要拘泥於書本的解說，後面的章節的閱讀方式也與此章相似，故這段說明將不會再重複出現。

★合相

關鍵字：情緒、潛意識、需求＋溝通、表達＋緊密結合

　　此人具有類似月亮雙子座的靈活與文藝氣質，幻想力十分豐富。同樣的，溝通對此人來說也相當重要，特別在情緒低落時或是緊張的時候，這個人會不斷地嘮叨碎念，並透過這種方式表達自己的情緒與情感。這種人對他人的話也頗為敏感，有時會想得很多，和伴侶及家人的關係也不錯，會藉由傳遞健康資訊、生活資訊，以及談話等來表示自己的關心。

★三分相、六分相、半六分相

關鍵字：情緒＋溝通、理智＋協調

當月亮主導的情緒受到水星的智性所引導時，會讓這個月座雙魚的表達方式較為理性，他們在親人前或許偶爾冒出情緒性的話語，但很快地在下一秒鐘就會警覺而道歉，或修正剛剛說過的話。無論在家庭或是工作上，他們都有靈活的溝通技巧，知道如何適當地表達自我，也擅長與他人協調，更具有說服別人的能力。三分相與六分相基本的特色都相同，只是藉由不同的協調方式，三分相透過 人的話語，讓人覺得舒適，六分相則讓自己的話更為合理，常常包含不同的觀點。

★對分相、四分相、半四分相與十二分之五相

關鍵字：母親、伴侶、性格中的女性層面＋溝通、理智＋受挫

對分相與四分相使得月亮所代表的情緒，影響水星的溝通與思考，讓他們在思考與學習上更不容易專心，常被自己的情緒所干擾。在溝通上也無法清楚表達自己的感受與想法，而當對分相發生時，當事人表達情緒的方式與時機也較無法讓人接受。如果呈現出四分相，則會讓當事人常嘮嘮叨叨地碎念一些無關緊要的事情，讓周圍的人倍感壓力。

他們容易緊張或興奮，常因為某些小事就全身發抖或失眠，精神與消化系統都不是很好。形成 150 度的相位

時，則因害怕別人不夠瞭解自己，或是自己不夠愛自己，而常有過度的反應與舉動，甚至認為自己是不是該奉獻出更多，過分複雜的思考也會讓問題變得更難解決。

月亮與金星的相位
★合相

關鍵字：情緒、潛意識＋歡愉、平和＋結合

擁有此相位的人對於情感的重視是他人無法想像的，也因為如此，這些人會努力和他人保持良好的關係，由於金星和月亮都與情感有所聯繫（金星掌握喜愛、月亮掌握長久的關係），這種人通常很受歡迎、脾氣很好，也有著討人喜歡的性格。

此外，他們對於藝術也有相當程度的鑑賞力，容易深受藝術作品的精神感動，注重事物的外在與內在都要完美。這樣的人由於有靈活的交涉手腕，會是不錯的外交與政治人物，不過這個合相也容易帶來奢侈或虛浮的個性，以及粉飾太平的習慣。

★三分相、六分相、半六分相

關鍵字：需求、日常生活事務＋歡愉、魅力＋和諧

三分相與六分相都能夠以金星的歡

愉氣氛，適時引導月亮的潛意識與情緒，不像合相一般的緊密結合，但卻能夠發揮協調與引導的功用，使得他們有著相當聰明的頭腦，特別是對於他們有興趣的事情學習得很快，這樣的人也總會有一兩樣不錯的嗜好。

金星所散發的人際魅力，讓這個人無論在哪個領域，都相當地受歡迎，由於月亮的關係，家庭或生活周遭的關係也特別融洽，少有衝突出現，更是這些領域的仲裁調解高手。三分相則會散發天生的魅力，有極為良好的人際關係，只是很少主動去追求或維持一段友誼。

六分相則會引動主動維持關係的個性，讓他們變成維繫友誼的重要角色。在知識與興趣層面上，六分相較三分相更容易接受不同的事物，也都同樣對藝術與生活有著相當程度的品味。

★對分相、四分相、半四分相與十二分之五相

關鍵字：情緒、潛意識、母親＋歡愉、女性＋衝突

這是個相當不討喜的相位，特別是人際關係與情感方面，這樣的人常會吃到不少苦頭，婚姻與愛情關係也維持得相當辛苦，由於對自己以及對方的態度不信任，加上耳根子軟，導致他人介入的可能性大增，特別是家中其他女性的干涉。別忘記金星也與財務有關，種種的負面相位也會讓這個人不擅長理財。

在個性上，對分相的人受到衝突影響，將放縱自己視為是抒解情緒的方式，特別在物質與肉體上的過分放縱，藉由縱慾、貪吃、購物等來發洩自己的情緒。而四分相遭遇到比對分相更多的壓力，挫折感更重，這樣的人與母親之間的關係容易因為母親的過度干涉或冷漠，而使得親子關係變得緊張（若是當事人為女性月亮可以代表母親，金星可以代表女兒的身分），所以在童年時就有許多不愉快的家庭生活，這些印象常常影響到未來的情感表達。

150度的十二分之五相帶來情感上極度敏感的自卑，常苦苦維繫著一段情感，不斷的想要證明自己的愛給對方看（或是遇到這樣的對相），讓這個人在感情上十分疲憊。月亮與金星的負面相位，容易導致身體的狀況不好，特別是腎臟與泌尿系統都容易出問題。

月亮與火星的相位

★合相

關鍵字：情緒、潛意識＋行動、暴力＋結合

光是從關鍵字來看，月亮與火星的合相就讓人有些不太舒服，有時候我們會將某些情緒化的舉動視為勇氣，不過這樣的勇氣如果沒有好的目標與對象，常會變成無意義的情緒性舉動。

這樣的人如果出生圖中沒有穩定的

太陽、上升，或其他行星輔助，很容易
會成為一個脾氣不好且容易衝動的人，
說好聽點可以稱他們為性情中人，但這
種人容易讓情緒主導一切行動，好惡也
都表現在臉上，也比較容易樹敵。

從另外一方面來看，火星的行動反
映在此人的感情世界上，使得這個人對
親密伴侶的表達會相當強烈，遇到問題
時也容易用激烈的手段解決。月亮或火
星受到其他負面相位刺激時，會有玉石
俱焚的衝動，容易因為情感的因素毀掉
自己的一切。

★三分相、六分相、半六分相

關鍵字：需求、潛意識＋行動＋和諧的
引導

這樣的人有著某種程度的浪漫情
結，他們的言語與行動雖然常常是情緒
性的，卻都能夠有效地控制，他們的活
力旺盛，做起事情來總是一鼓作氣，有
效的控制事情與解決問題。情緒不佳時
會埋首工作，或從事與肉體有關的活動
（運動、性愛）。三分相的人較為積
極，不過在情緒激動時常給人有種誇張
的感覺。

六分相的人喜歡合理化自己的激動
情緒與行為，但也比較懂得應用其他事
情來控制自己的情緒。這樣的相位容易
引發較多的小毛病，卻也讓這些人花更
多的時間與心思，在維護自己的健康上
面。

★對分相、四分相、半四分相與十二分之五相

關鍵字：情緒、潛意識＋行動、暴力＋
衝突與挫折

對分相與四分相的月火衝突常引起
明顯的健康問題與外傷，容易衝動的性
格在所有月亮與火星的相位都會出現，
但在對分相與四分相更是激烈，這樣的
人有著情緒表達困難以及情緒失控的問
題，且這兩種狀況常常是以因果的關係
出現，他人很難瞭解。

對分相容易有自我毀滅與自我傷害
的念頭，情緒誇張的表現讓人無法忍
受。四分相則會使脾氣暴躁，但由於表
現方式的錯誤引發周圍人的不諒解，也
會將情緒內化得更為嚴重。

這些人往往有被過分干涉的童年，
以致於當他們能獨立時，會做出許多不
理智的決定，傷害到家人的關係，處理
私人關係（與伴侶關係）時，技巧很
差，也容易導致許多情感的問題，需要
時間的學習才會擺脫這樣的任性。

這種人也常有健康上的問題，特別
容易酗酒、縱慾（或因壓力引起性功能
障礙）流產，最常見的是緊張引起的意
外傷害以及消化問題。

月亮與火星的十二分之五相位導致
一個人過分干涉他人的生活，或埋首於
他人的問題卻對自己的問題視而不見，
對自己的慾望有情緒性的罪惡感（無論

對錯），而希望壓抑或控制自己的慾望，這種行為容易因為不當的控制，而導致更多問題出現。

月亮與木星的相位

★合相

關鍵字：潛意識、需求＋仁慈、擴張＋結合

月亮代表一個人較為情緒化的內心世界，受到木星結合的影響時，最主要有兩種明顯的反應。其中，將內心世界表現出來，是屬於木星擴張的表現，另一種表現是木星所代表的慈善，將影響到月亮的內心世界，並讓這種人具有同情心，樂於幫助別人，並且不求回報。基本上，他們是相當樂觀的，也會投身社會福利、慈善事業、政治等事物。

這樣的合相容易造成體型上的發胖，要求不錯的生活水準，通常把自己看得過分重要。不過他們也有脆弱的一面，月亮的不穩定特質被木星擴大（木星本身也不穩定），也會使這個人不斷改變生活的方式，遷居、旅遊、改變工作或伴侶都是一種生活方式的變化。而他們心靈上的不穩定，需要依靠宗教、哲學、心靈成長來給予幫助，因此這些人也很常投身宗教事業。

★三分相、六分相、半六分相

關鍵字：情緒、潛意識＋歡樂、仁慈＋穩定、調和

月亮與木星的三分相使得情緒被歡樂與慈善所引導，帶來了善良與慈悲的心腸，但也讓他們較為樂觀，樂於與他人分享一切。如果沒有負面相位影響，或第二宮與第六、八宮的負面表現，他們多半能夠擁有一小筆財富並且不吝嗇。月亮的不穩定特質此時也被激發，投身於宗教或某種志業、旅行、遷居海外都是為了讓心靈得以抒解。

三分相時，容易被某種思想或信念感召，而奉獻於其中，共產主義的倡導者資本論的作者馬克斯，對於勞動階級被資本家壓榨不滿，而倡導打倒資本主意，他的出發精神是一種同情與慈悲，他的資本論與社會主義思想，無疑就是想像力發揮的最高點。

六分相時由於木星靈活激發月亮的想像力，這樣的人在藝術創作、文學、哲學思想上都可能有令人驚訝的表現，莫札特的月亮與木星就有這樣的驚人表現。

★對分相、四分相、半四分相與十二分之五相

關鍵字：母親、自身需求＋潛意識＋歡愉、信仰＋衝突

木星與月亮所產生關連的同情與慈悲，同樣會出現在這樣的相位當中，但是卻常給錯對象，例如：被人濫用同情心詐財，或是過度寵愛自己的子女，在生活上過度奢華等等。

由於情緒十分不穩定，感覺上很難捉摸，有時表現出極為善良的一面，有時卻又敏感易怒。這種人常藉由奢侈的消費或飲食來滿足自己或宣洩情緒，對於情人與子女都毫無保留的付出，因此在金錢的掌控能力上也變得較差。

當月亮與木星呈現對分相時，會讓一個人對周圍的事物與情緒更為敏感，他們的慷慨與善良雖然贏得友誼，卻也常常被濫用，對於任何事情都毫無節制是一大特徵。

四分相帶來的壓力，則會讓他們的情緒被過度渲染，雖然熱情且心地善良，一旦涉及宗教與信仰時，他們的激動卻讓人不敢苟同（無論信或不信）。十二分之五相的神祕特質發揮在月亮與木星的奉獻、服務上，這種人會想藉由服務他人來證明自己的重要性，卻常被別人糟蹋好意。因此建議當事人在行動前，必須更深刻地思考這些服務是否有意義。此外，這些負面相位通常也顯示著過分的勞動、飲食和奢華所引發的肝臟疾病。

月亮與土星的相位

★合相

關鍵字：情緒、情感、需求的事＋限制、穩定、教訓＋結合

情緒上的穩定與自我克制，是這個人的感情世界受到土星所影響的好處，而土星認真踏實的工作與生活態度，也深植於此人的潛意識當中。除了這兩點之外，土星幾乎否定了月亮帶來的情感需求，通常在小時候有著嚴苛的父母，很少表現出對當事人的肯定的稱讚或親密的愛意，也因此，這樣的人難得給予他人稱讚，對周圍的人要求嚴苛，難與他人相處。這種人也會壓抑自己的情感，並要求自己不在他人面前表現出情緒。

★三分相、六分相、半六分相

關鍵字：生活、情感＋穩定、責任＋溫和表現

三分相與六分相的溫和引導，減輕了土星對月亮所帶來的嚴肅限制，並且增加穩定的因素。這樣的人將土星的規律與計畫引導到生活上，對於家庭與生活上有著相當明確的計畫，對自我要求也很嚴苛，並富有責任感與榮譽感。除非野心被其他行星或宮位激發，否則這樣的人很能甘於平淡的生活，穩定、保

守是這個人對生活的要求，雖不擅長改變或開創新的生活，卻能夠保有前人所傳承下來的一切。三分相常替這樣的人帶來組織、理財的能力。六分相則替此人帶來更多的耐心，雖然不一定能接受不同的事物，但至少可以容忍。

★對分相、四分相、半四分相與十二分之五相

關鍵字：情緒、日常生活事務＋限制、嚴苛＋不協調

土星的灰暗與限制替這個人的生活帶來陰影，通常童年與雙親關係的疏遠會難以表達情感。在情緒或生活上，他們習慣讓自己處於中立與客觀，但這卻通常是因為表達情緒的困難，以及缺乏安全感而產生的藉口。其實，他們之所以對任何事情都不滿，或採取嚴苛的批評態度，並不是因為立場中立，而是消極與灰暗的思考方式所致。

而土星與月亮呈現對分相時，這種人會比較缺乏自信，想法也比較消極，與他人互動時也僵硬不靈活。四分相則會讓此人壓抑情感，並且否定幸福的可能。這兩種相位都會促使當事人在逃脫一個枷鎖後，卻又陷入另一個束縛中，例如：與不適合自己的對象結婚，希望換取某種程度的保護與安全感，卻讓自己陷入更大的困境中。而十二分之五相的人不擅長表現自己對他人的在乎與愛意，更把這件事情看得相當嚴重且自

責，這樣的人有能力影響周圍的人，但與父母、家人、伴侶之間必須有更多的溝通，而不是一味的付出或保持冷漠。

月亮與天王星的相位
★合相

關鍵字：情感、生活＋變動、不尋常＋結合

月亮與天王星的結合會帶來不尋常的個性與能力，無論在情緒或是生活上都將令常人無法理解。這些人常會有突如其來的舉動，要不是異常冷靜就是突如其來的暴怒讓人害怕，但通常他們都是冷漠得可以。生活上不喜歡被人干擾，就算是感情生活也一樣，與伴侶和家人的關係絕不是以傳統的方式呈現。

特別在情感生活上，他們無法因循傳統的模式，與伴侶之間的關係怪到讓保守的人無法接受。這些人總是在智能上有些特殊的表現，可能是天才或極有創意的人，他們看別人的問題總是清楚透徹，並且能想出獨到的方法解決，但面對自己與親人伴侶時卻總是處理得一塌糊塗，最後寧願獨處。

★三分相、六分相、半六分相

關鍵字：需求、生活＋不尋常＋引導

正面相位的引導替月亮與不尋常的天王星找出了適當的調節，天王星的古

怪與不尋常，啓發了月亮的幻想力與創作能力，這些人常會有讓人拍案叫絕的點子，同時對於創新事物相當在行，適合開發新的產業或商品。無論三分相或六分相都使這些人有著不太傳統的家庭生活，卻都能夠適應得很好，雖然有些孤僻古怪，但與家人的關係良好。

出現三分相時，天王星的好奇也與月亮的神祕感結合，這些人對於神祕事物特別有興趣，更別說是結合浩瀚天體與神祕科學的占星學，許多占星師都有這樣的相位。六分相時帶來特殊的女性緣分，特別和家中的女性有著良好的關係。

★對分相、四分相、半四分相與十二分之五相

關鍵字：情感、生活＋變動、怪異＋強調特徵

無論是對分相或四分相，月亮都替這些人帶來變動頻繁的生活，無論是家庭、環境或災害等因素，或因本身追求刺激冒險，他們總是不斷地變換生活環境。這些人情緒不穩定，容易焦慮不安，個性急躁，但卻也具備特殊的才華。對分相時這些特徵會更被強調，擁有很特殊的才能，卻容易浪費在一些怪力亂神的事情中。

四分相時則須注意，此人的心智能力與情緒的不穩定有著交互的影響，對於事物或感情要不是極端投入，就是採

取決裂的態度。十二分之五相位的人成長的過程是一連串的療傷過程，由於天王星的騷動帶來月亮的不安，在追求自由靈魂的過程當中，這個人會不斷在家庭與工作中遇到問題，而需要學習抒解壓力的方式。

月亮與海王星的相位
★合相

關鍵字：潛意識、生活＋浪漫、直覺＋結合

海王星的浪漫與慈悲深植月亮的潛意識中，使得此人樂於幫助別人，容易同情別人，卻也敏感容易受傷害，而無法控制自我的情緒。由於海王星具有準確的直覺能力，使得這個人常常會有驚人的預言能力，不過卻也常常無法看清事實而困擾，受挫時容易退縮、隱居、躲藏起來。這樣的人有強烈的藝術天分，同時這也能幫助他們宣洩因海王星帶來的幻覺或情緒困擾。

★三分相、六分相、半六分相

關鍵字：日常生活、需求＋直覺、幻想＋引導趨向

月亮代表的潛意識中的直覺與幻想被海王星再度加強，無論三分相或六分相，這樣的人都有著強烈靈感能力，對於神祕的事情感受相當深，就像收訊能

力很強的天線，被周圍的神祕氣息給影響。好處是在關鍵時刻可以靠著直覺作出判斷，並且想像力豐富，壞處是容易活在奇異虛幻不被人瞭解的世界當中。三分相帶給此人較強的直覺感受能力，六分相卻讓這樣的人能夠找到更多志同道合的同伴，並將幻想力靈活的應用在生活與工作上。

★對分相、四分相、半四分相與十二分之五相

關鍵字：需求、潛意識＋麻醉、幻覺＋受挫

因為難以看清事實而受挫，是海王星對月亮最大的殺傷力，特別在月亮所代表的親密與家庭關係當中。此人容易活在自己的想像世界中，並覺得全世界都誤解自己。

這樣的挫折與自我麻醉將形成一個惡性循環，夢想也會對這個人的現實生活帶來危機，例如：遠大的夢想或不切實際的發財夢。對分相最大的殺傷力在人際關係上，他們過度將自己投射到他人身上，或將他人的遭遇投射到自己身上，容易被人影響與暗示，不容易分清好壞朋友將自己陷入危機。

四分相帶來更多的挫折，常因對自身角色的混亂認知，最後沉溺在酒精、毒品或混亂的情感關係中。十二分之五相位藉由替他人提供服務的好心，來撫慰自己害怕孤獨的心靈，有時卻不自覺

地會介入他人的生活或問題。

月亮與冥王星的相位

★合相

關鍵字：情緒、需求、親密關係＋控制、意志力＋緊密結合

這是一個讓周圍的人都喘不過氣的組合，冥王星的強烈控制慾和月亮結合，會讓當事人對周圍環境、伴侶、家人都有強烈的掌控慾，這會帶來他們情緒上的問題以及不愉快的生活，對他人而言更是痛苦，此人必須學會尊重他人的生活。

由於冥王星的強烈意志力深植於潛意識與情感中，使此人成為一個外冷內熱且情感強烈的人，遇到挫折時有時會情緒失控。這樣的人對於死亡世界與精神世界相當好奇，他們能平靜看待死亡與過往，卻也能積極的看待重生，失敗對他們來說只是一時的挫折，因為他們自己就擁有神祕的重建能力。

★三分相、六分相、半六分相

關鍵字：情緒、潛意識＋意志力、神祕能力＋共鳴

無論月亮與冥王星以何種相位結合，衝動的情緒多少都會出現，就連在正面的三分相與六分相也不例外，但是也替這個人帶來以健全精神為導向的身

心發展。此外，冥王星也會帶來生意頭腦，對於事物的組織與控制能力，使得當事人能成爲不錯的經理人才。三分相帶來敏感且有遠見的直覺能力，這些人習慣控制自己的情緒，卻往往累積到一定程度時爆發。

六分相的人追求穩定的心靈成長，不斷的接受心靈的挑戰與蛻變，拋棄舊的外殼追求新的生活。這些人都有機會成爲不錯的占星師、心理醫生、心靈諮商師等。

★對分相、四分相、半四分相與十二分之五相

關鍵字：情感、生活＋控制、掩埋＋衝突

冥王星對月亮所規範的親密關係產生了嚴峻的影響，情緒上的衝動與無法控制在對分相與四分相變得更爲明顯，但冥王星的控制慾也展現在月亮所代表的親密關係與家庭生活上。這種人的童年常有不愉快的被管教經驗，讓他們對自己周圍的人有著很深的控制慾，但因相位不佳而無法產生實際的影響力，讓他們變得更難以接近。

對分相造成一個人因爲對他人的掌控失敗，而不斷的產生新家庭或友誼關係，也常有財務上的爭執。四分相帶給周圍的人控制的壓力，言語與行動都相當激烈，與家人及親密伴侶也無法好好相處。十二分之五相位替一個人帶來控

制的情結，但這樣的人也有盲點，容易受到他人外表或假象的吸引，而付出一切。

月亮與上升星座、下降星座的相位
★合相

關鍵字：母性特徵、潛意識＋自我、表徵（上升）、他人（下降）＋結合

月亮與上升星座合相會讓當事人表現出明顯的月亮或巨蟹座特質，無論太陽落在哪個星座，他們都擁有敏感的情緒、豐富的想像力、個性溫柔，也很具有同情心。如果月亮沒有受到其他負面相位的影響，顯示此人與母親或家中女性的關係密切且良好，不過這些特質仍得視月亮所在的星座而定。

更需要注意的是月亮如果是在第十二宮的位置，特質會更爲明顯，藝術藝文創作的成功機率也很高，但傾向隱居帶點孤僻，但也可能因爲崇高的理想而獻身政治，若在第一宮的位置，則較能展現出善體任意樂於助人的表現，容易從政或擔任義工照顧別人的工作。當月亮與下降星座結合時，表示此人對伴侶相當體貼，與生活周圍的朋友也相處融洽。

★三分相、六分相、半六分相

關鍵字：母性特徵、情感＋自我、表徵

（上升）、他人（下降）＋共鳴

這樣的人十分受歡迎，他們的善良與樂於助人的特質，會吸引許多人圍繞在身邊。由於創意十足、想像力豐富，適合從事和創意有關的工作，加上擅於傾聽，包容心和同理心強，溝通協調能力也不錯，透過月亮溫柔且貼近心靈的協調、傳遞與溝通，會是很棒的心理諮商或輔導人員。

★對分相、四分相、半四分相與十二分之五相

關鍵字：情緒、情感＋自我、表徵（上升）、他人（下降）＋受挫

當月亮與上升星座或下降星座產生對分相時，表示月亮同時與上升下降的另一個位置結合，就算是造成伴侶或家人之間的衝突，也能夠適當地彌補。特別注意的是四分相帶來的衝突，如果其他行星也正巧在形成四分相的位置上，那麼此人與伴侶的關係仍會比較緊張，可能會因為工作或家庭等外力因素而干擾。

150 度的敏感會促使著這個人樂於助人，從而證明自己被他人所需求，卻常因分不清他人是否真的需要幫助，而好心沒好報，更傷人的是被人看輕且利用。此人必須理解到幫助真正需要幫助的人，並在他人不需要幫助時停手，免得過多的負載造成自己身體上的問題。

月亮與天頂的相位

★合相

關鍵字：反射＋社會名聲（天頂）＋結合

月亮與天頂的結合是許多知名政治人物、藝人所受歡迎的原因，他們展現對他人的關懷而得到喜愛，如同月亮承受陽光反射而發亮，他們的地位與權力通常是由他人所賦予。

這樣的相位同時顯示著此人受到家族，特別是女性的影響深厚，或是與伴侶或女性親屬之間有種略帶壓力的互動，可能受到母親、伴侶的幫助取得名聲地位，卻又違背自己的意志或與他們衝突的複雜情結（如果月亮與第七宮或第一宮的行星產生四分相時更為明顯）。

這種人必須體認，是自己的能力加上他人的幫助才會有今日的地位，否定其中之一都會對自己造成傷害，在肯定自我之餘也要感謝他人的幫助。

★三分相、六分相、半六分相

關鍵字：潛意識、情緒＋家庭生活、社會名聲＋協調

月亮與天頂形成三分相時就會與天底形成六分相，是一個使得家庭生活與事業、社會名聲產生協調的關鍵角度。在潛意識裡，當事人知道家庭對於個人

的重要，並積極取得事業的發展，且能靈活地讓兩者兼顧。

★對分相、四分相、半四分相與十二分之五相

關鍵字：需求、生活＋事業名聲＋衝突

對分相時月亮居於天底的位置，這樣的人與家庭有著密切的連結。月亮進入第四宮是強勢位置，這樣的人眷戀家庭帶來的溫暖，常放棄外在的事業與名聲。四分相時除非天頂有著重要的行星與之產生衝突，否則影響不大，多半只是日常生活中會出現一點困擾或紛爭。

當月亮與天頂產生十二分之五相位時，情緒上的不安全感對自我成長、事業發展都有著影響，唯有體認不安全感來自於何處，並自我治療才能跨出對外的一步。

月亮與南北月交的相位

★合相

關鍵字：情感、變化＋人群接觸＋幸與不幸

月亮與北月交產生相位時，當事人對於事物的變化會相當敏感，也能夠從這些地方取得幸運，從女性身上得到好處的機會也會相對增加。但若與南月交結合時則剛好相反，需注意自己與他人

的關係，特別是女性，他們可能是你前世留下的業障與功課。

★三分相、六分相、半六分相

關鍵字：情感、生活＋今生的精神成長目標（北月交）、前世完成的課題（南月交）＋協調

受到過去業力的影響，這樣的位置讓當事人能在潛意識中，清楚判斷何處是對自己有利的方向，也知道危險的地方在哪，以及為什麼危險，並且能針對自己的弱點適時補強。

★四分相、半四分相與十二分之五相

關鍵字：生活＋今生的精神成長目標（北月交）、前世完成的課題（南月交）＋困擾

當月亮與月交形成四分相時，會替一個人的生活中帶來許多困擾，特別是家庭或與伴侶生活上的不愉快。也讓此人很難與他人和睦相處，無論工作或學習，只要與女性有關係的事情，總是無法順利達成。出現十二分之五相時，必須調節自己與女性的關係，特別是與南月交成為 150 度角時，更需要小心身邊的女性所帶來的麻煩。

第十二章　太陽與月亮的關係

瞭解太陽、月亮與其他行星的關係之後，我們稍微回過頭來將重點放在太陽與月亮之間的相位，也就是所謂的月相，這是我們從地球上唯一可以明顯觀測到的星體相位變化。

　　古代許多占星師在分析太陽與月亮之間的關係時會加入月相的討論，月亮的陰晴圓缺對於古代的占星師來說相當的重要，特別是使用卜卦占星術（Horary astrology）與擇日占星術（Electional astrology）的占星師們，相當重視太陽與月亮的關係，人文占星學派的創始者丹恩·魯德海雅，就曾經大力呼籲占星師重視月相的效應，其著作《你的月亮生日》（Your Lunation Birthday）中就重新拾回月亮與太陽之

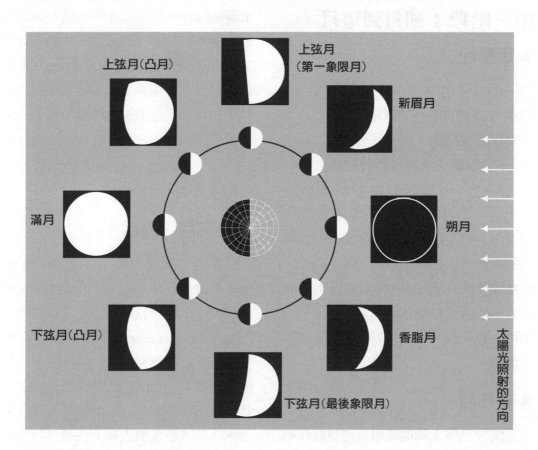

間關係對人們的影響，並且對許多現代占星師有重要的啓發。

要瞭解月亮與太陽的關係其實不難，從中國使用陰曆的角度來看更是簡單，每當農曆初一月亮黯淡無光時，就是占星術所說的太陽與月亮合相期間，接著是初二左右的新月，月亮以逆時針的方向離開太陽大約 45 度左右，再來是上弦月一直到農曆十五的滿月，這是第一階段的路徑，然後從滿月開始第二階段的路徑開始下弦月，最後月亮又回到了新月的狀態，這其中一共有八種型態。

第一階段：朔月到望月

★新眉月

在占星學中，占星師們會藉由太陽與月亮的關係，來判斷一個人的生命歷程展現型態，從新月的眉月（New moon）開始（大約是農曆的初二起到初四左右），月亮正好從太陽的位置重新出發，並且角度相距 6 度以上到 45 度以內，月亮這時開始散發光芒，如眉毛般的新月。這時出生的人較主觀，自我意識受到情緒的影響也較強，對生命的看法也會比較樂觀積極，如同初生的小孩一般天眞，對於世界有著許多探索的渴求。

★新弦月

當月亮與太陽的距離是逆時針算過來相距 45—90 度之間，則是介於眉月上弦月的狀態，意即一般人所稱的「新月」（Crescent moon），也大約是農曆初五到初八左右，這樣的人同樣是來探索世界的，但是這些人更爲堅定，因爲發自內心的需求與渴望，會促使這些人去完成某些與內心探索有關的事情，他們的適應力強，但因更爲主觀，有時會造成內在情緒的衝突。

上弦月

當月亮與太陽的距離從 90 度到 135 度時是上弦月（Waxing moon），占星師又稱其爲第一象限月（First quarter moon），因爲月亮與太陽之間的距離正好超出了四分之一個圓，時間大約是農曆的初九到十一左右，同樣的屬於世界的探索者，並促成事物的成長。這樣的人行動與組織能力都強，也十分和諧有自信，但有時會因太過有自信，看不見自己的缺失而招致失敗，必須知道謙虛與節制。

★上弦月．凸月

當月亮距離太陽 135 度到 180 度時，是最接近滿月的上弦月狀態，也是農曆的十二到十五的狀態，占星家們稱凸月（Gibbous moon），這樣的生命歷程展現的是接近完成探索的階段，並且開始將事情作完成前的最後工作。這也是最大的挑戰時刻，自身與他人的互動強大，也喜歡從他人身上找尋自我，並

願意幫助他人找尋自我，因此他們總是處於一種蠢蠢欲動，想要更上一層樓的興奮狀態。

第二階段：望月到朔月

★滿月

當月亮與太陽的逆時針距離介於180度到225度左右，大約是農曆十六到十八左右的時刻，這時候正好處於月圓（Full moon）。月圓出生的人較為客觀，他們知道自己體驗過哪些事情，並且準備要將這樣的事物傳播出去，也習慣從他人身上看到自己並且檢討自己。但有時也常產生許多自我內在的衝突，特別是月亮代表的需求，與太陽象徵的追求之間出現矛盾時。

★散播月亮

滿月之後，月亮又將要進入了凸月與下弦月的階段，這個時候月亮與太陽逆時針的距離是225度到270度，大約是農曆十九到二十二日的時候，但是占星家稱這個月亮位置為散播月亮（Disseminating Moon），這個時候出生的人並不是來體驗世界，而是來展現他們過去所學的經驗，並傳遞知識與信仰。他們熱中於自己的理想或目標奮鬥，但有時會想法太過複雜，容易造成自身的困擾。

★下弦月

當月亮與太陽的角度介於270-315度，也就是農曆的二十二到二十五日時，月亮正好要進入運行軌道的最後一個四分之一，占星家稱這樣的下弦月為最後象限月（Last quarter moon），這樣的人同樣具有傳播知識的傾向，以及優秀的組織能力，他們很懂得為事物或理念作修飾，有些人也善於改革與轉型的工作。但他們有時候會因為個性自負，做事較不顧後果，或可以說是具有獨裁傾向。

★香脂月與朔月

最後，當月亮再一次靠近太陽，與太陽的逆時針距離為315～360度的時刻，大約也就是農曆的二十六日到初一的階段，月亮從下弦月的眉月到完全失去光芒的階段，占星家稱為香脂月（Balsamic moon）。「Balsamic」這個字雖然翻譯成香脂，但是這個字又有消散的意思，指的是生命歷程處於最後階段，他們願意奉獻出自己，將自己的生活奉獻在傳遞自我的理念，也具有特殊的預感，不過卻不像下弦月的人一般強勢，他們的處事態度變得比較無所謂，並且很有可能盡一切的力量想將過去遺忘，且準備重新開始。

第十三章　水星與其他行星的關係

水星進入十二星座

　　水星主導一個人的思考模式，水星所落入的星座代表當事人自我表達的方式及思考模式，以及學習的過程中擅長的事物與創意，因此與其他行星產生相位時，則會造就出特殊的溝通方式或是思考上的特徵，例如：過度誇張或不願意表達自我等影響。水星所在的星座也跟我們鄰近的人事物（兄弟姊妹、好友、鄰里社區）的互動特質有關。

★水星在白羊座

　　水星在白羊座的人口直心快，一根腸子通到底，說話方式直接不加以修飾，雖然無心但常常傷害到別人。由於白羊的自我表現慾會讓此人說出心裡想說的話，而毫不考慮他人的感受（除非有其他行星調節）。這樣的人思考上比較單向性和隨性，遇到難以溝通或是難解的問題時容易放棄。

　　但這種人雖然好辯、喜歡與人鬥嘴，卻沒有惡意，不喜歡無聊的事物與沉悶的思考，唯有在思想或創意上不斷變化，才能夠刺激他們的智性發展。在學習的過程中，水星白羊往往依靠的是

學習的熱情與動力，例如：喜歡一個科目的時候就會非常投入，遇到不擅長的科目又完全放棄，這一點是白羊座的學生應當要注意的。引導這樣的人學習，只能耐心且有計畫地培養他們的專長。

★水星在金牛座

　　水星在金牛座的人思考的速度較緩慢，無論在學習、思考、溝通方面都不喜歡被人催促，這會讓他們覺得窘迫。他們需要一段時間靜靜地思考，否則很難對事物表達詳細的意見，雖然水星金牛的思考傾向於實際，在財務、物質分配上都有著不錯的天賦，也很有生意頭腦，但想像力與創造力卻不是他們擅長的。

　　金牛座的固定性質使得此人個性固執，容易對事物有既定的想法很難改變，不過在放輕鬆時，水星金牛也有著不錯的幽默感。水星金牛的學習方式較為被動緩慢，他們不是那種反應很快的學生，需要很多的耐心，越是抽象的事物越需要細心引導，通常以實物作為輔助的案例，能夠讓他們更容易瞭解，學習上的理論需要細嚼慢嚥地體會，太過於急就章的方式，會讓他們消化不良，

所以學習時定好計畫會是很重要的。他們也有相當的藝術天分，對於音樂、藝術都有不錯的表現。

★水星在雙子座

水星在雙子座是回到了所主宰的宮位，這意味著水星的能力得以發揮，雙子座的敏捷變化展現在溝通與思考上，使得這個人口才流利、舌粲蓮花、辯才無礙，語言與推理邏輯的能力也相當不錯。他們的知識廣博，但若沒有其他行星的輔助，對事物的認知容易停留在表面，就可能會是樣樣通樣樣鬆。

水星的快速運轉與變化替此人帶來心智上的流動，比較不容易專心的缺點，常被周圍新奇的事物吸引而無法專心學習，也常常改變自己的想法，更常成為機會主義的擁護者，做事投機卻不容易得罪人。

水星在雙子座帶來許多小聰明與靈活的創意，他們喜歡分享自己得到的資訊與知識，卻比較少思考這些來源是否屬實。就如同水星在雙子獲得傳遞媒介的訊號，偶爾會成為鸚鵡或複印機，很少加入自己的觀點表達自我的想法，總是把自己得到的資訊覆誦出去。這些小缺點如果有其他行星正面相位的幫助，則可以進入較為深刻的思考，這時候他們能夠結合創意與所得到的資訊，加上自己的思考成為一家之言。

★水星在巨蟹座

巨蟹座的幻想力與情緒的引導模式，使得水星在巨蟹座的人，在藝文方面表現的相當傑出。這是一種互助的模式，水星成為情緒感受的宣洩管道，而幻想力豐富了水星的表達方式。但這些人受到巨蟹座的隱藏與保護個性，不喜歡主動表達自己的觀點，所以很難看出來他們其實是敏感、細膩、文采豐富或是很有生意頭腦的人。

從某方面看來巨蟹座的懷舊增添了水星的記憶能力，親疏之分讓他們容易產生門戶之見，喜歡隱藏的個性，帶來迂迴的思考與溝通談判模式，他們說話時很少單刀直入，更喜歡玩以退為進的遊戲，但卻常常吃悶虧。

巨蟹座的人反應並不是很快，喜歡在沒有壓力的情況下學習，更重要的是在學習的過程中，如果遇到熟悉的東西，就會特別有興趣。不過由於唸書的時候討厭被人干擾，最好能夠選擇安靜的地方學習，特別在文學與歷史上有著不錯的成績。

★水星在獅子座

水星在獅子座呈現一種思考與客觀的弱勢，亦即是水星所主導的理智與思考都會被自我給淹沒，就如同在太陽與水星合相時提過的「過度燃燒」。水星在獅子座的人自我意識強烈，如果太陽也在同一星座將更為嚴重，有時會顯得

占星全書 The Complete Guide to Astrology

相當固執，太過堅持自己的想法而不知變通。

不過，獅子座仍帶給水星豐富的創造力，特別在戲劇、娛樂、設計、投資（獅子座所掌管的事物）上，都有著不錯的表現。水星在獅子座時樂觀開朗通常帶來正面的思考，給人建設性的建議，通常思考都是目標導向，遇到挫折時或許會顯得不耐煩，但卻都能已達成目標為主軸繼續奮鬥。

水星在獅子座表現出一種無所不知的自信，很難低聲向人請益，這會是學習上阻礙進步的主因，其實這些人的本性不壞，誠實且思想光明，更因為獅子座與兒童的連結，適合從事教育工作。

★水星在處女座

水星在處女座，水星除了守護雙子座之外也守護處女座，所以水星也算是回到守護的宮位，讓水星的推理分析能力被加強，擅長蒐集與整理資料，或是更細節的文字整理工作，例如編輯或語言教師等事物。

受到處女座的影響，他們會將思考的重點放在細節上，以至於影響到全盤思考的重要性與工作的進度。這樣的人對於小事情過於拘泥，對自己與他人的小毛病過於挑剔，常使得此人說出不適宜的話傷害到別人。

這些人的學習能力強，科學、數理、商業、會計、語言都有傑出的表現，思考也常以事業與金錢為導向，使

得在物質生活與事業上有一定的成就。當他們發揮歸納與分類的技能，會是行政上的高手。缺點是當水星受到負面角度影響時，這些人常會挑剔別人在文字或是語言上的語病消遣一番，有時會讓人無法接受。

★水星在天秤座

水星在天秤座帶來了優雅的美感與平衡的思考，讓這些人的思考偏重於客觀與全面性，他們不喜歡主觀的態度，說話也盡量保持客觀的立場。受到天秤座的影響，這些人溝通持保持客觀的立場、思考喜歡公正且全方位，不喜歡偏頗的言論，與人接觸時喜歡和平的氣氛與溫和的言論。

通常這些人口才不錯，擅長與人溝通，更是談判、諮商與斡旋的高手，卻很不擅長做決定。由於決定一件事情需要顧慮到太多層面，使得他們不敢輕易下決定，這也讓他們錯失許多機會。水星在天秤座讓這些人很重視溝通，他們需要透過意見交流，以獲得知性上的充實，人際關係、公共關係與他人的承諾與契約、法律事物等，都是他們擅長的項目，在學習上也可以偏向這些方面。

★水星在天蠍座

受到天蠍座所掌控的神祕事物影響，水星在天蠍座的人總是有一股高深莫測的感覺，靠著敏銳的觀察與推理能力，他們往往能在言談與溝通中戳破別

200

人的謊言。至於自己的內心世界，則不喜歡被人窺探瞭解，因為他們的心裡保有太多不為人所知的祕密。

其實，所有的太陽、月亮和水星落在水相星座的人，都擁有特殊的直覺能力，這種直覺是幫助他們在困難的環境中做出正確決定的最大幫助，而水星天蠍也有這樣的能力，並應用在學習與判斷上，他們往往能夠一下子就做出準確的判斷，彷彿老天已經偷偷告訴他們答案。

水星天蠍座較為人所詬病的是他們的溝通態度，許多時候他們寧願保持沉默，多嘴的水星天蠍並不多，但是開口就是經過計算，非達到目的不可，他們也絕少說好聽話，對這些人的朋友來說必須瞭解忠言逆耳的道理，才不會被他們的直接表達方式給氣壞。不過，他們對敵人可就不會這麼囉唆了，只會給予最致命的一擊，至於尖酸刻薄的話語，則是說給那些他們討厭的人聽的。

★水星在射手座

當水星走到射手座時是處於相對弱勢的位置，由於射手座的快速讓水星無法仔細思考，許多事情往往會只看到表面，並不是說這些人膚淺，只是不願意多花點時間好好的觀察與仔細的思考，世界上有太多事情引得他們分心，直到他們追求真理的心被啟發才可能深入研究某種學問。

水星受到射手座的另一個影響就是

快人快語，常常在無意之間洩漏了自己或他人的祕密，或是說錯話傷害到別人。水星射手座的人在基礎教育時少有傑出的表現，需要家人的寬容鼓勵與幫助，所幸射手座掌管大學、研究，國際事物與哲理，這些人到了大學與研究所時期就會有所發揮。

在學習的過程當中最容易玩過頭的就是這個星座，往往要人三催四請的才會回到書桌前面，對於溝通與學習都沒什麼耐心，必須發展出適合自己的學習方式，對國際事務的好奇與渴望旅行的念頭，是他們學習外國語文的最佳動力。

★水星在摩羯座

魔羯座帶給水星保守且實際的觀念，水星魔羯的人無論在思考事情或是與人溝通時都十分保守。有規律且有計畫的思考是水星在魔羯座的專長，優良的組織能力更替他們在工作時贏得不少機會。這種人總是以利益的考量為第一優先，相當適合從商與從政，但在看待事務方面過於世俗化太過現實，也容易讓他人敬而遠之。

在學習的過程中他們是很腳踏實地的，這些人可以將注意力長時間地放在一件事情上，透過反覆的練習獲取經驗，會是努力做練習題的學生，卻不一定很快就展現出聰明才智。透過經驗的累積，對他們來說是學習的最佳途徑，在數理方面或許會有較好的表現。水星

在魔羯座的人有野心，功成名就可能是他們腦子裡所想的唯一事情。

★水星在水瓶座

水星在水瓶座重視的是思想上的自主性與獨立性，他們會廣納他人的觀點，但在執行時卻有可能還是只堅守自己的意見。他們思考的方向是全面而且開闊的，重視整體群體的利益，在思考與溝通上，水瓶座帶來了理性與冷靜，卻不受到傳統的羈絆，他們願意接受新奇的想法，保持客觀的看待一些不尋常的事情，所以這些人的想法常讓人當成是怪胎。

雖然和魔羯座一樣有著很棒的組織與理解能力，容易在科學上有所發展，不過水星水瓶的人更願意投入人性的關注，也不是那麼有野心，就像某家國際通訊公司的宣傳口號一樣，科技始終來自於人性。

★水星在雙魚座

雙魚座的想像力與直覺，在帶給水星理解與溝通上的方便時，同時也帶來困擾。水星在雙魚座的人想像力非常豐富，在文學創作、藝術音樂舞蹈上也有不小的天賦。由於雙魚座的緣故，他們十分具有同情心，常能設身處地替他人著想，有著慈悲善良的宗教情懷，樂於幫助別人，並傾聽別人的痛苦。不過他們也常受到別人的影響而情緒低落，或因想像力太過豐富而將他人的痛苦經驗移植到自己身上。

這些人需要有宗教的幫助或其他情緒的宣洩管道，否則精神容易不穩定。在學習上，這些人在藝術文學方面大多有所表現，他們雖然不擅長推理分析，卻有敏銳的直覺，這些事情都成為未來發展的重要目標。

水星與金星的相位
★合相

關鍵字：溝通＋歡愉、喜好＋契合

水星與金星的結合會帶來溫和的溝通態度，無論是寫作或口語上的表達，都讓人覺得舒適平和。這樣的人有著良好的溝通能力與外交辭令，談話時令人願意傾聽，適合從政或是公共關係之類的工作。但有時說話會過於模稜兩可，很少有確定的答案（如果水星在巨蟹、天秤、金牛、雙魚更為明顯）。這樣的人的文字技巧也相當不錯，文辭的優美與音韻都是他們擅長掌握的事物，對於詩歌、音樂、民謠，有著相當程度的喜好。

★六分相、半六分相

關鍵字：溝通＋歡樂的、交換的＋共鳴

由於運行軌道的關係，水星與金星除了合相外，就只會產生 60 度的六分相、45 度的半四分相與 30 度的半六分

相。水星與金星產生六分相與半六分相具有多樣包容的特質，他們的同理心很強，溝通時能夠結合他人與自我的意見以作出平衡的判斷。

他們的談話與文筆充滿著言語的魅力，而金星的溫和也產生安慰人心的作用，需要撫慰時他們是不錯的夥伴。這些人在文學與藝術創作上也都有傑出的表現，能夠吸收不同的元素，並創作出自我的風格。當金星在雙子、水星在金牛，或金星在處女、水星在天秤時，行星處於互融狀態，雖然有可能產生半六分相，但此時適合以合相看待。

★半四分相

關鍵字：思想、溝通＋友誼、興趣＋刺激

通常半四分相帶來壓力，不過因金星與水星都是較溫和的行星，若有半四分相的壓力，則會帶來刺激。而這些刺激則表現在對他人言語上的不溫和，溫和的提醒與批判來自於善意的關懷。不過這樣的情況，只有在金星或水星成為其他行星中點時才會發揮。當金星在雙子、水星在金牛，或金星在處女、水星在天秤時，由於此時行星互融，不必太在乎半四分相的破壞力。

水星與火星的相位
★合相

關鍵字：溝通、思考＋衝動、活力＋結合

水星與火星的結合帶來活潑的思考，行動也較能受到理性的規範。由於火星的激發，會使這些人有強烈的心靈能力，能夠大量的從事心靈活動，他們也喜歡將這一面表現出來。在思想與學習上，他們喜歡與人競爭，有時甚至會有點賣弄，這是他們學習的動力來源。

由於火星的影響，他們較喜歡與人爭論，說話衝動且帶刺是這個相位的特點，因為他們總希望說出來的話是有份量的。由於說話帶有戲劇性，很可能成為記者、演員、政治人物。

★三分相、六分相、半六分相

關鍵字：溝通、思考＋活力＋協助

協調的三分相與六分相，替水星引進火星的衝勁與能量，水星的理智也引導著火星的行動，比起合相來說這種協調互助的相位要更好一些。此相位替此人帶來了權威與戲劇性。對於精神與心靈的學習有著相當大的動力，火星帶來的競爭與野心，也使得他們在學習上表現不錯。

三分相增加精神上的活力與衝勁，談天時喜歡主導話題且好辯，這些相位

造就不少政治人物、律師、作家、評論家。六分相增添行動與思考上的多樣性，做事手法靈活、反應快速，工作表現優異，具有數理與機械、科學專長。如果六分相產生在互融的火星雙子、水星牡羊，火星處女、水星天蠍等組合時則更明顯。

★對分相、四分相、半四分相與十二分之五相

關鍵字：溝通、思考＋破壞、刺激＋衝突

火星的衝動與快速，水星需要時間與空間的思考，二者原本就有所衝突，當對分相與四分相等相位形成時，對於水星的衝擊較大，而火星的負面特質也更加明顯。首先水星未能以理智規範火星的衝動與破壞力，反過來火星影響水星的思考與溝通，會造成當事人溝通能力差，且衝動易怒，說話不經大腦，好辯且喜歡誇張的言詞，說話不得體常常得罪人。

他們的行動也容易衝動，因為未經思考就去做某件事情，失敗率自然很高。對分相時衝突更為擴大，本身的野心與喜好會遮蔽理性的溝通與思考。想法主觀，喜歡批判時常與人發生衝突，人際關係也較差。四分相是思考常受到衝動的情緒干擾，無法對事情仔細考量，更不擅長溝通與表達。

十二分之五相則會讓當事人對他人的言語過於敏感，並且容易因聽取過多資訊而失去判斷的標準，或是為他人付出過多的精力。這些相位也都帶來神經系統的疾病，例如：頭痛、呼吸器官脆弱等毛病，而暴躁的情緒與思考上的障礙，也容易引起躁鬱症等心理問題。

水星與木星的相位
★合相

關鍵字：溝通、思考＋寬大、理想＋結合

木星寬廣的視野與心態拓展了水星的思考層面，使得這樣的人思想不會狹隘，但有時也容易過於理想，如果沒有良好的執行能力，很可能會流於空談。這個相位帶來善良仁慈的性格，以及靈活的反應，對於宗教、哲學、國際觀點也有不錯的見解，通常在學習上有深造的潛能。

因為對國際事務極有興趣，這樣的人在語言或國際情勢理解上也有不錯的實力，也很喜歡旅行。這些人在言語上容易獲得他人的認同與尊敬，甚至能以某種精神上的導師或領袖的姿態出現，或者真的成為一位老師、神職人員、政治人物等。

★三分相、六分相、半六分相

關鍵字：溝通、思考＋理想、寬懷＋影響

水星與木星在三分相與六分相產生和諧的共鳴，思考變得更有遠見，由於木星掌管大學後的學習，這樣的人在學識上的表現不容忽視，寬廣深厚的學問是這些人所喜好的，因此家裡多半有許多藏書，也喜歡旅行增廣見聞，對於宗教哲學與國際事務有著相當的天賦，理解能力也很強。

三分相的天賦會使當事人言談充滿自信，能輕易地說服他人，在學習上較為輕鬆且有良好的表現，不過也較缺乏競爭意識，更喜歡耍小聰明或偷懶。六分相則增添言語的技巧與包容心，透過不斷地努力思考與舉一反三的能力，在學術上多半會有所成就。

★對分相、四分相、半四分相與十二分之五相

關鍵字：溝通、思考＋遠大＋衝突

用好高騖遠來形容這個相位是相當貼切的，木星的遠見與寬廣視野影響著水星，卻產生了負面的效應。這樣的人仍具有寬廣的視野，也相當的聰明，具有學術上深入研究的能力，可是卻常因說大話，目標放得太遙遠而無法實現，有時候更自以為是地讓人不知該如何尊敬他們。這樣的人在說話與思考上常偏離主題，且不容易專心。

呈現對分相時尤其喜歡作不切實際的承諾，常常把話說得太滿，想藉此取得別人的尊敬卻常得到反結果。水星與木星的四分相，則會帶來過分樂觀的情形，受挫時又容易擺出鴕鳥心態，雖然很有能力，卻用在不切實際的想法上。

150度時則帶來了木星與水星的不完整結合，聰明卻容易中斷學業，對世界存有浪漫幻想。此外與他人分享自我、對人仁慈的付出，是他們依賴的另一種表現，他們花了許多時間在這上面，以不斷證實自己被他人需要與關愛，已故的黛安娜王妃就有這樣的相位。

水星與土星的相位

★合相

關鍵字：思考、溝通＋責任、限制、嚴肅＋結合

由於水星的靈活與土星的緩慢限制性質相互違背，所以這樣的合相同時具有正反面的意義。從正面看來，水星的思考特質將土星的野心化為學習的重要機，讓他們透過反覆練習來學習。這些人不會好高騖遠，想法踏實，不愛做白日夢、不機靈卻很有耐心，計畫事情時也相當仔細。

不過由於土星的限制，這樣的人對自己和他人的要求也比較嚴格，不容易讚美別人，也不會說好聽話，對許多不尋常、非傳統或新奇的事情也較難接受，想法略帶灰色與消極。

★三分相、六分相、半六分相

關鍵字：思考、溝通＋責任、學習＋影響

透過土星的凝聚力，使得水星在學習與思考時更能集中精神，且具有良好的組織能力，而土星也提供了耐心、野心與責任感，使得這些人在學習與研究方面有不錯的成果。雖然土星的緩慢減低了水星的靈活能力，但是卻也矯正了水星只重視精神思考或口頭上的特質。受到土星的影響，這些人較講求實際、重視承諾，有一分證據說一分話，不會逢迎諂媚。

呈現三分相時會帶來誠實與正直和實際的看法，讓這些人成為真誠的朋友，在數理或實際應用的學科上也有傑出的表現。六分相則加強了組織能力的靈活，思緒細密，城府也較深。他們的計畫往往是環環相扣，並藉此達成他們的野心，做事也非常踏實，會是很稱職的企業經營者。

★對分相、四分相、半四分相與十二分之五相

關鍵字：溝通、學習＋責任、教訓、學習＋挫折、敏感與調節（150度）

水星與土星的四分相加強了土星的遲緩與限制影響力，對於掌握思考的水星來說相當不利。首先在溝通上語言能力被限制住了，無論是學識或心智能力的不足，或心理的因素，都會讓此人無法順利表達自己，而思考也較為僵化死板或過於嚴肅。此外，土星也可能帶來某些野心與殘酷的計謀。

水星與土星呈現對分相時，溝通能力是與他人關係不佳的主要原因，想法容易消極偏激扭曲，容易自我否定，對他人也無法信任。四分相則會帶來競爭與學習的困難，也容易感受到壓力，這些壓力除了自我壓抑外，如果土星水星落在與親屬上司有關的第四、第七或第十宮時，也可能會感受到來自於這些人的壓力，並因此而變得較為悲觀。

負面相位同時帶來文件上的法律問題，以及呼吸、神經系統等疾病，也容易產生憂鬱症。150度顯示此人承擔了過多的責任，特別在精神上的勞心與壓力，這些人對於他人的期待相當重視，容易因此失去自我，若能走出這些束縛會讓身心更加健全。

水星與天王星的相位
★合相

關鍵字：思考、溝通＋改革、創新＋結合

與其說這樣的人有怪異的預言能力，還不如說他們的思想前衛，甚至能引導未來的走勢。水星與天王星的結合引爆了心靈與智性的發展，這個相位也

帶來天才般的聰明才智，特殊的領悟力沒有人能解釋從何而來，喜歡在知識上尋求特別的事物，不會輕易地人云亦云，喜歡親自證實理論與想法。

如果加上其他相位的配合，往往能夠引發革命性的學術觀點，這一點我們在心理學之父佛洛依德（Sigmund Freud）和對微生物與醫學有重大研究貢獻的巴斯德（Louis Pasteur）都有這樣的相位，不過這些人性情通常也比較怪異，不容易相處。

★三分相、六分相、半六分相

關鍵字：思考、溝通＋創新、怪異＋影響

無論是三分相或六分相，水星都會受到天王星的引導，並帶來與眾不同的思考方式，以及極強的領悟力。他們在某些領域有著天才般的智慧，但在小時候或從外表上卻不容易觀察出來。

當水星、天王星呈現三分相時，童年被埋沒的天分在長大後會突然冒出來，因此家長不應該因為小時候的表現就限制其發展。他們的記憶力與創造力都不錯，作品也很有原創性。呈現六分相時興趣則會非常寬廣，擅長以創新的手法解決問題，思考與溝通雖然獨特，卻較容易被理解且接受。

★對分相、四分相、半四分相與十二分之五相

關鍵字：思考、溝通＋怪異、抗拒＋挫折

水星與天王星的對分相會帶來特殊的思考，無論本身是不是天才，都會常有前無古人後無來者的孤獨感。因為他們的特殊言論與思想，讓他們很難融洽地與他人相處。他們不喜歡被人影響，要求自己作一號獨特的人物，卻常為了改變而改變讓人捉摸不定。

四分相則會帶來自大狂傲的情結，有遠大創新的想法卻不容易被他人接受。天王星也替水星的想法帶來不平凡的刺激，如果命盤中的相位配合得宜，能夠去執行這些不平凡的創見，就會產生一個讓人又愛又恨的特殊人物；統一歐洲的拿破崙，就擁有水星與天王星的四分相，也正是這樣正反評價兩極的人物。

十二分之五相則帶來心靈上的緊張，聰明且樂於助人，不過心中常懷有罪惡感，迫使自己不斷為他人付出，因而帶來身體與心理上的疾病。而所有的水星與天王星負面相位，都容易引發精神緊張或內分泌失調的疾病。

水星與海王星的相位

★合相

關鍵字：思想、溝通＋神祕直覺、夢幻
＋融合

　　水星的思考受到海王星的影響，並帶來神祕的直覺，因此這些人應該多傾聽自己動物般的第一直覺。這種人常有神祕的預言能力，並出現在無意識的狀態下。但海王星對水星的影響有時也是相當危險的，由於海王星同時具有神祕直覺與幻覺的作用，這個相位有時也會導致大量的幻覺，說好聽點叫作想像力，應用在文藝創作與藝術上都十分傑出優秀，培養出具有藝術家的性格與思考模式，但在日常生活中，這樣的人常不切實際，只會作白日夢的。

　　這樣的相位也會讓一個人喜歡探索內心與靈魂的世界，成為虔誠的教徒、修行者或是著迷於新世紀的精神療法等。受到海王星的影響，這樣的人天生就具備說謊的本事，在人生受挫時則會往幻想的世界裡頭鑽，有時也會造成精神與心理上的疾病。

★三分相、六分相、半六分相

關鍵字：思想、溝通＋直覺、幻想＋協調

　　無論任何事情太過與不及都是不好的，這也是為什麼少有占星家把合相看成是最佳相位，保持距離與諧和共鳴的三分相和六分相，因為距離的美感與溫和適當的影響力，反而是比較正面的。

　　在三分相中因為水星的思考受到海王星的想像力啟發，這些人在藝術與文學上通常有不錯的表現，特別是和畫面有關的電影與攝影，或與音律有關的詩歌及音樂。這些人相當敏感，對於事物也容易產生準確的直覺，擁有強大的心靈能力，擅長解讀人們的心理，少數的人甚至擁有預言或夢中預知的能力，不過因為太過敏感也容易受傷害，受挫時十分容易躲藏起來。

　　六分相時會帶來較為明確的想像與創造力，而直覺能力也能幫助他們擁有更好的人際關係，甚至神祕地幫他們躲開危險。

★對分相、四分相、半四分相與十二分之五相

關鍵字：思想、溝通＋幻覺、遮掩＋負面導向

　　幻想力強是海王星與水星相位的特徵，無論在哪一種相位中都找得到，而在負面相位中，海王星的幻覺與遮掩容易延伸為騙術與謊言，因此這樣的人容易與謊言扯上關係，對分相使得他們容易被他人所欺騙，也常欺騙自己，這樣的人總是活在虛偽的假象之中，與他人的關係也常建立在謊言與幻想上，他們也會為了達到目的欺騙別人。

四分相的人則是活在現實與夢幻的交錯中，太多假象的干擾使他們難與他人溝通，此相位也容易導致受騙，並因這些挫折而更加逃避現實。十二分之五相則會讓想像力過度放縱，讓這些人總是杞人憂天，擔心著不可能發生的事情，太過在意自己與他人之間的互動，對於他人的言語相當敏感，擔心自己被人所利用，更無法承受這樣的事實。不過海王星的刺激仍帶來準確直覺，如果這些人沒有被過多的夢幻所蒙蔽，這種直覺將可以幫助他們跳脫危險。

水星與冥王星的相位
★合相

關鍵字：思想、語言＋意志力、控制＋結合

冥王星所帶來的意志力會貫徹在水星的思想中，當他們對某件事情好奇時，他們就會想盡辦法去瞭解。這樣的人具有敏銳的觀察力與推理能力，相當具有警探、推理小說作家的本事，也容易對周圍人的言語動機產生懷疑，更進一步找出背後所隱藏的祕密。

水星與冥王星合相時，也擁有操縱語言的魔力，他們的話可以產生一定的效應，暗示著他人去執行他們的意願，如同催眠一般，這並不詭異，只是因為瞭解語言應用在心理暗示技巧與人性的弱點。強大的意志力也會讓這樣的人有

能力承受打擊，但也喜歡逞強，容易對心靈與身體造成負面影響。

★三分相、六分相、半六分相

關鍵字：思想、語言＋意志力、控制＋協助

水星受到冥王星的影響，對於權力運作、人性的祕密、神祕事物、能量，都有著相當的好奇心，也有獨特的領悟力。擁有這些相位的人，無論是因為天賦或透過學習，都會在這些層面獲得成就。

三分相所賦予的天賦包括對事物的觀察力，以及使用言語去左右他人。六分相則將冥王星的強烈意志力，應用在探索與學習上，這些人為了提高自己的影響力或學術地位，會主動追求更高深的學問，與三分相的天賦比起來雖然辛苦，卻更為實用，應用的層面也更為廣泛，舉凡神祕學、財經投資、保險、死亡、心理都有可能成為目標。

★對分相、四分相、半四分相與十二分之五相

關鍵字：思想、溝通＋控制、暴力＋破壞

水星與冥王星的對分相不只替此人帶來緊張的情緒，連帶也破壞了與他人的關係，這些人的言語容易造成他人的不舒服，偏激的言論也會帶來壓迫感，

並讓自己深受其害。

四分相帶來犀利的言詞，這種人很少開口，一開口就很有分量，容易替他人帶來壓力和威脅，有時也喜歡透過說狠話或耍計謀來控制他人，只是常常得到反效果。

十二分之五相會帶來心靈的壓力與勞累，想要控制身邊的事物換得安全感，或是對事物的期待過高，而賠上自己的精力、時間與健康。

水星與上升、下降星座的相位

★合相

關鍵字：溝通、思考＋自我表現＋結合

象徵外表和自我的上升點和水星結合帶來清楚的訊息，當事人表達自我的能力很強，在沒有嚴重負面相位的影響下，這樣的人樂於表達自我、思考敏捷、動作迅速，且喜歡同時做很多件事。

而上升點所在特質的星座，也會表現在這些人的溝通與思想中。如果水星與下降星座結合，則代表擅長溝通，外交技巧良好，或是容易遇到聰明且擅長溝通的伴侶。如果水星遇到太多負面相位，則容易嘮叨多嘴惹人厭煩。

★三分相、六分相、半六分相

關鍵字：溝通、思考＋自我＋援助

水星與上升星座、下降星座藉由三分相和六分相結合時，帶來強大的心靈活動能量，此人的思考速度旁人無法測得，對於事物有很強的理解能力，頭腦靈活能夠同時處理許多事情。這樣的人擅長溝通，並與身邊的人保持良好的關係，喜歡與人交談、交流意見，伴侶之間的互動與溝通也十分良好。

★四分相、半四分相與十二分之五相

關鍵字：溝通、思考＋自我＋挫折

由於水星和上升處於負面的角度，帶來自我瞭解與溝通的困難，這些人多半遭受家人給予的壓力，而無法順暢的表達自己的意見，長期的受挫也讓他們不擅長與人交往，腦中雖然有許多想法但卻難以適當的表達，更容易遭人誤解而受到挫折。十二分之五相則會容易屈就他人，對他人的想法全盤接收，而與自我產生衝突，建議這樣的人必須建立自信，並和他人保持適當的距離。

水星與天頂的相位

★合相

關鍵字：思考、溝通＋社會地位＋融合

水星與天頂結合時，思考與溝通能力將成為當事人的生財工具，如果有其

他重要行星的幫助，更會對社會造成重要的影響。其中，靠嘴吃飯的工作如傳播、教育等工作也都十分適合。

★三分相、六分相、半六分相

關鍵字：思考＋溝通＋社會地位＋協助

此相位的人擁有很棒的溝通技巧，是很稱職的代言人、發言人或公關行銷。這兩個相位也讓當事人在事業與家庭中，帶來很融洽的溝通關係，容易說服上司老闆取得應有的報酬或地位，和家人的溝通也毫無問題，能全力支持當事人在事業上的發展。

★對分相、四分相、半四分相與十二分之五相

關鍵字：思考、溝通＋外在社會＋難以聯繫

水星與天頂呈現對分相時，當事人會受到家人的嚴重干擾，無法與外界有良好的溝通管道，和師長、上司之間也不容易相處得好。四分相時如果水星與上升或下降也產生合相將可減低衝突，但容易有自我與他人期待衝突的情形。十二分之五相位則容易讓當事人在童年時有自卑心理，阻礙心智方面的發展，也常會有思考上的困擾，必須不斷地自我挑戰與成長，才能達成心中的目標。

水星與南北月交的相位

★合相

關鍵字：思想、溝通＋幸運與不幸＋結合

當水星與北月交結合時，當事人天生的思考與溝通能力能使人生更加平順。這種人有著符合時代的想法，容易與人打成一片。相反的，當水星與南月交結合時。則會讓當事人的思想難以被接受，容易說錯話或表錯情，無論當事人有多聰明多友善，卻都容易被孤立於大眾之外。

★三分相、六分相、半六分相

關鍵字：學習、溝通＋今生的精神成長目標（北月交）前世完成的課題（南月交）＋協調

南北月交在星圖上分別代表幸運與不幸，其種種因緣則是因為業力所致。但藉由水星的協調，則能以當事人的強項來彌補弱點。與北月交成三分相的人，對自己過去的錯毫無感覺，溝通能力超強，也能夠很有技巧地避開困難的事情。與南月交呈現三分相時，則會對危險較有警覺，懂得善用自己的優點與所處的環境優勢來化解問題。

★四分相、半四分相與十二分之五相

關鍵字：思想、溝通＋業力與人群的接觸＋困擾

　　這樣的相位帶來嚴重的困擾，四分相的壓力與挫折加上南北月交所帶來的神祕業力，總是使當事人無法順利表達自我，也常在不該說話的時候開口，或是說了不該說的話而引發自我挫折。這樣的人常會有時不我予的感覺，甚至覺得整個社會都在壓迫自己。事實上，這樣的人應該學會檢討自己的過錯，並且虛心學習溝通的技巧。而水星與南北月交形成 150 度角時，則會讓人在溝通上缺乏自信，覺得自己不如他人，因此要加強自信心的重建。

第十四章　金星與其他行星的關係

金星進入十二星座

金星的關鍵字是合作、給予、承諾、美麗、愛、價值、調和軟化、交換與交易所尋求的幸福。金星象徵著我們所尋求的和諧與合作關係，常有人說金星是付出，是提供給別人幸福的指標。

不過，這些付出事實上都渴望著回報，當火星想要一件東西就直接用拿的、用搶的；金星則以退為進，先付出然後期待人家回饋，別忘了金星最基本的意涵包括交易。此外，金星還有一種軟化態度的力量，或者可以說減弱，當金星與其他行星形成角度時，都會使那些事情更為圓滑或是不採取強硬的姿態。

金星在占星學中跟我們的自我價值有關，我們認為哪些事物特質是有價的，或是值得珍藏的。更重要的是，愛情上的表現也由金星主導，對於男人和女同志來說，金星也代表著他們心中喜歡的女性，從心理占星學派與容格的理論來說，金星就像是一個人心中的「女性原型阿尼瑪（The amina）」的部分意涵。

★金星在白羊座

金星在白羊座的人好動，興趣上多半屬於動態的活動，對於自己的喜好總是能夠全心投入，喜歡與人競爭一較高下。表達愛情的方式直接而大膽，一點也不細膩，這種人常顧不得別人在旁，就直接對喜歡的人表達愛意。

驍勇善戰的白羊金星在感情發展初期會表現得積極勇敢，且不怕與其他人競爭，「挑戰」對這些人來說是活力的泉源，無論是面對情敵的挑釁，或是來自情人本身或家庭所帶來的問題，越有挑戰就越能吸引白羊金星的注意力。

但他們也較缺乏耐心，一旦戀情時間拖得太久很難保證他們不會打消念頭，這些人的魅力，就是談性愛乾淨俐落絕不多話，率直又有個性。而在感情的態度上，這些人也是十分獨立、自我且主動積極。白羊金星的人，內心中的女性原型是獨立自主具有主動出擊個性的女生，大部分金星白羊的男生或女同志，對於獨立自主的女性較有興趣，有個性且獨立的女孩會讓這種人一輩子也忘不了。

占星全書 The Complete Guide to Astrology

★金星在金牛座

金星回到了守護的金牛座，會讓當事人表現得較為保守，但同時也大大提升了金星的感性與美感，帶來極高的生活品味，個性也多半是溫柔和順。這些人對藝術有著鑑賞能力，生活中喜歡與繪畫、美術保持接觸，對音樂也有不錯的表現。

金牛金星在性愛時會給人相當大的安全感，但因為保守的態度和不善表達的個性，在性情一開始時常會造成問題，需要注意的是他們喜歡身體上的觸碰，在剛開始約會時就很有可能會迫不及待去碰對方的手，因為接觸帶給他們極大的安全感。

金牛金星的男人容易被溫柔且能幹的女性吸引，傳統地認為女人就是要能夠溫、良、恭、儉、讓，對於很有個性的辣妹恐怕就會避而遠之。同時金星在金牛的人，常常將眼光放在對藝術方面，具有鑑賞品味，生活有條不紊，略有經濟能力的女性身上。

★金星在雙子座

金星雙子的人在興趣上偏重知性，學習、閱讀、流行、傳播、人際關係等都是這些人所喜歡的，他們的魅力也展現在資訊的傳遞上。他們喜歡像天真無邪的孩子一樣觀察事物，而且很不容易專心，就連愛情都會是一樣的態度。和這樣的金星交往若是抱持著愉快的遊戲態度，雙方都可以相處愉快，如果仍抱持著想跟對方天長地久的想法，恐怕就會不歡而散。

金星雙子的感情態度較為隨性自由，跟別人交往的同時仍希望保持開闊的態度、豐富的社交生活或是交友權利。他們總是喜歡在人群中穿梭，因為希望生活是自由自在的。能夠吸引雙子金星的女性典型，是聰明活潑、反應靈敏、口才又好的女性，像是廣播節目的主持人，或是機智幽默的電視主持人，沒有大腦的女孩或許能吸引他們的目光，但是一旦發現對方腦袋空空如也，就會匆匆地從對方身邊逃開。在愛情與興趣上金星雙子永遠不斷在變，枯燥而無聊的生活可是會讓多才多藝的金星雙子悶死的。

★金星在巨蟹座

這些人有著豐富的幻想力，在文學、詩詞、藝術上有不錯的表現，喜歡閱讀、欣賞藝術，也很重視居家生活，如何讓生活過得更有意思是這些人最大的興趣。在愛情方面，這個金星的位置常讓人有摸不透的感覺，這些人的愛情意圖不明，看上去像是要躲避他人，但事實上卻是計畫要對喜歡的人展開攻擊，他們非常懂得以退為進的藝術。

巨蟹金星是很喜愛家庭生活感覺的人，他們不見得喜歡跟家人相處，但卻很喜歡躲在自己的窩裡，或是和情人一起到超市去添購生活用品，這是他們的

生活樂趣之一。這個金星星座下的男子，心中的女性層面與母親的形象交會，容易對擁有母親形象一樣的女生產生興趣，不過倒不一定是很會照顧人的女性，而是與當事人心中的母親形象有關。這一類的人多半十分體貼，對感情也有一定程度的執著，但也很愛吃醋。

★金星在獅子座

金星在獅子座的人非常喜歡聲光娛樂的效果，就像是電影院、Disco pub，都能夠吸引他們。在愛情方面，獅子金星的人是很果斷的，他們很清楚自己要的是什麼對象。

這些人的愛情觀就是王子與公主要快快樂樂地在一起，一段不愉快的愛情恐怕會讓他們心生放棄。獅子金星對於情人的要求也相當高，容易注重對方的外表或是舉止，即使不是俊男美女，也得要談吐和舉止落落大方，這樣才能滿足獅子金星的虛榮。

在愛情上有些自我，不是不細心、不替別人想，而是容易用自己的觀點來幫別人設想，這往往也是和獅子金星之間會出問題的最大原因。金星獅子對自己所愛的人極為保護，而且在愛情上絕對是想要站在主導的位置，不管對方是一個怎樣的人，在談論到兩人情感時，最好多給他們留點面子。金星在獅子座的女性原型，投射在那些具有公眾魅力又大方的女性身上時，多半會讓她們有種不能輕易靠近的貴族氣息。

★金星在處女座

金星落在處女座的人對於生活品質把關得十分嚴格，包括生活健不健康、是不是有哪些不完美的地方等等。他們的眼睛似乎連一粒灰塵都可以看得一清二楚，他們的興趣總是在關注細微的事情上，對於精巧的工藝也有興趣。在愛情方面，處女座的嚴格挑剔使得金星的美感不易表達，也讓這樣的情人在相處時顯得有些笨拙。

對處女金星而言，花上一輩子去期待一段完整的感情、一個完美的情人，好過遇人不淑而悲傷，所以處女金星在決定要不要愛那個人之前，絕對是深思熟慮的，要求愛情凡事完美，希望對方是體貼細心且生活認真的人。不過，金星在處女常替此人帶來灰色的愛情觀，易有退縮放棄的想法出現。

金星在處女座的人不太重視外表，他們重視的是一個人的內在與生活態度，這些人心中的女性原型投射在認真工作、樂於服務他人的女性身上。此外特別要注意金星在處女座是弱勢的狀態。

★金星在天秤座

對金星來說，這是最適合發揮的一個位置，在興趣上對流行的事物有著敏銳的觀察力，喜歡觀察事物也重視生活。他們不會是把工作帶回家的工作狂，比較有可能會蹺班出去喝下午茶。

金星在天秤的人，在愛情上的魅力絕對不輸給太陽在天秤的人，讓人忍不住想要去親近，因此常有人因為誤會金星秤子的和善而表錯情。

想和金星天秤的人談戀愛，一定要懂得保持距離，留給彼此生活的空間對他們來說是很重要的。金星在秤座的另一個明顯特質是猶豫，所以千萬千萬別叫他們作決定，那會讓他們發瘋。金星在天秤座的人很在意對方的談吐和言行舉止，如果長得好看，言行舉止卻粗魯得可笑，那麼將無法贏得天秤金星的芳心。天秤金星的人常將他們的女性原型投射在品味高雅、氣質親切的女子身上。

★金星在天蠍座

金星在天蠍座的人喜歡神祕的事物，對於探索祕密有很大的興趣，心理學、醫學、神祕學、生死問題或奧妙的事情，都很能夠引起他們的興趣，平常也可能喜歡閱讀社會事件的檔案或是偵探小說。在愛情方面，金星落到天蠍座擁有神祕的吸引力，有辦法聚集許多人的目光，而他們也以這樣的魅力自豪，並且在舉手投足中展現出充分的自信。金星在天蠍座的人一旦投入戀愛將會十分狂熱，像是沒有明天一樣的瘋狂去愛，天蠍座對於性愛的重視也會反映在這個金星身上。

強烈的愛憎表現會是這個金星的另一項特色，一旦對一個人死心或是覺得

被人背叛，將會變得非常冰冷。金星在天蠍座的人對於性愛的需求也十分重視，金星在天蠍的人，將女性原型投射在性感神祕的女子身上，簡單的說喜歡性感的女孩，過於保守或害羞將會在形象上大打折扣。金星在天蠍座的女子，對於那種有獨到魅力的人特別無法抵抗，比如說有群眾魅力的性感偶像或是政治人物，性感與魅力絕對是不能欠缺的。

★金星在射手座

金星在射手座讓此人熱衷於追求真理，對於國際事務、旅行、戶外活動都保持相當程度的興趣。金星在射手座的人，在戀愛時表現得十分活潑開朗，樂於和對方一起雲遊四海，或者主動帶著對方四處玩耍。很多人以為射手座的人開放，無拘無束、自由自在、愛做什麼就做什麼，事實上，他們十分在意自己的愛情是否合乎倫理規範。

射手金星的男生喜歡自己一個人四處跑，因此當他們的情人一定要非常獨立，即使一個人也能快樂地過日子，過於依賴會令他們產生厭煩的感覺，所以纏人的小女人讓射手金星敬而遠之。

金星在射手的人，像極了愛流浪的波希米亞人，浪跡天涯是他們的夢想，任誰也留不住，能夠陪伴他們闖天涯，或是獨立自主的伴侶，才是最適合他們的伴侶。因為他們在感情上要求絕對的自由，但即使遇到挫折也會表現出樂觀

的態度,他們是有絕對的自信與勇氣去重新經營一段感情的。他們喜歡將自己身上的女性原型,投射在大方健談又有獨立個性的女子身上。

★金星在魔羯座

金星在這裡稍嫌冰冷了些,金星的歡愉色彩被土星的嚴肅與憂鬱給掩蓋住,表現得稍嫌保守,並帶了些自負的色彩,對於功成名就、社會組織、企業運作有很大的興趣。表現在戀愛方面,則會顯得較為壓抑,雖然心裡不一定是這麼想,但通常很難表達自己要的是什麼,這時候往往需要情人細心且耐心地誘導。

和這個金星的人相處,最忌諱自作聰明地幫他們決定事情,在不知道他們心意的情況下,最好能用最笨的方法去問,他們非但不會嫌情人囉唆,還會認為對方細心體貼。金星魔羯的男人喜歡成熟的女人,獨立而堅強不容易鬧情緒而且體貼細心,對他們來說小女孩雖然可口,但是情緒起伏過於頻繁的人,實在不適合感覺較不敏銳的魔羯金星。而認真工作的同事、上司也很能吸引他們。在學生時代暗戀認真教學的老師更是家常便飯,對他們來說成熟而有社會經驗的人,是致命的吸引力。

★金星在水瓶座

金星水瓶的人對於各種稀奇古怪的事情都很有興趣,十分喜歡探索令人驚訝的世界。愛情上不喜歡受到任何人的約束,只要經過理智的思考覺得沒有可以顧慮的就會去做,完全不在乎別人是怎麼想的。而且因為他們對每個人都一樣友善,所以對感情的表現方式是與眾不同的,認為愛是分享不是獨占,這是愛上水瓶金星或水瓶日月座的人都應有的體認。

金星水瓶的男人喜歡獨立又開朗的女生,理智與智慧更是不能缺少的要件,對方可以不是帥哥美女,但千萬不能表現出一副愚昧的樣子,或許有人以為那是可愛,想法獨特的他們卻覺得不是那麼一回事。

金星水瓶的女子,最痛恨被貼上標籤。被金星水瓶喜歡上的人要不是酷,就是有自己的個性,金星水瓶是絕對不會去愛上一個沒有個性或特色的人,而愛上金星水瓶的情人,也一定要讓自己獨立自主一些,因為他們多半是獨身自由主義的,就算是婚姻關係也都希望保持自己的空間,兩個人太膩在一起,會讓他無法呼吸。

★金星在雙魚座

金星在雙魚座是躍升的位置,代表著金星的特性將在雙魚座完全發揮。金星在雙魚的人會有一種無私的愛,對萬事萬物都有著一種特殊的情感,不但愛無國界、愛無種族,甚至愛無性別,很像是耶穌或是佛陀轉世的人。一般的金星雙魚可能只是心腸軟一點,但這樣的

感覺如果被昇華了，還真有可能會跑出另一個泰瑞沙修女出來。

金星雙魚即使同時擁有很多情人，仍會讓每一位情人覺得非常專情。金星在雙魚座的男人溫柔體貼，雖然常常睡眼朦朧的樣子，他們所喜歡的人沒有特別的類型，除非觀察一下他們的月亮星座或許還可以找出一點線索。

惹人憐愛的金星雙魚女子，若遇上只顧自己的水瓶、山羊、射手、雙子，注定是要淚眼汪汪，因為愛就是金星雙魚的一切，為情人付出是金星雙魚最快樂的事。然而雙魚金星的包容力也極強，一旦愛上了，就算對方是個脾氣極壞的對象，也都能忍受下來。

金星與火星的相位

★合相

關鍵字：興趣、喜愛＋行動、衝動、性＋結合

由於金星的情感表現與對事物的喜好，深深地被火星的侵略性行動給影響，擁有此相位的人擁有絕佳的創造力，對於所喜愛的事情都會投入大量的心力。但同時金星也會軟化火星的侵略，使其容易與他人協調。

在感情方面，金星的溫和魅力結合了火星的侵略與暴力，讓人著迷無法抗拒，如果火星或金星同時擁有其他負面相位，則容易在感情中表現衝動。但一般而言金星與火星的相位都代表著感情上的絕佳魅力。

由於火星與性愛有關，擁有此相位的人也具有相當程度的性感魅力，性愛的歡愉是他們喜好的事情，性愛的需求與表現也比他人來得強烈。在金火合相時必須注意金星火星是否一個在強勢位置，而另一個在弱勢位置，若有這種情形兩顆行星的負面表現將會被加強，例如：金星火星同在牡羊座時，暴力與衝動將會提高，並且使金星的感性減少。此外當金星落入牡羊座、天蠍座，而火星進入金牛座天秤座時則為互融，也算是一種合相。

★三分相、六分相、半六分相

關鍵字：喜好、歡愉＋性、衝動、行動＋協調、關係

當金星與火星呈現三分相與六分相的調節相位時，能夠產生諧和的共鳴，讓當事人能善用火星的行動力與金星的魅力，在人際關係上也相當受歡迎。三分相時金星火星有著協調的結合，這些人擅長表現自我的優點，興趣多半結合了感性與力量的美。在此三分相中，火星表現較強時喜歡接觸自然，金星表現較強時藝術創作，不過，受到三分相的協調並不會有太多的偏重，就算是藝術創作也會有結合身體的勞動，而非空想或抽象的思考，例如表演藝術、戲劇、舞蹈等。

六分相能夠將火星與金星的結合精密化，常表現在學習與工藝的創作上，也擅長以實際的行動呼應周圍的伙伴，使得他們有良好的人際關係，在工作和商業上也有傑出的表現。擁有金星火星正面相位的人多半都能與異性和伴侶保持良好的關係，有時稍微衝動熱情，但魅力不減。

此外，必須澄清一個錯誤觀念，有人認為金星與火星的正面角度會讓人有「雜交」傾向，說來嚇壞許多人，不過這是對金星火星正面相位的一種誤解，金星火星在三分相、六分相與合相的人，都很能享受性愛生活，但此種性愛多半受到金星情感的約束，也就是說能夠與自己所喜愛的人，產生美好又熱烈的性愛關係。

不過，因為性愛觀念多半會受到文化背景的影響，例如在北歐或其他性愛觀念較開放的地區，金星火星的合相與正面相位或許就會提高雜交的可能，因為對這些人的文化背景來說，雜交是提高性愛歡愉的一種行為，至於在保守的地區恐怕仍說不通。畢竟雜交對某些人來說仍算是「不道德且無法接受的行為」，與其說雜交，還不如說是金星火星的正面相位影響，讓人能夠充分享受性愛的歡愉。

★對分相、四分相、半四分相與十二分之五相

關鍵字：喜愛、歡樂＋暴力、衝動＋衝突、破壞

金星與火星就算是形成了強硬相位，也都能夠替一個人帶來吸引人的魅力，與柔和相位不同的是，當強硬相位出現時，在此人兩性關係中容易有許多挑戰，在此一不協調的情況下，首先影響的是此人的人際關係，特別是與異性之間的互動。由於金星與火星的相互衝突，破壞了兩性之間相互吸引的協調。

在對分相時，尤其會嚴重影響到伴侶關係，無論在言語或行為方面都會衝突頻頻，也容易導致關係破裂。擁有此相位時性愛容易成為兩人關係的主軸，卻容易產生不協調的狀況，例如：只滿足自己而忽略對方的感受，或幻想著成為對方粗暴行動下的犧牲者或受虐者。

四分相時衝突將範圍擴及到其他人，因為當事者的言語和行為粗魯讓人無法接受，在友誼或愛情中容易受到挫折，情緒化的行動與言語也會讓人對這些人敬而遠之。這些人對性愛有強烈的渴求，除非受到其他行星的調節，這樣的渴求將會對此人造成身心上的傷害。

十二分之五相容易讓一個人對愛產生錯誤的幻想，愛上某個人即使願意為對方犧牲，卻會發現這個人並非真的所想要的伴侶。即使如此，這些人仍渴望藉由展現自己的優點或是為對方付出來獲得認同，這種人容易質疑自己對對方的情感，使得愛情失色。

金星火星的負面相位也容易帶來財務問題，衝動的消費以及浪費的行爲，容易造成此人的財務拮据，此外，在身體方面則容易出現腎臟、泌尿與生殖系統的問題。

金星與木星的相位
★合相

關鍵字：喜悅、歡愉＋擴大、願景、理想＋結合

金星與木星在占星學上都帶有歡樂的意味，此一結合強調了人生當中的愉快層面，從個人的喜好與伴侶的歡愉關係，到精神上的自在舒適都包含在內。這樣的人相當和善慷慨，待人親切溫暖也喜歡幫助別人，由於木星將金星的歡愉層面擴散，他們也願意帶給他人歡樂，這是這種人迷人的特質。

加上木星也同時提升金星的歡愉到精神層面上，使得他們對於人生中的眞善美深信不疑，追求眞理或宗教信仰，來提昇自己的知性與靈性。但金星與木星的結合還是會讓人因爲安逸而懶散，面對困難的事情會覺得能少一事就少一事，此時需要有力的土星或魔羯座、水瓶座來調節。

★三分相、六分相、半六分相

關鍵字：喜悅、歡愉＋擴大、願景、理想＋共鳴

和諧的歡愉產生在木星與金星的共鳴上，這樣的人就算命盤中有其他的困難相位，仍會有正面愉快的想法，由於木星同時具有理想與精神性，使得這樣的人特別關注宗教與慈善事業。

三分相時會讓人天生就具有慈悲心，樂於幫助別人，和合相類似的特點是，這種人也喜歡將歡樂與愛散播給其他人，很可能成爲宗教的擁護與宣傳者。六分相時這樣的歡愉會落實在友誼上，他們與朋友之間有愉快的互動與幫助，擅長平息他人的紛爭。不過這種相位也容易帶來懶散的特質，且有時會讓人覺得他們太過樂天，不瞭解事物的險惡。

★對分相、四分相、半四分相與十二分之五相

關鍵字：歡愉＋擴大＋受挫

正因爲金星是一顆溫和的行星，就算在與木星產生負面角度時，仍不會造成嚴重的傷害。只是在這種情況下，木星將金星和本身的缺點擴大，使得他們在情感與金錢的使用上毫無節制，這些人過度關注自我與歡愉，容易顯得奢侈、浪費，常將金錢花在不該花的地方。

這些人也頗爲自戀，認爲他人替他們做的事情都是應該的，特別在伴侶關係上，這樣的想法會造成情感破裂。

四分相容易造成情感的不協調，這些問題來自於對自我的迷戀，與人無法順利的相處，沉迷與表面的事物忽略了本質，因此在情緒不佳時更需要物質奢華的撫慰。

當金星與木星呈現十二分之五相時，會讓當事人習慣犧牲自己或讓他人占自己的便宜，無法分辨他人的好壞，也不懂得拒絕，只想要藉此鞏固與他人之間的關係，長久下來將造成心理上的問題，因此建議這種人必須學會如何拒絕他人的要求。

金星與土星的相位
★合相

關鍵字：歡愉、喜好＋嚴肅、責任、限制＋結合

金星與土星的結合，使得當事人對喜歡的人會很有責任感，或是會進一步發展自己的興趣。從感情的層面來說，土星的影響有許多不同的解釋，首先代表會鞏固了情感，讓這種人對情感認真忠誠，但同時他們也對情感無法輕易信任，於是他們會想要去瞭解什麼是愛情？愛的真諦是什麼？我有多愛對方？對方有多愛我？對於愛情這些人總是存在的許多疑問，有些疑問也可能會讓伴侶感到壓力。

此相位金星會軟化土星的嚴肅，不過土星重視實際與野心的特質也會反映在情感上，例如：考慮對方的社會地位與經濟能力等。土星與金星的結合會讓當事人對物質非常重視，並透過人際關係或伴侶關係，達成自我對名利與物質的追求。但金星的魅力與感性也會被土星消減，有時會讓人對感情感到失望。

★三分相、六分相、半六分相

關鍵字：歡愉、喜好＋嚴肅、責任＋協調

當土星從三分相或六分相的位置與金星產生共鳴時，金星所代表的和諧與土星所代表的責任相結合，讓當事人擁有穩定的伴侶關係，不過這些人仍然會對所謂的愛情提出質疑，或是抱著嚴肅且不容易輕信的態度。

三分相時會讓他們對周圍的人相當友善誠懇，在仔細考慮自己的能力去幫助別人，同時對於數學、物理、建築結構等飾物也有著相當的愛好。如何使事物的組織更為協調完美是他們擅長的技巧，所以應用在數理建築或是企業組織能力上都很適切。六分相時這樣的關係更容易應用在人際關係上，擅長安排人事組織，容易對自己的興趣付出更多的心力，也對工藝設計等事物感到興趣。

無論三分相或六分相土星的野心與金星的優雅態度相互結合，使得他們擅長創造出雙贏的關係，無論在金錢或利益關係上，他們都能夠以優雅的態度來獲取利益，擁有三分相的人常營造對自

己有利時機，六分相則時願意犧牲自己的小部分利益，來換得更大的成就。

★對分相、四分相、半四分相與十二分之五相

關鍵字：歡愉＋嚴肅限制＋破壞

在這些負面相位下，金星的歡愉被土星的冷漠給破壞了，對一個人的情感、金錢和創作力都有所影響。對分相時問題著重在伴侶關係上，這些人因為不擅長表達情感，且對感情抱著嚴重質疑的態度，感情路走得特別坎坷，且容易因為經濟因素影響伴侶關係，甚至是為了金錢而結合。此外，土星也帶來拮据的金錢運氣，同時使這些人無法感受到歡樂的事情，看法往往實際且悲觀。

四分相的衝突則容易帶來挫折，金錢方面容易有周轉不靈的情形，情感也容易因為不擅長表達或害羞而失去機會。土星同樣替這個人帶來灰色的思想，即使在歡樂中也都藏有艱苦的責任。

十二分之五相的人則常有疲於奔命的感覺，他們認為其他人一定是為了某些好處而靠近自己。而事實上，他們自己也不斷提供這樣的機會讓別人來利用。唯有先懂得尊重自己，並且釐清何時該幫助別人，何時該考慮自己，才能徹底夠解除這樣的困難。

金星與天王星的相位

★合相

關鍵字：歡樂、歡愉＋變異、改革、難以預測＋結合

代表歡樂的金星與難以預測的天王星結合時，在感情上容易帶來驚喜與驚訝，強烈獨特的個人魅力，以及一般人不太能夠理解的愛情態度。這意味著金星一旦與天王星扯上關係，無論正負相位或合相，在愛情上常有和他人不同的想法和表現，例如難以維持穩定的關係，或是突然其來的閃電戀情、被眾人反對的戀情，或是挑戰一般人倫理或道德觀念的愛情觀，或是目前正挑戰保守傳統人士的同性戀就是其中之一。

過去有人將天王星視為造成同性戀這種「感情病態」的主因，事實上天王星並不代表病態，天王星帶來的與眾不同並非病態，而天王星與金星的結合也不一定只帶來同志戀情，而是表示當事人在戀情方面總是與眾不同的，同性戀只是其中之一的可能而已。

由於天王星同時也守護代表社交生活的水瓶座，讓他們深受部分人士的喜愛，部分人士則受不了他們特立獨行的行為。這種人在工作上常有驚人的創意，思考也相當具有原創性，如果能將這種能力引導至藝術創作、寫作、商業行銷上將會有傑出表現，如果沒有宣洩的出口，則容易造成情緒上的緊張。

★三分相、六分相、半六分相

關鍵字：歡樂、情感＋變異、改革＋共鳴

天王星怪異的特性，在與金星呈現三分相與六分相時被沖淡了不少，但是仍有許多不尋常的痕跡可尋。這樣的人對於電子、高科技與身心靈活動都很有興趣，在戀情上則容易發展出快速的閃電戀情，並且和朋友的關係極為密切。

三分相會替當事人帶來特殊的吸引力，一種友善且樂觀的進步力量，從這些人身上散發出來，喜歡帶給人驚喜，讓其他人樂於親近，更容易遇到一些不平凡的朋友。在婚姻與愛情上常常會突然陷入戀情，或產生有別於傳統的伴侶關係。

不過，這種人天生就不畏懼他人的眼光，且有躲開這些批評的天生好運。六分相更讓此人容易把友情變為愛情，而他們重視友情如同愛情的態度，也會讓他們的伴侶很難接受。不過，他們雖然不喜歡情感上的束縛，但仍會有技巧地找出解決方法。

★對分相、四分相、半四分相與十二分之五相

關鍵字：歡樂、情感＋怪異、改革＋不協調

雖然天王星與金星的強硬相位，仍會替此人帶來受人矚目的吸引力，但在這些負面相位下，天王星的怪異與孤僻會替此人的感情世界帶來困擾，使得這種人無法輕易融入人群中，常有眾人皆醉我獨醒的感受，對自我的堅持和怪異的表達方式，也會造成情感上的困擾。

對分相時嚴重的影響伴侶關係，除了為人所不能接受的戀情外，這種人也容易快速的展開戀愛或結束一段戀情，他們的伴侶關係就如同他們的情緒一樣難以掌握，對自我的堅持也常遭到伴侶的抗議或反對。

四分相時與他人不合的情形更為嚴重，常認為周圍的人都不瞭解自己。而他們自己也常混淆周邊的關係，例如因為分不清友情與愛情而造成困擾。而天王星的四分相，更替人帶來怪異的情緒變化，異常的興奮或暴怒，種種的影響也會讓他們的生活較不穩定，容易變換居住的地方。

十二分之五相則替他們帶來對友情的渴求，希望藉由友誼來填補自己的不完整。建議這些人必須理解真正的友誼並非嚴肅的責任，以及當朋友有困難而自己卻不能幫助對方時，並不是一種罪過。

金星與海王星的相位
★合相

關鍵字：情感、歡愉＋身心靈、直覺與想像＋結合

海王星帶來的身心靈能力提高了金星的感受性，又因為海王星具有強烈的精神性與慈悲宗教情節，使得金星的情感得以擴散，這樣的結合如同金星進入雙魚座，是屬於強勢的位置。這樣的人慈悲善良樂於助人，又對於與宗教相關的事情有著相當的興趣，通常這些人也會努力追求純潔與具有精神性的愛，這樣的愛也常常經由宗教的影響而成為對普羅大眾無私的愛。

這些人除了對宗教產生興趣之外，對於藝術也有著敏銳的感受，敏感的個性讓他們擅長詩詞創作。需要注意的是在被負面角度影響的情況下，這些人的情緒容易不穩定，容易情感氾濫。

同時有人認為海王星的混淆與幻覺特質，會帶來男同性戀的陰柔特質，這個荒謬觀點就和將天王星視為同性戀的主要原因「變態」一樣，其背後的思想已經有時代性的偏頗，將同性戀視為一種海王星混亂的情感投射，是上一個世紀初期的錯誤理論。與其說海王星帶來混淆的特質，還不如說海王星提升精神層次的戀愛，使這些人不以身體與性別作為選擇愛情的條件。

★三分相、六分相、半六分相

關鍵字：情感、歡愉＋身心靈、直覺與想像＋共鳴

三分相與六分相是一種協調共鳴的

影響，有時比合相更具有正面的影響力，海王星的慈悲與預知心靈能力在這時候發揮得很恰當，這樣的人心地善良，在沒有其他負面條件下不會輕易傷害別人，對於藝術與身心靈事物也相當感興趣。

三分相時容易有奇妙且宿命的戀情，此人對感情敏感且浪漫受人喜歡，心地善良有同理心，很能夠安慰心靈受傷的人們。六分相時當事人的善良更是獲得良好友誼的因素，當事人也容易因此獲利。此外，這種人在藝術與創作上有相當程度的技巧，應培養類似的興趣，透過藝文、美術及音樂，能使他們的心理更為健全與快樂。

★對分相、四分相、半四分相與十二分之五相

關鍵字：情感、歡愉＋幻覺、犧牲＋受挫

海王星對金星的負面影響時仍會帶來慈悲善良的心腸，與對他人具有吸引力的朦朧美感，但卻會讓這些人不分輕重地犧牲自我，把自己弄得像個悲劇人物。由於當事人的幻覺勝過實際的藝術感受，如果欠缺執行能力則容易流於妄想，嚴重者甚至有酒癮或賭癮，或對其他人有過度的期待與依賴。

對分相時會帶來過多的幻覺與期待，並讓當事人有渴望犧牲的被迫害情結，他們需要不斷去依賴各種人事物的

救贖，也容易有複雜的情感、地下戀情或是毒癮、酒癮等，並讓自己的伴侶關係陷入惡性循環。

四分相時會讓人際關係變得很糟，尤其是當事人有意或無意的謊言與幻覺，以及過度敏感的情緒反應，會讓人不敢接近他們。這些人對事物有太過理想化的期待，加上心思又比較敏感，所以也比較容易受傷，或是徒有藝術的美感卻無法落實。海王星的負面相位都容易帶來複雜的戀情，這些人容易混淆自己的情感，或因太過浪漫容易墜入情網。

十二分之五相時的犧牲情結更為嚴重，更容易敏感受傷，為他人做嫁，這樣的人也常因急於表現，造成不必要的付出，事實上這些舉動相當無意義。

至於過去許多占星教材中，提到海王星的對分相與四分相會帶來同性戀傾向，根據研究指出命盤中同性戀的暗示並不只限於負面的角度，在天王星、海王星的正面角度中也會有類似的情況，所以當一個人的命盤中有大量的水瓶座、雙魚座、射手座、天王星、木星、海王星、天王星，與代表感情的太陽、月亮、金星、火星起作用時，同性戀的機率就提高許多，而天王星指的是與眾不同的戀情（有別於大多數的異性戀），海王星則是超越肉體限制的戀情（男女），都暗示同性戀的可能，並非只限於負面角度的影響。

過去的人常把命盤中縱慾、淫亂、亂倫、雜交、心理變態等特質與同性戀劃上等號，在今日看來已屬過時，也是一種歧視與污衊，繼續抱持這樣的心態，只是無端限制自己解讀命盤的能力。

金星與冥王星的相位

★合相

關鍵字：情感、喜好＋意志力、蛻變＋結合

冥王星的意志力帶來的強迫性，並不是十分適合金星的溫和喜悅，這些人擁有過多的熱情與精神力令人窒息，就算他們不去強迫別人一起探索神祕的精神世界，也會帶來神祕的吸引力讓他人追隨，對於愛與性同樣有著強烈的執著。

冥王星掌管性、死亡與再生，這些人對這樣的議題有著相當強烈的興趣，可能深入研究之間的關係，或是表現在性愛上，而他們在性愛方面的強烈熱情也會讓膽小的人感到害怕。

擁有此相位的人容易對周圍的人產生極端的影響，不是被他們的神祕魅力深深吸引，就是因為感受到壓迫而急於離開。此相位最明顯的例子，就是心理學的鼻祖佛洛依德，在他的理論中，認為許多行為都來自幼年對性的畏懼與幻想，他對於世人的強烈影響自不待言，在他的學生與合作對象中，有許多人被

他的理論深深吸引，但也有些人急於逃脫其箝制，例如：心理學家容格。

★三分相、六分相、半六分相

關鍵字：歡愉、情感＋意志力、蛻變＋協調共鳴

金星與冥王星的互動，藉由三分相與六分相的協調達到完美的境界，冥王星的蛻變與強烈意志力，不是所有人都能夠輕易接受，但在三分相與六分相所代表的協調與共鳴當中，金星的溫柔力量化解了冥王星的冷硬，冥王星的意志力與蛻變影響了金星的軟弱，讓愛情與的熱情能完美結合，讓當事人對性與愛有著強烈的執著。

三分相時會讓他們對愛情執著忠貞，一旦愛上一個人就緊緊地抓住不放，更時常覺得感情來自於宿命的安排，雖然不似合相或負面相位一樣令人窒息，但這樣的人仍對伴侶或周遭的朋友產生控制的慾望。不過當他們明白周圍人的感受時，就會產生冥王星蛻變的效應，讓自己不斷的蛻變成長，以獲得更和諧的關係。

擁有金星冥王星六分相的人，對於藝術創作有相當的技巧，社交技巧更是高超，能夠巧妙地左右他人。如果當事人對愛的執著曾經受挫，蛻變後在追求親密關係時將著更深刻的體會（三分相則自然改變較無法體會），也可能成為不錯的婚姻感情諮詢者。金星與冥王星

的正面相位，也替這些人帶來良好的財務狀況，讓他們十分擅於投資理財。

★對分相、四分相、半四分相與十二分之五相

關鍵字：歡愉、情感＋控制、暴力＋挫折

冥王星在負面相位的殺傷力相當強，由於金星的影響出現在情感友情與金錢上，對分相時首當其衝的就是當事人的伴侶關係，根據許多占星家的觀察，這些人在情緒與情感上有許多的不安全感，需要情人不斷的給予承諾與安撫，當他們無法控制情感時就容易感到不安，他們傾向嚴重控制伴侶的行動與思想，甚至想將對方完全改造成自己想要的樣子，在情緒上容易激動暴怒且無法控制，面對困難時就算受挫也不輕易放棄，如果將這樣的精力用在錯誤的方向，會造成許多傷害。

四分相在性愛與金錢上的表現十分特殊，他們的性與愛情很可能是維持生活的手段，可能嫁給不喜歡的人以求安定富足的生活。此外，這些人對於性有著許多幻想，如果能夠應用在藝術創作上，將會產生許多獨特的作品，反之容易受其影響產生偏差的行為。

這些負面角度都容易造成心理上的偏差，有時也容易表現在性愛上，由於對愛情的扭曲與對自己的憎惡，也可能會產生自毀的傾向。十二分之五相的影響帶來輕微的自卑情節，不擅長與異性

相處，在情感關係中容易受他人左右，或是為了證明自己有魅力或是有人愛而犧牲。建議擁有這種相位的人，必須調整自己與異性之間的關係，明白愛是互相關懷，而非一股腦的付出。

金星與上升、下降星座的相位

★合相

關鍵字：歡愉＋自我、他人＋結合

金星與上升星座結合時會造就出一個令人喜愛的人物，討喜的性格或具有魅力的外表讓人願意接近他們，這種人天生具有擺平紛爭的能力，並藉由言語和行動表達出愛與和平的訊息。

不過由於金星的溫和性，如果缺乏強而有力的太陽、土星、火星，很難在人生或事業上有所突破。而當金星與下降星座結合時，會帶來協調的人際關係，這樣的人很關注他人的生活與幸福，頗有成人之美，本身的婚姻與伴侶生活也相當美滿，由於其交際手腕高明，也會是不錯的公共關係人才。

★三分相、六分相、半六分相

關鍵字：歡愉、情感＋自我、他人＋調節

當金星在上升與下降星座中形成三

分相與六分相時，就暗示當事人有豐富的情感，以及得體的言行舉止，擅長在自我意識與他人的需求當中取得平衡點，讓大家都高興而自己也不會吃虧，這樣的人通常擁有幸福融洽的婚姻生活，與伴侶之間的關係也很甜蜜。

★四分相、半四分相與十二分之五相

關鍵字：歡愉、情感＋自我、他人＋不協調

當金星在天頂合相，卻和位於上升、下降星座的行星形成相位時，通常會讓當事人有嚴重的麻煩。金星與上升或下降星座形成相位時，代表此人的生活或是婚姻關係容易受到他人左右，例如受到家人的影響或是社會大眾的期待，讓自己陷入不愉快，有賴於其他行星的良好相位抒解。

十二分之五相時，則會讓當事人為了與他人妥協而作出過多讓步，容易在事後後悔不已，建議有這種相位的人必須調整心態，懂得有所堅持，或乾脆不要計較自己付出過的東西。

金星與天頂的相位
★合相

關鍵字：歡愉＋外在社會表現＋結合

當金星與天頂形成合相，會讓當事

人相當重視自己的外在表現，特別是在職場或社交生活當中，他們希望自己表現得得體，這樣的相位也產生許多受歡迎的公眾人物。但這種人也容易因此而影響到自己的生活與家庭的寧靜，這也是在之前金星與上升星座四分相時提到的困擾，這種困擾有賴於良好的相位來抒解，找出解決之道。

★三分相、六分相、半六分相

關鍵字：歡愉＋外在社會表現＋共鳴

當金星與天頂形成三分相或六分相時，意味著本身的魅力會對本身的事業與社會地位帶來幫助，這樣的人頗有上司和長輩緣，受到許多人的幫助，擅長職場的人際關係，本身也相當討喜，具有職場魅力總是比別人多得到些偏愛。

★對分相、四分相、半四分相與十二分之五相

關鍵字：歡愉＋外在社會表現＋不協調

金星與天頂的對分相值得注意，此人受到家族中女性（母親、祖母）的喜愛與控制，造成了此人對家庭有著極深的牽連，也因此限制了此人對外的發展，當家族中有需要時會優先考慮家人的需求。

四分相時在受到自我意識或婚姻關係的影響下，容易在事業猶豫不定。而當金星與天頂呈現十二分之五相時，則

因渴望被眾人喜愛，容易失去自己的立場，想法也比較不務實，如果不能調整這種心態，在感情和事業上都將造成困擾。

金星與南北月交的相位
★合相

關鍵字：歡愉、喜愛＋今生的精神成長目標（北月交）、前世完成的課題（南月交）＋結合

南北月交代表著今生的精神成長目標（北月交），前世完成的課題（南月交），同時北月交也代表著時代與潮流。當金星與北月交呈現結合時，代表受到因果業力的影響，讓當事人在婚姻和人際關係十分愉快，也常能掌握到幸運的時機和理財的契機，如何愛自己是此人今生應該努力達成的目標。

當金星與南月交結合時，此人的愛情運並不差，但是這種幸福仍容易讓當事人感到寂寞。愛與伴侶關係是這些人必須學習的課題，了解良好的關係是需要透過經營的。

★三分相、六分相、半六分相

關鍵字：歡愉＋幸、不幸＋調節

金星藉由與南北月交的良好相位，帶來健康的愛情觀和好的財務運氣。當與北月交成三分相與南月交成六分相

時，這樣的人有著幸運的伴侶關係，卻容易覺得不滿足與孤獨，必須學習世間沒有完美的事物，並且體認孤獨眞的存在，而愛情當中不只喜愛，還必須有接納與包容來改變自我。

當金星與北月交形成六分相，而與南月交行程三分相時，愛情需要努力才能夠取得，在求愛的過程中也將體會自己的需求，以及愛情對自己的眞正意涵。

★四分相、半四分相與十二分之五相

關鍵字：歡愉＋幸、不幸＋調節

當金星與南北月交形成四分相時，代表過去業力容易造成感情和金錢上的不順利，這樣的人感情和財務上總是容易出現小小障礙，或是因自己以不合時宜的舉止招致他人排斥，必須檢討自己對於情感和金錢的態度。

同時這樣的人在追求精神成長時，常常會捲入情感與金錢的糾葛，使得自己在人生的路途上常有動彈不得兩難的局面，面對這些挑戰，必須善用自己的福份與魅力，而朝成長的目標前進。

第十五章　火星與其他行星的關係

火星進入十二星座

火星的關鍵字是意志、生存、奪取、勇氣、戰鬥、膽識以及行動。火星在傳統當中被視為凶星，但現代占星學則認為，人們需要藉由火星的能力來打破僵局，採取第一步的行動，所以火星也代表一個人的行動力。戰鬥這件事情有許多不同的功能，但在遠古時候，最基本的功能就是保護自己，而火星正有這層意涵，一個人會採取什麼行動來保護自己，可以從火星的宮位、星座，以及和火星產生相位的行星看出。

由於火星的相位刺激，也會對其他行星帶來加速的影響（這一點必須看火星本身所處星座的能量），不過一般來說，與火星產生相位的行星都會被刺激（加速前進），因此在該方面的事物表現出較快且急躁的步調。

占星學中火星的代表符號是「♂」，並掌管行動力、事物的實踐、性愛、衝動或暴力行為，火星所在的宮位可以看出一個人在衝動時會有什麼樣的表現，同時還會透露一個女孩或男同志容易被什麼樣的男子吸引。當火星與其他行星形成強硬相位，或是與天、海、冥形成相位時，都暗示著意外與傷害的出現。

★火星在白羊座

火星落到了這個守護位置算是回到老家，火星白羊的性愛充滿原始的欲望與衝動，他們像是全身充滿活力無處宣洩。而火星在這個位置的暴力傾向也十分明顯，雖然短暫卻極具殺傷力，他們盲目的衝動，會讓他們在一時之間失去控制，而讓憤怒的情緒掌控自己，這點火星與在其他行星形成 45 度、90 度或 180 度的負面角度時更是必須注意。

如果這時候有土星、天王星或冥王星也處在不利的角度時，很有可能產生許多殘酷的行為，不過他們的怒火通常也不會燃燒的太久。這些人做事時缺乏耐心，喜歡嘗試新鮮的事物，但卻只有三分鐘熱度，除非命盤中有強而有力的土相星座，不然沒辦法持之以恆。

★火星在金牛座

月亮在金牛座代表著平和的情緒，可是火星來到這個位置則會有所改變，雖然他們行動遲緩不會為了小事動怒，但對事物的占有欲卻使他們容易因為這

方面的事情暴怒。他們平時的脾氣或許不錯，但發火時卻有如大地震一般，天崩地裂。

火星在金牛座的人對於性愛的需求非常強烈，但不會輕易的表現出來，他們對於性愛與肉體的接觸十分在意，是屬於氣氛浪漫且能持續加溫的那種，這也是因為他們相當在意性愛上的表現與情人的占有。由於火星落入金牛座處於弱勢狀態，這些人行動力並不強，需要他人的催促，不過一旦展開工作就會堅持到底，但需要花上多少時間只有他們自己知道了。而金錢是這些人的行動驅力，他們努力累積金錢財物，因為物質安全感是他們努力的目標。

★火星在雙子座

火星到了理智的雙子座，在某種程度上會減少衝動的特質，但也容易讓這個人變得毛毛躁躁的，像是猴子一樣沒有定性，缺乏耐心。他們在性愛的表現上並不是那麼重視，除非有個重視肉體關係的金牛、天蠍位在太陽或月亮、金星上，不然他們重視心靈上的契合絕對勝過肉體上的結合。

火星在雙子座的人很少衝動，或許在激動時會出現言語上的不愉快，如辯論或是用言語攻擊其他人，倒很像是具有風度的君子動口不動手。不過還是得注意火星有沒有受到土星、天王星、冥王星的嚴重影響，擁有這些相位還是可能讓他們失手做出傷害人的事情。受到

雙子座的影響，這些人做事通常有計畫，但卻很容易分心，也喜歡在工作時玩些小花招、抄捷徑的速成法，讓有些人覺得不是那麼光明正大。

★火星在巨蟹座

火星巨蟹在性愛上十分纖細敏感，他們很重視環境的影響，喜歡在有安全感的地方做愛，像是家中的房間裡，把窗戶關得緊緊的不讓任何狀況打擾，然後展開一場溫柔的纏綿，沒有安全感會讓他們什麼都做不成。而情緒激動會促使一個巨蟹火星做出不可理喻的事情，受到感情挫折時，他們沒有辦法控制自己的行動，會完完全全交由情緒去作主，悲傷時會失去行動的能力，激動時也可能揮舞著大螯嚇唬別人，這時就很可能會在失誤下傷害到人。

如果有相位不佳的行星在一旁幫襯，更有可能造成偏激的舉動。在工作時這些人倒是很有耐心，會乖乖完成他人交代的工作，但得小心他們的感情用事和門戶之見。

★火星在獅子座

火星在獅子座的人很清楚自己該做什麼，但缺點也是他們只知道自己要做什麼，容易忽略情人和其他人的想法。工作中他們喜歡主導計畫，希望別人照他的話做。

火星在這個位置的人在性愛方面也喜歡由自己主導，讓整個過程充滿歡愉

而熱情的氣氛，他們注重自己在過程的表現，對方如果能陶醉在他們的賣命演出中，對他們會是更大的刺激。

獅子火星的脾氣壞又沒耐心，常耐不住性子。他們的激動表現很戲劇化，不高興時會火大地捶胸頓足、破口大罵，太過衝動時也可能出手傷人。要是火星與水星金星以外的行星形成凶角，有可能出手過重造成遺憾，需要特別注意。

★火星在處女座

熱情衝動的火星到了處女座，熱情頓時減半，喜歡激烈性愛的人絕對受不了和處女火星的人做愛，因為在這性愛的過程中，他們常會過於注重一些細微的步驟與反應，而忽略性愛過程的流暢。雖然說處女火星平時冷靜，但仍可發現他們有些毛躁的個性。

處女座的緊張與不安容易結合火星的衝動與暴躁，轉化成易怒的個性，甚至會有些神經質的表現，他們可能脾氣不好地嘮嘮叨叨，不過因為衝動而傷害人倒是較少見的情況。火星在處女座的人做事講求實際，實事求是，喜歡事先計畫，且相當重視旁枝末節，有些時候會因為小事，而耽誤重要的環節。

★火星在天秤座

火星到了天秤座時，衝動的特質也會被削減，受到禮儀與優雅的限制，使得火星原始的粗暴與衝動被隱藏或包裝

起來。這些人在工作上重視外交手腕，常常靠著與他人的關係而獲得良好的職位。

在性愛方面這樣的情形會轉化成令人愉悅的氣氛，就算記不得過程中這些人表現得多嫵媚、多勇猛，但一定會感受到整個過程是令人愉快的，這些人很懂得優雅且不著痕跡地製造氣氛，讓對方覺得性愛是一件舒適浪漫的事。

天秤火星的人即使衝動時仍會保持著一定的風度，不過因為他們太過於替他人著想，容易考慮太多事情，導致忘了自己情緒的存在，粗暴的行為並不會隨著機動出現，火星嚴重受剋的人則是例外。

★火星在天蠍座

冥王星的暗黑能量結合火星的陰暗勢力，這往往讓天蠍火星在行動時令人不寒而慄，冥王星意志力的驅使會讓天蠍火星不達目的絕不甘休，也會有未達目的不擇手段的瘋狂行為。

這個火星對性愛重視的程度超乎一般人所想像，技巧高超且狂野是天生的烈火情人，他們的愛意與肉慾一樣濃烈，占有欲更強，任何人都別想奪走他們所想要的事物包括情人。和此人為敵絕對要全然防範，憤怒與仇恨會讓他們做出玉石俱焚的行為，千千萬萬要小心，縱使他們的情緒沒有當場爆發，但經過壓抑與長期的醞釀所形成的報復會更為可怕，只能奉勸惹上他們的人最好

小心些。

★火星在射手座

　　火星進入射手座帶來了愉快的渲染力，他們習慣將快樂帶給每個人，對於許多事情也抱持著樂觀的態度，但不知節制是這個火星的最大缺點，雖然不見得到縱慾的地步，不過他們熱情大膽的性愛觀念常會嚇壞保守的伴侶。其實，與其擔心這個擔心那個，而掃了射手火星的興致，還不如放鬆心情好好享受。

　　射手火星不記仇的態度，只要不過分去激怒他們就沒事，他們能夠不計前嫌與他人合作，但如果激怒了他們，一切就很難說了，就算沒有不良的相位影響，射手座的無法控制加上火星的衝動還是得小心。工作上火星射手座是出了名的粗心且沒耐心，他們很容易打翻東西、弄丟物品、無心的傷害他人和自己，意外傷害總常常伴隨著這些人。

★火星在魔羯座

　　火星落在魔羯座，在占星學上來說是屬於強勢的位置，火星的衝動與幹勁受到魔羯座的耐心延長，而暴力也受到約束，從許多方面看來這會是一個不錯的位置。這些人通常熱衷於名聲與社會地位的追求，做事有計畫且痛恨不照規矩來的人。

　　除了事業心重之外，他們也很講求職業倫理與輩分，也可能是那種會拍老闆馬屁求升官的人。性愛對他們來說必須是在工作完成之後的事，通常要等到他們完成一件工作，心情不錯時，在性愛的表現上就會非常棒。不過要記住，他們可是持久型的伴侶，和他們做愛可別草草了事。

　　另一方面，關於情緒與暴力他們會相當自律，再怎麼憤怒也不會把拳頭揮向別人，這樣壓抑的情況也常讓他們過得不愉快，受到一些負面影響時，則會把這種力量轉為計謀與權力的追逐。

★火星在水瓶座

　　即使表面上看起來是文質彬彬的君子，但火星水瓶上了床的表現可能會讓許多保守的人受到驚嚇，首先許多觀念先進的水瓶火星能夠接受純粹的性，不包含愛情在其中，性對他們來說可以是滿足身體欲望的一部分，而非愛的表現。不過當然，他們也能夠接受有愛的性，並且喜歡在過程中加入許多刺激，例如：姿勢的變換、情趣道具的使用等。

　　受到理性的控制，他們絕對知道自己在做什麼，至於暴力更是沒有必要的東西，他們尊重人與人之間的平和，不過得注意的是，如果受到負面相位的影響，這個位置可能是那種冷酷、殘忍的智慧型犯罪最佳代表。工作時他們常有許多創意和驚人之舉，適合從事高科技的工作，不過耐心卻不太足夠。

★火星在雙魚座

火星在雙魚座往往沉溺於性愛與感情之中，他們的性愛是屬於溫柔浪漫的，往往讓情人隨之沉陷。在工作與行動上，火星雙魚的人有時會較為軟弱，做事容易改變計畫且猶豫不決，做事也常常虎頭蛇尾的相當被動，需要有人督促，否則很難在工作上有傑出表現。

當此人激動時必須小心，雖然火星在雙魚座缺乏力量，但他們對於情緒與力量的控制更是欠缺，當他們受到強烈感情的羈絆，再加上自制力差，就容易在精神恍惚的狀態下做出失控的行為。身邊的人要記住，他們常會陷入這種狀態，一旦激動時，最好多多留意他們的情緒和精神狀態。

火星與木星的相位

★合相

關鍵字：行動、精力、暴力＋擴散、理想＋結合

火星與木星的結合帶給人鮮明的印象，除非兩顆行星都在較為保守安靜的星座，否則他們看起來就是精力旺盛的過動兒。這些人對於有興趣的事情都會一股腦兒地鑽進去，但除非有好的土星位置影響，否則不容易有耐心去完成。

由於木星擴散了火星的行動力與精力，讓他們很難靜下來，喜歡跑來跑去，脾氣也不是很好，做事一點也不細膩，甚至常常打破東西。在職業上這樣的人適合從事運動，或是在外頭奔跑的行業，傳統上許多軍人與將領都有這樣的相位，此外在金融產業，特別是與投資有關的行業也相當適合。

★三分相、六分相、半六分相

關鍵字：行動、精力、暴力＋擴散、理想＋適度共鳴

這些人是行動派，不喜歡空口說白話，有些人甚至是在思考之前就展開行動，這樣的相位常出現在喜歡運動、冒險、旅行的人身上。這樣的人做事積極，相當有勇氣，在面對困難時很少畏懼，擅長克服困難。三分相更替此人帶來宗教信仰上的熱誠，更喜歡以實際的行動來幫助別人。更幸運的是，由於這些行動替他們帶來許多好運，所以常會看到傳教士和社工人員是此相位。

六分相在體能與精力上有過人的表現，和周圍朋友的互動良好，就算不是同儕之間的領導者，也會是團體間重要的動力來源。對於工作與學習方面，六分相帶來了活力與技巧。當某人擁有火星與木星的正面相位時，表示此人在身心上面都具有過多的精力，在性愛的表現上也十分熱情激烈，建議他們尋找適當的體能活動來宣洩。

此相位如果有其他負面相位影響，可能會將這樣的信仰執念與精力，轉為

令人畏懼的好鬥本性。賓拉登（Osama
Bin Laden）就有火星與木星的三分相，
同時和象徵恐怖主義的冥王星形成四分
相，對他而言，他是為了回教的信仰價
值而發動聖戰，但冥王星的恐怖手法卻
犧牲許多無辜的人。

★對分相、四分相、半四分相與十二分之五相

關鍵字：行動、暴力＋擴散、表面＋傷害

　　火星遇上木星就像是一顆炸彈一
樣，如果適當使用可以突破困難，但形
成負面相位時，就如同將炸彈用來傷害
人時一樣可怕，木星有利己的特性，在
此一負面相位，受傷的往往是被這些人
利用的人。這樣的人做事不顧後果，講
求速度卻沒有品質，脾氣暴躁容易誤判
情勢，甚至盲目地樂觀或相信別人。

　　對分相時暴躁的脾氣容易影響此人
的伴侶關係，因為木星也帶來自大妄
想，容易強迫別人接受他們的觀念與信
仰，在享樂與性愛方面毫無節制，常常
遭受挫折卻不會記取教訓。四分相具有
強大的破壞能力，使得這樣的人思想偏
激，在行動上這些人喜歡走極端，且常
為達成目的不擇手段，更擅長利用別人
讓周圍的人相當困擾，這樣的人在介入
宗教與政治和軍事時，會偽善地藉口掩
飾自私的動機。

　　敏感的十二分之五相帶來特殊的互

動，這樣的人容易基於罪惡感去幫助別
人，在幫助別人的同時，卻又想限制自
己與對方的行動，造成雙方的困擾與怨
恨。這種人應該看清自己的意願與力
量，如果無法幫助或不願意幫助別人就
不要去做，更別期望從當中要求對方做
任何的配合與回饋，那只會造成彼此的
困擾。

火星與土星的相位
★合相

關鍵字：衝動、精力、暴力＋實體、限
制、長時間＋結合

　　在相位的闡釋中，合相同時結合了
兩個行星的正負面影響，火星與土星的
結合就是一個鮮明的例子。在正面的影
響上，土星限制住火星的衝動與暴力，
這樣的人做事會更有計畫，不容易衝
動，相當有耐心，願意一步一步把事情
完成。這樣的人會服從階級的制度，可
以接受嚴苛的考驗，但忍受力卻不是很
夠，他們會將怨氣突然發洩出來，或是
發洩在可欺負的人身上。

　　負面影響會使這樣的人具有強大野
心，行動的背後常有他人不明的動機，
行動現實且冷酷殘忍，對周圍的人相當
專橫。火星容易在這些人身體上帶來傷
害，特別在流年有行星會合此相位時。
這些負面影響在與其他行星有不良角度
時則更為嚴重，從種種跡象顯示，這樣

的圖形也常會出現在軍人和勞工階級身上。

★三分相、六分相、半六分相

關鍵字：衝動、精力、暴力＋實體、限制、長時間＋諧和共鳴

土星在某方面可以克制火星的衝動，像是成為 120 度的三分相或是 60 度、30 度的正面角度，能夠讓火星具有魔羯克制衝動的特質，並且讓這種人組織能力特強，擅長安排與協調人事物的規劃。

三分相時這些人具有相當程度的耐心，他們善用時間技巧與關係，總是將事物與時間的效應發揮到最大極限，在機械與製造上有著很棒的頭腦。良好的規劃與組織能力會使他們容易成為一流的經理與政治人才，行動時總是謀定而後動，往往是那種在幕後熟悉情勢很長一段時間之後，才會轉往幕前表現的人。六分相的人同樣善用時間與人事物的資源分配，但對人對己的要求相當嚴格，態度務實且不怕困難，同樣地會去激勵或督促身邊的人們完成該做的事情。

★對分相、四分相、半四分相與十二分之五相

關鍵字：衝動、精力、暴力＋實體、限制、長時間＋傷害、挫折

火星與土星的負面相位常帶來憤恨的力量，這樣的人格常因行動受阻，而產生對他人的怨恨。另一方面土星仍利用火星來實踐野心，只是常不得其法地造成挫折與失敗，並進而傷害周圍的人。

對分相時嚴重控制了土星的行動力，或讓行動導致大量的傷害。這樣的人較為現實殘忍，很少給予他人幫助，常會利用他人來實現自我的私利，並造成人際關係的緊張，或是產生財務和法律的糾紛。四分相帶來行動與野心上的挫折，同樣的造成惡性循環引發不良的人際關係，這些人也常莫名其妙的限制自己與他人的行動，容易帶來灰暗與偏激的人生觀。

十二分之五相常會讓當事人做事不夠果斷，在行動上也容易被他人利用或坐享其成，考慮過多事情，並帶來身心上的困擾，必須學習當機立斷，不要讓自己老是活在悔恨當中。所有的火星土星負面相位，都會帶來嚴重的意外傷害與骨折，這些人必須更加注意自己的安全。

火星與天王星的相位
★合相

關鍵字：行動、精力＋改革、變換＋結合

當火星的精力與天王星的改革力量

結合時，首先會帶來變動的能量，這樣的人不會安定地待在一個地方，會不斷尋求變化與新鮮的事物。他們喜歡打破既定的事物，改變生活中的事物，或甚至改變世界的想法，是這些人的動力來源。他們也很願意將精力貫注在與天王星有關的社會團體、社會福利、電子或高科技上面。

不過天王星在此相位，會加強火星的衝動與緊張的情緒，他們很難放鬆自己，也容易替自己帶來身心上的問題。此外，擁有此相位的人行動往往令人無法猜測，他們不喜歡一成不變的事情，討厭任何的牽絆，所以常常獨立行動。加上天王星代表意外、火星代表傷害，當這兩顆行星產生共鳴時，就容易帶來意外傷害。不過這些人遇到困難時，也常會有絕處逢生的逃脫方法，這也是因為他們思考的方式本來就與眾不同。

★三分相、六分相、半六分相

關鍵字：行動、精力＋改革、變換＋共鳴

天王星主導革命、變動、反傳統或是別於常態，火星受到這樣共鳴的影響，使此人在行為上與他人不同，會標新立異地突顯自己的存在，所有與天王星產生的連結造成特殊不受約束的部分。這些人在行動上無法接受他人的約束，也不願意依照傳統的模式進行，常被人認為是異類。但事實上，天王星對於社會公益的關注相當強烈，會願意把時間和精力，花在從事對社會有意義的公益活動或政治行動上。

三分相工作表現上帶來許多創新的行動，他們擅長將事物改變成適合目前的狀況，他們精力充沛，一旦展開行動就停不下來，不過耐心與毅力不足會是一大缺點，所以適合短時間的全力衝刺。這些人通常也很有能力落實抽象的思想，他們的行動常常是創舉，讓人感到驚訝。

六分相會帶來他人無法猜測的行動，這也是有人以為他們動作很快的原因，事實上他們只是用了些小技巧，讓人誤以為他們動作很快。這樣的人特別擅長改變事物、改造物品和提出創新的理論，在數理與機械上都有不錯的表現。不過就算天王星與火星有著和諧的共鳴，仍不能忽視火星結合天王星暗示的意外傷害。

★對分相、四分相、半四分相與十二分之五相

關鍵字：行動、性、暴力＋改變、異常＋對立、挫折

火星與天王星的負面結合帶來令人害怕的能量，讓這些人的行動永遠無法令人接受並產生誤解。他們的脾氣暴躁且常與人發生爭執，這是因為他們喜歡用激烈的手段來進行改變，而在發生衝突時也容易有意外發生。

對分相時會讓他們與配偶的關係不佳，因為他們無法順從任何人，也不願意與任何人接近，因此很難維持長久的親密關係。出現四分相時此人怪異的想法與行動常遭周圍的人打壓，也引發當事人對他人的反抗與厭惡。在某種程度上，這些人是理想主義者，很難與現實妥協，但衝動不顧後果的行動，常讓這些人嚐到失敗的苦果。當天王星與火星結合時常暗示著意外傷害的出現，如為負面角度將更為嚴重頻繁。

當 125 度角出現在火星與天王星之間時，會替當事人帶來衝勁，對自我的要求也較高，但有時也會太在乎自己在他人眼中是否是獨一無二，反而因此無法把事情做好。而這些人也要特別小心，在從事風險性高的運動或工作時（特別與電力或能源有關時），必須多加注意，免得造成傷害。

火星與海王星的相位

★合相

關鍵字：行動、性、暴力＋夢幻、慈悲＋結合

在行動上海王星與火星的結合產生了一種具有美感的行動，海王星的夢幻讓此人在藝術上有不錯的表現，如果將精力與活力應用在藝術或表演上將十分適當。海王星同時代表了宗教與心靈，與火星的結合會將此人的行動與活力導

向這些領域。無論這些人想法有多實際，但總會莫名地做出一些讓人覺得奇怪，卻又很浪漫的事情，例如：非常戲劇性的犧牲放棄。不過這樣的舉動也能找到原因。基本上這樣的人對事物有相當程度的期待與理想，如果無法達成他們就會採取戲劇化地乾脆放棄，造成浪漫、灑脫或悲戚的效果。

而海王星也提高了這些人的不可預測性，海王星如同一位擅長以幻覺欺騙他人的魔術師，讓這些人在行動時常籠罩一層神祕的氣息。適合在商業、政治、軍事中發揮他們的謀略，他們也喜歡躲在幕後讓人看不見自己的真面目。

海王星的神祕令人多了浪漫幻想，與天蠍座或冥王星帶來的壓迫大不相同，海王星與火星的結合常帶來一些他人認為靈異的能力，但也時常被濫用。海王星的夢幻與模糊容易讓行動走錯方向，也讓人無法集中精神，造成精力與體力的浪費。而當一個人盛怒時海王星無法控制火的行動，反而會更為情緒化，容易造成嚴重的後果。當火星與冥王星結合出現在命盤時，也常帶來肉體上的嚴重傷害，特別流年當中有行星與此一相位產生合相或對分相時更要注意，這一點必須提醒當事人注意。

★三分相、六分相、半六分相

關鍵字：行動、性、暴力＋夢幻、慈悲＋共鳴引導

當海王星引導火星時，宗教、藝術同樣容易成為行動的目標，行動上的浪漫美感依舊不減，且幻想力與藝術感受相當豐富，對心靈與精神的事務上也很有興趣，常追求身心靈平衡的生活方式。這些人的行動同樣受到情感的影響，敏感容易情緒化，卻十分善體人意，願意將時間付出給慈善事業或是義工。

出現三分相時，除了上述的狀況，還擁有天生讓人無法臆測行動的能力，如果他們想遮掩某些行動，勢必可以騙得過很多人。這些人天生與宗教心靈事務有著密切連結，容易受到宗教的啟發與引導而行動，工作時則喜歡躲在幕後安靜的達成目標。

六分相有利於藝術創作的發展，並具有號召他人共同為宗教或慈善事業付出的熱情與能力，同時，他們也具有隱藏自身行動的技巧，讓人無法預測他們的行動。無論是三分相、六分相，或是合相的結合，都會讓當事人具有神祕的靈感能力。例如：一些預知的幻象或神奇的直覺等，但在三分相與六分相時，能夠較適當地被應用。

★對分相、四分相、半四分相與十二分之五相

關鍵字：行動、性、暴力＋夢幻、欺騙＋挫折失敗

海王星與火星的負面相位帶來嚴重的干擾，火星的衝動與能力都容易被誤導，讓這些人容易因衝動而做錯事，甚至發生遺憾的事件。這些人同樣對宇宙有著神奇的感應，但是這些感應卻讓自己困擾，使他們無法適當的應用這些感覺。

對分相時，在行動上常造成誤差，本身豐富的神祕感受，只會造成他們與他人的距離，也因為無法受到他人理解與接受，使他們需要更多的慰藉，並因此墜入毒品、酒精或近似騙局的宗教信仰，性愛上也容易造成令人無法接受的耽溺，甚至出現有些令人覺得病態的行為。

四分相時的受挫常導致情緒的內化，由於他們相當敏感，會不斷強迫自己吸收承受失敗與挫折的感覺，也容易有毒癮的問題或酒癮等問題。加上與他人的關係不睦，在性愛上表現也會較為粗暴或病態，但如果能夠超越這樣的挫折感受，此相位將成為一種強大的動力。海王星的負面相位都與幻象有關，這樣的角度也容易帶來不誠實的欺騙行為，在對分相嚴重時容易欺騙他人，也容易受人欺騙，四分相時則傾向自我欺騙。

十二分之五相則帶來此人對自身行動理想化的要求，以致於浪費了許多精力在上面，也容易為不必要的關係付出太多精力，而在身體方面則須小心藥物的使用所造成的傷害。

火星與冥王星的相位

★合相

關鍵字：行動、性、暴力＋意志、控制、重生＋結合

　　冥王星與火星有某種程度上的相似，基本上兩顆都是屬於行動的行星，火星呈現陽性的衝勁與活力，冥王星則呈現陰性的控制力與再生力量，當兩顆行星結合時，「力量」成為唯一突顯的主題，讓這些人顯得精力充沛，卻也有所節制。

　　火星與冥王星的結合克制了衝動，並增加了控制性與意志力，使得當事人在工作與行動上有更多條件來成就一件重要的工作。不過火星與冥王星的負面因素也會同時呈現，讓他們的個性中暗藏毀滅的特質，情緒激動時也可能選擇玉石俱焚的方式來結束一切，此相位受到其他負面相位刺激時也容易出現暴力傾向，建議這些人可以透過運動來抒解過多的精力。

★三分相、六分相、半六分相

關鍵字：行動、性、暴力＋意志、控制、重生＋協調

　　類似合相的控制性與意志力都會在正面相位產生，讓這些人在體能上擁有十足的活力、意志力堅定、不輕易被挫折給擊倒。三分相帶來天生的自我控制

能力，是良好的組織經理人才，冥王星同時具有結束與再生的能力，這些人在工作與行動上的行動不會太莽撞，通常經過仔細的考慮才會採取行動，並且不斷地檢視自己的行動，擅長修正錯誤的步驟。如有需要，他們也會選擇結束錯誤的一切，重頭開始，不會因為這些錯誤而輸給其他人。

　　六分相加強了肉體上的控制能力，使得這些人在運動上常有傑出的表現，有相當足夠的意志力與耐心，也擅長組織和規劃。

★對分相、四分相、半四分相與十二分之五相

關鍵字：行動、性、暴力＋意志、控制、重生＋衝突

　　火星的負面相位會呈現在肉體的傷害與精神上的壓力，讓這些人在行動中傷害到自己或他人。由於他們習慣採取激烈的舉動，在個性上容易出現自私蠻橫的表現。雖然這樣的個性也會藉由冥王星隱藏，不至於無端表現出自己的衝動與危險性，但會藉由暗地的行動來滿足私慾。

　　特別在對分相時有控制他人的傾向，在性關係上也有類似的控制與被控制的慾望，甚至藉由衝突傷害來達到滿足。行動上這些人也常不顧自身與他人的安全，為了達成目的不擇手段。

　　四分相容易帶來行動上的挫折，讓

當事人常得面對艱苦的環境，加上冥王星的意志力與固執並不允許自己放棄，也常使這樣的人鑽牛角尖，做許多浪費精力的事情。不過，在衝突與挫折中不斷地成長，亦是火、冥四分相的優點，如果命盤當中有其他行星與吉相位引導，能夠轉化這樣的意志力與蛻變，就容易造就出偉大的人物。

火冥的十二分之五相會帶來沉重的負擔，將背負許多莫名其妙的責任在自己身上而不自覺，並造成心理與身體上的壓力，也常暗示著嚴重的傷害與疾病。要知道十二分之五相帶來的敏感與罪惡感常只是心理因素，尋找出這種意識的根源，並幫助對方跳出迷失，是必要的工作。

火星與上升、下降星座的相位
★合相

關鍵字：行動、暴力、性＋自我、他人＋表現

根據法國占星與統計學家高葛林的統計，當火星出現在四角時容易造就軍人、運動員等職業上傑出的表現。這樣的人體能良好、肌肉發達且相當有運動天分，更有著驚人的爆發力，在有壓力的情況下特別能夠表現。與上升星座結合時好動中會有些粗魯，個性十分火爆且喜歡引人注意，若沒有其他行星相位

的配合，容易衝動行事、獨斷獨行，難以與他人合作。

當火星在下降星座出現時，則會影響到當事人的婚姻，性愛與工作常常是連結他們與親密夥伴的重要關係。此外，這樣的人有強烈支配與利用他人的傾向，在與他人合作時也表現得十分搶眼。

★三分相、六分相、半六分相

關鍵字：行動、暴力、性＋自我、他人＋調和

當火星在上升與下降星座間呈現三分相與六分相時，溫和的角度調節火星的暴力與行動，讓他們願意在自我和他人之間造就和諧的關係。特別是在伴侶關係方面，他們會表現得相當熱忱，性愛方面則在滿足自己之餘，也很能體貼對方。在行動上不像是合相一樣會利用他人來利己，或是獨斷獨行，反而能夠結合自己與他人的力量共同創造彼此的利益，適合擔任團體或公司組織中的協調人員。

★四分相、半四分相與十二分之五相

關鍵字：行動、暴力、性＋自我、他人＋調和

當火星與上升下降星座呈現四分相時，代表著外力的干擾，當火星在天頂

與上升、下降成四分相時，代表當事人容易犧牲掉自我的生活與他人的幸福，來滿足自我在事業上的野心，成為一個埋首工作追逐名利的人。當火星落在天底形成衝突時，則表示容易因為家庭的束縛而犧牲自己的利益，這樣的人在行動上較被動，且常遭到家人的控制與影響，伴侶關係也常因此出現問題。當火星與上升或下降星座，呈現十二分之五相時，必須注意身體上的健康，尤其是過於投入某些事情讓自己的體力透支。

火星與天頂的相位

★合相

關鍵字：行動、精力＋事業、名望＋結合

當火星與天頂形成合相時，當事者會為了事業與名利付出許多心力，這樣的人容易將全部的精力投注到事業中，有著強烈的事業野心，喜歡與人在社會上一爭高下。這樣的相位特別容易出現在體育界、政界和職業軍人當中。

★三分相、六分相、半六分相

關鍵字：行動、精力＋事業、名望＋調和

當火星與天頂和天底形成三分相和六分相時是相當幸運的，會讓當事人擅

長規劃行動，對於自己的職業生涯也會有精細的打算，且不浪費力量來達成自己的目標。雖然通常靠著自己的努力就可以成功，但這些人總是有更好的運氣，得到他人有心無心的幫助。

★對分相、四分相、半四分相與十二分之五相

關鍵字：行動、精力＋事業、名望＋挫折

當火星與天頂形成對分相或四分相時，暗示這些人在追逐事業名聲時，常會受到干擾，原因可能來自於自身的衝動、家人的阻擾，或是與伴侶或他人的不和睦，在不同的位置下有著不同的解釋。如果天頂有顯著的行星時，將會形成嚴苛的挑戰，卻也可能因為嚴格的訓練，終於獲得相當的成就。十二分之五相會帶來對自我名聲與外界認同的過度期望，也容易為此浪費不必要的時間與精神。

火星與南北月交的相位
★合相

關鍵字：行動＋與他人的接觸＋結合

當火星與北月亮交點結合時，會讓當事人的行動容易受到大眾認可，從另外一方面來說，這也是因為他們的舉動常是最適合大眾需求或符合潮流的。這

些人在行動上充滿熱情，並且通常也滿
幸運。當與代表不幸的南月亮交點結合
時，則會有完全相反的情形，行動常與
大眾所期望的相違背，例如：因為某些
因素在不該出現的場合出現，或是做了
不適合時宜的事情，而遭到大家的排斥
等等。

★三分相、六分相、半六分相

關鍵字：行動＋今生的精神成長目標
（北月交）前世完成的課題（南月交）
＋共鳴

　　當火星與南北月交形成三分相與六
分相時，這種人容易理解自己的優點與
缺點，對外界社會的需求也相當敏感，
很清楚什麼該做什麼不該做，也因此常
能夠發揮截長補短的作用，也常常用自
己的優點來掩飾缺點讓自己成為一個很
受歡迎的人物。從業力因果來看，這樣
的人能夠善用南月交所代表的前世經
驗，來協助自己成長並完成今生課題。

★四分相、半四分相與十二分之五相

關鍵字：行動＋幸運（不幸）＋衝突

　　當火星與南北月交都形成四分相
時，當事人容易因為不合時宜的舉動受
挫，這種人也較無法感受他人的需求，
常因此得罪人，或是夾在兩派人馬間兩
面不討好，有些宿命論的占星師認為，

這代表著前世所做的惡業果報。

第十六章　木星與其他行星的關係

當木星進入十二星座

　　木星的關鍵字為擴張發展、膨脹、智慧、豐富，特別指精神與物質方面，尤以精神上的意涵更明顯，例如：所相信的事物、信念、生活哲學、政治、宗教和學習等。木星在黃道間的星座運行週期為十二年，中國人稱木星為「歲星」，也就是俗稱的「太歲」，木星大約一年更換一個黃道宮位。

　　木星會擴散黃道上所在星座的特色，這樣的特色反應此人所具有的理想特質，以及此人對宗教、哲學和人生的態度，以及獲取知識的方式。木星也代表了幸運的特質，或是做什麼事情的時候較為順利，從哪裡可以獲得較多的利益等等。

　　一般人提到木星時往往會聯想到宗教信仰，但事實上，木星也包含了一個人在生活中相信的事情，或是如何去執行自己的信念等，亦即一個人的生活哲學。例如：木星在金牛座的人就必須透過接觸，才能對一件事情（論點）產生信任，木星與其他行星的相位，則代表著人們對信念的態度，例如：木星與火星接觸時，就會促使當事人為了信念而戰，木星和土星的結合則會使當事人採取保守的態度，不斷地質疑一件事的真實，並在通過檢驗時堅信不移。

★木星在白羊座

　　木星在白羊座的人充滿自信，生活態度勇敢且認真。對於自我的認同，就是他們最重要的啟發，自我實現則是木星在牡羊的人生目標。當談論到宗教、信仰、理想時，此人總是很有自信地侃侃而談，絲毫不掩飾對自我和眾人的期望，可以說相當自我，這種自信和社會經驗及生活經歷無關，而是天生就有的自信與樂觀。一旦這種人認定某種宗教、某種哲學，或是可以貫穿所有生活的信念時，就會展開熱誠的追隨。

　　這些人也稍具侵略性，習慣將自身的經驗投射到別人身上，或是強迫別人接受自己的信念。如果太陽、月亮或水星也在這個位置，將造就一個自以為是的傢伙。當木星的相位不佳時，這樣的人無法體驗別人的感受，思想也比較狹隘，容易活在自己的象牙塔當中，在生活上則顯得混亂，且做起事來毫無節制，習慣浪費金錢。

★木星在金牛座

木星受到金牛座的影響，在宗教與道德思想上顯得傳統保守，他們常是那種深信認真工作賺錢是榮耀上天的新教思想擁護者。不過，這些人對金錢的看法比起其他的金牛座來得大方，喜歡與人分享生活中的事物，他們很擅長聚集資源。但缺點是氣度與心胸都有些狹隘，不容易接受與自己觀念不同的人，常有門戶之見。

這樣的人在金錢上是幸運的，常有好的財運，就算把錢花光光或遇到財務問題時，也很容易得到幫助。財富的追求能替他們帶來快樂，也可能是他們重要的人生目標，同時也重視物質上的享受，認為錢就是要賺來花的，願意花大筆的錢置裝、布置居家環境或享受美食，在花錢上較無節制，飲食方面也容易暴飲暴食。一般來說，這樣的人有些揮霍，除非木星受到嚴重負面影響，才有可能變成守財奴。

★木星在雙子座

木星落在雙子座屬於弱勢的位置，正好與木星守護的射手衝突，讓木星原本的擴展與深入等特質受到影響。影響所及，會讓木星雙子的人對時事、流行事物、言語文字有不錯的天分，像是電視上的名嘴、社會評論家、趨勢專家、時尚大師，溝通與社交生活，他們的身邊總是有許多好友圍繞，並且給予他們

許多幫助。

但同時，木星在雙子座雖然聰明且多才多藝，對於許多事情都有興趣，卻也因為缺少深入研究的精神，常常變得廣而不精，只重視表面而無法深入。不過，命盤中如果有很強的土星、魔羯、水瓶，就能彌補這樣的弱點。

★木星在巨蟹座

木星進入巨蟹為強勢位置，巨蟹座的母性與溫柔關懷被木星所擴散，原本只限於生活層面的愛被無限地拓展，這是木星巨蟹之所以強勢的原因。如果木星沒有不利的位置，當事人多半擁有良好的家庭環境，受到家族人的關心與呵護，特別是母親或是家族中的女性長輩，往往會帶給此人強烈的影響。

木星在巨蟹座的人需要穩定的家作為後盾，而他們也努力地將這種溫暖擴展出去，並習慣將溫暖帶給需要照顧的人。心地善良是木星巨蟹座的特色，他們也樂於參與宗教或慈善團體的活動。

舒適的居家布置、生活環境和美食都能帶給他們快樂，這也是他們所追求的，如果太陽在巨蟹、金牛、天秤會更明顯。這樣的人常有機會繼承家人的財產，也容易在房地產投資上獲利。

★木星在獅子座

獅子座在黃道上代表了娛樂、子女、賭博、愛情、自我目標等，當木星進入獅子座時，代表當事人很重視這些

事情，也很可能是位享樂主義者。成為一個受人讚揚的重要人物是他們的理想，因此做事通常很光明正大。木星獅子的人在賭場與情場上往往有很好的運氣，也特別有孩子緣，他們容易和小孩、青少年打成一片。

不過，木星獅子的人常把目標設定得過大，讓自己非常辛苦，還好他們一旦設定目標就會盡力去達成，除非木星有不良相位，否則多半也能有點成就。這樣的人也很喜歡戲劇表演和儀式，並在一些宗教或者頒獎儀式中得到某種尊貴的感受，這是獅子座的虛榮態度作怪，有機會擺架子時他們絕不會放過，但太過重視事物的虛榮與表面，也容易讓他們迷失方向，並讓自己招致批評。

★木星在處女座

木星在處女座屬於相對弱勢的位置，雖然處女座的犧牲服務被擴展出去，但是太過重視細節，又會讓木星的氣度縮小，就算仁慈也會有些失色。木星在處女座的人視追求真理為人生重要的目標，他們常有道德上的潔癖，十分關注細節。也因為關注的範圍太過龐大，而容易失焦，有可能因為重視瑣碎細節的性格而變得讓人無法接受。

奉獻與服務是木星處女獲得幸運的最佳途徑，和早他們一年出生的木星獅子一樣樂於助人，雖然有時候會碎嘴，卻是刀子口豆腐心，所以他們雖然不要求掌聲和回饋，老天爺仍會在他們默默

幫助人時給予回報。由於黃道上的處女座掌管健康與工作，木星的進駐也會讓這些人在生活層面上特別幸運，在職場上也頗被重視，適合從事與身心健康管理有關的工作。

★木星在天秤座

要瞭解木星在天秤座替人帶來什麼影響，得先瞭解到天秤座在黃道上所掌管的事物，包括伴侶、合約、合夥、法律事務，這也使得木星在天秤座的人在這些事情上能夠獲得好運。相反的，若木星在此時受到嚴重的負面相位，就可能帶來這些方面的麻煩。

由於天秤座也和婚姻有關，因此木星在天秤座的人，多半會從婚姻與伴侶的身上獲得好處，婚姻生活也十分幸福。加上天秤座掌管自我與他人的關係，讓這種人渴望得到他人的認同，並且努力使自己符合眾人的期待。

受到天秤座重視與他人關係的影響，木星所代表的哲學、宗教觀念，讓這些人較無主見，容易為了配合伴侶或朋友，改變自己的信仰與思想。此外，木星在天秤座的人重視和平，不喜歡爭論，傾向認同所有人的觀點來避開紛爭，特別在宗教、哲學等事情上，這種情形會更加明顯。

★木星在天蠍座

受到天蠍座神祕氣息的影響，木星在天蠍的人對神祕學與神祕事件特別感

興趣，所有令人不解的宇宙、神祕學、死亡、性與生命的奧祕，都會讓木星在天蠍座的人產生好奇。探索生死之謎，很可能會成為木星在天蠍座人的一大興趣，他們對於性愛也相當好奇，甚至有可能將性與宗教修行或身心醫學作結合，或是一頭鑽入與神祕學或與生死相關的醫學或生化科技中。

由於天蠍座掌管與他人有關的財物，因此木星在天蠍座會替人帶來投資的好運，在沒有嚴重負面相位干擾的情況下，讓當事人在投資合夥上獲利。這樣的人十分適合從事稅務、財務管理、房地產、仲介、金融投資經紀等工作，當相位不好時則可能藉此滿足私慾而惹上官司。木星在天蠍座的人擅長將錢財與資源重新分配，並且從中獲利，將有限的物資做最有效的分配，是他們的拿手好戲。

★木星在射手座

黃道上的射手座掌管宗教、哲學、教育、眞理探究、旅行、國際關係與大眾傳播等領域，而木星正好就是射手座的守護行星，因此木星回到射手座時，也算取得強勢的守護位置。

這樣的人樂於追求眞理，對宗教、信仰與哲學的探討也十分熱中。他們樂於追求知識與眞理，認為知識的探究是生命中最重要的事情，也因此有著強烈的好奇心，喜歡涉獵不同的事物，特別是與射手座有關的文、史、哲等科目。

就算一個木星在射手座的人沒有高等教育的文憑，也不會放棄在日後藉由閱讀進修，獲取更多的知識。

木星射手座的人容易在學習、宗教哲學及旅行中得到許多好運，也很適合從事大眾傳播、旅遊、國際貿易與教育研究。不過，木星在射手座的人，有時會過於形而上，對事物過於樂觀，也常被人批評想法不切實際。不過他們仍然會認眞追求最終的眞理，不會受到他人的阻撓而終止。

★木星在魔羯座

魔羯座的傳統價值觀在遇到木星時被擴展，除非這些人命盤中有強勢的天王星、水瓶座、射手座或其他重視創新的星座，否則很難接受新的事物，對於世界的運作常有一套固執的觀念。這些人對於自我成就有一番野心，通常會藉由政治、教育、思想或商業行為來實現，他們十分能夠判斷情勢，知道該如何步步為營地贏得社會名聲，他們通常也不冒險行事，在決定時會更加小心。

木星在魔羯座與長輩十分有緣，他們對重要人士的尊敬，容易讓人覺得是在逢迎拍馬，事實上這是因為他們是社會倫理的信仰者，認為社會的運行有一定的階級與秩序需要遵守。這些人也信仰權力與地位，所以會去尊敬那些獲得成功的人士，期望自己某一天也能取得受人尊敬的地位。

如果木星處於不良的相位，就容易

占星全書 The Complete Guide to Astrology

因為私慾而招人批評。由於木星正好處於強勢星座巨蟹座的對宮，所以木星在此位置是落陷的，這讓這些人不夠大方、現實、保守且不公正。

★木星在水瓶座

與木星在前一個星座截然不同，木星在水瓶座完全打破傳統的觀念，水瓶座的自由與平等思想，藉由木星擴散了出來。木星在水瓶座的人重視平等的機會，這也是他們人生當中最重視的事情，發現不符合公平與公正的事情時會去質疑挑戰。尊重世界上的每一份子，讓每個人都能展現自我的獨特，是他們的生活原則。木星在水瓶座的人有先進的思想，見識寬廣很容易接受新的事物，去改造不完美的事情，改革不完美的制度是他們的動力來源。

他們在改革的行動上也常有好運，受到水瓶座掌管群體關係的影響，如果能集合群體的力量會更好。理智與客觀的科學精神，是他們看待宗教哲學和所有事物的準則，他們很少被某些熱情的信念沖昏頭，也很少成為某個宗教的狂熱份子，並盡力保持自身的客觀來看待世界，不會輕易的對事情下定論，不過一旦認定後卻很難改變。

★木星在雙魚座

木星與海王星共同守護雙魚座，這也是為什麼宗教與哲學思想的事物來到雙魚座時，會被發揮到最完美的境界。

雙魚座無私的愛被木星擴散，其信奉真善美的思想，也是所有宗教與哲學追求的目標或準則。慈悲和善地去幫助他人，成為木星在雙魚座的特色，這種人相當慈悲，能同情他人不幸的遭遇，過於浪漫的他們甚至願意犧牲自己來幫助他人，這樣的人也常常在慈善團體、宗教團體或社會福利機構工作。

由於木星在雙魚座的人重視精神與靈魂的神祕力量，而心靈成長常帶有宗教與神祕的色彩，例如：各種靈修及宗教團體，就常有木星雙魚座沉溺其中。不過，木星雙魚有時也較缺少檢視與反省的特質，人性本善的觀念讓他們從不質疑他人，更使他們常被有心人欺騙或利用。雖然宗教與幫助他人能對雙魚座帶來幸運，但卻仍應避免有人利用自己的同情心。

木星與土星的相位
★合相

關鍵字：宗教、哲理＋嚴肅、規範＋結合

木星與土星的會合帶來對於宗教與人生哲理的嚴肅對待，木星的樂觀、擴散與土星的嚴格、限制會造成性格上的衝突，卻也使得這些人的思想不會太過放肆，行為也不會過於保守。這些人能樂觀且嚴肅地看待生命中的事物，在工作與人生歷練上常會經過許多的挫折，

而事件則要看木星和土星結合的宮位。

但因木星同時也帶來幸運與安全的保證，讓這些人變得認真且值得信賴。他們的理想和目標都十分遠大，卻又能夠很踏實的去實踐，並且在受挫時學著放慢步伐。

這些人很可能會是不錯的企業主管或經營者，他們的野心、耐心、韌性和眼光都不錯。也可能是宗教的苦修者，為了達成信念而嚴格對待自己的身體，克制自己的慾望。長期的內心衝突也會使當事人較為成熟，如果命盤中有其他行星的幫助，就比較能適應這些挑戰，但要小心身體因過度勞累而出問題。

★三分相、六分相、半六分相

關鍵字：樂觀、哲理＋嚴肅、教訓＋共鳴

適當的調節、收斂，以及建設性的樂觀態度，都是木星與土星在正面相位時所代表的意義。擁有此相位的人對於人生哲理，同樣有著嚴肅且實際的看法，會是比較保守的一群，個性善良且願意幫助他人。不過，這些人也不是盲目的濫好人，只有認真向上的人才能得到他們的援手，對於遊手好閒的懶鬼則會嗤之以鼻。

擁有土星、木星三分相的人在商業、政治與社會議題上特別野心勃勃，他們的職場運氣相當不錯，總是受到長輩與上司的幫助。六分相時會帶來更多

社會歷練與自覺，瞭解到要如何應對進退，何時該前進、何時該保守，這些人積極樂觀卻也踏實地面對事情，是相當具有才幹的商業和政治法律人才。無論是三分相或是六分相的人，做事都收放自如，差別在於三分相的人會以知足的態度而停止擴張，六分相的人則會明瞭自己的極限而不越矩。

★對分相、四分相、半四分相與十二分之五相

關鍵字：宗教、哲理＋嚴苛、限制＋衝突受挫

木星與土星的負面相位常讓人接受嚴格的考驗，這些人天生運氣就不好，成長的過程總是比別人辛苦，個性也較為死板嚴肅。但是，當命盤有其他行星形成柔和相位，或是太陽、火星處於積極主動的星座時，這樣的經歷將可以轉化為成功的動力。

對分相時替人帶來沉重的人際關係，他們必須背負許多他人所負與的責任，然而他的理想與抱負卻遲遲無法實現，問題在於此人看不見或刻意忽略自己的極限而有些好高騖遠。四分相時常帶來誤判情勢的挫折，或因時機不對、計畫不夠周全等原因而失敗，並進而對自己的生活與工作多有埋怨。

對分相與四分相都容易替這些人帶來艱苦的工作與生活，呆板沒有變化的工作會使他們意志消沉，但命盤中若有

其他能積極接受挑戰的行星或相位出現，將有可能成為重要的人物。十二分之五相同樣會帶來沉重的關係，這是一種過去心理的投射，很可能因為過去的罪惡感，讓他們覺得必須對身邊的人負起重責大任。建議當事人要回溯過去解開這個心結，才能夠以更健全的心態去面對未來。

木星與天王星的相位

★合相

關鍵字：宗教、哲理＋改革、人道主義＋結合

擁有此相位的人對於宗教與人生哲理有著與眾不同的想法，他們不是那種因循傳統的人，進步與改革的觀念深植於這些人的心中，他們也是那種樂觀的進化論者，認為世界與社會將朝著更美好的方向前進。

受到天王星的影響這些人容易成為某些觀念的先驅，例如：新的思想或新的宗教，也常被神祕的事件吸引，希望透過科學的眼光來檢視。他們會去嘗試或是實驗某種不同的生活或教育方式，因此常有不平凡的生活體驗，有時更有讓人驚訝的好運發生。天王星帶來的平等觀念讓他們對所有人一視同仁，常是愛好獨立與自由的捍衛者。

★三分相、六分相、半六分相

關鍵字：宗教、哲理＋不平凡、改革＋共鳴

天王星帶來強烈的人道主義，使得自由平等成為此人最基本的生活信念，當他們意識到傳統宗教中存在的不平等時，他們會努力去改革，至少在可影響的範圍內盡最大的努力。

擁有此三分相的人容易被神祕的事件吸引，例如：玄學、巫術或占星學，在科學方面也有獨特的領悟力，他們與眾不同的開放思想也常引發創見。六分相則帶來聰明靈活的科學頭腦，在從事科學研究或是高科技產業時常有好運，身邊也會有許多不平凡的朋友，替他們帶來更開拓的視野。

★對分相、四分相、半四分相與十二分之五相

關鍵字：宗教、哲理＋改革、怪異＋衝突

在負面角度下木星擴散了天王星不穩定的特質，也因為不合時宜的態度招致衝突，這樣的人雖有先進的觀念，但也因為太激進了而無法被大眾接受。對分相中這種不穩定的特質將影響到人際關係與伴侶關係。這些人也常因難以捉摸的怪異思想、草率魯莽的個性，而與人產生衝突，在宗教與生活哲學上常有

驚人卻又不切實際的夢想。

　　四分相的挫折來自於他們急躁的個性，因為太想一夕成名而有些不擇手段。他們的信念不像宗教改革者的認真實際，荒誕的想法有時更像是神棍或騙徒，讓人質疑。天王星與木星的對分相與四分相都有著不穩定的特質，這種不穩定的特性有時可以是動力的來源，如果受到土星或太陽的規範，將可以修正木星與天王星的怪異特質，更進一步替人類生活的未來帶來福祉。

　　天王星與木星的十二分之五相則帶來不實際的夢想，這樣的人容易浪費精力在幻想上，為了這些事情付出太多的代價，但這樣的危險可以藉由接受朋友的勸告而避開，但也常因為忠言逆耳而無法為他們所接受。

木星與海王星的相位
★合相

關鍵字：宗教、哲理＋神祕、慈悲＋結合

　　木星與海王星的調性相當類似，同樣與宗教和慈悲有關，當這兩顆行星結合時，共同擁有的宗教與慈悲會被強調。海王星強調了木星的宗教精神與慈悲心腸，並將木星的仁慈給擴大到極致，不只限定於對人類的慈悲，還有對所有物種的關懷。

　　擁有此相位的人對於藝術和神祕的

宗教儀式都有相當程度的興趣，他們也願意犧牲自己成全他人，可以說是理想主義者。不過由於木星與海王星都不是重視實際的行星，這樣的人如果星圖上土星、太陽沒有良好的相位幫助他們落實想法，恐怕只會淪為空想家。

★三分相、六分相、半六分相

關鍵字：宗教、哲理＋神祕、慈悲＋共鳴

　　木星與海王星的共鳴帶來神祕的氣息，使得這些人心地善良願意付出自己的時間與精力，從事與宗教、慈善團體有關的工作。他們總是盡自己的力量去幫助別人，而這樣的人也受上天和朋友的眷顧。

　　三分相讓此人常常有幸運的事情發生，不過當他們遇到困難時也比較容易逃避，不喜歡面對問題。傾向去接受宗教與心靈的洗禮，喜歡討論宗教和生命的哲學問題，有出世的觀念容易成為神職人員。由於海王星的藝術創作能力被木星擴散了，擁有此相位的人適合從事藝術創作，他們的作品也多半帶有神祕氣息，不過如果命盤當中沒有好的土星、太陽或火星的相位，容易帶來懶散的個性。

　　六分相帶來更強的幻想力，適合從事藝術與寫作，他們周圍有許多志同道合的朋友，也常常從這些人身上獲得啟發和幫助。

占星全書 The Complete Guide to Astrology

★對分相、四分相、半四分相與十二分之五相

關鍵字：哲理、無節制＋神祕、幻想＋挫折

木星與海王星的衝突容易帶來情緒性的不穩定，特別是這兩顆行星都有著不安定的特質，在負面相位時特別容易造成情緒失控的場面。對分相時此人對他人有著過多的期望，常認為自己被騙了，而事實上此人也常非惡意的欺騙自己與他人。在宗教信仰上容易流於迷信，容易被騙而對人生感到沮喪失望。

四分相帶來情感豐富且脆弱的性格，他們浪漫且纖細敏感，慈悲卻很少對他人提出真正有用的幫助，甚至只會去做一些無謂的犧牲，通常是情緒激動的無意義行為。在宗教與人生哲理上，他們常去追求一些虛幻神祕的想法，常因此迷失自我不知道自己在做什麼，除非命盤上有良好的相位，才有可能真的有所體驗。

十二分之五相加強犧牲的機率，這樣的相位讓人不斷地犧牲自己成全別人，總覺得自己對他人有所虧欠，他們也會對伴侶有過多的幻想，更不願意看清事實的真相。

木星與冥王星的相位
★合相

關鍵字：哲理、擴散＋意志力、神祕＋結合

木星與冥王星結合時擴散了冥王星的神祕主義，這樣的情況下此人多半顯現出神祕的氣息，喜歡探討生死性愛等議題。他們常把這些神祕而少被人提及的事情看得十分重要。

當木星所代表的宗教哲學被冥王星所影響時，這些人有神祕的宗教影響力，他們為了解開心底對生死的疑惑會去接觸宗教，一旦被吸引之後便成為虔誠的信徒，並且對於教義或修行方式有所改革，他們可能是重要的神職人員。

此外，冥王星的操縱能力和控制欲也被木星所擴大，而同時具有領袖氣質。這些特質也讓這些人無論在商界、政界、或是宗教中都有一定的追隨者，如果與其他行星相位不佳時，則容易空有野心卻無法成功。

★三分相、六分相、半六分相

關鍵字：哲理、擴散＋意志力、神祕事件＋共鳴

此相位替人帶來神奇的運氣往往絕處逢生，這樣的好運來自於冥王星的神祕力量，和不認輸的意志力。三分相帶來操縱他人的能力，這些人能在談笑間

影響周圍的人，而天生堅強的意志力，不但是他們的最佳潛能，也是帶來好運的重要因素。

　　木星能夠放鬆冥王星帶來的固執與壓力，並讓他們輕鬆地發揮自己的潛能，該事物需要修正時絕對不會猶豫，不過也容易將所有的精力都集中在某一件事情上，而忽略其他部分。六分相時帶來不屈不饒的精神，就算受到挫折也不放棄，在錯誤中學習的能力比別人都來得強，透過學習和與他人的交流增強自己的心智能力。

★對分相、四分相、半四分相與十二分之五相

關鍵字：哲理、擴散＋控制、權力＋受挫

　　受到冥王星的負面影響，此人追求名利的過程當中常無所不用其極，他們對於權力的渴望相當高，希望能掌握所有情勢或控制所有人。對分相常帶來獨裁的性格，傾向利用他人來達成自己的目的。這種人對群眾頗具影響力，容易凝聚自己的追隨者，常強迫別人接受他們的想法，不過卻容易遭受背叛或出賣，原因或許是自己的　機也不純的關係。

　　四分相時容易帶來孤僻的傾向，認為自己的天分與才智無法被他人所瞭解，總覺得所有人都比自己笨，於是常擅自替他人做決定。這樣的人有很大的

野心，認為自己應該是領導眾人的要角，但他們成功的路途其實相當困難，除非命盤中有其他因素幫助。而十二分之五相則帶來複雜的權力控制關係，與他人的關係總是處在控制與被控制、利用與被利用的狀況下，除非改變自己的想法，否則這種惡性循環將無止境地延續下去。

木星與上升、下降星座的相位

★合相

關鍵字：幸運、樂觀＋自我、他人＋結合

　　這是相當好命的相位，當木星與上升星座結合時，會帶來強烈的自信，讓這些人充滿樂觀積極的態度，也常有好運，會是個仁慈的好人。但缺點是做事太不知道節制，有浪費和放縱的傾向，有時也因太過放肆，容易惹到他人。

　　木星若在第一宮會提升自信與樂觀，喜歡熱鬧，也顯得有些自負，在第十二宮時則會加強思考的能力，雖有好運但較為謙虛或不喜歡被打擾。當木星與下降星座結合時帶來美好的婚姻，與他人的關係也十分良好，大方且樂於助人，而他們的好運也來自他人。如果受到其他負面相位的影響則要小心，這樣的個性帶了些虛偽和表裡不一。

★三分相、六分相、半六分相

關鍵字：幸運、樂觀＋自我、他人＋調
節

當木星與上升或下降星座形成三分
或六分相時，這些人的天性當中就帶有
吸引人的特質，聰明伶俐且得人緣，這
些特質也成為他們和他人之間緊密結合
的要素。他們知道想要成功必須結合他
人的力量，也只有在對大家都有利的狀
況下，才能夠取得長久的幸福，於是他
們身邊總是有一堆朋友，婚姻與人際關
係都相當和諧。

★四分相、半四分相與十二分之五相

關鍵字：幸運、樂觀＋自我、他人＋不
平衡

木星與上升或下降星座形成四分相
時，多半暗示著犧牲，無論是當事人的
幸福或是伴侶關係，都容易受到事業或
家庭的影響。若是與天頂位置形成衝
突，極有可能是因為事業與成就，放棄
自我原本的理想或是干擾到婚姻。如果
是在接近天底的位置，則顯示家庭的干
擾，讓這些人無法隨心所欲去完成自己
的理想。當十二分之五相出現在這個位
置，當事人心底總是有未完成的缺憾，
不斷地想彌補這樣的缺失，卻因此忽略
了真正該注意的幸福。

木星與天頂的相位
★合相

關鍵字：幸運、樂觀＋社會名聲＋結合

當代表幸運的木星運行到接近天頂
的位置，可以說是吉星高照，木星與天
頂合相帶來了全方面的好運，特別對於
一個人的社會名聲有著顯著的影響。如
果沒有其他負面相位影響，當事人可說
是受上天眷顧，非常容易成功。不過，
這種人也容易給人自大的感覺，如果與
其他行星有嚴重且無解的負面相位，則
容易因為個人野心或追逐名利，而讓當
事人備受煎熬。

★三分相、六分相、半六分相

關鍵字：幸運、樂觀＋社會名聲＋結合

當木星與天頂形成三分相或六分相
時，在工作上有著相當程度的好運，木
星位於第六宮時這樣的情況更為明顯。
這些人容易受到上司的提拔，或是下屬
的幫助，就連家人都能成為他們工作的
後盾，在職場上的表現也容易有事半功
倍的成果。

★四分相、半四分相與十二分之五相

關鍵字：幸運、樂觀＋社會名聲＋衝突

木星與天頂產生對分相，表示當事

人年幼時受到家人的過度寵愛與保護，使得他們在長大後與外在世界格格不入，四分相時則容易出現個人抱負與社會期望的衝突，除非太陽、土星嚴重影響他們的責任感，否則這樣的人通常會選擇實現自己的理想。

十二分之五相會替這些人帶來工作上的不安，太過擔心未來的發展，擔心自己的地位，而使得自己心神不寧，無法享受生活的樂趣，如果能體認到這一點，就能夠從離自己很近的地方找到幸福。

木星與南北月交的相位

★合相

關鍵字：幸運、樂觀＋今生的精神成長目標（北月交）、前世完成的課題（南月交）＋結合

木星本身就有北月交的特質在，當木星與南月交結合時，只是暗示著因為這個人的前世經驗與福報，讓他享受許多幸福的時刻，此人常因意外地出現在對的時機與場合而獲得幸運，這樣的人也是時尚與媒體的寵兒。但是當木星與北月交形成合相時，當事人的幸運就需帶有條件，在宗教、人生哲理和教育上，往往必須比別人付出更多的代價來追求成長。

★三分相、六分相、半六分相

關鍵字：幸運、樂觀＋今生的精神成長目標（北月交）、前世完成的課題（南月交）＋調和

當木星分別與南北月交形成三分相和六分相時，對自己的瞭解替此人創造許多機會，首先此人瞭解到自己的優點和缺點，知道如何彌補這些缺失，使得在外的表現上很得體。這樣的人的身邊常會有些他不能理解的事情發生，無論是好事壞都帶給他有助益的成長，這些不能理解的事情也與前世的作為有關。

★四分相、半四分相與十二分之五相

關鍵字：幸運、樂觀＋時機、潮流、業報＋衝突

木星的幸運與南北月交都形成衝突時，此人與所生的時代格格不入，常有時不我予的感覺，他們常在宗教、教育、哲學方面，和同時代的人有不同的看法，也因此容易顯得偏激或消極。當十二分之五相位出現在木星與南北月交時，他們深刻地體認到幸運與不幸的事情來自於因果的循環，因此對宗教顯得有些過度著魔，失去了信仰宗教應有的健康的心態。

第十七章　土星與其他行星的關係

當土星進入十二星座

　　土星的關鍵字是害怕、恐懼，以及由此衍生而來的保護、統治、控制、權力與壓力。土星在占星學上代表著恐懼，那些因為不明瞭而害怕的事物，也代表著當事人總是逃避而不願意去接觸的事情，這些事情在心理學家容格的眼中，就會成為陰影的來源，是自我內部衝突所形成的基本原因。土星也代表自己覺得較脆弱，需要被保護的部分。

　　土星又稱為「教訓之星」，在傳統占星學也被視為凶星，如果以正面的角度來看，土星是過去行為的檢討，提醒當事人在哪裡沒有做好，就如同學校的期中考一般，是用來檢視學生的學習成效。土星所在的宮位表示當事人應負的責任，土星所在的星座則顯示出此人對責任的態度。

　　土星在每一個宮位停留大約兩年半左右的時間，有著短暫的世代影響，亦即那兩三年出生的人所具有的共同特質。由於土星也代表世俗的野心與成就，其所在星座代表的事物，容易成為那幾年出生的人的責任和共同的困難，就像是佛家所說的共業。

　　土星有時常被指向父親，但更多時候則指引向精神上與心理上的父親形象，通常和那些管教自己的人有關，土星的影響若發生在老年人身上，對於人的影響則較好。

★土星在白羊座

　　雖然白羊座的衝勁可以幫助土星實現事業上的成就，但畢竟缺乏耐心、毅力，並且無法記取教訓，使得他們很難在錯誤中學習。土星代表的事業野心是需要時間與周全的計畫，偏偏在牡羊座時都無法得到，這也是為什麼土星位於牡羊座時，屬於弱勢位置。

　　如果當事人的火星或太陽是位在魔羯座，則可以產生補強的作用。土星在牡羊座的人，會習慣性的自我壓抑和自我否定，他們永遠在學習新的東西，過去的經驗很少對他們造成教訓，如果他們能夠記住那些過去的經驗，拿出白羊座的勇氣來挑戰限制，將會有一番成就。

★土星在金牛座

　　土星在金牛座帶來對財富、物質生活的重視，他們不是揮霍的人，且強烈

地需要穩定的生活。土星在金牛座的限制常帶給這些人經濟拮据的經驗，也因此在成長之後，總是會爲了安定的生活不斷努力。他們不會重視物品的外表，較爲重視實用價值。

此外，當土星在金牛座時會限制一個人的審美觀，並且控制金牛座美麗、舒適、享受的念頭，有時會使當事人變得相當小氣刻薄。在工作上，這樣的人有耐心和堅強的意志力，對於財務、金融的操作相當仔細，不喜歡冒險，個性保守並且相當頑固，很少能夠接受新的看法。如果有負面相位影響，則要小心財務問題的發生。

★土星在雙子座

當土星進駐風相星座時，總是替他們落實原本天馬行空的想法。雙子代表溝通與語言，當土星進駐這樣的位置時，這些人受到過去的經驗教訓，說話會越來越謹愼小心，或許是在過去這些人常常吃些言語的虧，或是說錯話而傷害到自己與他人，才使得他們對於語言和文字上的溝通技巧與運用相當重視。

雙子座的許多小聰明在這時候被壓抑了，他們希望自己能夠更爲成熟，對於自身的教育和思考都相當重視。他們會去落實自己的言語和想法，也會是個遵守約定的人。當土星受負面角度影響時，會讓當事人變得多疑且喜歡批評，小時候的身體狀況也比較不好，容易有疾病或傷害發生。

★土星在巨蟹座

巨蟹座代表的家庭與家族情感在土星進入時受到壓力阻礙，土星限制巨蟹座擅長的情感表達，造成當事人與家庭之間的冷漠關係，但也因此更強烈地需要安全感，特別當土星與其他行星產生強硬相位，會帶給家庭成員沉悶的壓力。

土星在巨蟹座屬於弱勢的位置，當他們想要向外發展時，家庭發生的事件總是爲他們帶來困擾，也使得這些人需盡力排除與家人的問題後，才能追求外在世界的成就。在工作上巨蟹座的害羞、門戶之見和氣度不大，容易成爲前途發展的障礙。受到負面角度影響時，特別容易有家庭紛爭出現，在身體上則容易影響消化系統與乳房。

★土星在獅子座

土星進入獅子座出生的人，個性上多半有些自卑，因爲土星限制獅子座代表的自尊，爲了掩飾這樣的缺點，才會在日後訓練自己變得強硬起來，並很容易轉化成自大與專橫。他們十分渴望被他人尊敬，也頗爲重視社會上的名利與地位，可能是那種一將功成萬骨枯的經典代表，他們眼中只有自己，常爲了成功不惜犧牲別人。

從另外一方面來看，土星限制獅子座的歡愉氣氛，這樣的人很少能夠享受生活當中的娛樂，對人對己都相當嚴

屬，也常帶來情感上的困擾，而這樣的人對待情人、子女、寵物時都相當嚴苛，容易破壞了原本歡愉的關係。

★土星在處女座

處女座的個性與土星的性質相當契合，雖然不會造成太大的性格衝突，卻使得這幾年出生的人對他人要求更加嚴格。對於事情要求精準與完美，成為土星表現嚴厲的藉口，這樣的人對自己和受他們管轄的人，都要求得十分嚴苛。

在工作上這些人相當負責，認為許多事情都必須按照規格與步驟，這些人也相當重視細節，更不准有一絲一毫的差錯。而這樣嚴肅的性格，如果只表現在工作場所就還好，偏偏這些人會將這一套標準放諸四海，就連生活中也很少放鬆。建議這些人能學習在生活中放鬆，才能夠讓他人有機會接近自己。

★土星在天秤座

土星在天秤座屬於強勢位置，天秤的公正與公平影響了土星的判斷，因此這些人特別適合從事和法律相關的行業。天秤座代表自我與他人，土星則加強這樣的責任，使當事人不單單只是重視自我，更明白自己的決定對他人有多重要，也因此這樣的人在商場與合夥關係上特別值得信任。

但土星在天秤座時對婚姻常有不同的看法，基本上土星在天秤座代表著婚姻責任的加重，或許出自於對責任的嚴肅看法，或因擇偶標準的嚴苛，讓他們通常較晚婚。其實對他們來說，在成家立業才結婚或許才是最好的，只是對於期盼婚姻到來的情人來說，或許是一種不幸。

★土星在天蠍座

對於天蠍座所掌管的他人財務、稅務、保險等事項來說，因為受到土星的影響必須更小心處理，特別在有負面相位影響時更是如此。一般來說，天蠍座的毅力、控制與權力渴望與土星密合，會讓當事人十分擅長組織規劃，也頗有商業經營的能力。

但這些人在追求財富與權力時也會比較不擇手段，因為土星加強了天蠍座的冷酷與殘忍，一旦涉及金錢與權力時，這些人總是相當現實。此外，由於這些人的責任感很重，常給自己很大的壓力，加上土星的陰鬱特質被加強了，很難從表面探知他們的喜怒哀樂，如果從事治療工作，有能力可以劃清界限，不容易受到對方情緒與能量的干擾。

★土星在射手座

土星在射手座帶來對於真理的重視，他們對信仰和宗教的態度相當嚴肅，是會以高道德標準來檢視所有事情的人。這樣的人相當重視射手座所代表的教育、研究、思想，渴望在這些事情當中獲得榮耀。

由於土星加重了這些事情的責任

感，也使得他們常在這方面成為權威。缺點是一旦成為權威之後，他們便不容他人反駁，有時會變得相當守舊死板。土星在射手座的表現，和木星、土星結合時的矛盾衝突類似，一面擴張且一面限制，必須找出兩者之間的平衡，才能讓這些人得到平靜。

★土星在魔羯座

土星在魔羯座是回歸到守護的位置，無論正面或負面的影響，都強化了土星的所有特質，嚴守紀律、責任重視倫理，具有事業野心都是魔羯座與土星的共鳴，但另一方面冷漠死板則成為生命中的缺憾。

這樣的人非常有行政組織能力與生意頭腦，但是卻相當的保守，不容易接受新的想法，總是在舊有的架構中打轉。土星在魔羯座也加強了權力野心，他們遵守紀律也服從權威，並且不斷地往決策階層爬升，容易成為政治人物或呼風喚雨的紅頂商人。當土星在魔羯座受到負面影響時，會讓當事人冷漠孤僻難與他人溝通，權力心重且為達目的不擇手段，容易操縱別人。

★土星在水瓶座

土星與天王星共同守護著水瓶座，當土星進入水瓶座時，也算是強勢位置，更重要的是，風相星座的知性與理性開拓了土星的限制，土星的嚴肅與實際也使風相的智慧與人世的需求更為契合。

一般來說，水瓶座雖被賦予極高的智慧，但快速的跳躍思考常會讓人遺漏重要的環節，而土星的安定與重視結構組織的特質，讓這些聰明才智變得更加可行，不再只是天馬行空。而水瓶座的人道主義也打破土星的界線，讓當事人更重視普世性的責任，例如：擔憂地球環境未來，或是人類未來發展的想法。

水瓶座常帶有知性上的自負，而土星也加重這樣的傾向，當受到負面相位影響時，自負的個性會成為當事人性格的絆腳石，不講情理、太過驕傲，都會對他們的成就有所傷害。

★土星在雙魚座

雙魚座和土星都是消極被動的星座，雙魚座有著前世輪迴的特色，而土星也正好是業障之星，湊在一起時不是那麼美好。這樣的人常常被過去的回憶所限制而常有宿命的觀點，加上不夠主動，在受到挫折時，容易變得坐以待斃。

由於雙魚座與土星都具有避世隱居的特色，讓這樣的人常有隱士的特質，他們喜歡安靜、喜歡思考人生哲學的問題，對於許多因果報應的事情特別敏感。這樣的人也比較能夠逆來順受，但建議當事人在面對世俗社會時，必須跨出過去所帶來的心理壓力，因為唯有擺脫過去的障礙，才能有更傑出的表現。

土星與天王星的相位

★合相

關鍵字：責任、限制＋變革、混亂＋結合

　　天王星的優點在於帶來改變與進步，但缺點是容易造成混亂，而土星的責任與重視秩序，就在此時發揮最佳的功用。此外，土星還能將天王星原本混亂的思緒重整並給予實現的機會。

　　西元 1987 年到 1989 年左右出生的人都有這樣的相位（甚至可能與海王星結合），擁有此相位的人重視個人自由，卻也學會對自己對社會負責，此相位帶來強大的改革決心，卻也在改革當中不斷的記取教訓。但因為天王星與土星都容易帶來精神性的緊張與壓力，擁有此相位的人，必須學會放鬆身心與抒解壓力的方式。

★三分相、六分相、半六分相

關鍵字：責任、限制＋變革、混亂＋調和

　　當天王星與土星呈現正面角度時，具有類似合相的好處，土星加強了天王星原本不足的耐心與意志力，天王星所具有的天分因為土星的落實與耐心毅力，變得更有發展的機會，這樣的共鳴也打破土星原本的界限，原本受到束縛的層面（宮位），變得有勇氣或決心去突破。

　　呈現三分相時這樣的機會不斷，常有柳暗花明又一村的表現，就在受到壓迫或困擾時，反而產生具突破性的想法。這些人總是天才得令人嫉妒，科學與邏輯的頭腦是上天賜予的禮物，若善加利用將可以在科學、企管經營、商業交易中有好的表現。

　　此外，他們對於社會制度、社會福利、公義、政治，也都有著相當獨特的見解。六分相時加強這兩顆星在科學與數理方面努力後的成果，重視自由與責任，也因此獲得別人的尊敬，擁有許多良好的人際關係。

★對分相、四分相、半四分相與十二分之五相

關鍵字：責任、限制＋變革、混亂＋調和

　　土星與天王星雖然在特質上有相當大的差異，但如果注意一下神話就會發現這兩顆星的代表神祇，分別是克諾斯與烏拉努斯，都是因為專斷、獨裁而被推翻的古老神祇。這兩顆星的負面角度，會讓當事人的個性變得專斷獨裁與冷漠。

　　對分相時容易因為冷漠與自大，與人產生距離，加上性好猜疑，對於人生總是抱持著灰色的不安全感，在沒有其他相位幫助時，容易因為自恃甚高，喜歡指使別人，讓伴侶關係降到冰點，甚

至會獨身到老。

四分相時生性多疑，這樣的懷疑來自於內心當中天王星的改革與土星保守的極端衝突，這樣的人喜歡批評卻很難落實，常是那種只會唱高調的理想主義分子，與社會顯得格格不入。十二分之五相的天王星與土星也強調著這兩種矛盾，常常限制自己的潛能，而被他人坐享其成。事實上牽絆住他們的是自己的內心，如果能夠掙脫內心的束縛，就可以創造出不同的人生。

土星與海王星的相位
★合相

關鍵字：責任、野心＋幻覺、慈悲＋結合

當土星與海王星結合時，將海王星原本散漫的想像力具體化，而海王星特有的藝術感受、慈悲精神、心靈力量，也可以藉由土星來落實。宗教活動與慈善事業都相當適合這樣的人，在政治與商業活動上，海王星能夠讓敵人無法預測這些人的意圖與目標，也有助於他們在政商的表現，但在受剋時就可能會有嚴重詐欺的行為發生。

不過因為這兩顆行星都具有陰鬱的特質，會讓這種人的想法較為悲觀，特別在合相受到其他負面角度影響時更為嚴重，此時當事人容易沉溺毒品或酒精中。

★三分相、六分相、半六分相

關鍵字：責任、野心＋幻覺、慈悲＋共鳴

海王星就如同善用幻術的魔術師，總是遮掩真相，當與土星產生共鳴時，會讓當事人具有掩飾自己的野心與行動的能力，相當有利於政治、軍事、商業交易方面的祕密行動。

三分相帶來了實現藝術、娛樂的能力，在與幻覺有關的表演藝術、電視電影、化妝、建築、企劃上都有強的天分。此外，海王星的神祕也引導當事人對於神祕學、心靈探索等事情感興趣，並具備了去實踐這些領域的能力。六分相同樣在上述的藝術上有著良好表現，且更重視技巧上的發展，而這些人善良的精神和對神祕學或宗教、身心靈成長的喜好，也會替自己帶來許多志同道合的朋友。

★對分相、四分相、半四分相與十二分之五相

關鍵字：野心、限制＋幻覺、慈悲＋受挫

在談及海王星時必須注意自我犧牲的情結，在良好相位時，這樣的犧牲可以獲得正面的回報，但若呈現負面相位，其犧牲不但沒有意義，甚至是被利用或不情願的。

261

呈現對分相時，土星與海王星都發揮了陰鬱的特質，起初雖然會讓人同情，但旁人在深入瞭解後容易對當事人產生懷疑。歸究原因，是因為這些人在成長過程中受過欺騙與傷害，讓他們對周圍的人不輕易相信，並學會如何隱藏自己的意圖，或用言語或幻覺來欺騙他人。

四分相時則會帶來對生活環境的不安，這樣的人具有明顯的被迫害妄想，對任何人都疑神疑鬼的，同時海王星依然賦予他們欺騙他人的能力，對神怪的事情也相當感興趣，但卻無法藉此提升心靈的層次。當海王星與土星形成負面角度時，通常都會引發人們在精神上的力與敏感脆弱的心靈，甚至造成精神疾病，或對毒品、藥物或酒精的過度依賴。

十二分之五相的人因為努力想為社會公義付出，而讓自己承擔太多痛苦，許多人也因此轉而尋求宗教的慰藉，但尋求宗教的解脫也要有大智慧，必須深思那種犧牲的殉教精神是否值得。

土星與冥王星的相位

★合相

關鍵字：責任、野心、世俗＋神祕、意志、控制＋結合

當土星會合冥王星時，會帶來強大的控制慾望與野心，讓當事人擁有極大

的抱負，並以激進的手段進行改造世界的工程。這樣的相位如果出現在天頂與上升，將會有驚人的表現，讓社會大眾對這些人有著極端的評價。

這樣的相位大約要八、九十年才會發生一次，帶來了世代性的影響。義大利獨裁者墨所里尼（Benito Mussolini）出生時，月亮、火星、土星和冥王星就在雙子座形成合相，同年出生的還有二次大戰中對日本影響重要的軍人土肥原賢二（Kenji Doihara），和在台灣二二八事件當中影響重大的陳儀等人，而這些人也都是權傾一時，卻又評價極端的人物。

★三分相、六分相、半六分相

關鍵字：責任、野心、世俗＋神祕、意志、控制＋結合

土星與冥王星的正面相位帶來堅強的意志力，具有實現自我野心的能力，三分相時冥王星的正面力量消除了土星的限制，這些人藉由不斷的自我改革與學習進步，六分相與三分相一樣，都帶來很強的心智能力，但較容易展現在技巧上，常能夠準確地執行一些要求精密仔細的工作。同樣的因為這些相位代表世代的影響，除非是在命盤中的重要位置，否則對個人的影響力有限。

★對分相、四分相、半四分相與十二分之五相

關鍵字：責任、野心、世俗＋神祕、意志、控制＋結合

　　土星與冥王星都是破壞力很強的凶星，當兩顆行星成負面角度時，會帶來艱苦的生活。對分相常帶來不斷的衝突與挑戰，讓當事人的自我成長遭受限制，雖有心改變卻常時運不濟，在受挫時性格容易變得冷酷異常。

　　四分相時權力心與野心都很強，對人生與事業的挫折感很重，但如果有吉星的正面相位幫助，則會有絕處逢生的機會，且在不斷的挑戰之下完成大事業。這樣的人有時也較容易產生意外，這多半與土冥所在的宮位有關，如果處於命盤四角的重要位置則會更為明顯，容易帶來牢獄之災、意外或傷亡。十二分之五相和四分相的挫折相當類似，以心理因素居多，因為當事人總是承攬過多的責任，自我要求太高而造成壓力。

土星與上升、下降星座的相位

★合相

關鍵字：責任、野心＋自我、他人＋結合

　　當土星與代表性格的上升點結合

時，帶來嚴肅的特質，這樣的人認真踏實，在沒有嚴重負面相位影響之下，這個人是很值得信賴的，只是常給自己帶來太大的壓力，督促自己不斷朝人生目標前進，野心也會在這個人的身上表現出來，其個性特質卻會隨著上升點的星座改變。

　　如果負面相位與此相位產生交會時，會讓當事人對事情要求得過於嚴苛，當土星出現在下降點時，首先帶來晚婚的傾向，婚姻生活常是單調且帶有利用的色彩，婚姻的幸福色彩也常會被土星所限制。這是因為土星的嚴格與肅殺，都和掌管婚姻的下降點有所衝突，使得他們與其他人都能有穩定的合作關係，但卻無法順利地表達情感。

★三分相、六分相、半六分相

關鍵字：責任、野心＋自我、他人＋共鳴

　　土星與上升、下降星座呈現調和的三分相與六分相時，帶來穩重的氣息，這樣的人對自己和他人都有嚴格的要求，不過卻不會太過嚴苛。由於他們本身會散發出令人尊敬的特質，這樣的感覺也來自於他們本身的踏實誠懇。這樣的相位帶來長久且穩定的關係，無論在合夥或是婚姻上都有這樣的意味存在。

★四分相、半四分相與十二分之五相

關鍵字：責任、野心＋自我、他人＋衝突

當土星與上升、下降位置呈現四分相時，必須研判土星座落於哪個位置，當土星座落於天頂時，暗示著對於名利過多的慾望與野心，阻撓了真正自我的實現，或是合夥和婚姻關係（當與第七宮的行星形成衝突）。

當土星落於天底時，則暗示著過去業障或是家庭中（特別是父親或年長男）的阻擾，限制當事人的自我實現或是和他人的關係（當與第七宮內的行星衝突時）。

十二分之五相則暗示這些人將名利看得太重，雖然很重視責任感，但有時卻過於固執，容易鑽牛角尖。

土星與天頂的相位

★合相

關鍵字：責任、野心＋社會名利＋結合

天頂的位置暗示著社會名聲的狀況，在某些分宮法時天頂也是第十宮的起點，這與黃道上的第十宮魔羯座，以及其守護星有著無形的緊密連結。當土星位在天頂時會替當事人帶來威望，在沒有嚴重負面衝突時，這些人顯得誠實

正直，因為土星帶來的嚴肅與責任感會讓這些人值得信任，並他們對於社會名望頗有野心。但有時這樣的野心也會阻礙個人願望的發展，或影響自己的婚姻狀況，這種狀況在土星與第一宮或第七宮行星有衝突時更為明顯。

★三分相、六分相、半六分相

關鍵字：責任、野心＋社會、名利＋共鳴

這樣的正面相位暗示在金錢或工作上的認真，或因正直誠實的個性贏得眾人的認同。這些人通常能夠兼顧工作與家庭的狀況，他們也不會因為成名而奢華（除非有木星加以影響）。

★對分相、半四分相與十二分之五相

關鍵字：責任、野心＋社會名利＋衝突

土星與天頂的衝突常導致個人野心無法實現，形成四分相時因為土星與上升或下降點結合，所以多半是因為個人因素，但情況並不會很嚴重。但若是從天底衝突到天頂的對分相時則需注意，這樣的人容易因為家庭的束縛，或本身內向的個性，導致無法適應外界的生活。

十二分之五相的衝突更為敏感，在分享與付出的人際關係上並不是十分的平衡，常感覺自己付出與所得到的回報

不成正比，這些人期待父母的認同，與父親的關係特別敏感，也容易因為背負家人過多的期待而有心理壓力。

土星與南北月交的相位

★合相

關鍵字：限制、責任＋幸、不幸＋結合

　　土星與南北月交的結合帶來相當宿命的感受，無論是幸與不幸的感受都能讓人覺得因果循環報應不爽。土星與南月交的結合帶來權威的建立，讓這些人對周圍的人有一定的影響與威望，他們給人認真誠實的感覺，並且符合社會的期待，努力也通常會有很好的成果。

　　當土星與北月交形成合相時，則將帶來艱苦的精神成長道路，讓這些人對不幸的事情感受深刻，卻也深深的體會到必須透過這樣的學習，讓自己更加成長。

★三分相、六分相、半六分相

關鍵字：限制、責任＋幸、不幸＋調和

　　正面相位的調和使得原本宿命中的幸運與不幸得以互補，土星也讓這些人懂得記取教訓，用謹慎保守的態度面對大眾，在幸運中也不會沖昏頭，雖然生活中偶有不幸的事情讓他們覺得沮喪，但也絕不會擊倒他們，在如此踏實的腳步下，可以一步一步地走向成功的道路。

★對分相、四分相、半四分相與十二分之五相

關鍵字：限制、責任＋時機、時代潮流、業報＋衝突

　　當土星與南北月交形成負面角度時，讓人有受局勢所限制的影響，很多事情都容易莫名其妙的失敗，這也會讓當事人感到相當沮喪，而當他們體認到這是命運的安排時，也容易產生隱居的念頭。

第十八章　天王星與其他行星的關係

當天王星進入十二星座

天王星代表獨立、積極爭取自由、激烈的驚嚇、真正的自由、徹底的改變、改革與革命等精神。外圍的行星對於世俗的政治、文化（精神世界）、經濟、產業、環境（物質世界）帶來相當大的影響力，並藉由這些轉變改變人們的心態與行為，造成一種「共同的意識」。天王星代表著革命與變革，在命盤當中顯示該世代具有的特質。

對個人命盤的影響力則須觀察其宮位，而顯示在哪些地方與眾不同。除了宮位影響外，天王星的相位也會因為被接觸的那顆行星，影響當事人的某些部分變得較特立獨行。

這種情形在與他人比較之下，會比較明顯，例如：甲的金星與土星產生相位，乙的金星與天王星產生相位，若甲乙兩人的天王星在同一個星座時，金星被土星接觸的甲，對於愛情與金錢或交易傾向於遵循傳統與保守的價值觀，符合他人的要求；而乙則對這些事情有著徹底不同的觀點，傾向於自由且不受約束，有自己的主張。

★天王星在白羊座 1927-1935

這個世代的人有著革命的情結，他們對於自我與大環境都有改革的衝動，這些人具有很大的勇氣，一旦對舊有事物不滿，就一股腦地想毀掉舊有的事物，重新建立起屬於他們的新秩序。

★天王星在金牛座 1935-1942

天王星在金牛座的人對於物質有新的看法，他們喜歡不斷創新與革新，特別在物品的實用價值上有著許多的增進，同時也會特別注重財政與金融制度的改革，這個世代的人內心衝突也相對較多。

★天王星在雙子座 1942-1949

天王星在雙子座帶來聰明靈活的能力，這樣的人不斷地變化以求進步，他們擅長溝通且不斷尋求溝通模式的進步，並進行腦內革命。受到天王星影響，雙子座所掌管的教育、旅行、溝通，永遠都在變動與改革中。

★天王星在巨蟹座 1949-1955

天王星在巨蟹座所產生的革命屬於

家庭革命，他們改變許多人對家庭的看法，以及與家庭的距離，也徹底改進這些人的生活方式。天王星於西元 1949 年進入巨蟹座一直到西元 1955 年，這段時間正是許多家電產品出現，改變人們家庭生活的時刻。

★天王星在獅子座 1955-1962

天王星進入獅子座屬於受困的位置，獅子座的絕對自我與天王星的求新求變格格不入，唯一能夠發揮的地方在於創作上，天王星改變了藝術的表現方式，使得這個年代出生的善用電子媒介與創意，來表達他們的思想。

★天王星在處女座 1962-1968

與處女座相關的身心健康以及工作和管理，受到天王星的影響而有跳躍式的進展。在這個時期出生的人，對於醫療科技與工業電子化的興趣相當濃厚，他們有著清楚的邏輯頭腦，並在工作態度、工時、工資與勞工福利上有著十分關鍵的影響。

★天王星在天秤座 1968-1975

當天王星進入天秤座時，帶來婚姻制度與合約法律等方面改革，於西元 1968－1975 年左右出生的人就帶來這樣的影響，例如：單身貴族、頂客族、同性婚姻等各式各樣的婚姻制度變革，也伴隨著這些人的適婚年齡而相繼出現。

★天王星在天蠍座 1975-1981

天王星在天蠍座時，透過天蠍座的意志力與爆發力，使得天王星的改革更為具有影響力，這些人帶來了人類文明承先啟後的關鍵，舉凡神祕思想、化學研究、性學和生死學等革命思潮，都在天王星經過天蠍座時出現。

★天王星在射手座 1981-1988

天王星經過掌管交通變革的射手座時，帶來宗教思想及教育制度的改變，這些人出生的時刻，航太科技與國際情勢也有特殊的改革。這些人對於宗教與哲學、教育和其他人有著截然不同的看法，並促使著這些人走出自己的國家，進入更密切的國際合作當中。

★天王星在魔羯座 1988-1996

天王星經過魔羯座的期間，正是世界上政治權利結構改革最盛的時刻，這些人對於政治權力的變化相當敏感，也促使著他們對於舊有事物與傳統思想上有進行改革的勇氣，而他們控制世界的野心也十分強大。

★天王星在水瓶座 1996-2003

天王星是水瓶座的守護星，在這個位置天王星回到了守護的地盤，影響力也變得相當強大，回顧在這段期間，與天王星有關的科技產業有著革命性的進展，而社會的改革也更貼近於水瓶座的

人道精神，對於精神與心靈的力量，也開始有了不同的看法。

★天王星在雙魚座 2003-2011

天王星在公元兩千年左右的位置就在雙魚座，在這段時間中，雙魚座所代表的宗教與神祕事物，例如：心靈成長、禪修、新世紀思想、靈療等事物，都有相當具體的進步與成長，這就是天王星所帶來的改革力量。也因此這段時間出生的人，會有著與眾不同的宗教與心靈力量的觀念。

天王星與海王星的相位
★合相

關鍵字：變革、混亂＋幻覺、心靈、宗教＋結合

天王星與海王星都屬於外圍的現代行星，占星家們對現代行星的影響比較偏向於整體的世代影響，也就是說對於這一段時間內出生的人所帶來的影響。

最近一次天王星與海王星結合在西元 1990 年，大約有七、八年的時間，天王星一直與海王星保持著 9 度內的合相關係，而舉凡占星學、心靈成長團體，靈修課程與新世紀的思想，在這段期間也取得與宗教類似的安撫人心作用，甚至有許多靈修團體和宗教產生關連。

在這段期間，新興宗教的成立和快速成長，需要心靈慰藉的人們也開始接受不同的心靈與宗教觀念，有時也會出現混亂與失序的現象。這也代表人們對於宗教與心靈力量、神祕思想的看法，經由失序、破壞、迷惘，而後重新建立起改革後的宗教思想。

擁有此相位的人，會對天王星、海王星所在宮位的事物（例如：金錢、婚姻、事業或是健康），有著相當迷惘的掙扎，他們雖然想要改革這些事情，另一方面卻迷惘著該如何進行，並在不斷摸索的過程中，逐漸走出一條心靈成長的道路。

★三分相、六分相、半六分相

關鍵字：改革、科技＋心靈、宗教＋共鳴

天王星與海王星的正面相位帶來理想的改革，人們為了實現夢想中的烏托邦，而進行社會體制的改造工程，在政治、社會制度、宗教思想上都可能發生。常有占星師說，這兩顆現代行星對個人影響不大，事實上這樣的解釋有些糙，應解釋為這兩顆行星對個人的影響是由時代造成的，在該時代的趨勢下，對當事人的想法與行動產生微妙的變化。

例如：海王星與天王星產生三分相時，將對整個世界帶來革命的熱潮，並提高人們對於宗教、社會的期待與改革，而命盤上行星的宮位顯示在這樣的

改革之下，或許某人選擇從事革命，有人則因此離開家庭，有些人則因為社會的改革獲得暴利等。

　　天海的六分相，則會刺激該世代的人們追求夢想中的烏托邦，對於宗教與政治社會制度有一定的寄望。當這些相位出現在命盤的重要四個角宮時，將會對個人有重要的啟發，造就精神領袖、天才、社會改革運動領導者等。

★對分相、四分相、半四分相與十二分之五相

關鍵字：混亂、失序＋幻覺、麻醉＋衝突

　　天王星與海王星的負面相位帶來一波一波的衝突，對分相時帶來在宗教思想與社會制度的改革上，有著不同的見解。當出現在命盤當中的四角時，對於宗教或社會改革的激情態度，會促使當事人失控地從事某些事情。

　　四分相時顯得對社會敏感與迷惘，人們不斷的進行各種社會制度的改革實驗，卻又混亂失序。西元 1950 年前後在世界各地有著大小的革命，並沒有替人們真的帶來烏托邦的生活，卻造成無數人的死亡與家庭破碎，就是天海四分相的典型影響。對於這些人來說，追求夢想中的制度並沒有真的帶來幸福。

　　十二分之五相若出現在重要的角宮，將會讓人們因為改革的罪惡感而贖罪。這些人出生在西元 1922 到 1928

年左右，由於受到電子媒體的衝擊，對社會改革運動抱著又愛又恨的敏感心態，他們注意到社會分配的不公，卻又害怕見到戰爭與革命帶來的傷亡。

天王星與冥王星的相位

★合相

關鍵字：改革、混亂＋意志力、極端＋結合

　　天王星與冥王星的結合帶來極為強大的力量，令人期待卻又恐懼，冥王星能夠控制天王星所帶來的混亂，卻又能夠發揮天王星改革的優點，有時具有人道主義的觀點，更能夠堅持這種革命的力量到底，並且不斷地在改革中修正不適宜的事物。

　　但是，這兩顆星也帶來強大的毀滅力量，希望將一切舊有的毀去而再造新的世界，這些人更擅長利用眾人獲取私利，與他人的信念總是採取極端對立的姿態。

　　天王星與冥王星結合在西元 1963 年到 1969 年，正好是中國發生文化大革命的時期，觀察其中發生的事件，正好顯示這兩顆行星結合時的負面影響力。這個年代成長的人具有敏感的政治觀點，這些人也正好是未來幾年社會、政治的重要影響者，在這些人的領導之下，社會與政治的改革恐怕很難溫和地進行。

占星全書 The Complete Guide to Astrology

★三分相、六分相、半六分相

關鍵字：改革、人道主義＋意志力、控制＋共鳴

天王星的人道主義精神受到冥王星意志力的支持而得以發揮，呈現三分相時，當事人個性熱情有活力，會積極追求科學與人類文明的進步，他們對於世界上的事物有著改革的能力，喜歡用科學的觀點來探討神祕學的事情。

六分相也有類似的狀況，對於科學知識的探討與應用，還有神祕學或生死世界、權力野心和心理學的探討有著更豐富的技巧。

★對分相、四分相、半四分相與十二分之五相

關鍵字：改革、混亂＋意志力、控制＋衝突

這些相位有著合相的強大能量，卻又造成更多衝突。在這些時候出生的人都容易有極端的思想，很難走中庸路線，特別在對分相情況出生的人，容易在社會思想與政治態度上與他人對立，並採取極端的手段進行改革，例如：恐怖主義或暴動。

呈現四分相時容易帶來改造社會秩序的思想，他們出生時社會經濟的蕭條與變動，帶給這些人重大的影響，以致於擁有較為極端的信念。

這些相位如果出現在命盤中的重要位置（例如：上升天頂下降天底等角宮，或是與太陽等個人行星有相位），會帶來變動與不安，緊張的情緒和過多的精力，並賦予一個人嚴重的暴力傾向。十二分之五相帶來對周圍事件的敏感，對於生活容易趕到沮喪與挫折，有容易向權力低頭並接受利用的傾向。

天王星與上升、下降星座的相位

★合相

關鍵字：獨特、獨立＋自我、他人＋結合

天王星與上升點結合時帶來與眾不同的獨立性格，這些人不願意接受他人的控制，對於他人有著難以言喻的極端吸引力或排斥力。與下降星座結合時，他們很難和人相處喜歡保持距離，甚至有些自命不凡。這樣的合相容易造成不婚的傾向，或是閃電結婚後，卻又與伴侶之間保持距離，與傳統對伴侶的定義有很大的差距。

★三分相、六分相、半六分相

關鍵字：獨特、獨立＋自我、他人＋協調

雖然這些人在獨立作業中能夠展現強大的能力，但這些人也懂得如何與他

270

人合作，雖然不是妥協，但是與別人搭配，並激盪出火花是他們所樂見的。這些人相當有創意，人際關係良好卻也總是保持著一定的距離。

★對分相、四分相、半四分相與十二分之五相

關鍵字：混亂、獨立＋自我、他人＋對立

天王星與上升下降點的四分相，同樣會帶來特殊獨立的自我。這些人因為觀念與他人不合，而無法融入與周圍的關係，這種相位也會帶來強大的精神壓力，生活中容易有大變動，與他人的關係也不容易穩定。擁有此十二分之五相的人則必須明白人都是獨立的個體，與他人不同並不是一件特別興奮或值得羞愧的事情，更無需為自己與他人的不同而付出代價。

天王星與天頂的相位

★合相

關鍵字：獨立、特殊＋事業、社會地位＋結合

當天王星與天頂形成合相時，會替當事人帶來極端的社會評價，非凡、獨特、具有人道精神、具有創造力與創意思想，會是明顯的特徵，但冷漠、獨斷獨行、善變，卻容易被人所批評，這樣

的人有改革的魄力，能夠在事業與社會制度、政壇上有所發揮，但若與其他行星形成負面相位時，顯得獨裁、孤僻、不善與人交往，容易被人誤解。

★三分相、六分相、半六分相

關鍵字：獨立、特殊＋事業、社會地位＋共鳴

天王星的創意在三分相與六分相的幫助下得以順利的發揮，讓當事人有著絕佳的頭腦，點子很多，對於事物有前瞻性的看法，需要改革時也頗有魄力。三分相時會有不錯的社會資源，雖然不與人深交，但都保持良好愉快的的人際關係。

六分相則會替當事人帶來更靈活的專業技巧，創新的思想常替他們帶來好名聲，而此人與周圍朋友的互動也相當不錯，這些人也很可能是不錯的發明家，或是科技研發人員。

★對分相、半四分相與十二分之五相

關鍵字：獨立、特殊＋事業、社會地位＋衝突

天王星與天頂的負面相位，會讓當事人的怪異個性與社會潮流有所衝突，這種人的獨斷獨行將引發社會爭議。對分相時個性更是極端，不願意和他人妥協，常導致衝突的發生，對於社會的看

法相當的偏激，就算不會採取行動，也不會允許自己放棄理想，和其他人同流合污。

十二分之五相則會讓當事人較徬徨，究竟該堅持己見或該順從他人，成為他們重要的人生課題。天王星與天頂形成負面相位時，也容易因為精神壓力過大帶來身心的傷害。

天王星與南北月交的相位
★合相

關鍵字：特殊、非凡＋幸運、潮流、不幸＋結合

天王星與北月亮交點結合時，當事人前瞻性的獨特看法會獲得眾人的認同。這種人有自命非凡的傾向，但卻能預測社會與文化和流行的趨勢，走在眾人認同的時代尖端。但是當天王星與南月交相結合時，則會讓他們與生俱來的獨特觀點顯得獨排眾議，更容易被人排斥，太過前衛的想法也會替他們招來許多批評。

★三分相、六分相、半六分相

關鍵字：獨特、非凡＋幸運、潮流、不幸＋共鳴

天王星的特殊與獨立在與南北月交形成三分相和六分相時，顯示著當事人對於周圍變化的敏感，他們可以運用自

己的幸運來推動改變周圍環境，也擅長將不利於自己事情轉為助力，或是改變自己順應潮流。

★對分相、四分相、半四分相與十二分之五相

關鍵字：改變、混亂＋幸運、潮流、不幸＋衝突

天王星與南北月交衝突時，代表當事人對周圍的環境無法適應，本身接受太多的資訊造成混亂，更常在不適合的狀況做出突兀的表現，讓身邊的人對自己產生更多的誤解。呈現十二分之五相時，則容易對變化感到不安，必須以平常心面對世界的改變。

第十九章　海王星與其他行星的關係

當海王星進入十二星座

海王星的關鍵字是純化、精鍊、超越、超脫形體、幻想、迷失、失去、理想化、模糊化或失去秩序。海王星帶來了很高的精神領悟力，對於形而上或抽象事物也有極高的理解力。他們不容易被物質所侷限，因此也帶來許多與藝術有關的訊息。

海王星習慣將許多事情理想化，其超越與超脫形體的能力，雖然能提升精神層面，但卻也可能讓很多事情難以明確界定、描述或掌握。海王星的性質類似金星與木星的結合，完美的意向會洗去任何不雅、不潔淨的事情。

因此與「海王星產生相位的行星」和「海王星所在的宮位」所掌管的事物，多半會被理想化，或過度美化、單純化，這並不是一件好事，因為很多事情可能因此失去原意。而當事人也常因無意識的美化變得有些自我欺騙，海王星所在的宮位，代表當事人對這方面的事情會有過度完美的期待，不願意或無法去釐清事實的真相（例如：海王星入第五宮的人，就不願意釐清自己對愛情的真正需求，而只是追求幻想中完美的

愛情。）

海王星與木星的性質相似，代表著精神與心靈的力量，與宗教、慈善、藝術有關，該行星發揮影響力時，通常會帶來幻覺、模糊、逃避、夢想或事物的失落等。

★海王星在白羊座 1861-1874

海王星的宗教與慈愛思想，受到牡羊座熱情積極的影響，讓這個世代的人對於宗教精神和神祕事物相當熱誠，但這樣的熱誠卻帶點排他性，對他們信仰以外的東西會質疑並挑戰，有些精神上的本位主義。

★海王星在金牛座 1874-1888

這個時代出生的人雖然不能說是金錢至上，但只信仰看得見摸得著的物質，想法上是比較唯物論的，他們無法相信抽象或太過精神性的東西，相信人是為了工作而活的。

★海王星在雙子座 1888-1901

海王星落在雙子座的人是熱情的傳教士，他們傳遞的不只是宗教，還有包羅萬象的訊息，舉凡心靈的修養、知識

層面的訊息都是他們傳遞的主題。這個年代的人信仰知識就是力量，但他們的信念卻很少經過深思。

★海王星在巨蟹座 1901-1914

這個年代的人對於家庭與民族有著一定的憧憬，對國族或家庭的興衰有著相當程度的情緒反應，對這些信念也有著模糊不清的觀念和宗教式的崇拜。這些人受到刺激時會狂熱地捍衛著自己的家庭、宗教與國家民族，甚至犧牲自己也在所不惜，西元 1901-1914 年當海王星經過巨蟹座，正好也是民族主義掀起熱潮的時刻。

★海王星在獅子座 1914-1929

在西元 1914——1929 海王星經過獅子座時，帶來了人們對藝術的極致發揮，從達達藝術到超現實主義，似夢似幻的藝術表現及電影劇場藝術的興起，都足以代表著海王星經過獅子座時，喚起人們對於藝術和神祕力量的知覺。

★海王星在處女座 1929-1943

西元 1929-1943 年海王星經過處女座，這個年代正好貫穿經濟蕭條的 1930 年代與二次大戰，雖然海王星與此一蕭條沒有非常直接的關連，但卻足以解釋當時為了戰爭而產生犧牲奉獻的精神。而盤尼西林與化學藥劑開始廣泛應用在醫療上面，也是受海王星在處女座的影響。

★海王星在天秤座 1943-1956

天秤座掌管個人與他人的關係，海王星經過這個星座時，替人們帶來模糊的價值認同，本身的價值觀已經有些不太重要，而是他人怎麼看待自己。西元 1943-1956 的戰後年代海王星位於天秤座，而這個年代出生的人，對於婚姻與法律有著高度的期待與寄望，他們努力的彌補成長過程中，破碎家庭所造成的傷害。

★海王星在天蠍座 1955-1970

天蠍座的性與死亡權力，在海王星通過時產生曖昧的幻覺，在西元 1955-1970 年代的性解放風潮、女性意識抬頭、同性戀情逐漸在歐美各國公開化等現象，雖然還沒到革命性的時間點，卻也逐漸醞釀出一種氣氛。而同時受人注意的還有麻醉藥品與毒品的興盛，這些都就是海王星的曖昧與幻覺式的性質。

★海王星在射手座 1970-1984

當海王星在射手座時所出生的人，對於航太科技有著一定程度的幻想，例如：人類登陸月球，以及超音速協和客機的發明，促使著旅遊國際的人口迅速增加，以及大傳媒體（射手座）的盛行，讓人們對世界有更多的幻想與憧憬等等，這些現象都是海王星的典型影響。

★海王星在魔羯座 1984-1998

魔羯座代表著組織國家與傳統，當海王星進入時，雖然不至於立即打破這樣的傳統，但是卻也使得國與國的界線開始模糊不清，最明顯的例子莫過於西元 1984 到 2000 年蘇聯瓦解的後冷戰時期，親美語親俄的立場不再是如此對立。而 90 年代的歐洲統合，以及消除歐洲各國疆界的「申根公約」（Schengen Agreement）簽訂，都是受海王星在魔羯的影響。

★海王星在水瓶座 1998-2011

從西元 2000 年後的十多年，海王星就一直停留在水瓶座，帶動了人們對於科技的更多期待，也促使著人們以更慈悲的態度與人道主義來對待彼此。在這段過程中人們也體驗到科技並非一切，如果沒有人性的關懷與精神的提升，科技所建立的物質世界，也不過是空殼與幻景。

★海王星在雙魚座 2011-2026

1847-1860 當海王星進入守護的雙魚座時，藝術領域裡視覺技巧的玩弄，與情感的釋放到達登峰造極的境界，舉凡印象派的大師梵谷、秀拉、高更都是在這個時期出生的。而這個時期也引發了許多思想的遠景，例如：影響後世深遠的共產宣言的出現，可以想見的是，在海王星落到雙魚座時的西元 2011

年，必將引發更多重要的思潮。

海王星與冥王星的相位
★合相

關鍵字：慈悲、夢幻、神祕＋野心、控制＋結合

海王星與冥王星在西元 1880 年到 1890 年在雙子座會合，這段期間內國際強權的重組，影響未來的一百多年，當時美國正興起而並開始影響未來的一百多年。而這個時期，海王星所代表的藝術與光影幻覺逐漸發展，此刻也是印象派大顯身手的時刻，而西元 1880–1890 年代也是電影工業誕生的時代，連續攝影的技術、螢幕技術，到 1894 年第一台盧米埃電影放映機，與第二年世界第一步電影的誕生，都以看到視覺藝術（海王星）主導了（冥王星）知識文化的傳播（雙子座）。

此外，海王星也代表了神祕學，西元 1880 年代末期在英國黃金黎明神祕結社的興起，更帶動未來百年的神祕學研究。到今天許多神祕學研究者、心靈力量研究者、塔羅牌學習者，都受到這些神祕學社的影響。當時 A.E 偉特設計的塔羅牌，到今天仍是塔羅占卜師所使用的主流。可見冥王星對當時神祕學研究的影響力可以持續百年之久。

個人命盤中有此一合相的人並不特別，除非在命盤四角（特別是上升、天

頂，其次是下降點）才會有特殊表現。

★三分相、六分相、半六分相

關鍵字：慈悲、夢幻、神祕＋野心、控制＋共鳴

同樣也是善用神祕學與視覺幻覺的世代，在此一世代誕生的人擅長運用幻覺與神祕學來影響他人。無論三分相或六分相，特別其中一顆行星位在上升或天頂的位置時，影響力更為強大。

★對分相、四分相、半四分相與十二分之五相

關鍵字：慈悲、夢幻、神祕＋野心、控制＋衝突

無論是對分相或是四分相的海冥衝突，都容易帶來長久的社會動盪，人們也特別需要宗教與信仰的慰藉，同時也容易為了宗教或某種信念的控制而犧牲。十二分之五相時則會帶來強烈的心靈衝突，容易受到權力的操縱而犧牲自我。

海王星與上升、下降星座的相位
★合相

關鍵字：慈悲、夢幻、神祕＋自我、他人＋結合

海王星與上升星座的結合，帶來慈悲的特質，擁有此相位的人對神祕學與心靈力量有相當大的興趣。海王星的浪漫與藝術才華，也容易表現在這些人的性格上，而這些人對幻覺和視覺藝術的感受也特別敏銳。

此外，這些人也容易讓人搞不清楚他們的意圖，有時連他們自己都對未來感到模糊，而開始藉由依賴他人、宗教或藝術創作來宣洩這樣的挫折感，甚至有人開始依賴酒精與毒品。

與下降點結合時，對婚姻有過高的期盼，如果沒有其他不良相位干擾，當事人多半會擁有夢幻式的婚姻，但要小心，太過浪漫的想法也容易帶來挫折感。而如果行星嚴重受挫，在合夥和婚姻關係中，常會有欺騙人或被欺騙的情況出現。

★三分相、六分相、半六分相

關鍵字：慈悲、夢幻、神祕＋自我、他人＋共鳴

當海王星與上升下降點呈現三分相或六分相的角度時，當事人對自我與伴侶的關係會有神祕的宿命感，對他人寬大為懷且慈悲，並且可以在宗教社團、慈善團體、神祕學研究團體中，找到志同道合的朋友。

★四分相、半四分相與十二分之五相

關鍵字：慈悲、夢幻、神祕＋自我、他人＋受挫

當海王星與上升星座呈現四分相時，會讓當事人容易被他人欺騙，遭受太多之後，也容易有封鎖自我的傾向，活在自己的幻想世界當中。十二分之五相會來莫名其妙的宗教崇拜，受到嚴重宿命思想的影響，也會有贖罪的情結。

海王星與天頂的相位

★合相

關鍵字：夢幻、神祕＋社會、名聲＋結合

這是個誕生心理學家、文學家、藝術家、演員、預言家與謀略者的相位，海王星的幻覺、直覺與藝術感受，替這些人開創了社會地位，讓他們有強大的心靈能力作為支撐，並在上述的職業裡有良好的表現。但因為長期使用心靈能量，累積過多壓力與敏感的情緒，使得這些人需要透過宣洩來釋放壓力，其釋放的管道不外乎是宗教、藝術、情感、酒精與毒品等。

★三分相、六分相、半六分相

關鍵字：夢幻、神祕＋社會、名聲＋共鳴

在柔和相位當中海王星的幻想力與創造能力能成為輔助職業的工具，而非主導職業的屬性。使得這樣的相位更適合文學家、藝術家、演員、魔術師、間諜、電影工作者等，前兩者受到海王星幻想與創意的影響，後者多與海王星的神祕、幻覺能力有關。

三分相時會帶來神祕的氣質與感受，並且不自覺地被神祕事物與心靈探索所吸引，六分相時則會讓人在職業上更能發揮海王星的幻覺優點。

★對分相、半四分相與十二分之五相

關鍵字：夢幻、犧牲＋社會、名聲＋衝突

海王星的夢幻與犧牲奉獻的情結，導致這些人無法符合社會的期待。他們很可能在幼年或過去時受到傷害，產生嚴重的心靈創傷，甚至影響在未來可能有被犧牲利用的情況。但需注意的是，這些人的被害者形象，有時則是為了欺騙大眾而裝出來的假象。

十二分之五相的人在從事慈善工作時要特別小心，這樣的人由於敏感的情緒和過多的罪惡感，深覺只有投身慈善事業時才能獲得救贖，有時也會因此而犧牲自己。

海王星與南北月交的相位

★合相

關鍵字：慈悲、神祕＋宿命的幸運、不幸＋結合

海王星與北月交的結合帶來莫名其妙的幸運，讓這些人人常在神祕學、心理學等領域有著特殊的發展。這些人相當重視自己的公眾形象，懂得善用視覺效應來引起他人的認同，在南月交的合相時常因為前世的經驗混淆，使得我的表現和想法無法被人認同，甚至容易被人欺騙而白白犧牲。

★三分相、六分相、半六分相

關鍵字：慈悲、神祕＋今生的精神成長目標（北月交）、前世完成的課題（南月交）＋調和

這是一個宿命卻又平和的相位，藉由海王星的慈悲心與宿命觀點，一切的幸運與不幸都是因果注定，所以當事人也會逐漸培養出平和的心態接受一切，他們能接受這些好運，也願意為前世的憾作出補償。這些人對於佛家所說的有相、無相和緣法等概念，有著相當深刻的體驗。

★四分相、半四分相與十二分之五相

關鍵字：慈悲、神祕＋宿命的不幸＋挫折

當海王星與南北月交都呈現四分相時，容易因為挫折與悲苦的命運尋求自我麻醉，大部分的時間他們都活在不愉快的記憶裡，於是會轉而尋求宗教的庇護，或酒精、毒品的麻醉等。

第二十章　冥王星與其他行星的關係

當冥王星進入十二星座

冥王星通常在經過黃道上的每一個星座時，會停留將近三十年左右，但是因為冥王星本身繞日運行的軌道傾斜，在經過某些星座（例如：射手座）時會運行的比較快速。冥王星的關鍵字是死亡、埋沒、隱藏、轉換、轉變、禁忌、生存、危機、暴力、強迫或強暴等。

冥王星最重要的意涵並非死亡，而是埋沒與隱藏，且不只是輕輕地掩蓋，而是將某件事深深地埋藏起來，等到日後被挖掘出來重新出土（誕生、出生）時將又會造成轟動。冥王星的掩埋在很多時候會被視為死亡，但真正指向肉體死亡的機會並不多，得視同時其他行星的相位，例如：太陽、月亮、上升等的強硬相位，才會暗示身體會有嚴重的傷害出現。

到今天許多占星學家仍對冥王星的力量有著不確定的觀點，有些人將冥王星視為陰性的火星，殘忍、野心、控制，有人則認為冥王星帶來蕭瑟與退縮的力量，但冥王星所具有的毀滅與重生的基本定義卻沒有改變。

當其他行星與冥王星產生相位時，該行星所代表的意涵往往會被深深地掩埋。例如：當月亮與冥王星產生相位時，這樣的人喜歡掩飾情感，不喜歡表達情緒，也很難表達情緒，如果是強硬角度的話，甚至可以說當事人的情感與感覺已經與自我切斷了連結，而無法感受到情感與情緒。

★冥王星在白羊座 1822-1851

冥王星在白羊座帶來重要性的革新工作，白羊座有新生、創新的意思，在冥王星的驅力下，這樣的新生建立在摧毀過去的根基上，透過完全剷除過去的痕跡而新生。但在個人星盤上，除非出現在一個人命盤的「四角宮」，冥王星的影響才會讓人印象深刻。

★冥王星在金牛座 1851-1883

冥王星在金牛座時帶來人們對於資源與物質的爭奪，冥王星的影響使得當時的人們取得物資的控制權而征戰，這樣的人相當在意對物質的控制，也擅長投資。當這樣的位置出現在四角宮時，對於資源占有和投資相當在行。

★冥王星在雙子座 1883-1913

冥王星在雙子座帶來通訊交通和知識的改革，舊的通信方式被新的方法給取代，革命性的發明如電話、汽車等，都是在冥王星位於雙子座時開始盛行，完全改變了人們對於傳統交通與通信的看法。

★冥王星在巨蟹座 1913-1938

在世俗占星學中，巨蟹座不僅代表家庭，還代表民族與種族，當冥王星出現在巨蟹座時民族的自覺盛行，有些民族對於受他人控制終於感到無法容忍，於是展開革命要將權力收回。從 20 世紀初期的民族主義與大大小小的革命，就可以瞭解冥王星在巨蟹座的影響力。

★冥王星在獅子座 1938-1958

冥王星在獅子座時是最強盛的位置，權力的爭奪與控制在此刻最為興盛，當冥王星經過獅子座時正好是二次世界大戰與之後的重整時期，世界的國家主要區分成為美蘇兩大對立陣營，但例如：法國、中國等國，仍不斷利用國際的影響力挑戰此兩大勢力的控制。如果正好落在個人命盤上顯著的位置的角宮，會對他人有強烈的控制慾望。

★冥王星在處女座 1958-1971

處女座所代表的工業環境、醫療受到冥王星的影響有著劃時代的革命，在六七〇年代，冥王星出現在處女座時帶來了許多轉變，工廠的自動化改變過去對工人和技術的依賴。而冥王星所代表的性、權力與神祕學等，在透過分析後被更多人瞭解。出生於這些年的人喜歡探索與分析，特別當冥王星位於重要位置時，會有獨特的主張。

★冥王星在天秤座 1971-1984

冥王星出現在天秤座時，正好出現全球經濟恐慌與石油危機，透過這樣的衝擊，國際間的權力與經濟控制力量（冥王星），透過種種方式重新分配以達到平衡（天秤），權力與資源的爭奪以法律為基礎進行合理的分配，就是冥王星經過天秤座所帶來的影響，而此一時刻也是審視不合理法律，重新建立司法系統的時期。

★冥王星在天蠍座 1984-1995

20 世紀末期冥王星進入了天蠍座，回到原本所屬的星座，使得冥王星發揮更為強大的力量，國際間的對立情勢達到高峰，人們對於權力與資源控制有著更多的瞭解。不只是國家與政治機器介入這些紛爭當中，就連大型的商業集團（天蠍座守護，特別是那些與化學、石油、能源有關的集團）都對世局變化有著重要影響。表面上，強權國家看似取得了世界權力與經濟的控制權，卻埋下了更多戰亂的伏筆，但這些後果要過一段時間才會出現。

★冥王星在射手座 1995-2008

冥王星進入射手座帶來的不安定性，今天我們活在這樣的時間當中，在未來的三五年內國際的情勢（射手座）仍就會產生許多巨大變化（冥王星），可以預測的是舊有的國際合作模式都必須重新被檢討，新的組織將會誕生取代舊的合作關係。而射手座所代表的宗教也將在此發揮強烈的影響力，我們已經看到新的天主教教宗的出現（冥王星帶來的死亡與重生），宗教對於信徒的控制力量將會更為明顯，例如：新教宗上任後有著更嚴峻的宗教律法（冥王星的嚴格控制），但我們也不能忽視冥王星也會同時激發宗教的改革與新宗教思想的誕生。

★冥王星在魔羯座 2008-2024

冥王星將會在西元 2008 年 1 月 28 日進入魔羯座，占星家們已經預測在此一時期，魔羯座所代表的國家政治體系將會產生變革，國際間又將出現強權的爭奪。要瞭解 2008 年之後的變化，可以觀察上一次冥王星在魔羯座時代來的影響，17 世紀晚期民主國家的出現取代了君主政體就是最佳的借鏡。2008 年之後龐大政治機器、商業組織，對於人們的強烈控制與影響力也是可以預料的。

★冥王星在水瓶座 2024-2044

冥王星進入水瓶座重新傳達了自由、平等、博愛的人道精神，透過法國的大革命與美國權利法案的濫觴，人們開始享有民權以及自由和平權的思想，在此之前人們享有一定程度的自由或權力，某些人則沒有，透過冥王星在水瓶座的破壞與重建，自由與平等被更進一步的實現。

★冥王星在雙魚座 1798-1822

冥王星在雙魚座帶來人們在思想與藝術的重新出發，精神思想與藝術文化都有著更為隱晦的特色，上一次冥王星進入雙魚座就帶來了浪漫主義的風潮，人們在藝術與文學的表現上更著重在社會觀察、情感的抒發，而神祕主義與宗教的影響也同時反映了雙魚座的特色。

冥王星與上升、下降星座的相位
★合相

關鍵字：權力、控制、再生＋自我、他人＋結合

擁有這種相位的人，上天不僅會賦與當事人操縱他人的魔力與魅力，冥王星對事物控制的慾望會強烈的顯現在他們身上。這些人希望掌握周圍一切事物的變化，更希望這些事情能夠隨他們所

期待的變化，如果事情不如所願，寧願全數毀去然後重新開始。

這種強烈的影響特別容易出現在與上升星座結合時，與下降點結合時則會帶來令人窒息的伴侶關係，讓這些人難與他人合作，卻傾向左右與操縱他人，這樣的性格也容易帶來不愉快的婚姻關係。

★三分相、六分相、半六分相

關鍵字：權力、控制、再生＋自我、他人＋共鳴

當冥王星與上升、下降星座呈現三分相與六分相時，對於自我控制與他人控制顯得相當在行，與上升星座呈三分相時，這些人具有天生能夠左右他人的魅力，且讓他人受到影響左右卻毫不自覺，六分相容易讓當事人喜歡玩弄操縱人的小把戲，但幸好其目的與意念都是善意的，除非有受困的相位，才可能因為私利使用這種影響力。

★四分相、半四分相與十二分之五相

關鍵字：權力、控制、再生＋自我、他人＋受挫

若冥王星在天頂，而與上升或下降星座形成負面的四分相，當事人將帶給伴侶和自己莫大的壓力。這些人在事業上多半具有兩極的評價，雖然能力強，

具備耐心、韌性與遠見，但有時會為了達到目的而不擇手段。

若是在天底與上升、下降成四分相時，顯示過去痛苦的家庭經驗，會讓當事人無法順利發展自我與他人的關係。擁有這種負面角度的人，通常和家中父母的關係也不太愉快。擁有十二分之五相時，企圖左右他人是當事人心裡中最大的牽絆，建議要放棄操縱與被操縱的關係，才能讓自己的生活更為輕鬆。

冥王星與天頂的相位
★合相

關鍵字：權力、控制、再生＋社會、名聲＋結合

冥王星在天頂會帶來強大的野心，讓這些人對名利的渴求相當強。這些人強烈地渴求能出人頭地，且對周遭的人都有影響力，加上他們本身也頗有能力，所以在企業或社會上多半能占有一席之地，就算受到挫折也很快能重新站起來。不過因為冥王星總是帶來極端的評價，建議當事人對自己的言行舉止要多加小心。

★三分相、六分相、半六分相

關鍵字：權力、控制、再生＋社會、名聲＋配合

這樣的相位相當適合從事金融行

業，在一般企業中也能晉升到高階主管。在這些相位裡，冥王星的優點被善加利用，在資源的調度與分配處理上有相當強的作用，對於人事管理也有獨到的見解。這些人很懂得利用本身或外在的資源，來達成自己追求的目標。

★對分相、四分相、半四分相與十二分之五相

關鍵字：權力、控制、再生＋社會、名聲＋受挫

呈現四分相時當事人的極端性格會對事業造成影響，這些人容易對現有體制不滿，並希望毀去，重新創造屬於他們的王國。而對分相則是受到過去生活的陰影，使得當事人無法面對社會，這些人對外在世界亦是比較排斥的，這多半是因為當事人從小深受家庭的控制或影響所致，讓他們無法清楚表現自我。

而擁有十二分之五相的人雖然希望他人來達成自己的目標，但卻缺乏這樣的能力，這也讓當事人陷入痛苦與危險中，建議這樣的人最好放棄這種念頭。

冥王星與南北月交的相位
★合相

關鍵字：權力、控制、再生＋宿命的幸運、不幸＋結合

冥王星與北月交的結合帶來的天蠍座般的直覺，善用這樣的直覺會替當事人帶來許多幸運與財富，並讓他們天生具有看清事情真相的透視能力。與南月亮交點的結合，則代表著當事人必須面對許多大環境的變動與考驗，如果在危急時刻作出錯誤判斷且一意孤行，將造成日後的重大損失。

★三分相、六分相、半六分相

關鍵字：權力、控制、再生＋宿命的幸運、不幸＋調整

無論是北月交帶來的幸運或南月交帶來的麻煩，冥王星都會讓當事人不斷地調整自己的行為，並藉由這些動作，讓這些人更能夠獲得社會大眾的認同。當北月交或南月交當中的一點與冥王星形成三分相時，必與另外一點形成六分相，所以冥王星的控制力量，與反省重生能力帶有調節的作用。

不過由於人們對三分相與六分相的感受都不強，往往無法清楚的意識到，而半六分相時則因為與另一端產生十二分之五相需要較為辛苦的調整自己的步伐，才能讓他人接受自己。

★對分相、四分相、半四分相與十二分之五相

關鍵字：權力、控制、再生＋宿命的幸運、不幸＋衝突

這樣的人由於偏激性格與執著，讓

他們無法得到大眾的認同。而當他們企
圖發性革命或改革時，也總是獲得失敗
的下場。對分相因為與南北月交其中一
個點合相，會帶來對過往經驗的依賴，
當遇到他人挑戰時才會有反省與重生的
力量出現，四分相與半四分相都使人必
須更為辛苦，且謹慎的去善用自己的過
去經驗。

第四部

宮位的解讀
The Twelve Houses

占星學如同一張地圖一般的無法替人們作決定，只有人們的意志可
以選擇要不要接受這條道路。

── 麗茲葛林（Liz Greene 心理占星學大師·
心理占星學中心創辦人）

第二十一章　上升星座
及第一宮裡的行星

開始進行命盤解析時，不僅僅要判斷星座對行星的影響，替人們的行為帶來什麼樣的特徵，也要注意命盤上的十二宮所代表的生活領域。一般來說，進行命盤解析時有三種技巧，首先是「解讀該宮位是否有行星進入」。因為進入該宮位的行星會用其特質，影響這些人在該生活領域的表現，例如：金星進入家庭宮，金星的和平與歡愉的特質，就會影響這些人與父母的關係。

但也不要忘記之前提過的相位，當其他們行星與金星形成相位時，仍會替上述的特質或現象造成影響。再以同一個例子來說明，即使金星替這些人帶來與父母的和平關係，但若金星同時受到月亮的負面相位衝突，這些人的情緒化表現會讓父母失望，而這些人也容易與母親有著不和諧的關係。

而第二種技巧為「宮位起始點的星座分析」，又可以稱為「面具技巧」，當一個人的宮位出現在某個星座時，該星座的特質會影響到這個生活領域，例如：當金錢宮落在處女座時，處女座的謹慎細心特質，將會影響這些人的理財方式。而第三種技巧則為「守護星分析」，當金錢宮為處女座時，處女座的守護星「水星」所處的宮位及相位，也會影響這些人的財運，而水星的所處的位置就暗示了這些人獲得金錢的方式為何。

而接下來我們將先從第一宮（ASC）的起點，來看此人所呈獻給周遭他人的感覺，這也是他想要扮演的角色。從心理占星學的角度來看有一套完美的解釋，例如：一個在別人面前總是落落大方的人，怎麼也猜不出他是一個愛搞神祕的天蠍日座，可是當你發現他的第一宮起點（上升星座）落在獅子座時，就很容易瞭解到，很可能在這個人的成長過程當中，瞭解到太過神祕或是太過害羞，可能會引起他人的猜疑或誤會，所以他開始訓練自己，變得更開朗更大方，在與他人的互動過程當中，利用上升獅子的面具來隱藏天蠍日座的不安。

上升星座
★第一宮的起始星座

占星學中第一宮代表此人的個性以及給他人的感覺，此宮內的星座則賦予他們日後成長的目標與方向的個性，而

第一宮內的行星則代表所突顯的特質為何，特別當行星與上升點形成合相時此特質會更加明顯。

★白羊座

　　這個上升星座所帶給人的第一印象像是個獨行俠般的來去自如，白羊上升在人前總表現出一副熱情且活力旺盛，同時很有創造力的樣子，但是在別人面前習慣隱藏自己的弱點及緊張不安，就像是個勇士般要求自己不能在敵人面前表現懦弱。如何成為一個勇者，並且適時的拿下這張頑強的面具成為真實的自己，是白羊上升這一生所要努力的重點。

★金牛座

　　表面上看起來像是一個悠閒自得且踏實的農莊主人，是這個上升星座的特色，金牛上升的人看起來總是那麼的氣定神閒，無論他們內心在怎麼焦急。他們總希望帶給別人一種強硬且不屈不撓的感覺，像是農莊主人守護著他們的莊園，他們對美的事物和錢財十分在意，這個上升星座最好試著去弄清楚，對金錢的執著，是否是自己所需要的。

★雙子座

　　這個上升星座總是像猴兒一樣的沒定性，也因為他們一直帶著一張訊息傳遞者的面具，許多小道消息、八卦事情或是重要訊息，都藉由這個上升星座傳遞出去，也因為這個上升星座忙著追求、傳遞、散佈新的資訊，常給人不安定且無法信任的感覺，提醒雙子的上升星座，在追逐與傳遞新的訊息之外，別忘了自己所想要完成的事情，還有別忘了傳遞自己心底的言語，畢竟傳遞訊息的那個你只是一張面具。

★巨蟹座

　　這個上升星座細心體貼，他們有著一張母親的面具，給人的第一印象總是安靜而且溫和有理的，他們從不會拒絕傾聽別人內心的傷痛，也樂於給予幫助，但是另一方面這個上升星座，在不熟的人面前也容易顯得情緒化，他們毫不隱藏的將情緒表露無遺，更有灑狗血的渲染力能將情緒放大，有時候連他們自己也弄不清楚為何自己如此的悲傷或狂喜，試著理清自己的情緒是必要的學習。

★獅子座

　　即使他們的太陽星座是一個容易害羞靦腆的巨蟹或魔羯座，他們一旦擁有獅子的上升星座，馬上會使他們在人前表現得豪氣干雲，這個上升星座使這些人處處表現出莊嚴華貴的氣質，在人群中希望自己是居於領導地位，而且要自己受到眾人的注目，這個上升星座的人最好秤秤自己有幾兩重，不然，很有可能會作出打腫臉充胖子的事情。做一個真實且符合自己能力的帝王，比一個虛

榮的皇帝要好多了。

★處女座

　　這些人在別人面前對工作非常認真，並且處處表現出自己擅長執行事物，分析事理的執行者模樣，是上升在處女希望讓人看見的面具，這個上升星座對人和善而且熱心，有時候像是愛管閒事的樣子，但是對自己的要求頗為嚴苛，處女的上升星座總是督促著這些人，成為人們眼中那種合乎規範、守時、認真、一步一步來的人，如果真的陷入這樣的情境，很有可能迷失自己的天性，必須提醒這些人，有時候讓自己脫軌一下也不要自責。

★天秤座

　　這個擁有貴族氣質的上升星座，是所有上升星座中最為典雅而且最重視生活情趣的星座，他們有和金牛上升一樣的閒情逸緻，作事很有技巧而且總是不慌不忙，但是這個上升星座也總是十分在意別人對自己的看法，事實上這張具有貴族氣質的面具，往往成為生活中的羈絆，有時候會讓自己無法放下身段和別人熱情的交往，或是當他們想表現自己時，又總是陷入維持美好氣質的窘境。由於這個上升星座的位置與黃道正好顛倒，使得這些人常有時不我予的感受。

★天蠍座

　　這個上升星座總是帶著一張冷酷且神祕的面具，像是個冷靜的特務人員或許是很恰當的形容吧！上升在天蠍座所賦予的冰冷還有謎團，總是讓人看不清這傢伙是敵是友，但是銳利的眼光像是要穿透別人內心深處的感覺，讓人不敢輕易接近，這個上升星座習慣隱藏自己最真實的感覺，或許要等到真正成為他們的好朋友，才有可能感受到友善與溫暖。

★射手座

　　這個上升星座真是個名副其實的狩獵者，他們總是表現出熱情的姿態、愛好冒險，企圖心還有行動力都十分旺盛，在人面前總表現出一副樂觀進取的樣子，同時也將歡樂的氣息帶給所有的朋友，但是這個上升星座也容易給人十分魯莽的感覺，因為他們的樂天態度，會讓一些愛操心的人看不下去，覺得這個人一點也不實際，所以試著將你無窮的活力表現在實踐事物上，將會讓那些瞧不起你的人改觀喔！

★魔羯座

　　這樣的人希望成為一個成功的人，而迫使自己在別人面前表現得非常務實，像是一張成功企業家的面具，牢牢限制這些人在其他生活層次的才華，這個上升星座在別人面前總是表現得嚴

肅、冷靜而且堅強，不容易被打倒，但是，重視現實社會的表現，往往會阻止你熱情的去實現夢想的心願，或許這個上升星座的人，該學會讓自己放鬆一下，試著在人前表現得熱情些，或者勇敢的去追逐自己的夢。

★水瓶座

這個上升星座帶著獨行俠的面具，總是表現得奇怪而且特立獨行。有些人視他們為天才，但是有些人覺得他們的行為更接近白癡所為，因為他們無法忍受自己和別人相同，總是努力的創造出與眾不同的感覺，他們有時看起來很冷漠，有時又十分和善，總是努力的表現出獨立自主的樣子，這個上升星座有時候該注意，不要為了改變而改變，因為這樣反而容易讓人誤解了本意。

★雙魚座

這個上升星座像是生活在夢幻中的夢遊者，具有藝術家放蕩不羈的性格，容易活在自己的童話世界當中，在某些人眼中上升雙魚似乎需要一個玻璃罩來保護他們的安全，但這只是表面。和所有雙魚座有關的事情一樣，這個上升星座也總是表現的十分浪漫、纖細而且敏感，但這是否是他們的本性就不一定了，上升在雙魚座的人，有時候應該也要摘下那張童話般的面具，讓人見識一下堅強實力。

第一宮內的行星

第一宮代表著自我，第一宮內的行星會替一個人帶來相當明顯的特質，當這個人與外界互動時，第一宮內的行星特質很容易表現出來。例如：某人的上升星座在天秤座，一般來說上升天秤會相當重視與他人的互動，有時甚至讓人表現出依賴的樣子，可是偏偏西元 1970 年左右出生的他，天王星正好在天秤座，也正好在他的第一宮當中，這會讓他除了重視與他人的關係之外，也要求自己表現出獨立的特質。

★太陽

太陽為自我的中心，當他們進入同樣代表個人特質的第一宮時，將會表現出強烈的個人特質，通常與太陽所在的星座有關，太陽在第一宮替這些人帶來了自信與勇氣和活力，給人的感覺相當的熱情大方且有自信，眼睛有神，但缺點是太過以自我為中心。

★月亮

月亮進入第一宮帶來情緒的明顯表態，這樣的人容易讓人覺得情緒化（除非月亮在魔羯、天蠍、金牛、水瓶），與母親或家中女性長者的關係密切，善體人意也喜歡照顧他們，這一點在與上升合相時更為明顯，通常這些人童年時的習慣與經驗對這些人有長久的影響。外表上讓人覺得和善容易親近，容易發

胖，特別容易出現在臉部。

★水星

水星在第一宮帶來靈活的頭腦與思考能力，若水星正常運行時這些人多半能言善道，重視與人溝通的關係，他們的好奇心相當強，但卻沒什麼耐心。如果水星呈現逆行時多半帶來溝通的困難，卻加深思考的深度、語文的能力。

★金星

金星在第一宮替人帶來親切的魅力，他們總給人很好親近的感覺，受到金星的影響，這些人待人有禮、儀態優雅，很有社交技巧。這樣的人頗為注重自己的外表與所在的環境，盡量以舒適為原則，其次是美觀，這樣的人也頗有審美與流行時尚的觀念。金星相位不佳時容易散漫偷懶。

★火星

火星在第一宮帶來衝動與無窮的活力，除非命盤當中受到天秤、天蠍、魔羯、金牛影響很大，否則個性急躁且沒有耐心。他們做事很少經過仔細考慮，多半先做了再說，所以也常常容易出差錯。由於脾氣不佳所以常常和他們發生衝突，這樣的人常是運動員、軍人等。

★木星

木星在第一宮總是替此人帶來好運，特別當木星與上升點呈現合相時，這種好運更為明顯。受到木星的影響常給人誇張的感覺，很可能比一般人高大或胖，或是言語行動上的戲劇化等等。這些人樂觀、善良且是積極的行動派，他們的眼光很遠大，但如果木星木星受挫或沒有具實現能力的太陽、火星幫助恐怕只是空想和好高騖遠。

★土星

土星在第一宮替這些人帶來嚴肅的性格，這些人對事物的態度保守想法實際，沉默寡言。對人較為冷淡。而這些人的身體狀況並不是很好，常常要承擔很重的精神壓力，家庭或是社會帶給這些人很多的負擔。這些人具有事業的野心，願意一步一步的去實行，但在相位不佳時性格變得殘忍且現實，容易犧牲他們達到自己的目的。

★天王星

當天王星出現在第一宮時，替這些人帶來令人注目的外表或性格，他們總是有那麼點不平凡的特質。打從內心他們就不願意和他們一樣，在個性上他們不甘平凡，不喜歡遵守傳統的窠臼，喜歡創新或怪異的事情，就算是為了反對而反對也好，他們就是不要和別人一樣。天王星受挫時、性格怪異有時，會讓人覺得病態。

★海王星

當海王星進入第一宮時賦予這些人

豐富的藝術細胞與幻想力，當海王星與其他們行星呈現正面相位時這樣的特質會被激發，直覺準確，這些人會變得浪漫且慈悲善良，並帶有迷人的神祕特質，具有藝人、藝術家、和神職人員的特質。不過當海王星與其他們行星呈現負面相位時，優柔寡斷以及欺騙自我或他們的性質會出現，更有可能有妄想或是依賴毒品或酒精等。

★冥王星

冥王星進入第一宮替一個人帶來了神祕的特質，這些人有許多不為人知的祕密在進行著。他們對於權力與控制他們相當在行，表情與眼神多半有著神祕的魅力，頭腦冷靜。他們不斷地改革自身朝他們的目標前進，他們做事有組織與計畫性，知道強硬和軟弱都是達成目標可以使用的手段，可是對於某些事情卻相當的固執。當負面角度影響時，容易有心理上的障礙，不擅長與人交往。

★北月交

這些人與生俱來的幸運讓他們能夠受到社會大眾的認同，而把焦點放在他們身上，也可能因為常常受到他人的照顧，使得這些人不願意對自己的成長多付出些努力。

★南月交

南月交暗示著前世完成的課業，在此宮的人習慣獨來獨往，或許是以往的經驗讓他們覺得這樣做較為舒服，與他們合作時往往較為困難。

★幸運點（福點）

自信與自我就是這些人最大的幸運符，這樣的人幾乎有著天生好運，他們想做的事情幾乎都能夠達成，就算失敗也不會對他們造成嚴重打擊。

第二十二章　第二宮的星座和行星

第二宮一般來說被稱做金錢宮，不只代表金錢，也代表著一個人的物質觀，不過事實上一個人的基本財運與這個宮位有這莫大的關連，同時也代表這個人一生的財務表現，通常較溫和的行星（月亮、水星、金星）進入時會有不錯的財務表現，既使是負面的角度也不會造成太大的損失，而太陽、火星、木星、土星、天王星、海王星、冥王星則帶來重要的改變訊息，是好是壞則需要觀察行星的動向是否逆行，還有與其他行星的角度是否良好。

第二宮的起始星座

★白羊座

第二宮起始點在白羊座的人，上升星座通常在雙魚，花起錢來完全是憑著情緒衝動卯起來花，一點也不知道什麼叫做節制，抱持著浪漫人生的夢想，加上白羊衝動的消費能力，除非這些人所抱定的理想就是「努力」賺錢，否則這些人手邊的存款不多，就算認眞工作賺錢大概也只能當個月光族。

★金牛座

第二宮起點落在金牛座的人，抱持著理想的人生，他們比較不會像太陽牡羊座的人一樣一衝動就不管物質生活，這些人對於自己的財務狀況與經濟了然於心，對他們來說，夢想與食物並重，沒有麵包大概連愛情也不用談了，這樣的人通常很年輕的時候就做好了自己的理財規畫。

★雙子座

由於第一宮落在金牛座，對於物質的關注不會輸給太陽金牛、月亮金牛，而他們對於美與藝術特別有感受，再加上花錢如流水的雙子座守護財務，對於錢財的態度較能夠放輕鬆，人一定要賺錢，要賺很多錢，但是賺錢就是要拿來花的，有金牛座的精打細算和雙子的聰明能幹，會使得他們有生意頭腦。

★巨蟹座

上升在雙子的人，第二宮起點在巨蟹，他們所配戴的財務面具，如同細心的會計或稽核人員，儘管雙子上升的豁達人生觀左右著他們不必太在乎物質的

擁有，但是請你仔細觀察，他們很快的就能比較出兩家超市的罐頭差價，還有採取哪種報稅法最能節稅，理財的方式相當注重開源節流。

★獅子座

上升巨蟹的勤儉持家，跟第二宮在獅子座的奢侈豪華，實在不太搭調，嘴上說要省，可是卻抵擋不過對於名牌的吸引力有時花錢如流水，這個第二宮所擁有的特色是省小錢花大錢，受到獅子座與巨蟹座的領域概念，他們喜歡把東西往自己的地盤搬。

★處女座

獅子的上升加上處女座的第二宮，遇上這種人千萬不要太和他們計較，他們極愛面子，有孟嘗君食客三千的表現，但是處女座的細心總是會和獅子座豪爽的那一面過不去，常會在花完錢之後開始抱怨。這種人知道該怎麼省錢，可是又不許面子掛不住。

★天秤座

處女座的上升搭上重視均衡的天秤來管錢，會是個不錯的組合，對於金錢他們採取收支平衡的心態，而細心會使他們不至於出大紕漏，而對於物質的享受又因為天秤座的影響而恰到好處，能夠使要求自己嚴苛的處女上升稍微放鬆，除非上升星座受到嚴重的衝擊才有可能嚴格的自我挑剔。

★天蠍座

天秤座的上升加上天蠍座聚財的能力，這樣的人在金錢的管理上，往往能表現出談笑間強弩灰飛煙滅的氣勢，屬於惦惦吃三碗公的人，你要是問他們為什麼會這麼厲害，他們還很謙虛的跟你說沒什麼，事實上是天蠍座在金錢宮的位置，擅長靈活理財，讓這些人可以無後顧之憂地過著舒適的生活。

★射手座

第二宮起始點的射手座，上升星座往往會在天蠍座（仍有例外），天蠍上升的意志堅定加上射手在錢財宮的位置，讓這些人的賭性堅強，不怕輸不怕難的樣子，倒是造就了不少的巨富。他們的錢完全是靠著運氣賭上生命賺來的，這樣的人有著禿鷹的個性和獵人的狠勁，在投資上表現得相當出色。

★魔羯座

上升在射手時，第二宮的魔羯座會不動聲色的把錢管好，不過射手面具的豪爽加上金錢魔羯沉默的面具，讓他們在花大錢時，即使心頭滴血嘴上仍然拍手叫好，還好魔羯的努力和射手上升的衝勁，會讓他們很快把錢都賺回來。但在理財方面，他們雖然嘴巴很會說，不過理財的行動多半保守。

★水瓶座

水瓶座對於金錢較不在乎，而對於上升在魔羯的人來說，除非金錢是他們邁向成功的步驟之一，否則他們不會很在意，他們會有穩定的生活，固定的支出與收入，維持生活的一定品質，至於其他的就不怎麼在意了，這樣的人不會死守著錢，會靈活運用錢做出更多有意義的事情。

★雙魚座

上升水瓶與第二宮雙魚的組合對金錢的敏感度實在是低得不能再低，水瓶上升的自由自在，雙魚的悠遊自在，就好像是瓊瑤小說裡不食人間煙火的組合，這樣的人花錢好像花得都不是自己的，得錢到用時方恨少時，只能扯緊皮帶喝西北風。

第二宮內的行星

★太陽

當太陽進入第二宮時，金錢在生命中占了較重要的份量，一般來說金牛、巨蟹、獅子、天蠍對於物質較為在意，若再加上負面角度的相位不良，很有可能會變成守財奴（月亮、土星）；或是散財童子（水星、火星、木星、天王、海王、冥王），太陽在第二宮再加上好的相位，通常代表著吃穿不愁的富貴命，若與月亮、水星、金星等形成正面角度，意味著財富源源不絕而來，若和火星、木星、天王、冥王呈正面角度則會有發意外之財、一夕致富的命。若是負面角度的話，前者只是代表著麻煩較多，後者通常是覆巢無完卵的局面。

★月亮

第二宮有月亮時，物質生活的穩定與否成為左右你情緒平穩的重要因素，我有一位月亮在金牛座、又在第二宮的朋友，家中絕對不會沒有食物，汽車油箱的油絕對不能低於油表的三分之一，不然他們會緊張得不得了，但是和其他們行星形成不錯的相位，錢財屬於穩定的狀態（特別是代表穩定的土星）時，會讓他們較不緊張。

★水星

第二宮有水星的人，最好是不要放太多錢在身邊，一有多餘的錢便養成小額投資的習慣，因為水星的流動性，會讓他們不太習慣把錢乖乖放在身邊。建議這些人與其花掉不如投資，這樣也有好處，因為一旦水星代表的流通受到阻礙時，一些變現性高的投資工具還可以救急。

★金星

一般來說，金星和水星不太需要擔心不良相位，因為他們的破壞力不太強，如果有好的相位解圍那更是令人高興。金星落入第二宮會是不錯的位置，

強調金星在金錢層面的特色，而間接的影響則是金錢的追逐會成爲此人的興趣，或者他們會利用物質妝點他們的生活，這是相當特殊的一點。一旦金星在第二宮又有不錯的相位，在物質生活上也會過得較舒適。

★火星

火星落入第二宮，對於物質有著強烈的需求，通常處於努力賺錢的忙碌狀態，但是賺不賺得到錢還要看相位好不好，如果相位很差通常會是白忙一場，如果是反應較爲激烈的木星、天王星、冥王星還會有賠了夫人又折兵的可能，如果有月亮或是特性較溫和的行星疏導，則會減緩這種激烈的反應。

★木星

木星在第二宮通常對於金錢較不在意，其中一個原因是他們太幸運了，往往茶來伸手飯來張口，而錢也是滾滾而來，所以這樣的人除非有土星影響，不然很少有金錢概念，幸運時就這樣過了一輩子，不幸的人揮霍無度，在負面角度過於嚴重時會吃盡苦頭，甚至還會牽涉詐欺的行爲。

★土星

土星落在第二宮促使這些人對於錢財與物質會看得比一般人重些，自然在金錢上就比較保守，不會有太大的冒險。他們透過辛苦的勞　，賺錢機率很

高，對物質有一定的占有慾，對於投資理財則相當的謹慎，他們的金錢常會與權力遊戲牽扯在一起。

★天王星

當怪異的天王星進入金錢宮，對於金錢的觀念相當獨特，常常會有令人無法捉摸的想法與作法出現，而這樣的位置如果又有良好的相位，表示會有意外之財，但來得快去得也快，若是不利的相位，則最好不要留太多錢在身邊。

★海王星

海王星一旦進入了第二宮，有沒有其他們行星來形成好的相位是很重要的關鍵，因爲海王星本身虛幻不實的特性，若沒有較爲實際的行星支持，錢財往往會變成泡影，如果是不利的相位要小心上當被騙。

★冥王星

冥王星落入第二宮的組合，大有命運弄人的感覺，通常錢財落在看不見的地方，這樣的位置要經過一番努力才能得到，而辛苦的代價還頗高。當冥王星相位不錯時，帶來敏銳的理財能力，對於投資相當在行。

★北月交

這些人在金錢上有著無比的幸運，若不是安於平凡的生活，就是從事都不用擔心金錢或是物質生活，他們必須學

習自己打理金錢與物質生活，因爲第二
宮的金錢與物質生活，是此人的今生課
題。

★南月交

南月交在第二宮的人對於金錢比較
不在乎，他們前世中已經有許多關於金
錢事物的經驗，他們或許習慣了茶來伸
手飯來張口的生活，在這種情況下他們
擅長自己理財，卻不擅長與他人有金錢
的合作關係，因爲有時會把情況弄得很
複雜。

★幸運點（福點）

當福點出現在金錢宮時，帶來了實
質的財富，福點本身在占星學定義上就
是物質富足的幸運點，當這樣的點進入
第二宮時，滿足了第二宮對於物質的渴
求，所以他們從來都不必爲了柴米油鹽
等事情煩惱。當福點與其他的行星呈現
凶角時，則要注意身邊的錢不容易存起
來。

第二十三章　第三宮的星座和行星

第三宮與基礎階段的學習有關，代表了這些人的言語模式、溝通模式，以及和兄弟姊妹之間的關係，同時第三宮也與一個人在近距離旅遊上的態度與一個人的交通運勢，特別是當火星、土星、天王星、冥王星進入，又與其他行星產生強硬相位時，要特別注意交通與旅遊安全。黃道上的第三宮雙子座，就具有類似的特質。

第三宮的起始星座

★白羊座

這些人小時較為活潑，學習能力很強，相當有自信且表現主動，在學習與課業方面較不用家長擔心，和兄弟姊妹與同學之間常有競爭的心態。這些人溝通時不喜歡浪費時間，總是簡明扼要的把話說清楚，更討厭囉唆的人，很有自己的想法，不容易接受他人的觀念。

★金牛座

第三宮在金牛座時，小時候學習的進度較為緩慢，無法理解抽象的概念，學習過程當中必須盡量以實體來解釋，在藝術、金錢上或許會有比較傑出的理

解能力。這些人不太擅長與人溝通，思考需要較長的一段時間，個性固執且不喜歡被人促。

★雙子座

這樣的人多才多藝，很可能什麼都懂什麼都會卻不專精，因為上升在牡羊座的關係，也不容易有耐心（除非有土相星座或固定星座的太陽、火星、土星）。他們喜歡和人溝通，傳達自己的想法，並且盡量在別人面前表現出富有創意的一面。

★巨蟹座

這些人的學習狀況受到情緒的影響起伏不定，不過在藝術文化歷史上有較好的表現，由於月亮的影響，這些人很難掌握學習的品質。但是與鄰居和兄弟姊妹的關係相當不錯，十分細心，喜歡照顧別人且受人喜愛。

★獅子座

第三宮起始於獅子座的人相當有創意，頭腦靈活聰明機靈，常常是鄰近地區的孩子王，他們在同儕之中常位居領導地位，鬼點子很多對人很大方，但說

話較為自我。在學習上他們比較愛面子，必須使用些激將法，讓小時候的他們在課業上有些長進。

★處女座

這樣的人小時候面對課業容易焦慮，他們對學習相當沒有自信，必須透過反覆的摸索直到獲得肯定的答案為止，如果能夠透過分析的方式來讓他們明瞭事物，將會有更好的學習成效。這些人擅長溝通與分析事理，卻也嘮叨，喜歡為社區、兄弟姊妹、好友服務。

★天秤座

天秤座在學習上帶來較強的依賴性，他們較缺乏主動精神，需要別人的幫助與督促，對於藝術與創意有較佳的表現力。這樣的人重視人群間的和平氣氛，和鄰居、兄妹、同學都有很不錯的關係。他們溝通時也相當重視詞彙，盡量修飾自己的言詞會讓他們感到舒適。

★天蠍座

擁有天蠍座在第三宮的人頭腦聰明，但卻不會輕易的表現出來，很多事情他們都必須經過深思熟慮，在學習上他們需要一些時間去適應，一旦掌握關鍵他們將有著非常傑出的表現。在與人溝通時他們是多半言詞尖銳，卻是忠言逆耳不得不聽。

★射手座

第三宮在射手座的人，小時候相當的活潑好動，總是不斷地在自我學習與成長，所以長大時容易有截然不同的表現，顯得深思熟慮較為有禮，這是受到上升天秤的關係，有時他們說話速度過快，以至於忘了什麼該說什麼不該說。幼時學習上較沒有耐心，但這些缺點都會隨著成長而改進。

★魔羯座

這些人在學習時速度較為緩慢，他們喜歡一步一步慢慢來，在人群當中他們稍微顯得落後，但卻是龜兔賽跑中的贏家。在與人溝通時這些人顯得有城府，開口說話的背後總有動機與目的，自我保護的色彩很重，總是在深思熟慮後才會答應事情，對待兄妹和朋友較為冷淡。

★水瓶座

這樣的人快言快語，有時候卻常常傷人而不自覺，他們喜歡與人溝通，和兄弟姊妹或朋友在一起時也常常玩得很瘋，和鄰人的關係親密。在學習的時候展現了聰明的領悟力，不過卻沒什麼耐心，也常常容易分心。

★雙魚座

他們冷漠的外表下有一顆溫暖的心，對於周圍人的關心很少表現出來，

常讓人覺得他們很冷漠,這是魔羯座上升使然。在學習上受到雙魚座影響,這些人精神不容易集中,遇到挫折時容易退縮,在學習的過程中需要培養勇氣與毅力,屬於大器晚成型,需要其他人的鼓勵。

第三宮內的行星

★太陽

當太陽在第三宮時,這些人在小時候的表現相當傑出,在校期間活潑多才多藝,並且在日後語言學習上,溝通上,都有著不錯的表現,擅長人際關係,不過缺點是浮躁且沒有耐心、善變,注意力無法集中,若火星與土星或太陽所在的星座具有耐心的特質,才有可能改善。

★月亮

月亮在第三宮的人,幼年時的學習容易受到情緒影響而表現不佳,通常不太容易專心,語言的表達能力雖然不差,但卻因為情緒的障礙,難與他們順利溝通。這樣的人興趣多變待人親切,對兄弟姊妹和鄰居都特別友善。

★水星

水星是雙子座和第三宮的守護星,水星進入第三宮,且沒有逆行的狀況下,多半賦予一個人聰明機智的頭腦,小時候表現特別傑出,這樣的人喜歡旅行,擅長與人溝通傳遞訊息,有著相當不錯的朋友和兄弟緣分。

★金星

金星進入第三宮帶來非常棒的童年和學習經驗,他們在學校相當得同伴和師長的喜愛,長大之後和童年夥伴的關係良好。他們性愛的對象很可能是小時候的玩伴,或是住在鄰近地區的人,也很可能是在旅行時遇見的對象。金星在第三宮帶來學習上的藝術天分,這樣的幼兒在繪畫與藝術上都有著不錯的表現,在商業與投資上也有相當清楚的頭腦。

★火星

火星在第三宮促使一個人經常外出,這個人的工作多半與傳播、溝通、評論、業務有關,這樣的人很少耐得住子,就連他們小時候學習的狀態都很讓老師頭痛,常常靜不下來,就算不調皮搗蛋也是毛毛躁躁的傢伙。這樣的人沒有耐心學習,一旦受到挫折就會想要放棄,必須在他們興致最高時把學習和工作一口氣完成才可以。他們說話的口氣很衝,對待兄弟姊妹和朋友也一樣。如果火星與其他行星有強硬相位的話,那麼在出門時,要小心急躁與沒耐性常會有意外發生。

★木星

木星在第三宮時必須透過不斷的學

習新知帶來好運,在基礎課程如國小到高中的學習成績都不差,但是真的用功的機會不多,只能說他們運氣比別人好很多。他們喜歡吸收流行資訊,並且將這些資訊傳播出去。他們對於兄弟姊妹和朋友都相當的和善,也挺講義氣的。這種人的好運通常發生在離家不遠的地方。

★土星

土星在第三宮帶來溝通的困難與學習的障礙,這些人在基礎階段的學習非常辛苦,需要師長父母給予耐心的關懷,他們對於學習不但沒有興趣也沒什麼信心,但必須告訴他們這是為了生存而必備的知識。他們的兄弟姊妹常常成為這些人的負擔,並限制了這些人的未來發展,因為不擅長與人溝通朋友不多,相位不佳時朋友常替他們帶來厄運。若土星在第三宮與其他行星發生強硬相位時,要特別注意交通安全。

★天王星

天王星在第三宮帶來良好的友誼與兄弟緣分,這些人在他們眼中有著極端聰明或怪異的看法,通常在學習時他們不願意遵循老師所教授的方式,而喜歡自創一些古怪的學習方法。天王星受挫時,這個人有著怪異的想法和溝通方式令人不解。若天王星與太陽、火星、月亮等發生強硬相位時,在交通方面要特別小心。

★海王星

海王星在此宮帶來學習上的直覺,常常猜對答案,他們多半聰明伶俐,討人喜歡,而且擅長與他人溝通,通常不用太大的力氣就能夠說服別人。但卻不會很認真在學習上面,他們的想像力豐富,促使他們無法專心地在課堂上聽講,必須有人督促。

★冥王星

這些人在學習上有著非常專注的能力,他們有聰明的頭腦但需要家長和師長的開發與鼓勵,遇到挫折時他們容易退縮,但如果受到激勵可以讓他們學會反省與改進的道理。這些人與兄弟之間的關係不太和睦,呈現強硬角度時還有可能被欺負。在溝通上這些人溝通技巧不佳,是那種不會看場合說話的人。若冥王星還與其他行星產生強硬相位時,要特別注意交通與旅遊的安全。

★北月交

這些人在學習上有著相當敏銳的感受,他們的兄弟姊妹常替他們帶來幸運的消息,和他們溝通或是說服他們從來都不是問題。溝通還有與他人的互動,則是此人精神成長的重要關鍵。

★南月交

這樣的人在學習上並沒有多大的問題,很可能小時候相當聰明,最後卻養

成懶散的習慣，對於學習的態度不夠認
眞，要明瞭他們的問題，其實在於對事
物的看法不夠深入。

★幸運點（福點）

和木星及北月交在第三宮的情況類
似，這樣的人在基礎學習上常常展現許
多的好運，不一定用功可是卻都能夠通
過考驗，且容易因爲兄弟姊妹或朋友帶
來好運。

第二十四章　第四宮的星座和行星

第四宮掌管家庭,特別是一個人與父母親的關係,他們喜歡的居家環境等等。第四宮也和土地、房屋、民族有關係。

第四宮的起始星座

★白羊座

這些人自我個性的養成來自於童年教育的影響,在家中他們呼風喚雨相當的自我,長大後這樣的個性與外界有所衝突,使得他們的態度稍微保留一些,但本性卻不改,一旦他們回到家庭的私領域,又會是一副霸王的姿態。

★金牛座

這些人擅長社交活動,但也對家庭相當的關心,但不擅長與家人溝通,常是以實際行動表示。他們雖然追求個人的獨立自主(上升水瓶),卻也會關注家庭的溫飽、經濟情況,就算被長輩誤會說不關心家人也不會急著解釋,他們很清楚自己在做什麼。

★雙子座

這些人與父母有著好友般的關係,他們的父母採用開放式的教育,因為寵愛而較為放任,卻也重視與小孩的溝通。這樣的人喜歡變換居住環境,或許是常搬家或旅行,或許是不斷地改變房子的擺設。電視、電話、網路、書籍、報章期刊在這些人的生活中顯得相當重要。

★巨蟹座

這些人與母親的關係相當密切,雖然相當自我、喜歡獨立,可是生活卻常常受到母親的關心與干擾。在外人眼裡看來,他們是一個重視自我的人,可是面對家庭他們還是願意付出,就算他們不說出口,畢竟家庭還是他們最常掛心的地方。

★獅子座

獅子座代表家庭與父母的宮位,顯示這些人成長在權威式的領導之下,他們習慣服從父母的命令,卻在長大之後也這樣回報給父母,與父母的關係容易緊張。這些人重視家庭生活,特別在物質層面上,他們盡量讓自己住在環境好的高級住宅區,並用昂貴的裝潢。

★處女座

這些人幼年時受到嚴格的管教，他們的父母重視教育、誠實、美德、衛生健康等，與父母的距離因為嚴肅的態度而變得遙遠。雖然童年不太愉快，卻也不會在父母年紀大時棄之不顧。

★天秤座

因為上升星座在巨蟹座的關係，與母親的關係密切，他們的父母常常在教育或家庭意見上有著相左的意見，但不會有很大的爭執。這些人希望與父母保持良好的關係，卻又希望保持一定的距離。他們重視家庭生活，喜歡具有藝術氣息的佈置環境。

★天蠍座

這些人與父母的關係常有嚴重衝突，個性雖然相當的自我，卻擁有控制慾很強的父母，為了脫離這樣的控制常使家庭的氣氛火爆。他們相當重視隱私，有很多不喜歡被其他人瞭解的家庭祕密，即使在家中也希望有隱密的空間。

★射手座

上升處女座的人較為早熟，其原因可以歸咎於他們擁有較為自我且不懂得照顧孩子的父母。這樣的父母可以當孩子的玩伴，卻很少注意到他們所需要的安全感，他們常鼓勵小孩要有勇氣去冒險，就把小孩一個人丟在外頭，引發這些人對父母的不滿，但總有一天他們會瞭解父母的教育使他們受益良多。

★魔羯座

小時候受到雙親的嚴格教育，遵守紀律和規則，長大之後總是希望與家庭保持一定的距離。在他們生活中，任何事物都有一定的秩序，很少出現髒亂的狀況。不過這些人雖然在外頭相當善於交際，卻不擅長與父母和家人溝通。

★水瓶座

水瓶座帶來與眾不同的家庭生活，這些人的父母與童年的成長環境相當特殊，這也使得他們與父母之間的關係有些不同，若不是尊重彼此的平等地位，就會是冷漠且緊張的關係。這樣的人喜歡在家裡擺上很多奇怪的裝置，也常出現先進的電子系統。

★雙魚座

這些人放縱的性格源自於父母的溺愛，他們較為任性自我，童年的成長環境很容易得到父母的寵愛與放縱。父母的教育方式較浪漫，也使得他們對於世界充滿幻想與好奇，喜歡旅行居無定所。他們的住家裝潢具有浪漫的波希米亞風格。

第四宮內的行星

★太陽

這些人深受家族中男性的影響，黃道上的第四宮巨蟹座與家庭有關，使得這些人和巨蟹座一樣，在生活上常以家庭為中心，希望主導家庭的一切，保護家族成員，並替他們帶來溫暖和幸福，但相位不佳時，容易顯示出獨裁卻善變易怒的個性，且容易與家中的長輩關係不佳。

★月亮

這樣的人對家庭產生強烈的情感，他們相當重視家庭和血緣關係，有時這樣的情形會發揮到民族與愛國主義上。第四宮所代表的父母親（尤其是母親），對這些人影響重大。這樣的人重視家居生活，擅長烹飪或房屋佈置，也常常喜歡更動擺設或搬家，當月亮受挫時與家人的關係不太和睦。

★水星

水星在第四宮帶來與家人充分溝通的能力，與父母關係良好，在家庭受到的教育與影響相當深刻。不過水星的流也使得此人喜歡往外跑，常常居無定所。受到第四宮的影響，這些人對於歷史探索、農業、居住環境都有著相當程度的好奇，而這些人的文采豐富，具有作家與詩人的天分，受挫時容易與父母發生爭執而離家。

★金星

金星在第四宮帶來了良好的友誼，這些人與家族長輩的關係都不錯，常受到家人的疼愛與照顧，特別是家中的女性對這些人幫助頗多。這樣的人重視居家生活的舒適，他們喜歡逛市場，買家庭生活用品、烹飪、裝潢佈置等，有時會是相當成功的室內設計師或生活大師。

★火星

就算這些人熱愛他們的父母親，但火星也容易使他們用過當的言語或行動，不小心傷害到父母親，這些人願意為家庭和家族賣命，但總是容易和家人發生衝突。在居家方面總是不停的找事情做，他們喜歡動手 DIY，家裡有時會很像工廠。這樣的人容易成為民族或愛國主義者。

★木星

木星在第四宮的人祖上積德，常藉由家庭的關係獲得好處，他們在快樂的環境下成長，與家族的成員都處得十分良好。這樣的人往往有機會得到來自於家庭有形、無形的幫助。他們的人生哲學、宗教信仰在很小的時候就藉由父母的灌輸而成型，到了長大時他們的信念依然不變。受到木星的影響，通常這樣的人喜歡寬敞的居家空間。

★土星

父親在這些人的生命中扮演舉足輕重的角色，不論正面或負面的影響都很巨大，父母對這些人要求相當嚴格，並且寄予厚望，通常很早就要負擔起家庭責任。土星在此通常暗示這些人與父母的關係不是很和睦，對於家庭成員也很難表示自己的想法與情感。土星又有實用與簡單樸素的意思在，也使得土星在第四宮的人，其居家環境通常較為簡單樸素，有時在他人眼裡看來甚至是簡陋。

★天王星

天王星在家庭宮帶來了冷漠與疏離，他們和家庭刻意保持一層距離，且對家人的行動很少關心。相反地，這些人對於朋友倒是比較親切，他們所認同的家人不是血緣關係，而是那些能夠與他們有思想上密切交流的朋友。受挫時對家人態度冷淡，無法與家人和睦相處。

★海王星

當海王星出現在第四宮時，由於這些人對家庭的期待過高，總是有無法達成的願望，這些人與家人關係複雜，許多事情的牽扯，使得他們對家人擁有旁人難以理解的複雜情緒，通常連他們自己都不知道對家人究竟是感到依賴、相愛或厭惡。家裡的佈置十分隨，卻有些混亂。

★冥王星

冥王星在第四宮帶來了對家人的壓迫與控制慾望，你很難想像他們正藉此表現對家人的愛，在某種形式上這些人對家人有著很大的影響力，他們可能與父母親爭奪家庭的主導權，也容易因此和家人不合。

★北月交

這些人與家庭的關係極為密切，通常這樣的人仰賴家族或祖先的庇蔭，家庭不但是他們的避風港更是他們的幸運地，但這些人往往將生活的重心放在外頭的世界。

★南月交

家庭是他們的避風港，這樣的人受到家庭的照顧往往養成他們依賴的個性，最後讓他們無法跟外界銜接，他們今生的課題是走出家庭的保護，到外頭去闖蕩才能夠有所成長。

★幸運點（福點）

這些人受到家族的庇蔭極多，許多時候因為家庭的關係替他們帶來優勢與幸運，而他們很可能從父母或家族長輩那兒獲得房產。

第二十五章　第五宮的星座和行星

第五宮掌管喜悅的事情，包括了愛情、娛樂、興趣嗜好等，此外也和小孩或寵物有關。

第五宮的起始星座

★白羊座

這些人在愛情上相當的自我，正常的狀況下活潑熱情積極主動，不過卻很容易因爲衝動而和情人發生爭執。他們一旦喜歡上某一個人就一股腦的迷戀，但也很容易放棄，因爲沒耐心是這些人最大的缺點。對於小朋友他們的耐心只有三分鐘，可以陪子女玩耍，但也很容易發火。這些人偏向於新鮮流行的活動，他們也喜歡運動類的休閒活動。

★金牛座

通常這些人的上升星座會在魔羯座，他們的觀念是先立業再成家，必須有一定的經濟基礎才願意論及婚嫁，感情上通常比較保守容易害羞，一旦相處之後又會發現他們其實很注重生活上的浪漫，這些人渴望穩定的關係，通常戀愛就是爲了結婚。這樣的人對於美術音樂有一定的興趣，對於金錢投資也相當

在行。他們對小朋友很有耐心，總是循循善誘，並且注意他們是否穿得暖吃得飽。

★雙子座

上升星座在水瓶座的人，對於感情的看法較爲開放，他們渴望擁有能夠恣意溝通的對象，感情重視彼此的知性交流，他們也喜歡和情人四處走走、郊遊踏青，或是一起去進修些短期課程，很難閒得下來。十分重視自我，合則聚不合則散是他們的感情態度。對於子女他們會採取啓發式的教育方式，並重視他們的知性與思考。

★巨蟹座

這些人的感情觀不但保守，而且一旦喜歡一個人之後，就會想要和這個人過一輩子，由於巨蟹座影響了感情觀，所以男生喜歡較爲具有母親特質的對象，女生則喜歡照顧對方讓對方感受到溫暖。對待小孩子也相當地細心，且有耐心，這些人的興趣在於居家生活的佈置或烹飪上，對於園藝也有相當地興趣，對待寵物就像是家人和子女一樣。

★獅子座

第五宮為獅子座的人對於愛情有較強的控制慾望，他們常夢想著好萊塢電影情節般的性情，一旦有任何事情發生，他們都可以弄到全世界都知道，這些人的上升星座常落在牡羊座，也就是說他們很少會去替別人著想。對待子女他們傾向開明專制的態度，教導小朋友服從，卻又寄望他們能夠出人頭地。這些人的興趣傾向於藝術類型，例如：劇場、表演、電影等。

★處女座

第五宮在處女座的人，會是那種自願跑去當義工的人，他們喜歡為人類服務，在奉獻出體力與精神之後，會讓他們全身暢快。在愛情上這些人渴望純真純潔的性情，卻多半有著悲觀的想法，如果早期的性情不順利，就會讓他們對每一段愛情都抱持著遲早完蛋的心態。對於小孩他們要求相當的嚴格，希望他們能夠守規矩並且努力認真。

★天秤座

這些人重視關係的和諧與互動，有時喜歡表現出依賴對方的樣子，這是為了讓對方覺得自己很重要，他們重視知的交流與溝通，遇到不愉快時不喜歡大吵大鬧，最好能夠平靜地把話說清楚。這樣的人興趣廣泛，卻又沒什麼耐心持續，評論起事物來卻又頭頭是道。他們

重視與子女之間的和諧關係，對待子女如同夥伴一般。

★天蠍座

上升在巨蟹座的人原本就很容易去控制別人，加上天蠍座在第五宮可是相當容易吃醋，在感情上他們很沒有安全感，常常想東想西，這也會讓情人受不了，這樣的人必須克服自己的不安全感，才能夠談一場美好的戀愛。在興趣上這些人喜歡研究些奇奇怪怪的事情，對於奇異的現象或神祕學相當有興趣。對待子女相當的嚴格，要求服從一個口令一個性作。

★射手座

上升在獅子座的人有些自我，他們的愛情濃烈激情，卻常常來得快去得快，這樣的人愛情講求愉快的知性成長，可以遊山玩水共同學習，他們會盡量避免爭執，一旦開始爭吵他們就會對愛情產生逃避的念頭。這些人對於子女有縱容的傾向，常不自覺的過度保護他們並且放任其自由發展，很容易把小孩給寵壞。喜歡旅行和探索世界。

★魔羯座

這樣的人並不期待有什麼轟轟烈烈或是羅曼蒂克的愛情，他們的愛情就跟吃飯睡覺一樣平凡簡單，找不出什麼特色，但他們相當重視生活的樂趣，會喜歡一起享受美食或是出門郊遊等。對於

子女他們要求得頗為嚴格，希望子女能夠出人頭地，他們常把自己未能完成的心願，交付在下一代身上。

★水瓶座

這些人對於子女的教育觀念十分前衛，他們可能會把子女送到那種森林實驗小學去體驗自然成長，因為他們對待情人與子女都十分注重平等與互動。這樣的人對於許多奇奇怪怪的事都有興趣，喜歡探討不尋常的自然科學現象，對於電腦與高科技事物也相當有興趣。愛情上他們較為個人主義，就算有了情人，也盡量不會去打擾彼此的生活，更討厭被人打擾。

★雙魚座

第五宮在雙魚座的人對愛情有著高度的幻想，他們期望愛情是甜甜蜜蜜羅曼蒂克的模式進行，由於上升容易落在天蠍座的關係，他們常藉由甜言蜜語或激動的情緒來控制情人，但只要情人提出要求他們也願意犧牲付出。這樣的人對於子女也相當的寵愛，不過仍會嚴格地控制與保護子女。在興趣上這些人偏向藝術、神祕事物的研究。

第五宮內的行星

★太陽

太陽進入第五宮，在某種形式上來說如同回到了獅子座的守護，這些人在愛情上顯得十分自我，較少能夠體會情人的感受，互動上也都採取主導的位置。這些人有著豐富的創意，對於表演藝術和藝術創作有著許多天分，與小孩和情人的關係良好，但多半容易出現驕傲的傾向。

★月亮

月亮帶來豐富的幻想力量，這些人常有文學和藝術上的興趣，個性中也常有浪漫的表現，渴望愛情卻常常趕到焦慮與不安，常有情感上的困擾。不過對於子女或小孩來說他們是很好的父母或師長，他們十分關心幼兒，對小孩常用啟發式的教育，但相位不佳時容易將情緒發洩在小孩身上。

★水星

水星進入代表愛情與小孩的第五宮，讓這些人總是散發著歡樂的訊息，他們重視情感上的溝通，喜歡就是要讓對方知道。腦筋動得很快相當有創意，在藝術與設計上會有不錯的表現。與子女的溝通也相當良好，喜歡運用啟發式教育。

★金星

金星進入掌管性情的第五宮，會帶來甜蜜的性情，有魅力的他們通常有著不錯的愛情運，金星也替這些人帶來舒適的物質生活，他們相信賺錢就是要拿來過好日子，所以很懂得享受，特別在

吃穿住上都很有品味。這些人賺錢很容易，花錢也很快，錢多半都花在打扮或討好自己與情人身上。

★火星

第五宮不但掌管愛情，也與一個人的興趣有關，這個人活潑好動，興趣常常是動態的或是具有創造性的事物，當火星進入第五宮時，替一個人的愛情帶來了急切的態度，這些人對於愛情相當積極，甚至具有侵略性而不自覺，常帶給情人壓迫感，相處時容易發爭衝突與爭執。這些人對於情人和小孩沒什麼耐心，相位不佳時甚至容易施暴。

★木星

這些人很容易是無可救藥的樂天派，木星的歡愉與第五宮的歡愉重疊，在愛情上重視享樂，如果發生不愉快就很入容易放棄，不過多半他們在愛情上有許多好運。這個興趣廣泛很多事情都有涉獵，特別在賭博與投資方面相當有興趣，如果木星相位好的話，容易在投機的金錢遊戲上賺錢，反之則要小心。

★土星

土星在這個位置帶來嚴重的殺傷力，它限制了愛情發展的可能性，這些人的愛情表現常常受到干擾，需要有耐心的情人用心體會，這個人並不會是那種甜言蜜語或是帶給他們美夢的浪漫情人。他們通常把愛情的責任看得很重，

雖然帶給人安全感，但是他們嚴肅的讓人覺得掃興，通常愛情來得很晚。這樣的人與小孩之間的關係不是很親密，常帶給小孩和情人壓力。

★天王星

天王星的無法預測替性情帶來刺激的情節，這些人的愛情相當特殊，是無法事先預料的，常常是閃電般地開始或是突然結束，不尋常的神祕性情也常發生在這些人身上。天王星的不平凡結合第五宮的創意，使得這些人能在需要腦或是藝術創作的行業上表現特殊。與小孩的關係通常像是朋友一般，不會給予過多的關注。當負面相位出現時，這些人的行為會怪異孤僻，對感情有心理上的障礙。

★海王星

海王星符合一般人對愛情要求的浪漫，當海王星進入掌管愛情的第五宮時，帶來浪漫夢幻的特質，這些人在愛情上有著令人喜愛的特質，他們也會過度寵愛小孩和情人。這樣的人適合從事創意與美術設計工作，他們對於藝術的知覺相當敏銳，也適合從事任何藝術家的工作、繪畫雕塑、表演等。但是如果海王星相位不佳時，這些人的愛情關係混亂，常令情人頭痛。

★冥王星

冥王星在此時對於小孩或是情人的

態度相當嚴厲，他們傾向完全控制情人，但也有可能被對方所控制，這得視這些人的星盤而定。這樣的人有著強大的心靈能量可以藉由藝術與創作表現出來，他們也可能是非常棒的演員。

★北月交

在愛情上這個人有著極大的魅力，他們受到其他人的歡迎，有很多被追求的機會，若從事創作工作，他們也能夠創造出符合眾人期待的作品，小孩與情人、戲劇、賭博，常替這些人帶來幸運。

★南月交

他們具有天生的創意能力，這些資源來自於前世經驗的累積，這樣的人也相當的自我，但卻往往會忽略外界的聲音與看法，獨斷獨行會是他們無法成長的問題。

★幸運點（福點）

擁有幸運點的人，有著絕佳的偏財運，在表演或是娛樂事業甚至賭博方面都帶著好運。愛情方面很少會有煩惱，就算失戀也知道那是因為對象不適合自己，而很快地就能看開了。

第二十六章　第六宮的星座和行星

第六宮掌管職場上的人際關係，特別是指與部屬之間的關係，或是那些職位較我們低，還有那些替我們工作服務的人。同時第六宮也掌管身體健康，第六宮的起始點多半暗示著身體哪方面應該注意，也掌管日常的規律生活，特別是行星進入此宮時，會替此人的日常生活增添不同的意義。

第六宮的起始星座

★白羊座

這些人面對工作的態度總是正面積極，他們希望透過工作的表現，有朝一日實現自己的理想，但同時也是十分衝動的人，積極熱情的態度讓他們頗受歡迎，但暴躁的脾氣也會影響職場上的表現。這些人的身體健康需要注意，容易發燒、發炎、頭痛。還有要特別注意火星所在的星座，以及和火星產生負面相位的行星所代表的意義。

★金牛座

這些人對於資源的取得與使用上相當在行，並且以踏實的工作態度贏得同事的信任。這些人對同儕很具有包容，但有時也相當現實，給予他人的觀感總是兩極。但當他們升任為上司時，則又變得保守固執，不喜歡思想太過前衛激進的下屬。這些人在身體健康方面必須注意喉嚨與飲食，同時要注意金星所在的星座，與和金星產生負面相位的行星所代表的意義。

★雙子座

在工作的表現上通常聰明機靈能夠舉一反三，適合從事企畫和幕僚工作，常有些令人拍案叫絕的點子，他們對待下屬和同事如同朋友，但有時會給人過於膚淺無法深入交往的感覺，因為他們常常在事物的表面打轉。身體健康上必須注意呼吸器官與循環系統，同時要注意水星所在的星座，及與水星產生負面相位的行星所代表的意義。

★巨蟹座

第六宮在巨蟹座的人工作認真，卻容易受到情緒的影響，使得工作的品質無法預期，這些人在職場上的表現十分情緒化。他們對待同事和下屬如同自己的家人細心照顧，會是個不錯的主管。在身體健康上必須注意腸胃系統、貧血

問題、情緒困擾、乳房、子宮等問題，同時關注月亮所在的星座，還有和月亮產生負面相位的行星所代表的意義。

★獅子座

第六宮在獅子座的人，在職場上表現得當有創意也頗有氣魄，很適合從事企畫或創意工作，但對於下屬和同事總是有些自負與自我，不夠謙虛，喜歡指使別人去做工作，難免會為自己招來批評。在身體健康上必須注意脊椎、心臟血管疾病，同時要注意太陽所在的星座，與和太陽產生負面相位的行星所代表的意義。

★處女座

處女座踏實的工作態度很常獲得讚賞，他們總是保守且小心地面對工作挑戰，對於同事與部屬的要求較為嚴格，且容易批評他們的工作態度。身體健康上必須注意腸胃消化系統，同時要注意水星所在的星座，和水星產生負面相位的行星所代表的意義。

★天秤座

天秤座在第六宮讓這些人十分在意工作上的氣氛與環境，還有同事之間的相處，他們會是不錯的仲裁者，遇到糾紛時總是能夠給予公平的建議。他們喜歡與人為善，並盡量不干擾他們的做事態度，但有時也會顯得過度依賴。身體健康上必須注意腎臟、泌尿系統，同時

關注金星所在的星座，還有和金星產生負面相位的行星所代表的意義。

★天蠍座

這些人在工作上具有野心，他們絕對不會以終身為員工而滿足，總是希望自己有朝一日能成為老闆。這些人對下屬總是有著許多嚴格的要求，可是對自己的行為卻有些放任，常導致下屬的不滿。身體健康上必須注意生殖器官、泌尿系統的問題，同時注意火星、冥王星所在的星座，和火星、冥王星產生負面相位的行星所代表的意義。

★射手座

第六宮在射手座的人工作態度較為不穩定，受到上升巨蟹的影響，心情好時可以一鼓作氣，心情不好的時候卻又容易一事無成。這些人對工作上的細節常有疏漏，容易被上司指責。對待下屬則十分和善，且以朋友的心態與他們交往。身體健康上需要注意肝臟的問題，同時關注木星所在的星座，還有和木星產生負面相位的行星所代表的意義。

★魔羯座

這些人在工作上所展現的野心，正如同其上升星座所透露的訊息一樣，總希望有一天能成為業界舉足輕重的角色，他們對下屬要求嚴格，待人也頗為現實，常給人不愉快的感覺。在健康上需注意骨骼、牙齒的毛病，同時留意土

星所在的星座，和土星產生負面相位的行星所代表的意義。

★水瓶座

這些人擅長分析事理，雖然表面上看似嚴肅，但事實上卻相當尊重同事與部屬，在工作上擅長使用數據分析電腦或是電子儀器，來協助工作順利完成。在身體上因為這些人思考過於活躍，常造成神經衰弱的毛病，需注意內分泌與循環系統，同時關注土星、天王星所在的星座，還有和土星、天王星產生負面相位的行星所代表的意義。

★雙魚座

「帶兵要帶心」是這些人的職場領袖要訣，他們會是好的主管，待人和善且善體人意，可是有些時候容易猶豫不決，甚至害怕部屬的能力強過他們。身體健康上特別留意腳踝與循環系統、精神與心理的毛病，使用藥物時也要特別小心，容易有藥物中毒或是濫用藥物的現象。此外，注意木星、海王星所在的星座，還有和木星、海王星產生負面相位的行星所代表的意義。

第六宮內的行星

★太陽

第六宮與處女座有無形的連結，太陽進入第六宮時，使人重視工作上的表現，通常他們認真踏實擅長分析，對工作要求完美，對自己和他人都要求相當嚴格，太陽在第六宮的人需要在日常生活的規律當中追求自我。而第六宮也和健康有關，如果太陽和第六宮的其他行星沒有嚴重的負面相位，代表當事人擁有健康與活力，但仍須注意其他行星負面相位所暗示的疾病可能，若太陽處於負面相位，則需注意心臟血管與脊椎、小腸方面的毛病。

★月亮

這些人在工作表現上會較情緒化，對工作時常感到不滿，工作的變動相當頻繁。但是固定的生活日程表，規律的飲食和每日的心靈檢視，對此人來說相當重要。這樣的人身體較為虛弱，也常有心理和情緒上的問題，必須特別注意乳房與腸胃疾病。

★水星

水星在第六宮的人行動敏捷，腦筋轉得很快，會是上司眼中聰明的部屬，領悟力很強，具有邏輯和推理的頭腦，容易替他人設想，常有得力的手下幫助，如果命盤中多些踏實的元素，將有助於職場上的發展。相位不佳時，容易鑽牛角尖，沒有部屬緣。在健康問題上，需要注意呼吸與循環系統，尤其是相位不佳時，容易有氣喘或呼吸器官的毛病。

★金星

金星在第六宮帶來良好的工作關係，身為主管的人特別有部屬緣，工作上的氣氛良好。代表愛情契機的金星進入此宮，也暗示著當事人容易和工作場所認識的人結婚，例如：同事、客戶等。第六宮掌管健康，一般來說當事人的健康不錯，如果金星的相位不佳，則暗示著喉嚨、泌尿、生殖系統或腎臟方面的毛病，也容易因為輕視病況而導致惡化。

★火星

根據法國統計學家高葛林的研究，當火星在第六宮接近下降點時，常造就傑出的運動員與士兵。因為火星進入掌管規律生活的第六宮，暗示著「規律的身體勞動」，這些人的體力很好，但也常因為體能的透支或肌肉上的過度操勞而生病受傷。通常這樣的人的工作和機械鋼鐵有關，火星在第六宮促使一個人賣命工作，但是與下屬的關係似乎頗為緊張，相位不佳時在工作上容易和人發生衝突。

★木星

木星出現在第六宮帶來一個樂觀愉快的主管，讓與之合作的部屬都十分愉快。這些人能信任他們，也不吝於和部屬分享榮耀。但因這些人在工作上投入太多心力，容易帶來身體上的疾病。這樣的位置常出現在軍事將領與政客或團體的領袖身上，他們在日常生活當中發展自己的理想，並且容易影響他人。肝臟與其功能則是這些人必須注意的部分。

★土星

這些人必須注意骨骼與牙齒的問題，但一般來說，這些人的身體狀況通常不是很好，可能會因為操勞過度而病倒，或罹患不易痊癒的疾病或帶來長期困擾的慢性病。在工作上這樣的位置帶來認真踏實的工作態度，頗受同事與部屬的尊敬，同時對於生活相當規律，對自我要求嚴格，對身體要求嚴格，很可能是一日三省吾身的人。不過當土星相位不佳時，很可能犧牲他人的權益，來達成自己的野心。

★天王星

天王星在第六宮會是讓老闆頭痛的員工，他們總是要求改善工作環境和條件，但本身的工作成效又不穩定，好的時候極好，壞的時候一事無成。但當他們升上主管後，總是和部屬打成一片且尊重對方，會是不錯的上司。他們的日常生活規律相當混亂，甚至容易造成健康上的問題。所以需注意循環系統與內分泌的毛病，特別在天王星相位不佳時，更要小心意外傷害。

★海王星

當海王星進入掌管部屬的第六宮，當事人對待下屬同事可謂相當和善，身為上司的他們很能夠體會部屬的困擾，也會盡量幫忙解決問題。如果相位不佳時，則會讓此人執行效率很差。工作步調和日常生活的步調凌亂，且無法掌握品質。在健康上容易有精神以及藥物使用上的問題，包括酒精或毒品，甚至連醫生的處方用藥都容易導致過敏或上癮的危險。

★冥王星

冥王星在第六宮的人在工作上相當認真，對部屬的態度嚴苛冷漠，這種人有工作狂的傾向，雖然懂得工作態度與技巧的改進，卻比較不重視人性的需求，具有領導能力的他們，能夠玩弄心理技巧來操弄部屬，所以總是帶給部屬莫大的壓力。這些人的健康不佳，容易因為過度操勞而病倒，或是患有泌尿生殖器官的毛病。

★北月交

這些人的身體健康不錯，具有職場魅力的他們和部屬及同事都相處得很好，如果事必躬親地去做每件事，就能夠得到很好的結果，重視心靈與身體的發展也是他們今生最大的課題。

★南月交

心靈與身體健康將會是這些人的盲點，因為前世的經驗當中已經累積了關於身心健康的資訊，常使他們毫無這方面的問題，但是他們的北月交會進入第十二宮，必須學會放下以及犧牲奉獻的精神。

★幸運點（福點）

福點會替此人帶來工作的好運，讓他們的工作表現得到大家的認同。這些人很有部屬緣，常有得力的左右手幫忙。而這些人的健康狀況良好，即使生病也容易痊癒。

第二十七章　第七宮的星座和行星

相對於第一宮的自我，第七宮掌管婚姻、合夥和合約法律事物，連結一切自我與他人之間的關係。

第七宮的起始星座

★白羊座

這些人與他人關係較為自我，表現上十分依賴對方，事實上常常無形之中要求對方接受自己的想法，合作計畫也容易虎頭蛇尾草草了事。他們常因為對方無法達到自己的要求而不高興，轉而展開行動自行完成工作。在婚姻關係當中這樣的配合有些特殊，他們積極催促對方，但對於自己的事卻相當散漫，容易引起爭執，必須建立良好的溝通管道。

★金牛座

這些人對自己要求相當嚴格，對於伴侶總是盡力的滿足，期待溫馨的伴侶生活。他們會很認真的考慮婚姻所帶來的利益，他們喜歡和伴侶一起計畫生活的大小事物，也盡量滿足對方的要求。對於合作的事情與合作的對象相當小心，總是經過審慎評估之後才會決定，卻也不容易半途而廢。

★雙子座

這些人的合作關係較為隨性，只要聊得來的人都可以和他們展開合作計畫，但是他們的合作事情與合作對象常常生變，常帶給人無法信任的不穩定感。在伴侶生活上這些人要求隨性自由且能夠溝通的婚姻，他們基本上不太喜歡干擾對方，只要求在一起愉快就好，如果可以他們會盡量逃避婚姻的約束，而採取同居的方式。

★巨蟹座

上升在魔羯座的人不容易他人打開心胸，但是一旦被他們接受就會視為家人一樣的保護，這正是因為掌管合作伴侶的第七宮受到巨蟹座影響。這些人做事有計畫，不容易變更，喜歡有固定的合作班底，不容易接受他人的意見。在婚姻關係上相當牢固，重視生活上的甜蜜，屬於細水長流型的緩步經營。

★獅子座

上升在水瓶座的人個性獨立，也因此對於伴侶總是有著較先入為主的想

法，他們喜歡用自己的思想去支配合作的對象與另一半，卻又常常口是心非的說：「隨你高興！」他們對於婚姻的看法如同愛情一般的喜悅，希望婚姻就是一輩子的熱戀，也常常因爲這樣而誤解伴侶相知相守的眞正意涵。

★ 處女座

這些人需要一個全天候照顧他們的伴侶，由於上升在雙魚座的人隨性散漫，如果有一個能夠互補的伴侶對他們來說幫助相當大，他們交往的對象往往是那種個性完全相反的人。在與人合作時需要一個較爲實際的夥伴，來幫助他們處理細節問題。

★ 天秤座

上升在牡羊座的人相當自我，所以他們會需要一個順從他們意見的合夥人，合作夥伴如果有太多的主見，往往會造成他們的困擾。這些人在婚姻上也傾向與能夠和他們配合的人結婚，亦即是對象不會有太強烈的自我風格，總是能夠搭配這些人的觀點。

★ 天蠍座

上升在金牛座的人對於婚姻的觀念相當保守，他們總是希望有一段穩固的婚姻，有時對對方沒什麼安全感，會暗中注意對方的行爲，常常把兩個人都綁死在彼此的世界當中。這些人在合作時相當地小心謹愼，有時卻因太過擔心而

侵犯了別人的權利，容易與他人發生衝突。

★ 射手座

上升在雙子座的人個性相當大方，他們喜歡結交朋友，其伴侶也要能夠接受這一點，否則易產生爭執。在伴侶關係上他們不喜歡被約束，他們喜歡尋找那種能夠一起上山下海，個性獨立開朗的伴侶。他們也往往視自己的伴侶爲某種程度的精神導師，能夠和他們一起完成心靈上自我成長的目標。

★ 魔羯座

這些人對於婚姻有著傳統的觀念，上升在巨蟹的人渴望穩固的婚姻，建立一個屬於自己的家庭就是他們的夢想。這些人對於婚姻與伴侶較爲謹愼，性愛的對象不一定會是婚姻的對象，婚姻的對象必須是認眞負責的人，最好能帶來穩定的生活，有時婚姻對象甚至必須帶來許多附加利益，所以爲了未來生活著想，選擇與不是最愛的人姞婚的機率很大。

★ 水瓶座

上升在獅子座的人婚姻宮在水瓶座，由於水瓶座的自由獨立使然，常使這些人飽受孤獨之苦，他們不喜歡被伴侶過度干涉事情，也相當的自我，更常干涉對方的行動，這種不公平的相處方式需要時間與溝通來化解，遇到不適合

的伴侶很可能輕易地訴諸離婚分手，這樣的搭配常常使人獨身很長的一段時間。

★雙魚座

伴侶宮在雙魚座的人上升多半在處女座，這些人踏實認真，做事卻有些現實，可是他們卻會找一個懂得生活情趣的伴侶，這樣生活才不會枯燥無味。同時因上升在處女座喜歡為人奉獻，如果伴侶常找一些事情使他們忙碌，會令這些人相當愉快。

第七宮內的行星

★太陽

當太陽進入第七宮時，受第七宮掌管的婚姻伴侶對這些人來說相當重要，這些人對於他人有一定的吸引力，通常他們熱情大方樂於幫助別人，但相位不佳時容易指使他人。婚姻、伴侶對這些人相當重要，雖然他們常說自己性格獨立，但你會發現他們用不同的形式去依賴別人。這樣的人重視人我關係與法律公義。

★月亮

月亮在第七宮容易帶來對他們的依賴，由於月亮帶來不安全感的關係，這樣的人在伴侶關係上常有不穩定的表現，這也是他們極力追求安全感所致，無論真不真實他們常有幻想中美滿的家庭，受到父母婚姻狀況影響相當的大。

★水星

水星在第七宮渴望心靈上契合的伴侶，他們重視與伴侶的溝通，這對他們來說相當的重要，人的交流與溝通是生活中學習的一環，而挑選婚姻伴侶時重視才能智性更勝於外表。水星相位不佳時，容易有婚姻上的溝通不良與法律上的糾紛。

★金星

當金星在第七宮時帶來美好的姻緣，這些人的婚姻相當甜蜜幸福。受到金星的影響，這些人對他們總是相當的貼心且有禮貌，使得他們處處受歡迎，言語得體待人有禮，也使得他們相當適合從事公共關係、行銷等行業。

★火星

火星破壞第七宮需要的和諧與和平，所以對於婚姻並沒有多大的幫助。這些人為了婚姻生活付出努力，卻常帶來爭執與麻煩。在婚姻與合夥事業上，最需要的是冷靜的溝通與信任，但火星卻只能帶來衝動，常常引發危機。

★木星

木星在第七宮帶來正反兩面的影響，這些人信任與仁慈的性格會在合作關係上得到回報。他們多半信任別人，有時卻太過於樂觀而無法注意危機的出

現。婚姻生活多半很愉快，但木星的擴張也使得婚姻出現危機，特別在負面相位出現時，常常會有婚姻以外的伴侶關係出現。

★土星

土星出現在第五宮的狀況變得有些掃興，限制了與他人的關係，在合作或伴侶關係上這些人顯得相當謹慎。他們不輕易相信別人，必須經過很長一段時間的觀察才願意進一步的合作或交往。不過在相位良好時，這些人的長久關係可以信任，他們會是一個重承諾的伴侶，卻不會是一個浪漫的另一半。當相位不佳時對伴侶的態度冷漠，因為某種利益而結合的可能性也很高。

★天王星

天王星帶來不平凡的婚姻狀態，最常見的是分居兩地的婚姻，無論是因為工作或環境的因素必須分隔兩地，或者不再相愛卻維持婚姻的關係，總之這樣的婚姻讓一般人無法理解，這多半也是因為天王星具有獨立的特性使然，讓這些人在婚姻當中仍保持獨身的狀態。當天王星出現在此宮時，離婚的機率也相當的高。

★海王星

海王星在第七宮時這些人很體貼伴侶，他們很會替對方或合作的夥伴著想，但另一方面他們也相當依賴對方，常常找出一堆無法拒絕的麻煩事來讓伴侶頭痛，對於這樣的濫好人，很多人不知道該怎麼辦才好。海王星的凌亂關係若僅止於此還算好，相位不佳時這些人的伴侶關係十分混亂，很有可能欺騙他們的伴侶而有多重的伴侶關係。

★冥王星

當冥王星出現在第七宮時這些人和他們處於相互控制的狀態，他們的伴侶很可能是具有魅力，卻極有控制慾望的人，這些人與他人在交往上顯得容易激動，和這樣的人合作相當辛苦，相位不佳時他們可能是那種欺善怕惡的人。在婚姻上的相處並不是十分的和諧，有著不為人知的祕密。

★北月交

這些人常常從他們或伴侶的身上得到好處，一方面是因為他們的自信，讓人樂於與他們在一起。而另外一方面北月交代表的幸運，能夠從他們的伴侶身上呈現出來。通常這樣的人因為許多原因（怕麻煩、或太過自我）不容易和他人合作，如何放下自我的優勢與他人合作，是必須學習的今生課題。

★南月交

這樣的人往往過度依賴別人而引發困擾，雖然有不錯的人脈資源，卻也容易因此造成失敗。南月交在第七宮的人必須學會自己照顧自己，雖然其他人會

替你帶來輕鬆的生活，但卻無法使自己
獲得成長。

★幸運點（福點）

這些人的婚姻是被祝福的，當幸運
點出現在這裡時，這些人會獲得幸福的
婚姻關係，並且從伴侶那邊得到有形的
利益。而這些人與他們合作也常常獲
利，當他們涉及法律與官司時也常有不
錯的結果。但是需要注意，是否有其他
行星與福點形成負面相位影響婚姻。

第二十八章　第八宮的星座和行星

第八宮掌管對性、死亡的態度，對於他人金錢的觀點以及處理的態度。在心理占星學上第八宮也與個人的情緒不安有關係。

第八宮的起始星座

★白羊座

第八宮的起始點在白羊座的人，有一張上升處女座的面具，於是他們會把賺別人錢的野心隱藏得很好，一旦產生了投資的念頭，白羊投資面具的野心，搭配上處女上升的細心，會有不錯的投資表現，不過他們總是逢人就說沒賺到，但那只是謙虛而已。這樣的人性急且容易衝動，此人在被他人忽略時容易引起不安的念頭，常對自己在性愛上的表現沒有信心，需要對方的安撫。

★金牛座

這個投資面具下的人上升在天秤，投資態度較爲穩定與保守的，不過因爲金牛座反應較慢，而天秤又愛猶豫，這樣的組合實在不適合在起伏太大的投資市場上打滾。

在性愛上他們有些悶騷，常因愛面子不敢開口，性愛的過程重視氣氛與身體的接觸。在情緒緊張時容易以金錢的揮霍、物質的滿足或飲食來安撫自己，同時自身與他人的金錢關係常常是造成此人緊張的原因之一。

★雙子座

掌理投資的第八宮落在雙子座的人，自己花錢如流水也就算了，也從來不把別人的錢當錢看，不過有著擅長隱藏的天蠍上升面具的他們，絕對不會讓你知道他們是這麼想的，他們的投資手腕靈活，判斷力又很準，是個標準能屈能伸的投資人。

這些人說得一口美好的性愛，在床上也十分甜言蜜語，相當在意對方的感受。這樣的人無意識中會說出一些莫名其妙的話，也只有透過心理分析才能瞭解平常無法理解的話語代表什麼意義。

★巨蟹座

巨蟹座的第八宮，在日常生活當中常常受到情緒的困擾，對於家庭生活常有過多的憂慮，需要自我調適或是請諮商師幫忙。在性愛上，這些人保守不喜歡公開討論，沒有安全感的情況下，他

們沒辦法做愛。

和第八宮起始點落在巨蟹座的人交換理財經驗時,你會聽見他們一副口沫橫飛不怕死的樣子,事實上他們不一定就真的採取這種理財方式。巨蟹座位於第八宮的特性,絕對是採取保本型的投資,你會看見他們有一筆定存、兩張債券,然後才是共同基金,至於股票他們沒什麼膽。

★獅子座

第八宮的起始點落在獅子座的人,受到上升在魔羯座的位置影響,就得看看他們重視的是什麼,如果金錢並非他們所重視的那就不用太在意,因為第二宮落在水瓶座,在自己的財務上較為隨性。不過魔羯、水瓶、獅子都是愛面子的組合時,他們一旦展開投資絕不允許自己的投資失敗喔!

這些人的性愛帶點獸性,和他們共度春宵時能夠感受那種原始的瘋狂與粗魯。創作能夠宣洩這個人內心的不安,不過當他們看不清自己的生活目標時也容易引發焦慮。

★處女座

上升星座在水瓶座的人,原本就不怎麼在乎物質生活的得失,又受到雙魚座管理財務,一旦講到投資時,這下可好了!沒什麼理財信心的他們會充分發揮處女與水瓶的研究精神,找了許多資料,但是仍不敢輕易進場,有時候投資

計畫往往只是紙上作業而已。

他們重視性愛過程的精神交流,日常生活與飲食健康有著隱憂,必須更佳重視運動與養生,此人焦慮的狀態往往比起他人更容易引起身體的反應。

★天秤座

第八宮在天秤時上升星座位置通常落在雙魚座,管理財務完全憑著一時衝動的他們,對於投資賺錢更是沒啥興趣,充其量為了怕自己餓死,頂多存些養老金大概就夠他們受得了,建議他們可以進行一些較不用費太多心神的投資。

重視浪漫美好的性愛氣氛,總是為了搭配對方而演出,但有時卻會讓人覺得浪漫有餘,熱情不足。在心理上這樣的人無意識中常被人際關係所困擾,有時因為無法做出讓人皆大歡喜的決定而鑽牛角尖,需要一些心理與宗教上的調適。

★天蠍座

天蠍座的投資面具,正好搭配了白羊的上升,他們準確的判斷力,出手總是快、狠、準,不過也常會因為太過於樂觀,而使得投資遭受損失,但這也無損他們的信心,因為管著他們財務的金牛座,不會讓他們把所有的錢都拿去投資的。

這些人對於性愛的看法激情且強烈,也不排斥為了性愛而性愛,不過往

往在一夜春宵之後，會眷戀著對方，甚至容易因此而愛上一夜情的對象。從心理占星的觀點來看，這樣的人內心隱藏的野心與控制慾望相當強烈，也常常因此帶來情緒困擾，需要自我實現，或是有宗教與心理諮商的輔助，才能夠抒解這些情緒困擾。

★射手座

愛錢（金牛上升）、愛玩（第二宮雙子）、愛賭（第八宮的射手），這是一個怎麼樣的組合，相信你一眼就看得出來，如果第一宮的保守個性沒有被強調，反而第五宮或第二宮、第八宮，很有可能將老本都拿出來投資，這是必須小心的事。這樣的人把衣服一脫就變了個樣子，在他人面前他們是君子淑女，但做愛的過程恐怕相當狂野。

宗教與自身所相信事物的矛盾與思考，常常會替此人帶來內心的憂慮，過於傾向物質的生活也需要精神的平衡，才能夠使得第八宮的壓力獲得抒解。

★魔羯座

第八宮在魔羯座，本身就採取著較為保守的投資理財觀念，許多的投資行為一定會經過理智的思考，而財務宮在巨蟹座會加強這樣的保守特性。另外這樣的人有一個特點是適合從事房地產仲介，因為這些位置幾乎和房子有著重大的牽連。

這些人的性愛觀念較為保守，雖然沒什麼變化，但過程當中充滿原始的獸性，可以從他們的舉動中看出一種想要宰制對方的慾望，但如果火星的位置帶來影響，還是會有令人驚訝的表現。這樣的人對他人的身體與財務的控制慾望相當高，對於成功的渴求容易引爆內心深處的壓力，會使這個人在某些時刻採取非常手段，並讓人感到驚訝。

★水瓶座

第八宮落在水瓶座不知是幸還是不幸，上升在巨蟹的他們，懂得維持生活的穩定，但是財務上的好大喜功，加上投資宮位在水瓶座，常有突發奇想的念頭，這將會是絕佳的搞笑組合，如果第八宮強勢的話，意外的靠創意進財是有可能的事情。

他們沒什麼性愛上的道德觀念，也常常喜歡嘗試與眾不同的性愛方式。表面上他們無慾無求，想要簡單的生活與內心中渴望不平凡的表現有著極大的衝突，當第八宮有行星進入時，這樣的衝突會更為明顯。

★雙魚座

雙魚座的第八宮上升星座在獅子座，這樣的人如果沒有土星稍作平衡，或是沒有土象星座落在太陽、月亮，而第二宮又不強，很有可能在投資管理上出現許多問題，因為雙魚與獅子隨意的個性，很有可能會在投資上一敗塗地，還是小心一些較好。

性愛上他們熱情浪漫，常常幻想著將電影中男女主角的激情片段複製在自己身上。第八宮在雙魚座的人相當多愁善感，很容易因為一些小事就引發自己情緒上的不安，與他們堅強的外表不太相符，也往往只有好朋友或親近的伴侶才感受到這些情緒衝突，透過靈修、宗教與心理諮商，可以化解這些壓力。

第八宮內的行星

★太陽

太陽在第八宮具有類似天蠍座的神祕特質，這樣的人常被神祕事物吸引，對於神祕學、醫學、生死、性學、心理學，都有相當程度的好奇。他們擅長處理他人的財務關係，像是保險、稅務、共同的投資等，容易繼承遺產，也可能是很棒的仲介或理財經紀人。如果太陽相位不佳容易產生財務糾紛。

★月亮

月亮在第八宮時帶來對於性與死亡的關切，這些人對於神祕的事情有著相當大的興趣，從某一方面來說為了撫平內心的恐懼。對於金錢有著不錯的處理能力，但注意當月亮受挫時容易產生財務糾紛。

★水星

水星在第八宮的人頗有商業投資的頭腦，對商場上的訊息也相當敏感，他們能夠很快地判斷哪些投資能夠進行，哪些不可以。在這些人的生命當中，常有一些祕密藏在心裡，他們對於神祕的事物相當感到興趣，甚至把生死、性、神祕學當作一種知識在學習。相位不佳時容易與他們有財務糾紛。

★金星

金星進入第八宮受到天蠍座無形的影響，對於愛情有著莫名其妙的占有慾，這些人的性生活美滿，對他們來說性愛的完美契合是愛情的必備條件。金星在這個宮位時，替這些人帶來處理他們錢財的能力，很可能是不錯的基金管理人、投資顧問，而他們本身也很有可能獲得來自於他人的金錢贈與。

★火星

性是火星所掌管的事項之一，而正巧第八宮也與性有關連，在某種程度上火星也是第八宮的守護，這些人對於性的熱情與好奇，將會依照所在的星座而有更為明顯的表現。火星出現在此宮時會容易帶來意外事故，還有金錢糾紛，由於第八宮與死亡有關的火星進入，暗示著將發生重大傷害或戰亂，特別在世局紛亂時，必須小心自己的安全。

★木星

木星在第八宮的人帶來遺產繼承的可能，同時這些人獲得他人物質贈與的機率相當的高，他們也適合處理財務工

作，例如：基金管理或是稅務等。這些人十分樂於享受性愛的歡愉，有時會有些誇張逾越的行為出現。通常會以積極的態度面對死亡和神祕的事物，他們喜歡透過研究來瞭解這些事情，木星也通常替這些人帶來善終。

★土星

土星在第八宮時常帶來財務上的困擾，他們必須對金錢負起責任，例如：保險經紀人、理財專員、稅務人員等。相位良好時這些人值得信賴，當嚴重的負面相位出現時，這些人容易與他們產生金錢糾紛。在性愛與死亡方面經常帶來困擾，他們用相當嚴肅的心態看待，相位不佳時更容易有不健康或病態的觀念產生，常需要心理方面的諮商。

★天王星

當天王星在第八宮時，個人在投資上常常有大起大落的表現，如果天王星在此受挫，建議這些人必須保守的理財。這些人對於性愛與死亡有著相當特殊的觀念，他們對於生死問題的好奇可以當作一門學問來研究，但通常這些觀念無法讓一般人接受。天王星在此相位不佳時，暗示著意外傷害可能會發生。

★海王星

海王星在第八宮受到精神的啟發較大，這些人多半是個神祕主義者，堅信許多神靈或奇異力量存在於大自然裡。

當海王星出現時，這些人不適合投資或掌管他們的金錢，容易發生麻煩與爭執。

★冥王星

冥王星與第八宮的關係相當密切，這樣的人對於性、死亡和權力有著莫名的崇拜，他們多半對於事物有著準確的直覺，在掌管他們的財務時表現傑出，如果相位不佳時，則容易侵占他人的財務而引發糾紛。

★北月交

他們的金錢運不錯，很少擔心手邊沒錢，但這些人必須學習如何處理與他人的金錢關係，在投資稅務方面常有好運。性愛與死亡的事情都不會對這些人造成困擾，也是他們幫助自己成長的最佳力。

★南月交

死亡與性愛及金錢關係將會成為這些人的困擾，但今日的占星學觀點正好相反，南月交於第八宮的人，往往具有強烈的前世今生觀念與神祕學的能力，他們從不擔心與他人的金錢關係，但往往太過依賴別人，必須學會如何處理自己的財務狀況。

★幸運點（福點）

因為替他人處理金錢問題而獲利，是福點進入第八宮的典型特徵，這樣的

人就算不是交易仲介人士或是稅務、投資專業人員，或是因為介紹他人的買賣交易而獲利，也會有獲得遺產的可能。他們有著天生的性魅力，從不缺乏性伴侶，死亡對他們來說是一件自然且幸福的事情。當福點遇到凶星負面相位時，則可能代表意外死亡的出現。

第二十九章　第九宮的星座和行星

第九宮掌管一個人對於宗教哲學的看法，以及高等教育的狀況，同時也影響一個人對國際事務的態度。

第九宮的起始星座

★白羊座

第九宮在白羊座的人，對於宗教、哲學、國際事務充滿了好奇，他們樂於去探索新的世界、新的知識和新的發現，不過一旦他們尋找到所認為的真理時，就會堅信不移並且終生擁護這樣的思想，甚至不惜為此而戰。這樣的人喜歡去旅行，探索新的世界。

★金牛座

第九宮在金牛座的人受到上升星座處女座的影響，思想趨向於保守踏實，他們能夠接受精神至上的想法，可是卻又不斷地積極尋找物證來證實他們的信仰，通常他們會接受傳統的價值觀，並試圖替自己的唯物觀點尋找合理的藉口。

★雙子座

上升在天秤座的人有著雙子座的第九宮，通常這些人對於宗教並不會十分熱衷，他們信仰當代的精神、流行的宗教。喜歡討論生活哲理，喜歡和人進行討論與交流，對於太過前衛或激進怪異的思想也可以接受，但卻非認同。這樣的人喜歡旅行，但地點多半是離家不遠的地方，例如：近郊或鄰近國家。

★巨蟹座

第九宮在巨蟹座的人，對於信仰有一定的堅持，通常他們的道德觀念與生活哲學，來自於小時候的家庭影響。而他們對於自己的看法相當固執，除了自己深信的事情之外，他們不太容易接受新的看法。這樣的人喜歡在旅行當中享受美食，出門旅行時很難融入外國文化，卻常常比較自身文化與異國文化的雷同之處。

★獅子座

別看這些人一副開朗樂觀滿不在乎的樣子，這些人堅信著人類社會該有的基本道德。一旦談到宗教哲學他們認為自己比誰都懂，大家都應該聽他們的，這一點讓其他人有些受不了。這些人熱愛旅行，總是有及時行樂的觀念，不在

乎花錢去旅行。

★處女座

這樣的人有著精神上的潔癖，對於宗教與道德的觀念他們要求的十分嚴格，但他們的宗教必須能夠結合他們入世的思想，他們會是宗教與哲學思想的懷疑論者。對於旅行來說這些人多半不太能夠享受，他們很難放鬆下來去接觸不同的文化，通常就算在旅行當中也會嚴肅的分析與比較。

★天秤座

第九宮在天秤座的人，上升通常在水瓶座，這些人有著獨立的精神，表面上他們可以認同任何一種宗教，只要是這個宗教是勸人向善的，但他們仍會保持個人的獨立思考不受教條影響。在旅行上，這些人喜歡享受旅行中不依賴的伴侶，結伴同行卻不相干擾。

★天蠍座

第九宮通在天蠍座的人很容易為生死輪迴宿命等神祕的學說著迷，這些事情成為幫助他們心靈發展，或是干擾他們走向消極宿命論者的原因。通常這些人喜歡消失一段時間去旅行，沒有人知道他們去哪裡，做什麼事情，這是一種追求精神救贖的浪漫情結使然。

★射手座

這些人在思想上十分的開放，能夠熱情友善地接受任何宗教的優點，不過這些宗教必須具備善良的美德，這些人也容易對於宗教深入研究，一旦他們信仰了某總宗教就會全心投入。他們熱愛旅行，為了求取更寬廣的視野而選擇出國。

★魔羯座

這些人有著保守的宗教價值觀念，與其說他們信仰精神上的美德，還不如說他們更信仰物質，他們在沒有得到溫飽與實現自己的野心之前，是不會去討論什麼形而上的問題。信仰多半來自家庭傳統，會沒有經過思考就一股腦的接受，也會去接受那些對他們爭取社會名利有幫助的信仰。這些人的旅行多半與工作有關，或受到工作的干擾，很難享受旅行的輕鬆愉快。

★水瓶座

旅行是幫助這些人成長的重要條件，他們對於不同世界的文化感到好奇，旅行得越遠這些人的世界就更為寬廣，他們常常有突發奇想，要去一些別人都沒去過的地方。對於宗教與道德，他們必須經過思考才會去接受，通常在宗教看法上，會帶有改革的特質。

★雙魚座

這些人表面上看來雖然傳統保守，有時頗有門戶之見，但事實上他們相當容易因為慈悲的心腸，而不分彼此地接

受其他宗教的優點，這樣也使他們的精神與心靈有所提升。這些人對於異國存在著過多的幻想，幻滅或成長會透過異國的旅行而展開。

第九宮內的行星

★太陽

太陽進入掌管宗教哲學、國際事務的第九宮，開拓這些人在精神與思想上的視野，這樣的人多半熱愛旅行，具有外語天分，關心國際事務或者長年居住在異國。他們對於宗教與哲學和教育對人的影響相當有興趣，也多半長期關注在某些研究上，容易成為傑出的研究者，甚至成為該領域的權威。

★月亮

月亮在第九宮時，對於知識的渴求帶領著這些人四處旅行，他們想要不斷地吸取新知，一旦他們停頓下來就會有不安的感覺，可是月亮的不安全感又會讓他們在旅行當中，無法獲得舒適穩定的生活，通常我們會建議這樣的人採取在家中觀賞一些旅遊節目或是書籍，改用這種安穩的心靈旅行方式。這些人的宗教信仰受到父母的影響很大，童年時的經驗會使他們對宗教產生質疑，而開始探索宗教的本質。

★水星

旅行就是一種學習，是水星在第九宮的人的特色，他們關注在國際事務、外國語言和人生哲學的體驗上。水星有使者的意味，與第九宮的宗教扯上關係時，常出現在傳教士或使者的命盤中。這樣的人相當有可能出國留學，或是在國外居住上一段時間。第九宮也同時掌管出版業，這些人在編輯出版方面也會有好的表現。

★金星

金星落在第九宮的人常有異國戀情的產生，這些人有著不錯的外語天分，也受到外國人的歡迎。第九宮同時代表哲學與宗教和高等教育，他們在這些事物上都有著不錯的能力，常受到大師或是教授們的青睞，不過這些人在接受高等教育時，卻顯得不夠認真，學習上常有得過且過的態度。

★火星

火星在第九宮的人容易在國際間奔波，他們很可能從事運輸工作，或是航空工業等。這樣的人常有機會往國外跑，接觸不同的風俗與文化，受到火星的激勵相當喜歡冒險。一旦開始接觸宗教時他們也會一頭熱的栽進去，甚至成為該宗教的熱情擁護者，他們也會積極的參與傳教行動。

★木星

木星進駐第九宮等於回到所守護的位置，宗教與慈悲的想法會出現在這個

人的思想當中,他們的生活和這些事情密不可分,甚至有可能進入宗教從事神職人員的工作。木星在第九宮的人,常常從宗教或哲理當中得到啓發,他們在研究與學習上相當的幸運,而有著寬廣的心靈,也十分樂於到海外去旅行,同時從事服務工作,一方面服務別人一方面拓展自己的視野。

★土星

土星在第九宮落實人們對於形而上學的看法,這樣的人可以深入研究宗教哲學或是高深的學問,但是學習的路途並不順利,總是要經過許多挫折才會成功。一般來說,這樣的人有著狹隘的思考方式和宗教哲學觀念,他們需透過不斷地努力才能獲取學問上的成功,如果能夠體會這點而開拓自我的視野,將會使他們有更佳的表現。

★天王星

這些人有著與眾不同的國際視野,對於精神世界的看法較爲特殊,通常不會循著正常的校園系統完成學業。他們有著豐富的知識與激進的人道主義,卻往往無法受到他人的認同。在旅行上這樣的人常常說走就走,在旅途當中也常有意外驚喜或插曲發生,相位不佳時更需要注意意外傷害。

★海王星

具有宗教與精神傾向的海王星,進入代表宗教哲學信仰的第九宮時,使這些人提高了精神層次,他們容易受到莫名其妙的感召而走上修行之路,他們常常遇到神祕的事情,直覺也相當的準確。他們對於宗教與修煉有著高度的期待,通常會在人生的某一個時間開始放棄一切而進入宗教修行的道路,追求的是完全的精神純淨。

★冥王星

這些人在高等教育或是宗教上有著過人的見解,他們認爲自身的觀念超越時代,是其他人必須追隨的,他們會是那種挺身而出,開始從事教育改革或是宗教改革的人,他們在這方面具有領袖特質。如果相位不錯時,這些狀況都可能實現,他們也是那種本位主義,對於外來文化容易有些先入爲主的偏見。

★北月交

到外地旅行會替這些人帶來成長,這些人在高等教育和宗教、哲學方面都有著不凡的表現,他們的精神思想開闊,替他們解決不少人生的問題。

★南月交

這樣的人由於太容易獲得他們需要的資訊而自滿,當他們想要深入瞭解某些問題時就會自我設限,有時候往往有著自以爲是的想法,而阻礙自我的發展,有時因爲理想太過崇高或抽象,而無法與他們溝通,需要努力的是與他們

溝通的技巧。

★幸運點（福點）

　　學習研究和到國外旅行對這些人來說，不僅是精神上的開拓視野，更有可能帶來實質上的回報，這就是福點的特質。福點出現在這個位置對於研究與出國進修都相當有利，也適合去操作海外投資。

第三十章　第十宮的星座和行星

第十宮代表著社會地位，與天頂代表的事業相當類似，許多分宮法的天頂就是第十宮的起點，不過本書所使用的等宮制，則需另外計算與看待。

第十宮的起始星座與天頂

★白羊座

第十宮與天頂在白羊座的人頗有事業野心，這些人大多數的上升在巨蟹，所以他們是那種希望事業與家庭兼顧的人。工作上他們表現的熱情有活力，如果家庭美滿或是年輕時就不顧一切向前衝，多半在年輕時就頗有成就，不過他們的上司對他們會有些忌諱，這些人要小心功高震主，卻換來上司的惡意對待。

★金牛座

上升在獅子座多半金牛座會落在第十宮，這樣的人努力爭取社會地位以換得舒適的物質生活，金錢就是他們向上爬的最大原動力，上升獅子座讓他們很愛面子，希望自己有錢有地位，如果沒有行星的幫助恐怕會淪為奢侈的人。

★雙子座

上升在處女座的人本身形象良好，他們本身也頗有上司緣分，他們懂得如何與上司和長輩溝通，說話相當得體，喜歡結交對他們社會地位有幫助的人，看在別人眼裡有時顯得逢迎拍馬。他們也很重視頭銜，但常與本身的實力有落差，且表現得沒什麼自信。

★巨蟹座

第十宮或天頂在巨蟹座的人，對外形象良好，他們很懂得如何展現自己的優點，通常給人的形象是認真、善良與世無爭。由於受到巨蟹座的影響，他們很適合去當那種生活大師，教導人如何過著悠閒的生活，或是教導人怎麼省錢或烹調。他們本身也很有上司緣，常獲得長輩和上司的喜愛。

★獅子座

獅子座的天頂顯現這些人對於自我的重視，他們對於自己的工作表現相當在意，總是一步一步有計畫地往上爬，雖然他們重視名聲地位，但是也絕對不會讓自己浪得虛名。他們認為別人應該

尊重他們的努力，與社會名聲，如果人們對他們不夠尊重將會讓他們十分火大。

★處女座

天頂在處女座的人工作態度不太穩定，常常徘徊在遵循傳統或是追求自己夢想之間，他們也喜歡對社會發表評論，或是對於公司的環境有所要求，但在工作上他們表現的有效率，可以忍受日復一日的工作，直到有一天他們領悟繼續呆在無聊的工作上是浪費生命時，他們會開始展開夢想追尋的旅程。

★天秤座

第十宮或天頂在天秤座的人，懂得如何與他人合作換取更好的成果，當他們和別人合作時，心中總是盤算著他們能夠得到多少的好處與幫助。為了合作的機會他們會有基本的堅持，表面上看各取所需，但事實上經過他們的盤算事情總是對他們有利。通常這些人擁有非常好的社會名聲，沒有人懷疑他們的野心。

★天蠍座

這些人的企圖心很大，當個小企業的員工是無法滿足他們對名聲的需求，這些人總想要成為劃時代的人物，他們總是默默無聞地工作，直到有一天成果展現為止。在動亂的時刻這樣的人會是革命分子，這些人通常也會擁有權力與地位，對於身邊的人有一定的影響力。

★射手座

由於性格上較為隨性，所以這樣的人並不會十分汲汲於名利，上升在雙魚的影響，讓他們更加重視生活中的精神層面。如果出名這些人也多半是因為哲學觀點、生活方式、宗教等事物獲得他們的認同。他們與上司的關係不是很好，沒有上司會喜歡工作上太過隨性的人。

★魔羯座

第十宮與天頂在魔羯座的人相當有自信和野心，他們知道自己的夢想是什麼，多半也會努力地追求，他們不怕事業上的競爭，通常越挫越勇，不過由於性格急躁常常會壞事。他們會從上司和長輩那邊吸取經驗，但是有些時候又耐不住性子和他們發生爭執。

★水瓶座

這樣的人重視專業能力，有著組織合作的精神，懂得如何透過團體合作的力量來達成一件工作，但是在分工上他們要求相當仔細，常常是一板一眼，不希望別人過於干涉。他們渴望名聲卻知道要逐夢踏實，不過他們的職業類型常常會出現一百八十度的轉變。

★雙魚座

這些人的職業常常變動，他們的性

格與工作態度也很難猜測，由於太過隨性浪漫，對於工作來說總是想做什麼就做什麼，很少有計畫地進行。也因此和上司的關係並不是很好，上司常認為這些人不夠認眞、做事散漫，頗具藝術家性格。

第十宮內的行星

★太陽

某些分宮法第十宮起點就是天頂的位置，太陽位於天頂的人常將大部分的心血都投入到事業上，相當在意自己在職場上的表現，所擁有的權力和對他人的影響力如何，而易功成名就，但卻忽略了生活當中更重要的其他部分，相位不佳時容易身敗名裂。這樣的人受到家中男性長輩的影響深遠。

★月亮

月亮在第十宮的人等於是將個人所有的隱私公佈在大眾面前，這樣的人經常是政治、演藝等公眾人物，他們的生活毫無隱私。月亮在第十宮也顯示母親和女性對這些人的影響力，在事業上這些人也會受到許多女性的幫助，也很有女性的緣分。

★水星

水星在第十宮使得這些人的言行帶給大眾深刻的印象，這樣的人常擔任某團體發言人的角色，或是重要的學術代表和政客。水星所帶來的知識與學習，還有溝通能力，對這些人未來的職業息息相關，他們總是有目的安排他們的學習。

★金星

金星位於第十宮與天頂的人相當討大眾喜歡，一些受歡迎的明星偶像、政客常有這樣的位置，這些人很注重自己在社會大眾眼裡的形象，要求自己行為舉止都要相當得體。

雖然如此，金星卻讓這些人沒什麼事業心，或許這些事情對他們來說太簡單了而不太在乎，這樣的人討人喜歡很有女性緣，也容易很早婚。金星如果在此宮受挫，容易用自己的外表或情感來換取自己的社會名聲。

★火星

火星在第十宮的位置帶來這些人對於社會名利的汲汲追求，如果火星同時接近天頂的位置，那麼傾向於實現個人的事業野心。在事業上他們常有侵略性，容易引發他們的不愉快與爭執，容易將畢生的精力都花在實現野心上面，而忽略生活中其他美好的事物。

★木星

木星在第十宮替這些人帶來良好的社會地位，通常他們完美的形象獲得大眾的認同，在別人眼中這些人是善良、積極，值得信任的對象，也因此他們對

眾人常有著不小的影響力，這樣的位置常出現在公眾人物的命盤上。不過他們也常因為過度關注外在世界，而必須犧牲自己與家庭。

★土星

土星在第十宮是強勢的位置，這些人對於社會地位與名利有著極大的野心，他們會努力地爭取成功的機會，透過良好的計畫與踏實的個性，使得這些人成功的機會相當大。

但是土星在此也帶給這些人相當壓抑的個性，容易造成身心方面的傷害，他們的心事不容易被人瞭解，常和他人發生誤會，在負面相位嚴重影響的同時，會造就這些人為達目的不擇手段的個性。

★天王星

天王星在第十宮時帶來特殊的事業地位，這些人的名聲多半是極好極壞毀譽參半，在事業上這些人有著不平凡的見解和前衛的眼光，他們可能是帶領著人們穿越紅海的摩西，也可能是極端激進的革命分子。但是這樣的人無法接受平凡的工作，如果相位不佳很可能只是一個好高騖遠的空想家。

★海王星

海王星的強烈理想色彩以及神祕魅力，替這些人帶來不錯的名聲，他們具有迷人的特質，就算沒有什麼過人之處，也會讓他們相當受歡迎，此外他們常常對大眾描繪出夢想中的烏托邦，促使大家追隨他們的步伐前進。如果海王星相位不佳時，這些人會有欺騙世人的本能，不停地變換工作環境，不夠實際也讓人無法信任。

★冥王星

冥王星在第十宮與接近天頂的位置時帶來強大的野心，他們希望自己能夠具有極高的聲望，這些人對於人性與心理和社會結構有著獨特的敏感度，適合從事政治或行政管理工作。相位好時他們會期許自己帶動社會的改革，相位不佳時他們會利用並且控制別人，換取自己的利益，事跡也容易敗露獲得兩極的評價。

★北月交

當北月交出現在這裡時這些人能夠獲得公眾的認同，具有不錯的聲望，很可能是著名的公眾人物。但是過度依賴家庭時，這些人將有自我成長上的困擾。

★南月交

這樣的人或許有機會成為公眾人物，不過卻往往擁有兩極的評價，他們必須意識到自己重要的人生課題，將是自己的家庭。

★幸運點（福點）

當幸運點出現在第十宮時，替這些人帶來良好的社會名聲，他們容易獲得長輩和上司的喜愛和提拔。這些人容易成為公眾人物，再由他們的名聲而獲得實質的利益，但是當有其他行星衝突時容易引發醜聞。

第三十一章　第十一宮的星座和行星

第十一宮代表著一個人對於社會團體的看法及其社交生活，也會影響與有共同目標朋友的關係，例如：我們常見的社團關係等。

第十一宮的起始星座

★白羊座

第十一宮在白羊座的人對於朋友相當熱情，他們的上升多半在雙子，這樣的人相當好客，興趣廣泛，常常遊走於不同的團體之間，他們也總是不斷在交新朋友，透過與人的交往增廣見聞。

★金牛座

此人把人脈當作是事業來經營，換句話說，他們的成功歸功於豐富的人際資源，他們喜歡與人為善，因此朋友常成為他們需要幫助時，伸出援手的人。

★雙子座

第十一宮在雙子座的人喜歡呼朋引伴，他們的身邊常有許多跟班，他們待人大方，就算和不太熟的人也能夠熟絡地交談，總是在與人交往當中展現自信，如果上升星座在獅子座具有領袖特質，易成為團體的領導者。

★巨蟹座

第十一宮在巨蟹座的人，心地善良喜歡為他人服務，通常上升在處女座，他們樂於與他人互動並且付出關心，刀子口豆腐心，說話常常不中聽，但有些時候讓人覺得他們會有些囉唆，或是干涉太多私人領域的事情。

★獅子座

這樣的人受到上升星座天秤的關係，會讓人覺得是適合合作的好對象，可是和朋友交往時他們有一定的標準，那些和他們氣味相投的人才能稱得上是朋友，不過有時會因太過注重表象，而錯失真正的朋友。

★處女座

第十一宮在處女座的人會嚴格挑剔自己交友的對象，他們不會輕易地與人熟絡，上升若在天蠍座會讓他們和大眾保持距離，只有經過他們層層考驗的人才能夠成為他們的朋友，並得到他的真誠與扶持。

★天秤座

第十一宮在天秤座的人交友廣泛，似乎每個人都可以是他們的死黨兼換帖，他們眼中有每個人的特性和優點，大而化之的個性也讓別人喜歡和他們交往，通常未來的伴侶就是這樣出現的。

★天蠍座

有天蠍座作為第十一宮的人對他人的要求相當嚴格，他們真正的朋友非常少，就算一起工作吃飯，只有那種能和他們交換心事的，才能夠稱得上是朋友。但因為對人的不信任感，使他們很少願意對他人敞開心扉。

★射手座

射手座樂觀豁達的天性，使得這個人交友相當廣泛，通常這些人的上升星座就在水瓶座，是一個相當善於交友的星座，他們不分貧富貴賤的與人交往，並且樂於幫助別人，透過不同朋友帶給他們寬闊的世界觀，幫助自我成長。

★魔羯座

這些人對於人群有著又愛又恨的感受，他們渴望與人交往，卻常常被陌生人傷害，使得他們對於陌生人有一定的戒慎，這樣的人對於剛認識的人不會馬上就交心，透過一段時間的觀察才會讓他們決定是不是朋友。

★水瓶座

水瓶座本身就是黃道上的第十一個宮位，這樣的人朋友非常多，多到讓他們無法分類，由於上升星座多半在牡羊座，這樣的人不太會和他們計較，天真熱情也常替他們贏得友誼。

★雙魚座

第十一宮雙魚座的人對他們十分的仁慈，涉世未深時容易存在過多的幻想而被騙，也使得他們不知道該不該相信對方。這段期間所結交的朋友，對這些人日後看待社會的方式也有著重大的影響。

第十一宮內的行星

★太陽

太陽在第十一宮時受到水瓶座的無形影響，重視社群關係與人道精神，他們相當在意社會的平等問題、人與人之間的互動，同時這些人樂於助人並和他人擁有不錯的關係，他們常希望能夠成為團體的領導者。相位不佳時會展現控制他們的野心，而招來人際關係的惡化。

★月亮

月亮在第十一宮帶來對人群的渴求與不安，從一方面來說這些人喜歡混在人群當中，成為社團的一分子，從另外

一方面來說，他們因為情緒上的不穩定，而對所處的團體感到質疑而離開。不過這些人會是不錯的宴會主人，他們細心體貼地照顧每一個人，讓人有賓至如歸的感受。

★水星

水星進入第十一宮如同進入水瓶座一樣的活躍，這些人相當具有社交本事，在溝通上的技巧良好，替他們帶來與社交生活上的良好友誼。這些人重視平等與社會公義，如果他們有時間與精力會願意替公益團體付出，也十分重視心靈的成長。

★金星

這些人相當有社交技巧，人際關係良好，在人群中常是大家的寵兒，也常常因此找到性愛的對象。他們相當關心自己和他人的互動，不過在社交生活上卻有些被動，不是不喜歡而是怕麻煩，但只要把他們推到人前，他們又是一副公關高手的模樣。

★火星

火星在第十一宮的人在社交生活的態度上表現得十分積極，他們樂於助人、喜歡替大家帶來歡樂，但是做事總帶些壓迫與侵略性，有時容易引起不愉快。由於第十一宮同時受到水瓶座的影響，所以火星在此時會將精力投注於人道關懷，他們願意花時間去幫助需要幫助的人，或是從事義工的工作。

★木星

這些人相當有人緣，總是與他人相處得不錯，也常獲得大眾良好的評價，在他們眼中這些人會是個樂觀積極的夥伴，他們也常因為朋友或他人得到好處與幸運。這樣的人心地善良也容易加入義工團幫助別人。相位不佳時則容易對上述的事情敷衍了事。

★土星

土星和第十一宮透過水瓶座有著奇妙的連結，他們使得這個人重視團體力量所帶來的影響力，他們有組織與規劃能力，使得一個團體能夠運作得更為健全。在正面相位的影響下，這些人願意藉由團體的力量來幫助需要幫助的人，但在相位不佳的狀況下，他們所做的一切都是為了滿足自己爭取名利地位的野心，也因此容易遭到他人的排擠。

★天王星

天王星在第十一宮帶來熱絡的社交生活，在人與人的互動當中得到不少的樂趣，也能夠藉由精神的交流而成長，但是當天王星相位不佳時，這些人容易與他們發生衝突，友情很難穩定地維持著。

★海王星

海王星在第十一宮強調與友人的精

神交流，他們通常在成長的時刻遇到重要的夥伴，替他們帶來心靈上的慰藉，這樣的人非常容易加入所謂的心靈成長團體、宗教社團，或是一些慈善義工社團等，他們對人性有著高度的期望，是個理想主義者。但是當海王星相位不佳時，這些人容易與朋友互相欺騙。

★冥王星

冥王星進入第十一宮時，容易替這些人帶來對團體的神祕影響力，在團體中他們可能不是領導者，卻可能是重要的幕僚或地下司令。他們對他們的影響力從正面來看是為了創造更佳的環境，如果受到嚴重負面角度影響，則會應用他人的影響力來圖利自己。

★北月交

北月交在此帶來熱鬧的社交生活，這些人的人脈廣闊，朋友常常替他們帶來不錯的消息，不過這樣的位置常使這些人流連於社交生活，而忽略了自己所追求的目標。

★南月交

這些人在人際關係上問題相當多，他們容易因為太過依賴他人而遭受排擠，或許這時應該回過頭來看看自己本身，是否太過自我而常忽略了他人的感受，才會導致這樣的下場。

★幸運點（福點）

這樣的人在人際關係上面極為幸運，他們身邊總是有不少的人圍繞著，並且為他們帶來好運，替這些人解決麻煩。當幸運點出現在這裡時暗示著就算他們不開口別人也會為他們帶來幸福，所以他們樂於混在人群當中。

第三十二章 第十二宮的星座和行星

第十二宮的起始星座代表著一個人的障礙與困境，通常也代表隱藏的敵人，有一種說法說第十二宮是前世修行完成的課業，在今生成為一些無形的福報或是業力。

第十二宮的起始星座

★白羊座

第十二宮在白羊座的人切忌剛愎自用，這樣的人在潛意識當中很害怕無法展現自我，他們必須學習小心謹慎，以避免衝動，因為在不經過思考之下做出的決定，會讓他們付出慘痛的代價。

★金牛座

第十二宮在金牛座的人最大的問題就在於物質，無意識當中常常會害怕物質的缺乏。如果這些人把物質和自我看得過重，就容易和幸福失之交臂，所以必須學習敞開心胸與他人分享。

★雙子座

第十二宮在雙子座的人容易捨近求遠，許多時候明明解決的方法就近在眼前，卻容易因為想得太多而失去協助。

如果他們忽略兄妹或朋友的情感，日後將會讓自己惋惜不已，而這樣的人通常小時候也較容易受到壓抑。

★巨蟹座

第十二宮在巨蟹座的人需要注意的是家庭，通常這樣的人和家庭有著很深刻的緣分，可是卻很可能被忽略，他們有時太過自我而忘了要飲水思源，去感謝家人和父母的幫助。

★獅子座

第十二宮在獅子座的人在成長的過程當中不斷地壓抑自我，有些時候反而造成困擾，要知道自信對自己來說還是很重要的，犧牲自己為他人付出也該有個限度，有時必須學會照顧自己。

★處女座

第十二宮在處女座的人常常只注意到事情的細節，而過度猶豫錯失機會，有些時候這樣的人缺乏作決定的勇氣，因為考慮太多而失敗。此外，處女座在第十二宮的人也容易只看到事物的表象，因而作出錯誤的決定。

★天秤座

這樣的人個性當中有著難以滿足的不安全感，需要情緒上的安撫，也有著一定程度的物質虛榮，雖然他們隱藏得很好，可是看他們選購的物品就可以知道這是性格上的弱點，雖然他們打死不肯承認。

★天蠍座

這些人的生命道路是學習不在乎與豁達的個性，當他們對任何事物產生執著或是想要隱瞞什麼祕密時，就容易嚐到苦果。通常這樣的人不要去干涉太多他人的金錢，會因為這樣招來麻煩。

★射手座

第十二宮在射手座的人必須學會謹慎的處理事情，每當他們衝動地去做某些事時，就會遇到麻煩，精神信仰的問題也常困擾他們，往往會發現自己所相信的事情並不符合自身的期待，因此，如何讓思考更仔細、更有條理與計畫，是這些人今生的課業。

★魔羯座

這樣的人必須瞭解到替自己設限是不智之舉，人生當中有無限的可能，必須鼓起勇氣走出自我保護的狀態，才會有新的視野，當他們選擇保守沒有變化時，就容易有遺憾產生。

★水瓶座

第十二宮在水瓶座的人必須小心自己的交友對象，這些人通常對人太過於信任，在還沒弄清楚對方的心態之前，就已經把自己的心事全部說出來，很容易被這些人所傷害，但是他們也必須學著原諒這些人，來實現自己無私的慈悲。

★雙魚座

第十二宮在雙魚座的人失敗的原因在於太過散漫，且對事情毫不在乎，當他們受到干擾時，就容易心生放棄改變主意，這時候就容易發生問題。這樣的人不知道自己的能力極限為何，而背負太多責任也是一大困擾。

第十二宮內的行星

★太陽

太陽在第十二宮時容易有自我封閉的傾向，他們不喜歡表現出自我的特色常常躲到一旁，通常因為害羞內向或缺乏自信而無法和他人順利交往。黃道上第十二宮雙魚座的影響，他們容易專注在神祕的玄學上，對人慈悲樂於幫助別人，受到太陽運行的關係，這樣的人會在日後出現巨大的轉變，顯得有自信許多。

★月亮

月亮在第十二宮的人總是盡量想要維持私生活的隱密性，他們對於自己的事不太容易大聲嚷嚷，或者很少說出內心的話。這些人常受到無意識的情緒干擾，也對神祕事物相當感興趣，想像力相當的豐富，但有時會把幻想和事實混在一起，造成無謂的困擾。這樣的人就算朋友很多待人和善，也會顯得孤僻，喜歡安靜隱密的居所。

★水星

水星在第十二宮的人不太輕易表達自己的想法，他們考慮得相當仔細，但在考慮過程當中常常受到干擾，也因此使得這些人與他們的溝通容易產生隔閡。這樣的人很少開口，比較適合用書寫表達自己的情感，容易深入心靈深處，會是不錯的作家，當水星靠近上升星座時這樣的特質更容易表現。

★金星

金星進入第十二宮帶來善良的心腸，他們態度低調不喜歡引起人的注意，事實上他們的心靈常是敏感寂寞，渴望性情卻又害羞不善表達，可能會有神祕的性情發生。由於金星在第十二宮如同在雙魚座一樣，這使得這些人容易將愛擴展到宗教與宇宙的境界，他們願意為那些不幸的對相（無論是不是人類）多付出些關心，也因為他們的心地善良而不容易樹敵。

★火星

火星在第十二宮的人適合將精力投注在宗教與慈善事業上，受到正面精神的啟發才能夠使他們更有活力。否則受到第十二宮的限制火星不容易發揮效應，常常將體力與時間浪費在無意義的事情上面，這些人的行動意圖常無法被別人透視，常進行祕密的事情與工作。但這些人常遭受莫名其妙攻擊或是樹敵，必須小心自己的行為。

★木星

木星在第十二宮是屬於強勢位置，他們的心地善良對人一視同仁，樂於幫助別人。木星與第十二宮都具有宗教修行的特質，所以這個人適合保持與宗教或哲學觀念的密切接觸，透過這些修行與學習不但能夠體驗人生的道理，更能夠替自己帶來好運。隱居、閉門靜思反省，也常替這些人開拓新的契機。有趣的是第十二宮同時代表障礙與敵人，透過木星的幸運，這些事情常會反過來對這些人帶來正面幫助。

★土星

土星在第十二宮時帶來隱居的特性，通常他們相當的冷漠孤僻，大多數的時間他們都是獨處的。關於孤獨與寂寞的事情會困擾著他們，就算身邊都充滿了熱絡的氣氛，他們也會顯得有些落

寞，這樣的心理障礙需要自我的努力，加入成長團體或是義工團體體驗人與人的互動，才會讓他們明瞭，那些孤獨都是心理上的障礙。

★天王星

從某些角度看來，我們正活在這樣的時刻，西元 2000 年初期的天王星正在雙魚座運行，正好幫助這個時代的人體認這樣的影響，天王星在第十二宮時帶來許多神祕事件，擁有此位置的人對於神祕學和心理學有著相當程度的好奇。若相位不佳時這些人變得相當怪異難以理解，有時容易有心理方面的問題，個性會顯得較爲偏激。

★海王星

海王星進入第十二宮，代表著守護第十二宮的海王星回到原本的位置，這些人有著十分準確的直覺，潛意識中常常引導他們去做出對自己有利的事情，但他們並不自覺。通常他們具有神祕的感覺像是第六感，或是能夠與神靈鬼魂通話的能力，海王星神祕而不可知的現象在第十二宮發揮得淋漓盡致，這些人必須訓練自己，並瞭解何時該表現出這樣的能力。

★冥王星

如果沒有不佳的相位，冥王星的直覺能夠幫助這些人避開許多麻煩，潛意識和直覺成為此人的最佳武器，他們擅

長心理學當中的潛意識部分，也能夠透過這些事情來影響別人。這樣的人喜歡獨處，相位不佳時反而容易被潛意識過分干擾，帶來精神上的問題。

★北月交

當北月交出現在這裡時，強調精神的成長可以安慰肉體的傷痛，這樣的人常在現實生活中受挫，他們必須學習包容體諒，宗教是他們替自己帶來撫慰力量的來源，也是他們尋求解脫的方式。挫折與敵人都是替他們帶來幸福的關鍵。

★南月交

這樣的人往往過度相信靈魂或精神層面的世界，反而阻礙了他們真正該在意的事情，他們必須知道人生的課題除了感受與放下之外，有時需要更多的努力與實際的付出，如果只是感受與空談，那麼再多的體驗也無法幫助他們成長。

★幸運點（福點）

當幸運點出現在業障宮時，當事人常會有無形的幸運出現，最明顯的是出現在危險時刻的幫助，當他們遇到麻煩時，幸運之神就會出現幫助他們脫離困擾。同時和北月交一樣，挫折與敵人反而會替他們帶來有形的回饋，也具有化敵爲友的能力。

第五部

星盤整合、流年、合盤

Chart Integration, Forecasting and Synastry

占星師應該清楚的瞭解，藉由研究個人的出生圖與推運圖，他能有
多少能耐發現一個人的情結所在，而將這樣的占星知識用在幫助他
的客戶上，而不是（在無意間）增加他們的恐懼以及對生命的負面
觀感。

——丹恩・魯德海雅（Dane Rudhyar 1895-1985 人本占星學派創始者）

第三十三章　星盤的整合解讀

★行星、星座與宮位的定義

　　瞭解行星進入哪個星座，將帶來什麼特質之後，就像是演員穿上了屬於自己身分的衣服，使他們更具有某些特色。而行星與行星之間產生的相位，就如同演員和演員之間的對手戲。而宮位，則是舞台上的布景與場景。

　　例如：當火星進入魔羯座時，就像是一個有活力的男演員穿上了具有嚴肅特質的外套；與金星產生合相時，則像是與某位女演員演出相當的對手戲；而當這兩顆行星都在第七宮時，就表示這兩個演員所表演的背景，被設定在一段伴侶關係或婚姻裡頭。這是進一步的整合解讀的方式，在練習的階段不妨多多嘗試，熟記前面篇章所提過的行星、星座、相位、宮位的交互影響是一個占星師的基本功課。

　　而星盤的進階解讀，就有賴於這些基礎知識，並作更靈活的運用與解讀。舉例來說：如果某人掌管錢財的第二宮起始點落在雙子座，雙子座的守護星是水星，水星所在的位置以及和其他行星所產生的相位，就都會對這個人的財務狀況有很重要的影響，而守護星所在的

宮位也會和此宮有所牽連。從這個例子來說，水星如果進入第十宮，就暗示這個人需依靠自己的社會名望來賺錢。

　　但有時情況會比較特別，有些星座就擁有兩個守護星，像是水瓶座、天蠍座、雙魚座，這就要依經驗判斷，究竟哪個守護星的影響力較深。現代的占星家比較常用現代行星，但也不能忽視傳統守護星的影響。例如：在傳統占星師眼中，水瓶座由土星守護，天蠍座由火星守護，雙魚座則由木星守護，而在現代占星師眼中，這三個星座則分別由天王星、冥王星與海王星守護。

　　在解讀命盤時，固然可以一宮一宮地說下去，不過等說完後，客戶大概也都睡著了。因此可以先從第九章開頭的基礎元素和性質分析說起，提醒當事人缺乏的性質與元素，之後解釋他們的太陽月亮金星火星所在位置帶來的特殊影響，提醒這些人土星帶來他們在哪一宮哪一方面帶來了限制與困擾，也告訴他們要如何善用木星與北月交所在宮位的優勢。又或者是，天王星帶來哪些不同的觀念、海王星帶來哪些理想化的夢幻，冥王星又如何控制著他們和別人等。

★解讀命盤的基礎步驟

　　每個占星師都有自己一套獨特的解盤方式，對於初學者來說，命盤整體的解讀是一件相當重大的工程，無論對方要來問關於愛情金錢或是家庭關係的問題，都不能忽略了命盤的整體解讀，透過下面的步驟，我們可以清楚了解到這個人的命盤特質。下面的八個重點是我們看一張命盤時不可以忽略的步驟。

　　①解讀元素與性質，以及帶來的特質和缺乏的能力。

　　②解讀上升與天頂帶來的對外應對方式以及給人的觀感。

　　③解讀太陽所帶來的自我特質，這些通常是他們意識到的，也解讀太陽宮位帶來的生活重心，同時並利用水星解讀這些人的自我呈現方式。

　　④深入解讀金星帶來的情感態度和火星帶來什麼樣的行動力，同時也解讀這些人的愛情觀、尋找什麼樣的對象以及容易在哪裡找到等，這個部分我們會在下一章針對這個問題討論。

　　⑤解讀木星與土星、北月交南月交福點所帶來的幸運層面、前世今生的課題與注意事項。

　　⑥開始深入解讀這些人的潛意識層面，月亮帶來的情緒特質通常他們沒有注意到，例如：他們生氣時的表現。解讀月亮所處的敏感宮位；例如：他們遇到什麼狀況會不安。同時針對這些不安和焦慮的特質給予建議。

　　許多初學者往往在一開始就會針對月亮所代表的潛意識與不安作解讀，但是有經驗的占星教師都會告誡學生不要這樣做，這樣的舉動等於是一開始就入侵一個人最脆弱的心靈層面，會讓對方產生防禦與不安的心態，我們會建議先解讀整體命盤，然後藉由太陽、上升、天頂等外在特質，甚至金星火星水星等個人特質之後，再進行月亮所象徵的內在解讀。

　　⑦如有必要解讀天王海王冥王所帶來的劇烈影響，特別當他們與內行行星產生重要相位時，或是在上升點天頂天底下降點時更不能忽視。

　　⑧這時候我們就要進入專題解讀了，在專題解讀上，我們可以分為愛情、金錢、事業、健康等等。解讀的方式可以先從宮位所在的星座代表的這些人對此生活層面的期望開始，然後宮內的行星代表此生活層面具有的特質，並與剛才行星分析相互呼應，也可以重複剛才的重點（例如：解讀愛情時可以重複金星的愛與火星的性），之後可以開始尋找該宮守護星從守護星的相位與強弱判斷好壞，從守護星所在的宮位判斷這兩個生活層面，又如何透過守護星與宮位的特質來連結。

愛情

　　有一些簡單的技巧可以使用在分析

愛情上，例如：金星就代表著一個人的原始愛情態度，與他們互動關係的能力與態度，但這個態度是否會和太陽所代表的自我與隱藏在月亮中的不安與所渴望的安全感產生衝突，或者上升與與天頂所帶來的對外態度，是否掩蓋了他們的第五宮起始星座所表示的愛情需求，或者能夠契合？是第一個必須考慮的重點。其次從第五宮的守護星在哪裡，來看一個人如何尋覓伴侶與互動。

至於在性愛方面，則可以從第八宮的起始星座，可以看出一個人對性愛的態度，火星代表的是原始的性愛表現，第八宮的守護星進入的宮位，則可以看出這些人容易在哪裡激發出性愛的火花。

無論是分析愛情或性愛的關係，都可以從下列的步驟來取得一個人對愛情觀點的重要資訊。而性愛也是愛情當中的一個要件，在愛情分析當中，我們不可以忽略了第八宮及火星所代表的性愛模式。

①分析金星代表的原始愛情態度的需求，與代表本人個性的其他行星或上升天頂是否產生衝突。

②分析太陽月亮金星火星所呈現的對男女對象的需求。

③分析第五宮起始星座所帶來的愛情態度，與第七宮所代表的對伴侶的態度。

④分析第五宮內的行星所帶來的特殊愛情表現。

⑤分析第五宮起始星座的守護星所帶來的特性。

⑥分析第五宮起始星座的守護星所在宮位，將暗示容易在哪個生活層面與性愛對象產生互動，換句話說也可以藉此找出容易發生愛情的地方（底下會有更詳細的解說）。

⑦利用推運與行星過運的分析法，來指出這些人何時容易有愛情的契機，通常在流年當中，如果有太陽、月亮、金星、火星、天王星與命盤中的太陽、月亮、金星、火星、天王星交會，或是上述行星進入第一宮、第五宮、第七宮、天頂等位置時很容易發生戀情。

⑧分析第八宮的起點星座、第八宮的行星及火星等關連，以解釋這些人的性愛模式。

⑨接著，用第三十五章所教的兩種合盤技巧來分析兩人的愛情與性愛互動，將上述的分析與其情人作簡單的對比，是否產生嚴重的衝突，並且給予建議。

關於第五宮的守護星落入的宮位，替此人的愛情上帶來哪些提示，在這裡有簡單的提示，其實你也可以利用關鍵字聯想法來自行發揮，例如：第五宮的守護星進入第六宮，與工作和每日的生活有關，也與下屬或替此人工作的人有關。

★第一宮

第五宮的守護星落在第一宮的人在

感情生活上十分有主見，往往因為自己要成為什麼樣的人，感情也將會被這樣的理想左右，有點像是獅子座或是牡羊座的自我性格，在愛情上不怎麼在乎別人的眼光，也會因此影響自己的愛情生活。

★第二宮

　　掌管愛情的第五宮守護星進入第二宮時，將造成感情上強烈的物質取向，不過相當有趣的是這種人賺錢像在玩遊戲一樣，通常靠他們的興趣賺錢，往往也能夠讓愛情與麵包得以兼顧，如果第五宮的守護行星是土星或火星的話，愛情的成分就比物質稍微低一些。

★第三宮

　　這樣的位置使得他們在愛情的路上走得十分愉快，守護星落入掌管溝通與旅遊的第三宮，在感情生活上比較重視溝通，也喜歡兩個人攜伴旅行，有趣的是他們的性情多半受到周遭夥伴或是親戚朋友的影響，或許是同班同學也都不一定。

★第四宮

　　第五宮的守護星進入第四宮時，將會相當重視家人之間的情感，他們依賴家人，在感情上容易呈現退縮與保守的狀態，十分有趣的一點是，如果第五宮的守護星十分接近第四宮的起始點時，這個人的感情生活將會受到家族中的人

（特別是女性、母親、祖母、姊姊等）的左右。

★第五宮

　　當第五宮的守護星回到自己所守護的宮位時將會產生強大的影響力，而其中的差別依據每個行星與星座的特色而不同，除了土星較為保守之外，應該都會讓這個人的感情生活充滿了遊戲與歡愉的色彩，由於第五宮掌管愉快的事物讓這樣的人成為感情上的樂天派，過分自信一些的還會成為愛情賭徒，不過除非有不好的相位讓這個人為愛苦惱，否則這樣的人應該是愛情生活上的幸運兒。

★第六宮

　　受到第五宮的守護星進入第六宮的影響，在愛情生活上容易有犧牲的情形出現，無論是成全別人或是為愛犧牲都屬於一種較不樂觀的色彩，而感情上也容易被許多事情牽絆，或是因為過於投入工作而忽略了感情生活。第六宮象徵著比當事者地位低的人，或是替此人工作的人，也暗示著發生辦公室戀情的可能性。

★第七宮

　　當第五宮的守護星落入第七宮時，在感情生活上容易出現強烈的依賴傾向，他們尋找的感情寄託多半是興趣相同的人，由於第七宮掌管人與人的關

係，使得他們十分在意別人的看法與說法而搖擺不定，如果出生圖中守護星的相位良好很有可能從戀愛到結婚的過程都十分順利，這原本就是一個為了找尋人生伴侶而戀愛的位置。

★第八宮

像是金星落在天蠍座一般，這樣位置的人對於性與愛是無法分開的，對他們來說性是伴隨著愛情而來，並不會嚴守著一定要認識一段時間或是結婚後才有性愛的產生，他們可能對於喜歡的人就想擁有性，不過因為第八宮的位置在占星學中屬於隱藏的宮位，如何尋找愛情成為重要的課題。

★第九宮

在傳統中國人的看法裡這個位置可能不算是好命，不過就現代人的觀點，異國戀情並不算什麼，由於第九宮掌管國外事物與長遠的距離，所以這樣的位置發生異國戀情的機會不小，另外這樣的位置容易對宗教與哲學產生興趣，所以他們的感情生活摻雜了許多道德觀。

★第十宮

當愛情守護星落到第十宮時往往會讓人專注於事業與名聲的追求，而他們的愛情有可能會因為要爭取社會地位而受到影響，這樣說當然是較為戲劇性的說法，從較為平實的角度看來，這個人的感情生活容易受到大家的矚目而有所

影響，另外若是守護星接近第十宮的起始點時，愛情受到家人的影響也不小。

★第十一宮

當第五宮的守護星落到第十一宮時，容易使守護星的能力減弱，用實際一點的說法來解釋，這樣的人因為樂在人群中打滾，而不會過於專注在情感上，這樣的感情表現有點類似水瓶座的愛情觀，如果守護星的相位不佳，更容易出現實際的感情生活與所寄望的愛情完全不同的情形。

★第十二宮

第十二宮占星學中類似雙魚座的位置，第五宮的守護星要是落在第十二宮表現的方式，會非常類似金星進入雙魚座的表現，同樣的博愛與仁慈，容易將自身的情感轉為對全人類的感情，好的是他們不會有雙魚軟弱的特色，除非他們有很強烈的雙魚座特色，如果守護星距離第十二宮的起始點很近，那麼早年的戀愛經驗會比較不愉快。

婚姻

一般來說，婚姻的重點我們放在第七宮，但也不要忘記了婚姻是一種長久相處，兩個人的基本特質是否能夠契合也是一個要點。不過這屬於合盤的範圍，我們將會在後面的章節詳細介紹，接下來我們還是以個人命盤為主來探討

一個人的婚姻態度，別忘記，第八宮與火星的性愛也可以放在這裡一併討論。

①第七宮的起始星座影響這些人的婚姻模式，以及自身所期待的伴侶。

②第七宮內的行星會對婚姻與伴侶生活有重要的影響，特別當推運或行星過運和太陽回歸有行星進入或離開第七宮時會引發不小的「改變」，金星與月亮很可能暗示著婚姻，木星也有可能，不過對於已婚的人來講有時候暗示著外遇，土星代表婚姻的不愉快，更要注意的是天王星帶來分居與分離。

③在金星進入行星過運或推運和太陽回歸的天頂時，常是一個人結婚的時刻，我就曾經替好朋友廣播名人趙薇做過一次星盤分析，那時候我幫她看的流年，重點放在事業上，某年的流年圖金星正好進入天頂，這在占星學中有兩種意涵，特別對公眾人物來說代表大受歡迎，但是對一般人來說代表著婚姻的喜訊，當時她並沒有透露是否有男朋友，還懷疑怎麼可能這麼快就結婚，可是當她的結婚喜訊傳到法國時，我可一點也不驚訝。

④第七宮的守護星在本命盤與流年的相位吉凶，更嚴重的影響這個人的婚姻變化。

⑤也別忘記觀察第七宮的行星座落於哪一宮，可以看出這些人容易在哪個生活層面找到他們的伴侶，以及此人和伴侶的互動主軸是什麼，這個方法相當有用。

⑥至於夫妻間的性愛互動必須仔細觀察兩人的第八宮和火星，是否與對方的其他行星產生相位，中點合盤之後的第八宮也代表兩人間的性愛互動。

⑦第八宮除了代表兩人的性愛之外也代表兩人對對方的金錢態度，不可以忽視。

⑧比較夫妻之間的合併星盤關係給予互動，比較夫妻的中點合盤，給予婚姻生活的建議。

家庭與子女

婚姻生活很多時候涉及到家庭層面的互動，在占星學中我們可以進行這樣的分析。我們除了可以從兩人的天頂、天底看出彼此的家庭關係之外，也可以用合盤的方式，就算不用複雜的合盤，往往在家庭當中光是以上升、太陽、月亮、天頂，最多加上金星、水星等，就可以比較命盤，看出彼此的關係，我所認識的一個家庭中，父親是雙子日座、金牛上升、雙子月座，母親是牡羊上

父親	母親
上升：金牛	上升：牡羊
太陽：雙子	太陽：巨蟹
月亮：雙子	月亮：射手
姊姊	妹妹
上升：巨蟹	上升：天秤
太陽：天秤	太陽：雙子
月亮：水瓶	月亮：水瓶

升、巨蟹日座、射手月座,而姊姊是天秤日座、水瓶月座、巨蟹上升,妹妹是雙子日座、水瓶月座,卻有天秤上升。

在這樣的家庭關係當中我們可以找到許多連結,就父母親來說,父親的太陽雙子正好與母親的月亮射手相對,同時母親的月亮射手正好進入父親的第七宮,這樣的伴侶組合充滿著人生成長的互動,父母兩人都熱愛旅行,也很愛結交朋友。

但是母親的太陽巨蟹,仍要求自己將生活重心放在家中。

接下來比較這一個家庭的親子關係,我們發現姊妹同時都擁有水瓶月座,代表他們與母親的關係比較像是聊得來的朋友,在成長的過程當中也被訓練得相當獨立。同時在這個家庭關係當中,有著類似友誼的緊密結合,姊妹的月亮也都相當有可能與父親母親的月亮星座產生柔和相位。

不過姊姊有著巨蟹上升,正好呼應了媽媽的巨蟹日座,象徵在姊姊的成長過程當中,希望扮演和媽媽一樣的角色,以媽媽爲借鏡而成爲一個女人。而姊姊天秤日座,也呼應了母親的月亮正好在父親的第七宮(天秤是黃道上的第七宮),還有父母的日月對分相的意味(對分相也與天秤和第七宮有著一些連結)。

而妹妹有著雙子日座與父親相同,暗示著妹妹比較能夠獲得父親的寵愛,在某種程度上卻和媽媽帶有些競爭與吃

醋的味道(媽媽的月亮與妹妹的太陽成對分相)。也同時妹妹有一個上升天秤,不但呼應了父母親的日月相對,也同時暗示著,妹妹以姊姊的生活作爲模仿學習的對象。

除了這樣的簡單分析之外,也不能錯過幾個命盤上的重點。

①第四宮代表了父母,天頂(第十宮)可以視爲對方的父母,以此觀察與彼此父母間的互動。

②關注到第五宮同時也代表了子女,可以藉此觀察子女在這些人的生命當中扮演何種角色。

③注意到兩個人命盤的推運變化是否會對家庭產生困擾。

④綜合兩人合盤後的第四宮,與中點合盤後的第四宮和金星及第四宮守護星,解釋兩人之間的家庭生活模式,並觀察是否與個人產生衝突並給予建議。

⑤綜合兩人合盤後的第五宮,與中點合盤後的第五宮及第五宮守護星,解釋兩人之間如何面對親子關係,並觀察是否與個人特質產生衝突並給予建議。

⑥關注兩人合盤後的第八宮,與中點合盤後的第八宮和金星及第八宮守護星,解釋兩人之間的金錢互動。

⑦注意在第三十四章提到的變動週期,很容易因此改變一個人的需求而產生對家庭的變化。

事業與生涯規劃

　　事業是許多人向占星師請教時的重點，要給予職業方面的建議前，必須謹記與十二星座有關的職業，必要時還得發揮聯想力。而當然事業的建議，可以依照下面的方法分析：

　　①當有人詢問適合哪種職業時，必須分析這些人的太陽與火星及第一宮內的行星，所帶來的性格特質（太陽）與執行能力（火星）所帶來的影響力，接著分析太陽進入哪一宮，在哪些層面上充滿創造力，並與相關的職業產生聯想。

　　②分析木星所在宮位與北月交所在的宮位帶來的幸運，並分析這些是否能夠替這些人的工作與事業加分。接著也要討論土星所在的星座與宮位，暗示著此人在哪些事情上面較缺乏信心，卻可以透過經驗的累積而有所發揮。

　　③分析上升點所在的星座與第十宮所在的星座，暗示著這些人的發展方向，是否與太陽火星或木星產生的能力結合或衝突。

　　④注意天頂的行星，或行星過運與推運中是否有行星移入，一般來說木星與太陽在天頂是帶來好運有利於升遷，有利事業發展，土星帶來責任與壓力但也可能表示升遷帶來的責任等等。

　　⑤身為部屬需要注意第十宮內的行星與第十宮的守護星吉凶，暗示這些人與上司的關係。身為上司可以觀察第六宮的行星與其守護，解釋其部屬運。

　　⑥詢問有關於事業變動時，可以觀察其推運盤是否有行星出現明顯的宮位或星座移動，其次觀察太陽回歸圖的上升是否處於變動宮位（有利於變動升遷），若處於固定宮恐怕無變動的跡象。

　　⑦注意在後面章節提到的變動週期，很容易因此改變一個人的志向，甚至對職業生涯產生變化。

　　⑧我們也可以從「流年的推運圖」或「行星移位圖」的大致狀況替一個人做出生涯規劃的建議，這時候需要將重點放在行星的在星座宮位和相位上的明顯變化給予建議。

金錢

　　根據經驗許多人在問占星師問題時，最常問的就是愛情，其次是事業，再來常是金錢，一個人的金錢運勢如何、會不會有錢該怎麼看呢？

　　①注意這些人的太陽是否處於擅長理財的金牛、魔羯、天蠍、巨蟹等，或是不太在乎金錢的水瓶、射手、牡羊、雙魚。

　　②分析第二宮起點的星座代表這些人的物質價值觀。

　　③分析這些人第二宮、第八宮的內的行星是否帶來具有理財的特質，若第五宮很強表示這些人可能有不錯的偏財運。

④分析第二宮的守護星運行到哪裡，多半表示這些人可以從哪裡獲得金錢。

⑤分析第八宮所代表這些人的投資態度，與第八宮行星的投資特點，和第八宮守護星吉凶的投資運勢，以及與他人的金錢關係，是否適合合資做生意等。

⑥分析這些人行星過運與推運圖和太陽回歸圖的第二宮與第八宮是否有明顯的行星變化，以及此時第二宮第八宮的守護星的吉星來預測這些人的金錢運勢。

以下是第二宮守護星進入各宮的暗示：

★第一宮

第二宮的守護星落入第一宮時，對於事物的價值判斷多半較為主觀，不容易受他們影響，而與眾不同的價值觀多半是較為個人的，不過因為守護星會在幾年後進入第二宮的守護宮位，沒有不良相位的影響下多半會有不錯的經濟生活，這樣的人適合朝自己的理想邁進而無須擔心經濟壓力。

★第二宮

第二宮守護星落入第二宮時，對於許多事物的考量偏重於實際的用途，而金錢對他們的生活影響很重要，情況較好，會使他們把錢當錢看，絲毫不影響其他們的生活領域，至於影響較嚴重的

人會沉溺於物質的生活，而遺忘了生活還有其他們的事物需要注意，多半這樣的情形適合往金融業發展。

★第三宮

第二宮守護星進入第三宮的人，財務的收入多半會受到親戚朋友，特別是兄弟姊妹的影響，位置好的會有助益，位置不好得容易受兄弟姊妹拖累。而有這樣位置的人，適合在傳播界與旅遊業發展，另外節目主持人、廣播、名嘴、寫手、名作家也多半有這樣的位置。

★第四宮

當第二宮的守護星落入第四宮而且相位良好時，多半是受到家人的庇蔭，並不一定家裡有多少財產，但是始終能夠受到家族內成員的照顧，價值觀受到家人的影響影響也較多，或許經營家族事業或旅館、房地產業是這個位置的一大特色，但是另一種現象卻往往是工作與家庭結合，少有分開變成二十四小時都在工作的情況，有哪些工作要如此呢？答案是總統與 Soho 族。

★第五宮

如果你的出生圖中有這樣的位置，真該替你高興，你有大多部分的機會利用自己的興趣賺錢，許多職業運動員會有這樣的位置搭配上不錯的火星位置，而這樣的位置也造就不少的演藝人員、編劇或是導演等戲劇人才，而且多半混

得不錯,更重要的是第五宮屬於偏財運、賭運的宮位,第二宮在這個位置若能搭配上好的相位,會有不錯的賭運。

★第六宮

第二宮的守護星進入了第六宮,賺的錢多半是辛辛苦苦掙來的,很少有這個位置的人能夠輕輕鬆鬆的賺到錢,多半不是身體上的勞累就是精神上的疲憊,就算他們有一份穩定的工作,他們也會忍不住手癢地去接一些外快,反正就是勞碌命的代表,這樣的位置可千萬要注意自己的身體健康,縱使有錢也很難買回健康的。

★第七宮

這樣的位置多半適合與人合夥,不太適合自己一個人闖天下,而婚姻與你的財務生活更是息息相關,要知道玉婆就是有這樣的組合才會從這麼多任丈夫那得到這麼多贍養費,這個位置的錢財關係總是與他人有著密切的關係。

★第八宮

受到第八宮強烈的仲介性質影響,這個位置產生了許多經理人、經紀人、仲介業者等,而受到第八宮與遺產、死亡有關的影響,若掌管金錢的守護星在這個位置,將有可能收到家族成員的遺產,同樣的與這兩件事情有關的保險業,也會很適合有這樣位置的人發展。

★第九宮

這樣的人價值觀多半受到宗教或是哲學的影響,對於金錢抱持著較為超然的立場,而這些人多半適合在大學、或是其他們的學術機構任教或從事研究,除此之外由於第九宮關係著出版、圖書、旅行、航運、傳播、國際事務,國外等,當第二宮的守護星進入第九宮時適合往這些方向發展。

★第十宮

這多半是盛產成功企業家的位置,在相位佳的時候象徵著名利雙收,而有些時候也代表著一些知名人士,靠著自己的知名度賺錢,再不然象徵著政府的第十宮也會是代表另一種收入的方式,像是吃公家飯的公務員等,不過要注意年老的時候經濟狀況的惡化。

★第十一宮

如何善用人際網絡經營財務收入,是非常重要的一環,這種人的財務狀況尤其會隨著人際關係而變化,人際關係較好時錢財的運轉或收入較為順暢,一旦人際關係惡化,經濟狀況也不會很好,這點倒是要多多注意,特別在第二宮守護星在不久後會進入屬於隱藏與不利的第十二宮,將會有一段不算短的經濟黑暗期。

★第十二宮

這樣的位置多半大器晚成，特別是在經濟狀況，會有一部份的人童年時會遭遇經濟狀況惡劣的時期，不過會在青年或中年時脫離這樣的困境，屆時將出現轉機，整個人的財務狀況若沒有不良相位影響會表現得十分傑出，但之前財運不順暢的情況仍是需要注意。

第三十四章　流年的預測方式

一個占星師在解釋完一張出生圖之後，最常被問到的問題就是：「那我今年的運氣好不好？」在中國則稱為流年，指的是該年或某一年的運勢。在西洋占星中雖然沒有流年的直接翻譯，但的確有許多命盤的推運技巧與流年有關，而流年的推算也是一位占星師必備的技巧。

常用的流年技巧包括了推運法、行星過運法及回歸法等等。而在一般的占星軟體中，也能找到計算這三種流年預測方式。所以我們也將西方現代占星學當中最新的觀念新月、滿月圖對於人們短期運勢的影響介紹給大家。

流年預測的基本條件

在解釋流年時有幾個要點必須在此提出，首先占星學當中有一個重要規則那就是，流年當中所發生的事情多為呼應出生圖上的暗示，最常見的就是當一個人本身的第二宮有土星，並且和其他行星產生強硬相位，代表著此人的金錢運勢的確不佳，容易遇到財務窘困的現象。

這樣的狀況可能會因為二次推運、太陽弧推運或行星過運，甚至太陽回歸圖時出現吉星進入第二宮時而得到抒解，但我們並不能解釋為這個人的財運從此好轉日進斗金，只能夠解釋財務窘困的狀況稍微好轉。而在預測時間的長度上，則可依照不同的預測方式加以判斷。

一年以上的預測我們可以觀察：

①行星過運法當中木星、土星、天王、海王、冥王等外圍行星對出生圖的影響。

②二次推運法中的行星與上升、天頂的移動，以及他們對出生圖的影響，特別在改變星座與宮位時是產生變動較大的一年。

③太陽弧推運當中的行星與上升、天頂移動，以及他們對出生圖的影響，特別在改變星座與宮位時產生是變動較大的一年。

④觀察太陽回歸圖。

一到兩個月的預測我們可以觀察：

①二次推運的月亮位置，以及他們對出生圖的影響，特別在改變星座與宮位，或者和出生圖的行星產生相位時，但來生活與心境上的變動。

②行星過運法當中火星、木星、土星、天王等行星對出生圖的影響。

③觀察月亮回歸圖。

一週到數天的預測我們可以觀察：

①行星過運當中，移動較為快速的太陽、月亮、水星、金星、火星對出生圖所造成的影響，包括他們進入的星座、宮位和出生圖行星所產生的緊密相位，此外當月亮接近某些原本就已經在命盤當中強硬相位的行星位置時，或是和這些行星形成強硬相位時（例如：出生圖當中火星與天王星形成對分相，如果行星過運的月亮在此時與火星天王星產生合相，或是進入某個位置和出生圖火星天王星產生四分相），通常暗示著重要的事情將被觸發。

②觀察新月與滿月的時刻的行星過運圖，新月與滿月的時刻暗示著事件的開始與結束，往往會有前後一週到五天的影響效力。

一天或數小時的預測：

一天或數小時的預測，我們往往只能藉由月亮、上升、天頂在行星過運圖的表現而推斷。

推運法系統

推運法系統（Progression systems）是基礎的流年觀察方式，包含了許多不同的計算方式。其中，

Primary Directions 可以翻譯為「主推運」或「一次推進」，也有人用中國命理觀念的大小限的觀念，稱之為「主限法」，指的是以天頂為主軸，每移動一度為一年的推運法，但這樣的技巧目前較少被使用。而次推運法（Secondary directions system）又稱「二次推進法」或「次限法」，是指出生後一天的行星位置，影響出生後一年的命運。

因二次推運法像是外圍行星的移動較慢，較難以觀測，這種推運法主要是看出一個人的生命節奏，古代占星師會準備一連串的主推運星圖或次推運星圖，來觀察一個人命運的高低起伏，並藉由推運系統來標示出需要注意的時刻。底下就介紹介紹最常使用的次推運系統。

★次推運法的計算

次推運法是目前最為廣泛的計算方式，將出生第二天同一時刻的方式繪製出來的命盤，就是用來預測出生第二年的命盤，但是需要注意的是，必須仔細推算月亮的移動速度除以十二，再以內插法算出平均每個月的月亮位置，可以更仔細地推算出該年每個月的運勢。

舉例來說，Eric 出生時刻為 1968 年 5 月 18 日 14：10 在台北出生，那麼我們可以用 1968 年 5 月 19 日 14：10 的星圖，來推算此人一歲生日過後到兩歲生日之前一整年的運氣，如果要推算他二十歲到二十一歲的運勢，就必

須用出生後第二十天出生時刻的星圖，也就是 1968 年 6 月 7 日 14：10 的星圖來推算。其計算步驟如同之前所教授的計算出生圖的方式，在此就不覆述，只要在繪製好的出生圖複印本外多加上兩個圓圈，將次推運法算出的行星位置填在第一個外圍。（如下圖）

　　若要利用次推運法知道 Eric 二十歲到二十一歲之間每個月的運勢狀況，就必須求出月亮從西元 1968 年 6 月 7 日 14：10 的到隔天 14 點 10 分所運行的度數，在本例中月亮從天秤座 26 度前進到天蠍座 10 度，大約前進 14 度左

右，再將這個度數除以十二，得出的數值為 1.16。代表當天月亮的平均移動數度是 1.16，在次推運圖中，代表 Eric 二十歲那年 5 月中的月亮位置是天秤座 26 度。那麼要找出代表 6 月的月亮位置要將天秤座 26 度加上 1.16 度，就可以得到 27.6 度，依此類推加十二次，就可求出 Eric 二十歲生日過後每個月的代表月亮位置，直到二十一歲生日為止。

　　而接下來就可以推算推運圖中，每個月大致的月亮位置，填入推運圖外第二個圓圈。雖然利用四捨五入的方式會有些許誤差，不過並不會有太大的差異。占星家可以用此月亮的相位，推測大約準確度為一、兩個月內發生的事情，並且重新計算次推運法流年的行星，與出生圖行星之間形成何種相位即可。

　　在英國，占星學院所教授的方式略微不同，他們採取了恆常正午日期（Perpetual noon-date）的計算方式，最主要是避開利用內插法，反覆計算代表每年的行星位置，只要推算出恆常正午日期中所代表的日期，即可利用格林威治標準時間所繪製的星圖來推算次推運的星圖。

　　此法與前面介紹方法的差異在於，前面介紹的方式，每一年的循環都從生日開始，對使用星曆計算的人來說，除非出生在中午時刻，否則每一顆行星都得利用加加減減的內插法，來求得出生

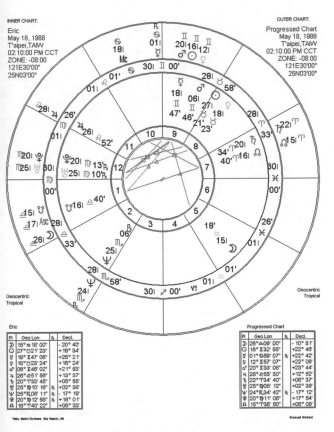

Eric 二十歲的二次推運圖

時刻的正確行星位置。

　　而英國占星學會教導的恆常正午日期方法，只要算出所代表的日期（例如：Jane 出生的日期是 1981 年 7 月 9 日十點八分，而推算出來的恆常中午日期為 8 月 10 日），然後就可以簡單地將星曆上列出的格林威治標準時間中星曆上的行星位置（中午時刻），填在流年星盤外的第二圈，但他的循環是每年的 8 月 10 日而非生日的 7 月 9 日。這種作法省去了每畫一張圖就要重新計算一次行星位置。但如果使用電腦占星軟體，自然不必這麼苦惱。

　　此外，不同占星家也會使用不同的推運方式，特別是對推運圖上的上升與天頂該移動多少度，也有許多不同的看法，其中最有名的是 16 世紀占星家奈包德（Johann Naibod）的計算方式，到今天仍有許多人使用。奈包德認為地球一年是 365 又 1/4 天，而整個黃道圓周是 360 度，所以太陽在星圖上每天真正移動的度數只有 0 度 59'08"。所以他以這個太陽每天真正移動的數值，來推算次推運圖每年的上升、天頂的位置及太陽和各行星的位置，而也有人採取太陽弧的度數或是直接用次推運當天的度數。

　　求出二次推運圖之後，就可以依照解讀出生圖的方式來解釋該年的影響，記住這僅代表此一段時間的影響力，同時也要注意，推運圖當中的行星與上升天頂和原本出生圖的行星、上升、天頂

之間的相位，解釋可以分別參考第十到第三十二章的本命盤解釋與本章第四節的流年解釋。

★太陽弧正向推運

　　而另一種推運的計算方式稱為「太陽弧正向推運」（Solar arc directions），靈感來自於奈包德的計算方式，太陽弧就是把推算歲數（例如二十歲）乘上 0 度 59'08"，但是太陽弧推運將這樣的度數加在上升與天頂和行星的移動上，這樣子就算是移動速度較慢的外圍行星，都會產生變化。

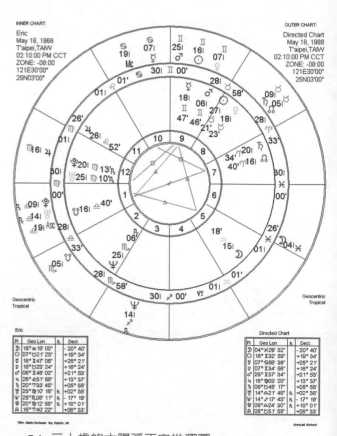

Eric 二十歲的太陽弧正向推運圖

例如：正常來說，推運圖上的天王星可能在預測十歲的次推運圖上連動都不會動，但在太陽弧推運圖中，天王星會移動接近 9 度接近 10 度的位置。仔細比對下圖中 Eric 外圍圈（太陽弧推運）的天王星，與之前二次推運圖中外圍的天王星位置，雖然同樣是判斷 Eric 二十歲的星盤，太陽的位置可能相同，但是在太陽弧推運中，天王星有著明顯的移動，在二次推運圖中，由於使用的是 Eric 出生後二十天的星盤位置，天王星移動的度數不多，但使用太陽弧正向推運時，天王星移動了將近 20 度。

這樣的推運方式被漢堡學派廣為採用，目前在歐美也十分流行。此計算過程稍微複雜，但只要通曉其原理與背後的精神就不難瞭解。在解釋太陽弧推運的方法上，與二次推運法雷同，解釋可以分別參考第十到三十二章（P.158）的本命盤解釋與本章第四節（P.360）的流年解釋。

行星過運法

行星過運法（Transit）的概念相當簡單，即是指當下的行星移動位置對當事人產生的影響，例如如果想知道，2007 年 3 月 18 日這天的行星對 Eric 的影響，就直接觀察該天行星的位置，對 Eric 命盤上的行星和宮位或重要點所產生的影響。繪製方法如同推運圖，取一張出生圖的複印本，在外圍劃上兩個同

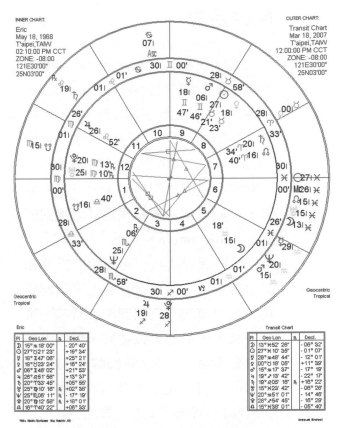

Eric 在西元 2007 年 3 月 18 日的行星過運圖與出生圖的合併比對

心圓，將所要推算當天的行星位置排列在第二個圓圈當中。其次，推算行星過運日期的行星與出生圖行星所產生的相位表即可。

行星過運法多強調當下外界環境對人的影響，行星過運的判讀基礎與出生圖沒有多大的差異，但出生圖代表一生的影響，而行星過運圖僅代表此一段時間的影響力，同時也要注意，行星過運盤中的行星與上升天頂和出生圖的行星上升天頂之間的相位，解釋可以分別參考第十到三十二章的本命盤解釋與本章第四節的流年解釋。

回歸系統

　　回歸法是另一種常被使用來推算流年的方式，太陽大約每經過一年之後，就會運行到出生的那個位置，而時間則是在生日的前後。占星家認爲當太陽回到與出生時刻的黃道位置時，此刻的行星關係與星圖會影響著未來一年的運氣，這種流年的推算法爲「太陽回歸法」（Solar return）。

　　而同樣的技巧也可應用在月亮和其他行星上，應用在月亮上可以解釋爲，利用每次月亮回到出生時刻，推算未來一個月的大致運勢，習慣上稱「月亮回歸」或「太陰回歸」（Lunar return），有人也套用中國命理觀念的「流月」，來稱呼這樣的預測方式。

　　此外，也有人用水星的每一次回歸來觀察學習與溝通的週期，用金星的回歸來觀察愛情與金錢的週期，火星回歸來觀察一個人的行動週期（大約是每兩年的循環），利用木星回歸來觀察每十二年的擴張與理想週期，通常也對射手和雙魚座有著極大的影響。

　　土星的回歸是大約每二十八到三十年左右一個週期，象徵一個人的成長教訓與業力，通常也對魔羯座、水瓶座有明顯的影響。至於最外圍的三顆現代行星則因爲循環的週期太長，例如：天王星通常只考慮其半週期，而另外兩顆行星則很少考慮。

　　在觀測太陽與太陰回歸時，我們運用一般的解讀命盤技巧，但影響僅限於一年（太陽）一個月（月亮）或一個行星繞完黃道的一週，但在用一般的星盤解讀技巧之前必須先觀察太陽或月亮回歸途中上升星座的位置，代表這一年與這一個月的目標與狀態。例如：我們可

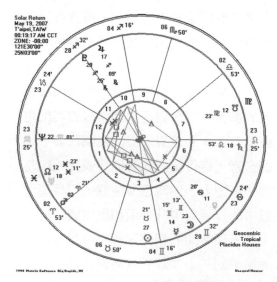

Eric 在西元 2007 年的太陽回歸圖

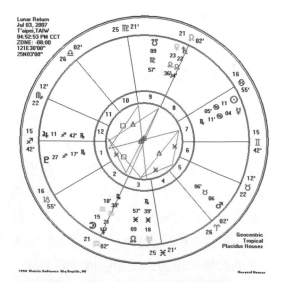

Eric 在西元 2007 年 7 月的月亮回歸圖

以利用 Eric 在 2007 年太陽回到原本出生圖的金牛座 27 度的時刻，來觀察從 2007 年 5 月 19 日到隔年的 5 月 18 日的整體運勢。

簡單地說，如果某人的今年太陽回歸圖的上升星座落在金牛座，那麼物質生活的安穩就成為今年該注意的事情，而守護星金星的相位吉凶，就暗示著該年物質生活的變化來自於哪裡。通常回歸圖的上升星座落在固定星座的那一年（月）生活波動較少，落入開創星座的話可能展開新的計畫，落入變動星座時容易發生改變。

在這個例子中 Eric 的 2007 年太陽回歸圖當中上升星座進入水瓶座、暗示著獨立自主，以及與社群的互動關係，會是今年的主要目標，由於上升星座落在固定星座，這一年的變動並不是很激烈，但是海王星與上升點結合，暗示著對外表現上容易變得過於浪漫與理想主義，也容易因此遭其他人的質疑，特別是他的工作部屬和夥伴和伴侶（土星在第六宮），這些問題就是 Eric 在這一年當中需要面對的課題，同樣的道理這樣的詮釋法也可以應用在月亮回歸圖上，當月亮回到和出生圖的月亮的同一位置時觀察未來一個月的運勢。

此外，有人認為與回歸圖四角（上升、下降、天頂、天底）產生合相的行星必須十分注意，他們代表著必定會發生的事情，例如：在剛剛的例子當中，海王星進入了 Eric 太陽回歸的上升點，

土星也很靠近下降點，就會在這一年當中產生強烈的影響。許多人在觀察回歸或流年命盤時，也會同時注意到行星是否走到恆星與緊要度數的位置，它們代表著一些重要事件的發生，例如當流年的上升、天頂、太陽、月亮、金星，或是第四宮、第五宮、第七宮的守護星與進入所謂的緊要度數時，結婚的機率就頗高。

新月、滿月圖

新月圖與滿月圖是近年來發展的占星預測技巧，這個技巧來自於魯德海雅（Dane Rudhyar）對月相的觀測，根據他的理論新月到滿月的時刻，是事物成長發展的週期，到了滿月代表這一個階段的結果呈現，由滿月到新月是事物與之前的結果開始傳播，越接近接近下一次新月的時刻代表著這個階段的循環即將結束，事情也告一段落。

占星學家應用這樣的技巧在世俗占星學上預測事件的發生，這些判斷精準的預測了 911 事件、東南亞海嘯的發生。而我們也可以進一步的使用新月圖（New moon chart）與滿月圖（Full moon chart) 來推測一個人在新月時刻的前後五天到一週、或滿月時刻前後五天到一週的事件與生活狀態。

其實簡單地說，新月圖與滿月圖的應用方法如同行星過運的判斷，只是占星師們認為新月時刻與滿月時刻的重要

性，足以點出這一段時間內我們的生活重心落在何處，具有觀察的重點出現可以影響前後一週左右的個人行為與心理層面。

新月即是每個月太陽與月亮產生合相的時刻，這個時刻往往暗示著之前的個人計畫的完成結束，以及新的事件與計畫的孕育，我們可以觀察新月時行星的分佈，並運用合盤當中的合併比對星盤（Synastry chart）技巧，來觀察生活當中哪些層面產生影響。

滿月圖表示個人的計畫或行動的成果即將展現，藉由太陽與月亮產生對分相正相位時刻的行星分佈，利用合併比對星盤的技巧來觀察這前後一週的重要事件，如果當新月與滿月又正逢日蝕或月蝕的時刻，影響可能更為重大，時間也相對的可以長達數個月到兩三年之久。

而藉由新月、滿月、日蝕、月蝕時刻的星盤與本命星盤的互動，可以觀察出一、兩週內對個人產生影響的大事件，也有占星師建議加上了新月前與滿月前太陽月亮形成四分相的時刻，做出一整個月的判斷，但實際應用的情況較少。

行星移動
★在推運、行星過運中的詮釋

在預測流年時可藉由推運、行星過運以及回歸圖行星移動到哪個宮位，來推測事情的發生，並藉由推運、行星過運的行星與出生圖上的行星交會的角度，來推測事情的吉凶與變化。例如某人的次推運圖當中在 27 歲那一年，金星正好與天頂結合，暗示著他極有可能在那一年擁有極高的聲望或是有喜事發生。又例如推運的月亮與火星在某年形

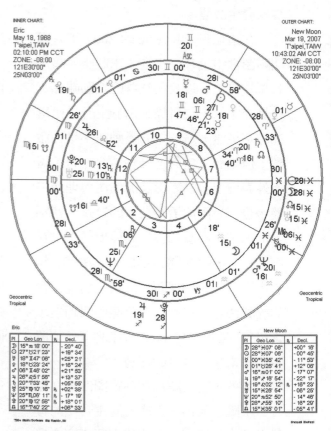

西元 2007 年 3 月 19 日的新月，同時也是日蝕的時刻，猜猜看相當接近下降點的日蝕會對 Eric 產生什麼影響。

成了 180 度的對分相，代表此人在那段時間內可能脾氣暴躁，容易情緒化，也容易受傷。

當我們在詮釋推運或行星過運的星圖對命盤造成影響時，必須記住的是推運與位移的相位只會加重，或稍微改善原本出生星圖當中的相位。例如：某人的出生星圖當中有著金星與火星的對分相，會帶來激烈的感情態度，就算是位移時金星移動造成與火星的三分相，也只是稍微調和此人激烈的個性，有時甚至無法發揮正面效應的影響力。

此外月亮的推運十分重要，當二次推運當中移動的月亮，與出生圖或推運的行星產生相位時，這些效應會更爲明顯。而推運和流年的發生時間點，有時會有一到兩年的持續影響力，端看行星的相位與出生時間的精準度。

月亮的推進是在流年觀察當中不可忽略的，在次推運或太陽弧推運當中，月亮的影響力有時可以向前後延伸一個月，當月亮改變宮位或星座時，人們會明顯地感受到生活的變化，以及心理狀態的改變，命盤當中有上升、太陽、月亮在巨蟹座的人，或是月亮與上升星座成爲合相的人，都能夠感受到月亮的明顯影響，特別當月亮每兩天半更換一個星座或宮位，可以觀察這些人的生活環境常常在變化，有人會每兩年半變換居住的環境或是住所的佈置，並且有週期的循環，這就表示他們容易受到月亮的影響。

此外，在推運圖上必須注意除了行星在宮位的移動帶來影響之外，當行星更換星座或是開始逆行恢復順行時，也會帶來重大的影響。特別可以注意的，像是太陽變換星座時會有重要的事情發生。又或是水星在二次推運圖上逆行時，此人將會因爲某些因素增加溝通方面誤會，因此建議講話要謹言慎行，或改變一下溝通的方式等等。

在解釋推運時可以參考下面段落解說，但也不要忘記同時參考，第十到三十二章（P.160）所描述的行星相位宮位解釋靈活運用。底下的篇幅會解釋因爲推運或行星過運的情形下，行星產生交會的影響。但因流年月亮與出生圖上的太陽產生相位時，基本上和流年的太陽與出生圖的月亮交會帶來的影響類似，在本書就不重複敘述。

★ A 太陽的推運與行星過運

推運（行星過運）圖的太陽與出生太陽：

當流年的太陽與出生圖的太陽形成柔和相位時，帶來了活力與健康，這一段日子將更爲快樂且有自信，當強硬相位形成時理想容易受挫，且此時容易違背自己的意願，且健康不佳。

推運（行星過運）圖的太陽與出生月亮：

無論是流年太陽推進到出生圖上的月亮或是流年的月亮推進到出生圖上的月亮，都會帶來一段愉快且重要的時

刻，有助於此人的心靈成長，容易遇到契合的對象。當柔和相位出現時，代表著愉快或有利計畫中的事情發生，當強硬相位出現時生活容易遇到挫折，情緒緊張低落沮喪，身體健康也不佳。

推運（行星過運）圖的太陽與出生水星：

當太陽與水星在流年產生合相時，會讓當事人的思想與學習變得相當的活躍，與他人的交易順利，也可能遷居或去旅行，水星的活潑與流動不穩定，會出現在這個階段。當強硬相位影響時，容易出現緊張的時刻，交通不順暢或是從商不順利。

推運（行星過運）圖的太陽與出生金星：

當流年有金星與太陽產生合相時，容易有金錢上的收入，生活變得十分舒適，性情與物質生活都很愉快，流年的金星與太陽出現強硬相位時，感情與財務變得不順利，容易因為放縱懶散逃避問題而出現麻煩。

推運（行星過運）圖的太陽與出生火星：

這代表著一段精力旺盛的時刻，在此相位出現的時間，容易帶來活躍的時刻閒不下來，也同時要小心受傷，當柔和相位出現時，將會帶來積極的工作表現，強硬相位時通常暗示著受傷與身體狀況不佳所帶來的活力不足，也可以同時參考前面章節太陽與火星的強硬相位詮釋。

推運（行星過運）圖的太陽與出生木星：

無論是推運或行星過運的木星或太陽呈現合相或柔和相位時，帶來極度好運的時刻，顯得有自信，此刻是當事人拓展生活領域的絕佳關鍵，通常會帶來升官發財的機會。強硬相位時容易表現出放縱浪費與不踏實的態度，此時不宜冒險。

推運（行星過運）圖的太陽與出生土星：

在流年發現土星與太陽的合相時，代表會有一段不愉快的生活，在這段時間內可能處處受限，或是有責任加重的情形。柔和相位帶來責任感與小心謹慎與穩定的生活，強硬相位容易帶來麻煩，身體狀況不佳，這段時刻適合靜下來，展開一些學習與自我成長的課程。

推運（行星過運）圖的太陽與出生天王星：

合相代表容易出現重大改變的時刻，帶來希望追求精神或肉體上的獨立，有改變過去生活習慣的暗示，柔和相位代表著驚喜的出現，強硬相位容易帶來意外傷害與精神壓力，如果是對分相容易有嚴重的創傷甚至死亡。

推運（行星過運）圖的太陽與出生海王星：

太陽與海王星在流年時的合相與柔和相位代表著此人的精神被感動，在精神上的提升容易藉由藝術、宗教來表現，容易帶啟發與靈感，但也可能在此

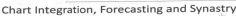

刻模糊了生命中的焦點。強硬相位出現時容易與麻醉藥品或酒精有所牽扯，也容易帶來精神上的困擾，或有欺騙或被欺騙的事情發生。

推運（行星過運）圖的太陽與出生冥王星：

流年的太陽遇到與冥王星合相或是強硬相位時，都會帶來劇烈的生活改變，特別是合相與柔和相位帶來壓力與積極重生的可能，強硬相位帶來生活上的重創，同時必須承受重大的精神壓力，特別四分相必須小心重大意外傷害的可能增加。

推運與行星過運圖當中的太陽改變星座或進入另一個宮位時，通常也顯示著生活重心的轉變，在次推運圖上顯得較為明顯，此時可以參考第十章與二十一到三十三章（P.286）的太陽在各星座或宮位的影響，來判斷生活會出現何種變化。

★ B 月亮的推運與行星過運

推運（行星過運）圖的月亮與出生月亮：

當行星過運和推運的月亮與出生的月亮產生合相時，特別是與母親和女性會有重要的交集出現，情緒起伏較為頻繁且感受敏銳豐富，容易懷舊想家遇到老朋友，與其他行星相位好時，則會是一種溫暖的心靈成長時刻。當月亮回歸到出生時月亮的位置，在次推運法當中大約是出現在代表此人二十八到三十歲

的時候，此時人生又將要進入另一個全新階段，值得仔細觀察，也不要忘記觀察此人的土星回歸帶來的重要影響。

當行進當中的月亮與出生圖的月亮出現柔和相位時，人際關係提升家庭生活穩定，一些往事帶來活力與喜悅，身體狀況不錯，情緒容易撫平與轉移，容易發現情緒不安的根源，而有所體會與成長。當月亮形成強硬相位時，容易帶來一段恐懼與不安的時刻，思鄉或對於他人的懷念造成悲傷的心態，此刻容易有心理與精神上的困擾，身體狀況不佳。

推運（行星過運）圖的月亮與出生水星：

當推運圖中水星與月亮產生合相時，會帶來心智能力的提高，感受敏銳幻想力與創意都顯得豐富，容易發現新鮮的事物。當正面相為出現時，會受到外界的刺激而展開學習帶來心智上的成長，容易對文學、心理、商業貿易產生興趣。強硬相位出現時，容易因為考慮不周詳或情緒問題而招受挫折，包括了金錢的浪費、學運不順、旅途的延誤、生意的失敗或是溝通不順暢。

推運（行星過運）圖的月亮與出生金星：

推運中的金星與月亮合相與柔和相位時，將會帶來一段難以忘懷的甜蜜時光，在此刻容易迸出愛情的火花，對於已婚的人來說可能要注意外遇的出現，生活顯得相當愉快舒適，情感的表達、

財務的狀況也都良好（必須注意出生圖的金星月亮有無嚴重受挫）。強硬相位容易帶來情感上的挫折，情緒性的反應，與他人之間的關係容易顯得緊張。

推運（行星過運）圖的月亮與出生火星：

推運中的月亮與火星產生交會時，容易帶來急躁的態度，當合相出現時會帶來激動的情緒與思考，這時容易精神亢奮激動失眠，但也同時替人帶來旺盛的活力。但火星帶來的傷害即使在合相與柔和相位時，仍是必須注意的。柔和相位時會讓當事人情緒高昂，容易受到激勵與鼓勵而產生一鼓作氣的精神，在性愛方面變得更為活躍。強硬相位容易帶來暴躁的情緒，與戀人或家人發生爭執，容易衝動誤事要小心意外傷害。

推運（行星過運）圖的月亮與出生木星：

在流年的月亮與木星產生交會或是柔和相位的期間，當事人的健康狀況良好、家庭和樂，生活中也常有喜悅的事情發生，家庭成員的增加或是房屋的擴建之類的事情容易發生，或因工作的升遷帶來財務的收入。總之，這段時間做什麼事情都相當順利。當木星與月亮產生強硬相位出現在行星過運或推運圖中時，財務或生活上的擴展則較容易失敗，不建議投資旅行，生活容易不順暢，必須採取低調的生活。

推運（行星過運）圖的月亮與出生土星：

月亮在推運或行星過運時遇到土星，會帶來一段安靜的日子，這段期間的發展容易受到限制，還不如停下來安靜地學習、自我反省或修行，檢視過去的計畫，並列出需要改進的目標。當柔和相位出現適合展開長期的計畫，學習與辛苦的付出將會在未來獲得肯定。強硬相位出現時會帶來情緒的低落，容易憂鬱沮喪或有財務拮据容易發生，身心狀況都不佳，抵抗力也特別弱。

推運（行星過運）圖的月亮與出生天王星：

此相位出現時生活容易出現改變，合相與柔和相位帶來了新鮮的生活，且常出現驚喜。在這段期間容易有意料之外的新關係產生，例如新的友情、新的性情，對於已婚的人來說，則像是遇到了知己或紅粉知己，也可能代表外遇的產生，而持續的時間則須視推運圖和外遇雙方的命盤而定。

出現在行星過運圖時，可能只代表短暫的露水姻緣，而推運圖通常會持續一年半載甚至到兩年的時間，如果兩人的命盤契合則會延長這種狀況。強硬相位則代表一些不愉快的變化，容易帶來精神上的壓力。

推運（行星過運）圖的月亮與出生海王星：

海王星與月亮在推運或行星過運圖上若產生相位，則帶來了豐富的靈感，是從事創作的人必須把握的時光，在這段時間也容易有浪漫的事情發生，對於

已婚的人同樣也可以視為外遇的可能，判斷方式如同前面對天王星的描述。當此兩顆星呈現強硬相位時容易有自我麻醉的傾向，小心藥物的使用與酗酒，需要鼓勵自己尋求宗教的扶持或藝術創作的發洩。

推運（行星過運）圖的月亮與出生冥王星：

推運的月亮與冥王星產生合相或柔和相位時，都會告別過去的某種習慣或事情重新開始，冥王星帶來改革與重生的力量，但過程難免會有苦痛，是成長必須付出的代價，而強硬相位則會讓工作與事情變得更為麻煩。

推運與行星過運的月亮改變宮位時，通常代表生活態度或生活方式的轉變，前面提過這些改變對於命盤中有上升、太陽、月亮在巨蟹的人最為明顯，其次是月亮與上升星座結合的人。而推運或行星過運圖中，有月亮接近天頂和上升的時刻必須注意，家中容易有喜事發生，傳統的說法包括了結婚、生子、買房子以及成為公眾人物等等，但也需要注意強硬相位的出現，有關此項與月亮改變宮位或星座的細節請參考第十一章（P.171）以及二十一到三十二章（P.286）的詳細說明。

★ C 水星的推運與行星過運

推運（行星過運）圖的水星與出生水星：

推運的水星與命宮的水星呈現合相

或交會時，代表著思想上的成長，此一時刻頭腦會變得相當靈活，有助於寫作或學習溝通和商業交易的進行。當水星呈現強硬相位時則須注意思考的混亂，常容易說錯話，也不宜在此時作決定。

推運（行星過運）圖的水星與出生金星：

當水星與金星交會或產生柔和相位時是帶來財運的時刻，金錢的流通與物質生活都十分順暢，也適合發展藝文方面的興趣與創作，感情的交流顯得十分愉快。當水星與金星呈現強硬相位時也不會太糟，最多就是感受不到情意，或是在採購物品時不太順利等小事情。

推運（行星過運）圖的水星與出生火星：

當水星與火星在行星過運或推運盤中形成合相時，此人的思想會變得相當激進，說話容易咄咄逼人或傷害到別人。柔和相位帶來落實理念的行動力，強硬相位要小心交通安全，通訊與交通工具容易損壞，也容易有過多的支出。此刻也容易因為事情繁忙，而顯得緊張焦慮。

推運（行星過運）圖的水星與出生木星：

推運的水星遇上了木星時帶來順暢的生命節奏，基本上木星是一顆吉星，如果沒有強硬相位的干擾（特別是出生圖原本的相位），在此刻可以將好運發揮得淋漓盡致，對於學習、職業升遷、理財、旅行都有不小的幫助。當流年水

星與木星出現負面影響時，容易帶來誇大不實的態度和言語，吹牛也容易被人識破，交通不順暢車子或電腦電話容易壞，此刻必須過著平靜的生活，不適合冒險、旅行或出鋒頭。

推運（行星過運）圖的水星與出生土星：

土星容易帶來壓力，在合相和強硬相位時都會讓精神承受極大的困擾，就連身體狀況也不佳，必須鼓起勇氣面對，並發揮智慧來判斷該前進還是後退，才能度過這個難關。必須注意的是，切勿在資訊不足的情況下作任何決定，而這段時間內，有車的人也容易有車子故障的情形。柔和相位時則會讓此人的言行變得更為謹慎，且有承擔重任的機會。

推運（行星過運）圖的水星與出生天王星：

推運的水星與天王星會合時帶來了新鮮的想法，常有意外的消息到來，交友的層面與以往不同，但仍須謹慎。在正面的角度下，此一時期適合思考未來的變動，面對困境時也常有意外的幫手，強硬相位時常與他人發生言語衝突，交通意外也容易在此時發生。

推運（行星過運）圖的水星與出生海王星：

水星與海王星都具有思想的特質，但海王星偏向夢幻，合相與柔和相位都帶來了對未來的夢想，顯得太過理想化，也容易感傷，對於寫作的人來說無

非是好時機，但精神不容易集中。強硬相位出現時則容易被騙，也容易杞人憂天，要特別小心。

推運（行星過運）圖的水星與出生冥王星：

當水星在推運或行星過運圖遇上冥王星時，帶來了整個人的觀念改變的時刻，合相與負面相位的衝擊最大，此刻也容易有交通事故發生。當水星與冥王星呈現合相時，這樣的改變更容易被本人所接受，但仍是那種當機立斷或是壯士斷腕的強烈的改變手法。

推運與行星過運的水星改變宮位：

這種現象會帶來思考方式的改變，特別在水星與上升、天頂交會時，會有想要在人前表達自我的衝動，也需要注意水星逆行時會帶來更為深沉的思考。

★ D 金星的推運與行星過運

推運（行星過運）圖的金星與出生金星：

當流年與命盤的金星會合時帶來愉快的心情，物質生活與心理狀態都相當的舒適，很少感到壓力，如果呈現柔和相位時，性情有大幅的進展，金錢運勢也會順暢。強硬相位時感情容易失焦混亂，或對感情抱著無可無不可的態度，也容易亂花錢，但還不至於造成太大的傷害。

推運（行星過運）圖的金星與出生火星：

當金星遇到火星會帶來強力的浪漫

訊息，如果火星較強勢，會以閃電的速度陷入愛河，和喜歡的人發生性關係，如果金星較強勢，則會有較多的時間沉醉在浪漫當中，柔和相位和合相類似，一般來說性情可以迅速加溫，賺錢的速度也挺快的。強硬相位時容易帶來一段情感的傷痕，就算有戀情發生，也是日後不太想記起的回憶。

推運（行星過運）圖的金星與出生木星：

木星與金星都屬於吉星，當兩顆星會合在一起或是呈現三分與六分相時釋放出最佳的幸福機會，通常在這段影響的時間，會有提升物質與精神層次的機會，社會名聲提高金錢收入增加，物質生活豐碩。當強硬相位出現時有可能帶來物慾與性慾的耽溺，雖然不是太糟的事情，但如果本身行星有強硬相位的話要更小心。

推運（行星過運）圖的金星與出生土星：

土星限制住了金星的溫柔與浪漫，在合相與強硬相位時都會帶來不解風情或無法順利表達情感的機會，容易在生活當中感到壓力特別是金錢上的問題。但合相與柔和相位也顯示著此時容易與年長的人有所接觸，接受他們的幫助或教導。

推運（行星過運）圖的金星與出生天王星：

天王星與金星意味著意外的戀情，這種閃電般的性情常常會因為天王星而快速的出現，或快速的消失，是一段令人無法忘懷的回憶，但通常無法長久。在合相與柔和相位時也帶來意外的金錢收入，強硬相位時容易情感容易受到突然的打擊，包括與家庭關係的突然改變。

推運（行星過運）圖的金星與出生海王星：

當金星與海王星在推運或行星過運後形成合相時，會帶來一段曖昧的戀情時刻，可能被他人迷惑而有浪漫的戀情發生，如果是強硬相位時容易出現感情上的誤會，容易因為情感受挫而逃避現實，這段期間情感多半不順利，讓人不清楚自己想要的是什麼。

推運（行星過運）圖的金星與出生冥王星：

當金星受到冥王星的交會時，會帶來神祕卻不為人知的戀情，通常也可能是一段感情的結束，隨之而來展開另一段全新的關係。在柔和相位時可以改掉一些壞習慣，多半也是感情因素。而這段期間也容易有大量的財務進出。強硬相位時帶來情感與金錢的嚴重損失必須小心。

推運與行星過運的金星改變宮位：

通常顯示喜好的轉變，或者發現可以從哪裡得到好處或是遇到喜歡的人，也會轉變喜歡的地方，當金星接近上升或天頂還有第七宮與第五宮時都代表著戀愛機會的到來。

★ E 火星的推運與行星過運

推運（行星過運）圖的火星與出生火星：

這樣的時刻替人帶來了無限的活力，讓當事人精力旺盛，必須不停地以保持自身的平衡，這通常是工作最為積極的時刻，但也容易帶來傷害發燒與發炎的情形，特別在使用機械與刀具尖銳物品時必須注意安全。強硬相位時可能會濫用自己的精力，去從事傷害自身與他人的事情，而受傷、發燒發炎的機率也會提高很多。

推運（行星過運）圖的火星與出生木星：

火星與木星的交會替事業與夢想的追逐帶來強大的動能，合相與正面角度都會替當事人帶來幸運與動力，雖然有些急躁，但其行動力會替自身和他人帶來愉快。當這兩個行星形成強硬相位時破壞力也很強，也容易因為太過樂觀，鋌而走險做些冒險的事情，常招來失敗且不負責任，身體健康也較差，容易有肝病發生。

推運（行星過運）圖的火星與出生土星：

這段期間行為收斂許多，無論是哪種相位都會使得當事人顯得保守，如果是柔和相位更趨向於先思考再行動，且勇於負責，如果是強硬相位常要承擔非常嚴重的後果，使得他們害怕作出決定與行動，情緒變得怪戾且不穩定，有時陰霾有時暴躁。

推運（行星過運）圖的火星與出生天王星：

合相時代表這一段時間容易做出令人意外的舉動，突如其來的決定，改變一些事情等，這會是一段相當不穩定的時刻，令人覺得不是很舒服，由於火星與天王星在推運法中移動得相當慢，代表相當長的一段時間的影響。柔和相位代表一段冒險或是刺激的生命歷練，可以有不同的體驗，強硬相位時如同合相，但損失與不安全感加劇，特別容易讓人發生意外傷害。

推運（行星過運）圖的火星與出生海王星：

火星刺激海王星的這段時間會帶來豐富且敏銳的藝術感受，在合相與柔和相位時可以利用藝術創作和慈善工作來發洩過多的精力，以保障自己不會做錯事。強硬相位容易帶來牽扯不清的麻煩，使得人們根本無從得知自己到底是怎麼了，容易吸毒酗酒、發生奇怪的情感或 生活混亂的情形。

推運（行星過運）圖的火星與出生冥王星：

火星與冥王星出現在流年時帶來強烈的影響力，合相與強硬相位必須注意是否同時與重要行星（上升、太陽、月亮、命宮、第六宮守護星、第八宮守護星、福點）衝突，這樣帶來傷害甚至容易造成死亡，也容易面對許多困難。柔和相位時代表著行動的改變，將會有勇

氣突破限制。

★ F 木星的推運與行星過運

　　火星之後的行星在推運圖上的移動多半都不明顯，下列的現象多半在行星過運圖、回歸圖中或命盤當中已經出現，在詮釋時要特別留意，原本在出生圖上出現的吉凶相位不會因爲流年而改變，最多是將好運稍微減弱，或壞運的損害程度稍微減輕。

推運（行星過運）圖的木星與出生木星：

　　流年的木星會合木星命盤的木星只可能出現在回歸圖和行星過運圖上，合相時正好就是木星回歸週期，對於太陽、月亮、上升在雙魚和射手座的人影響特別深遠，將會展開新的目標追求，就算不是上述的對象也會感受到另一個生命週期的到來，新的機會開始，通常木星所在宮位掌管的事情會特別幸運，但仍必須觀察木星回歸圖的吉凶來判斷。

　　移位或回歸的木星與本命木星呈現正面角度時，此人運氣正旺盛，容易得貴人相助，出外旅行順利且平安，但缺點是不知節制容易浪費與放縱享受。強硬相位時放縱浪費的情況更爲嚴重，抱著不切實際的夢想。

推運（行星過運）圖的木星與出生土星：

　　木星與土星在流年當中呈現合相時，必須學會將目前所做的事情都緩下來，由於事情的進度變慢，將帶來更多的學習與深入研究的機會，並且將原本心犯的錯誤改掉。柔和相位有也類似的情況，不過事情會進行得更爲順暢流利，學習也會變得比較輕鬆。強硬相位時會讓人覺得理想受挫困難重重，甚至容易產生放棄的心態。

推運（行星過運）圖的木星與出生天王星：

　　天王星與木星在流年的會合可以解釋爲突如其來的好運，遇到困境時的突破，強硬相位時要小心意外發生，和出生圖上木星天王星的角度類似容易帶來緊張與不安，由於木星的傷害並不嚴重，受到的驚嚇較大。

推運（行星過運）圖的木星與出生海王星：

　　木星與海王星的會合與柔和相位帶來精神層次的愉快，容易有精神上的收穫，適合接觸宗教哲學等，能夠有所啓發並且對成長有相當大的幫助。當強硬相位出現實容易騙人與被騙，自欺欺人、逃避現實的情況。

推運（行星過運）圖的木星與出生冥王星：

　　合相與柔和相位都代表目標與理想需要重新思考，可能會找到一條新的出路，也容易產生財務與投資上的擴張。強硬相位代表理想與信念受到他人的嚴重挑戰，而對一切顯得失望，但很容易再重新找到一線生機或其他出路。

推運與行星過運的木星改變宮位：

占星全書 The Complete Guide to Astrology

開啟了新的可能，發現新的目標與理想，甚至因而改變。可以參考第十六章（P.244）以及二十一到三十二章（P.286），所討論的木星宮位與星座所帶來的幸運層面。

★ G 土星的推運與行星過運

推運（行星過運）圖的土星與出生土星：

流年土星與命盤的土星會合時代表成長的關鍵，類似土星回歸的意義，檢視過去二十多年的所學與教訓，幫助當事人瞭解接下來的人生重點該放在哪裡，該學會怎麼看待世界與自我，還有自我最脆弱的地方是什麼。特別對上升、太陽、月亮在魔羯座、水瓶座的人有重要的啟發。

如果本命盤的土星有強硬相位，則需要更小心容易感受過大的壓力，身體的狀況多半不佳，老毛病容易發作。

這一段時間適合加重學習的課程，多增加一些自我磨練的機會，例如：出國求學等。土星與土星的正面角度使得作勢態度更為穩重，責任也加深不少。強硬相位代表壓力增加、容易沮喪且身體欠佳。

推運（行星過運）圖的土星與出生天王星：

合相與柔和相位時在這段時間內容易有新的人生觀出現，對人對世界也都會有不同的看法，或許是難以接受，但仍是對於自己有益的改變。強硬相位容易帶來自身想法衝突的困擾，一方面相當保守，一方面又對新機會躍躍欲試，而產生極大的壓力。

推運（行星過運）圖的土星與出生海王星：

土星在流年遇見海王星或是呈現柔和相位時，算是相當不錯的狀況，土星可以控制海王星的散漫並落實靈感，特別對於藝術創作者和上升、太陽、月亮在雙魚座的人有幫助。強硬相位時容易帶來混亂的思緒，以及一些被壓抑幻想而造成的副作用。

推運（行星過運）圖的土星與出生冥王星：

土星與冥王星形成合相或柔和相位時能夠對於原本害怕的事情進行挑戰，一旦成功將成就大事，不過本人必須要有勇氣，如果本身土星與冥王星相位就不佳，或是受到金星影響很重的人（上升、太陽、月亮在天秤、金牛）都不太容易通過這樣的考驗。強硬相位容易帶來嚴重的傷害與疾病。

推運與行星過運的土星改變宮位：

代表生命當中必須注意的事情又增加了，特別在上升或是天頂時，會被賦予重任有更多的挑戰出現，需要學會一些新的知識與技巧來面對挑戰。可以參考第十七章（P.256）與其他土星進入宮位相關的章節。

★ H 現代行星與福點的推運與行星過運

　　現代行星除非是用太陽弧推運否則幾乎在推運圖上是不會移動的，此外在移位圖當中所以形成的角度也都是世代觀念的影響，對個人則需要注意這三顆行星出現的宮位，容易有劇烈的變化且影響深遠。

　　此三顆行星產生的相位與影響多半是世局的轉變，但當這三顆行星變換宮位或星座時也會產生重大的影響，變換星座是環境的轉變，變換宮位時則是個人生活層面的變化。要解釋這三顆行星所產生的影響，可以參考第十八到三十二章（P.266）在出生圖的解釋，但影響力僅限於推運或行星過運時所代表的時間。

推運的行星與幸運點（福點）：

　　關於幸運點與福點很多占星師都僅解釋帶來幸運的地方，但在相位的解釋上，卻很少有人會真的注意到這個不算是行星的虛星。但許多案例都顯示幸運點（福點）與太陽、月亮、金星、水星、木星會合時能夠加強幸運點所在宮位所代表的意義。其中最引人注目的是，幸運點如果與流年的太陽、火星、木星、土星、天王星、海王星、冥王星產生嚴重衝突時（特別是對分相），要小心原本有自信事物的幸運層面與幸運場所，可能反而帶來災害與不幸。當有兩顆這些負面特質的行星與幸運點形成強硬相位時，更不可以忽視其殺傷力。

第三十五章　合盤的技巧

合盤是占星學當中的一門重要技巧，應用的範圍相當廣，我們可以將流年的星圖與出生圖利用雙星盤的技巧作比對合併，看出流年對我們生活的影響，也可以應用在我們與其他人之間的關係上，合盤是占星師除了解讀出生圖與流年之外的另一門必備技巧。

關於情人、生活伴侶、婚姻對象與合作夥伴之間的互動關係，都可以透過合盤來了解。而對於占星師來說，最常被問到的就是包括了婚姻、合作、親子等人際關係，「我和這個人到底合不合？」、「我和什麼星座最合得來？」要尋找這些問題的解答，就可以透過合盤的技巧來了解。

合盤有兩種方式，第一種為「合併比對星盤」，亦即將甲方的行星與上升、天頂繪製到乙方的命盤上，觀察甲方對乙方的影響，我們通常會交叉運用，反過來將乙方的行星上升、天頂，移到甲方的命盤上來看乙方對甲方的影響，我們也可以應用在個人出生圖與個人的「二次推運圖」、「太陽弧正向推運圖」、「行星過運圖」、「新月圖」、「滿月圖」的合併比對來觀察流年對個人的影響；另一種稱為中點重組星盤（Composite chart），亦即重新計算兩人的行星中點上升與天頂的中點，來看兩人的關係與互動模式。

但是在這裡要強調一個重點，在進行合併比對星盤之前，最好先對兩人的命盤分別做一次簡單的解讀，包括了太陽、月亮、水星、金星、火星，接著觀察上升與第一宮（自我呈現）、天頂與第十宮（在公眾面前的表現）、下降與第七宮（對於伴侶與婚姻的看法、對伴侶的要求、在伴侶關係的表現），第五宮（性愛的態度、對子女的態度），第八宮（性愛以及對伴侶的金錢態度）。比較這兩人在這些層面上的差異，就可以對兩人的關係有著進一步的概念，接著才進入合併比對星盤的步驟。

合併比對星盤法

合併比對星盤法（Synatry chart）又稱為「同盤法」，是最常用也最簡單的合盤分析，要花上很長一段時間仔細觀察兩人星盤的互動，也必須考慮推運當中的行星造成的影響，通常在合併星盤的時候，我們會先注意許多特點來證明兩人對彼此是否有強烈的吸引力，如

果都找不出來，必須觀察甲方的推運盤上的日月金火星，是否對乙方的本命盤或推運盤上的行星造成影響。

當下列的條件成立時越多時關係越是緊密，且越容易維持長久，如果沒有則須觀察推運的行星與對方命盤中是否有上述的交會，兩人日月金火如果僅在推運中有交會的話也可能成立。

其中一人的金火與對方的天王星與海王星的交會，也會帶來奇妙的關係，其吸引力之強烈不輸給日月金火的互動，但關係是否長久必須看金火星所在的星座特質，但如果僅是行星過運圖的金火與天海交會，很容易只是短暫的關係。

★太陽

一方的太陽是否會合另一方的太陽、月亮、金星、火星、上升、天頂，或者太陽與月亮、金星、火星產生對分相，會帶來較為活躍的互動，三分相與六分相也會有帶來愉快和諧的關係。

★月亮

注意一方的月亮是否與對方的太陽、金星、火星、上升、天頂呈現合相、對分相或三分相與六分相，這些相位都會帶來生活上較多的互動。

★金星

注意金星是否與對方的太陽、月亮、火星、天王星、海王星、上升、天頂呈現合相、對分相、三分相，通常當此人的金星與對方太陽、上升、天頂、火星、天王星、海王星會合或產生相位時，會帶給對方性感的感覺，如果沒有其他負面相位與行星干擾，關係將熱絡和諧。

★火星

注意一方的火星是否與對方的上升、太陽、月亮、金星、天王星、海王星產生會合或對分相，這樣的相位也容易帶來互動與性關係，不過也容易帶來爭執與衝突。

★上升星座

觀察此人的上升星座是否與對方日月金火會合，將會帶來強烈的吸引力。

★第五宮

第五宮主導愛情，必須注意日月金火等行星是否進入彼此的第五宮，帶來愉快的關係。

★第七宮

第七宮是夫妻與婚姻的宮位，注意日月金火木土是否進入彼此的第七宮，日月金火將會帶來良好的互動，木星的互動較為精神性，而土星能夠使關係長久穩定，卻也使關係變得平凡單調。

★第八宮

第八宮與性愛和他人的金錢有關，

如果日月金火進入對方這些宮位，除了暗示性生活的和諧或活躍之外，也代表兩個人之間的金錢互動較爲頻繁或特殊。

★天頂

當甲方的太陽月亮金星出現在乙方的天頂時，會帶來強烈的吸引力，甲方也可能會替乙方帶來事業或社會地位上的活力與援助。

★第四宮

一方的日月金火土進入對方的第四宮時，帶來了家庭關係的結合，這樣的結合多半與長輩或家族有些關係，也暗示兩人的居家生活美滿，但火星可能帶來衝突爭執，土星可能帶來牽絆與約束。

這些互動並不代表絕對的幸福與安穩，人們必須注意到星體可以帶來影響，但是人與人之間的溝通、互動與包容需要靠彼此的努力。而當彼此的太陽呈現對分相時，也可以產生活躍的關係，但是帶來的衝突也不小，但在現代占星學解釋，仍傾向看好此段關係，只是有賴更多的包容。

或許有人會想知道，究竟能不能從星盤中看出分手、離婚等徵兆。在回答這個問題前，占星家必須先觀察彼此命盤中的衝突，是否暗示個性的不合或有其他原因，此外，如果當事人的推運和行星過運盤當中有火星、土星、天王星、冥王星，進入上升或第七宮、第五宮時則容易帶來分手。

如果分手的原因是因爲其中一方的外遇，那也可以從當事人命盤與推運移位中的金星、火星、月亮與其他行星（通常是火星、木星、天王星、海王星）的交會與互動中看出來。

有時則是因爲回歸圖所帶來的性情與目標的轉變，例如：推運圖每二十八年一次的月亮回到本位，或是十二年一次的木星回歸週期（對上升太陽月亮在雙魚座、射手座的人有最大的影響。）三十年一次的土星回歸帶來性情與心理狀態的轉變，或四十到四十二年一次的天王星半週期，都會爲當事人帶來重大的轉變。

案例解讀：Tina 與 Chris

　　Tina 在西元 1971 年的 11 月 26 日 14：53 出生於台北，喜歡旅行，天生就對外語相當有興趣，大學時主修英文與國際貿易，大學畢業後進入一家貿易公司工作。活潑開朗的 Tina 一放假就喜歡四處亂跑，追她的人很多，可是不喜歡被約束的她，一直到二十六、七歲都還沒有固定的男朋友。直到有一次在朋友的聚會上遇到了 Chris 才被他熱情的攻勢給追到手。

　　Chris 是英國人西元 1974 年 4 月 10 日格林威治時間上午八點出生在倫敦，是個爽朗且討人喜歡的都會熟男，性格直爽卻相當的斯文有禮貌，身邊總是充滿了朋友，因為在大學主修中文而決定畢業後進入一家銀行，之後被調來台灣，就這樣遇到他生命中的另一半。

　　原本 Tina 擔心家裡的父母會反對這段感情，沒想到就在她把 Chris 介紹給家人時，Chris 順利地擄獲了 Tina 全家人的心，有時 Tina 的父母還更關心一個人單獨在異鄉求生的 Chris，把他當成自己的孩子在照顧。就這樣交往三年之後，兩人決定結婚並且搬回倫敦居住。就在 Chris 向 Tina 求婚，並且邀請 Tina 一起和他遷居到倫敦時，Tina 要我幫她看看她到底適不適合 Chris 並且和他搬回倫敦，這畢竟是一個很大的人生轉變。

觀察兩人的出生圖

　　首先就要分析 Tina 與 Chris 的基本個性，究竟是什麼樣的緣分讓他們相遇。Tina 出生時太陽、水星、金星、木星、海王星正好是掌管國際關係、外語宗教思想的射手座，奠定了她熱情活潑的性格，並且掌管語言溝通的水星也正好在命盤當中的第九宮，暗示著 Tina 在外語上的才華，守護第七宮的金星也進入第九宮，以及有極深異國緣分，同時守護夫妻宮的金星正好就在第九宮且與水星會合，對於 Tina 容易嫁給外國人這件事情，在她的命盤上早已暗示得相當清楚了。

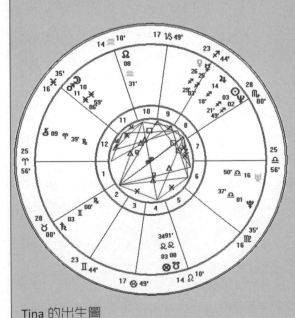

Tina 的出生圖

　　Tina 的上升點落在牡羊座，表示積極主動且有自信，不喜歡受約束，但是火星卻落在雙魚座，直爽的他容易被浪漫的男生打動，下降星座落在天秤座，對另一半的要求是體貼且溫和有禮的男生。

　　而 Chris 的命盤中金星與木星都會合在第十宮，同時上升星座在雙子，暗示著這個人相當討人喜歡，這也是為什麼 Chris 在第一次見面時就能被 Tina 的父母接受的原因。Tina 在交往之初，也很擔心像 Chris 這樣帥氣的都會熟男會不會像是電視裡看到的一樣，人帥多金又花心，原本有些排斥的，直到交往兩年之後才發現 Chris 雖然朋友一堆，主動示好的女孩也不少，可是卻相當專

情，而且還會在工作之餘從事義工的工作，光是這一點就讓 Tina 感動萬分。

Chris 的命盤中有火星與土星在第一宮雙子座，暗示著這個人對於知識和學習的事情相當重視，雖然太陽在牡羊座，月亮在射手座，卻有一個在雙魚座的金星並且與木星在天頂的位置結合，這暗示著雖然他平常看起來是一個又酷又帥的男孩，但談起性愛時可是相當專情的，也可以知道他希望的伴侶是一個能一同成長且不依賴的對象，而 Tina 不受拘束的個性，正好符合 Chris 對伴侶的要求。

接下來我們就從他們的合併比對命盤來分析，分別畫出兩人的合併比對命盤，就是說一張以 Tina 的命盤為主，將 Chris 的行星添在第二圈，另一張以 Chris 的出生命盤為主，將 Tina 出生時的行星位置劃上去。從這些圖我們可以分別整理出下列資訊，細節可以參考下一節的解釋。

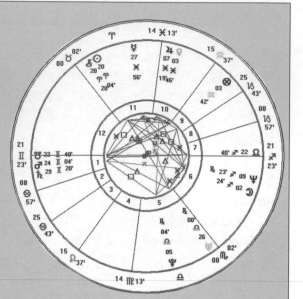

Chris 的出生圖

以 Tina 的命盤為主

① Chris 的太陽雖然出現在 Tina 命盤中的第十二宮，可是卻和上升形成了合相，代表兩個人有在性格上有所交集，Tina 雖然一開始沒發現，但終究會注意到 Chris 的個性與人生觀，正好是 Tina 所想要的成長方向。

② Tina 的月亮與火星在雙魚座呈現會合的狀況，顯示在某些時候 Tina 會表現得較為激動，或是生氣時比較無法控制自己的情緒，不過，Chris 的金星與木星在同樣的位置產生合相，顯示 Chris 能夠以愛和理解，並加以安撫、包容或疏導這樣的狀況。

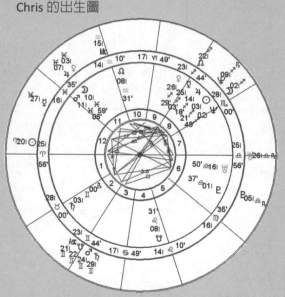

以 Tina 的命盤為主

③ Tina 的太陽與海王星在第八宮形成合相，而 Chris 的月亮與海王星，也正巧在這裡形成合相，這樣的合相根據容格的研究，正是許多伴侶都會擁有的合相。

④當天王星出現在夫妻宮時，常會帶來一般人不喜歡的分離或分居，除非兩人當中的一人是魔羯座或水瓶座，則可以解釋成為對方的代表星。在這張合併星盤當中 Chris

的天王星，正好跑到 Tina 的夫妻宮中，暗示 Chris 能夠替 Tins 帶來她所想要的自由自在，而不會在伴侶關係中約束她。其實這一點也可以從 Chris 命盤上的射手月座上看出來，因為射手月座在情感關係上並不會想要去約束控制別人，也不會想要被人控制，所以射手座的 Tina 並不會去干擾 Chris 的生活。

⑤ Tina 的金星、水星與 Chris 的火星、土星形成對分相，在占星學中這樣的相位暗示著熱鬧刺激的性愛關係。

⑥在負面相位上，兩人的之間有 Tina 的天王星與 Chris 的太陽呈現對分相，Tina 的土星與 Chris 的金星呈現四分相，值得注意的是 Tina 本身的土星，就已經與自身的月亮形成四分相負面相位，這樣的組合暗示著在某些時候 Chris 的包容，反而會加深 Tina 對自己的自責，不過這樣的互動卻也是帶動彼此成長的關鍵。

Chris 的命盤為主

①讓人最先注意到的是，Tina 的月亮火星同時出現在 Chris 的天頂上，暗示著這樣的關係中，Tina 得付出更多的關心，因為當某人的月亮出現在對方的天頂時，代表這個人正好扮演母親的角色，而同時 Chris 的木星、金星在天頂雖然帶來好運，不過卻也容易帶來稍微的散漫，Tina 的火星出現在這裡具有督促的作用，也就是 Tina 的出埌，曾使得 Chris 對生命的目標更為積極，

② Tina 的金星、水星都出現在 Chris 的夫妻宮中，強烈地暗示了 Tina 的形象好符合了 Chris 對一個人生伴侶的要求，也表示愛情與溝通能夠幫助兩個人之間的關係維持得更為長久。

③同樣暗示兩人之間能夠互相瞭解的關係，還包括之前提過的 Tina 的太陽與 Chris 的月亮形成合相。

當我們在分析兩人之間的命盤時，必須注意到不能夠單挑好的講，或是把壞事說得相當嚴重，過與不及都不是好的占星師該有的態度。當我們發現兩人有如此相近的共通之處時，可以先恭喜他們找到了理想的伴侶，能夠互相瞭解，並且把他們之間的優勢列舉出來，但是也必須提醒他們該注意的事情，例如 Tina 與 Chris 的命盤中雖然有許多有利於情侶結合的條件，但也必須提醒他們之間雖然不會刻意傷害對方，卻會加深對方原本的問題。

例如：Tina 會習慣地自責與壓抑情感，每當 Chris 越展現包容態度時，卻反而會引起 Tina 加深自責。或者 Tina 雖然不是個依賴的人或是喜歡干涉對方的人，但當她的月亮火星出現在 Chris 的天頂時，會促使她不斷地付出關心與照顧，這一點很有可能會使 Chris 感到困擾，有賴溝通與理解（金星與木星）來化解。

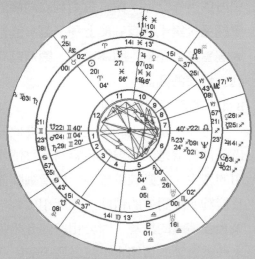

以 Chris 的命盤為主

★ 合併比對星盤的詮釋

在此章節當中為了方便讀者閱讀，本文的解釋表示對伴侶關係帶來的正面幫助，楷體字代表的是伴侶關係帶來的干擾，文字下方加色塊的字則與工作上的關係有關。當然伴侶的正面關係也可能帶來愉快的合夥關係，而伴侶關係的限制也是工作上合夥關係必須注意的。

A 本人與對方的太陽

太陽：合相暗示兩人性情相同、人生觀類似，正面相位表示兩人互動良好，對分相雖然互補但容易衝突，四分相容易替彼此帶來刺激與壓力，後面兩種相位都需要更大的包容。不要忘記分析兩個太陽星座的互動關係與優點。

月亮：合相時兩人在生活中就像在照鏡子一樣，對方容易在生活上顯示出你很少意識到的情緒層面，且很容易就能理解對方需要的安全感是什麼，能夠給予安慰與彌補，正面相位帶來和諧的關係與互動，容易溝通。

水星：合相與正面相位有利於溝通的順暢，負面相位在伴侶關係中也容易激起知性的交流，但須雙方都有包容雅量。

金星：無論合相與正負面相位都能夠帶來精彩愉快的愛情生活，負面關係顯得較為熱鬧，正面與合相則帶來平順與甜蜜。

火星：容易帶來激烈的性愛關係，但也容易使得雙方有情緒激動的爭執。

木星：對方替此人帶來精神上的鼓勵，並引導自我發展與成長。

土星：此段關係關係長久，卻單調且有約束感。

天王星：這會是一段新鮮刺激緊張的的關係。

海王星：帶來浪漫的感受，與莫名其妙的神祕吸引力。

冥王星：這樣的關係容易其中一方控制強迫另一方。

上升星座：此兩人的關係密切、太陽代表的那一方會引導對方走向此人期望的人生之路。

天頂：這樣的互動容易出現在事業與社會上的動力，太陽代表的那一方會支援對方的事業。

第五、七宮：太陽那一方具有對方理想中的情人或伴侶的特質。

第八宮：兩人的性關係活躍。

第六、八、十宮：特別具有工作上良好的合作關係，第六宮有利於同事部屬關係，第十宮有利於上司下屬（通常太陽者為上司）的引導關係，第八宮有利於合資的關係。

B 此人的月亮與對方的

月亮：當兩人的月亮交會時彼此的感受都很清楚的表現，也容易有移情作用的產生，互動較為感性，感情細膩並且能夠明瞭對方的情緒。正面相位會帶來相互情緒的抒解，對分相與四分相帶來較為激動的情緒也可能引發衝突。

水星：帶來親密的溝通，能夠理解

體諒對方情緒（在正面相位則是疏導、開導），但也容易想太多與擔憂，特別在負面相位時。

金星：兩人能夠分享生活與情感當中美好的感受，容易有移情作用的產生。

火星：情緒上的互動增加，喜悅與刺激都增加，能彼此鼓勵打氣，正面相位能分疏導情緒，對分相帶來刺激。

木星：暗示此兩人生活飲食習慣契合，在合相與負面相位時容易帶來期待過高的失望和憂慮。

土星：正面相位帶來安定情緒，合相與負面相位帶來壓抑的情緒。

天王星：帶來情趣與生活上刺激與幫助成長，但帶來緊張氣氛。

海王星：這樣的交會帶來浪漫卻模糊的神祕感受，負面相位則要小心受到對方的隱瞞與欺騙。

冥王星：情緒表達激動，容易受對方控制對方。

上升星座：正面相位與合相帶來同理心的理解、情感的契合。

天頂：帶來包容與支持，通常是月亮這方照顧對方。

第五、七宮：月亮那一方具有對方理想中的情人或伴侶的特質。

第八宮：兩人的關係契合。

第六、八、十宮：特別具有工作上的緊密合作關係，第六宮有利於同事部屬關係，第十宮有利於上司下屬（通常月亮者為上司或長輩）的引導關係，第八宮有利於合資的關係。

C 此人的水星與對方的

水星：正面與合相代表溝通良好，負面可解釋為思想與知性的激盪提升。

金星：感受到甜蜜且充分溝通，關係中友誼的成分很重要。

火星：互動頻繁但不一定表現甜蜜，反而有挑戰與競爭的意味。

木星：帶來知性的成長互動。

土星：代表溝通與思想的限制。

天王星：刺激想法溝通順暢。

海王星：正面相位代表靈感啟發，美麗的誤會。負面相位、合相代表誤會或欺瞞。

冥王星：言語的衝突挫折。

上升星座：帶來溝通順暢。

天頂：水星一方將給予對方工作上的相關建議。

第六、八、十宮：有利工作上的互動，第六宮有利於同事部屬的互動，第十宮有利於上司下屬的溝通關係，第八宮有利於合資的順暢。

D 此人的金星與對方的

金星：兩人的關係諧和，特別著重在感受與感性上，性關係甜蜜協調彼此吸引，就算是負面相位也都能夠激起愛情的更多互動。

火星：這樣的互動最有利情侶關係，除了情感融洽之外，更可以注意的是性愛上的互動，正面相位與合相都帶協調的性愛關係，彼此「互動」良好，在對分相刺激與令彼此驚嘆的性愛關係，四分相在性愛上相互刺激與吸引。

此外如果一方金星在天蠍、牡羊，而對方的火星在天秤、金牛，就算沒有相位產生，也是某種程度的互融帶來良好的關係。

木星：帶來愉快的生活，帶來刺激的性愛關係。

土星：感情失望，性愛不協調無法共鳴。

天王星：合相時帶來強烈的致命吸引力，正面相位代表互動良好，性愛關係刺激。負面相位意味著互吸引，卻容易產生緊張等問題。對於同志伴侶無論正負面都帶來良好的互動。

海王星：會遇到夢想般的浪漫性情或容易出現夢幻的吸引力。

冥王星：在情感上冥王星一方控制金星一方，對情感不利，但若是合夥關係則對投資有利。

上升星座：感情維持可能長久，即使是外遇關係也可能維持很長一段時間，擁有金星這方對另一個人有特殊吸引力。

天頂：金星代表的一方對另方有著強烈的吸引力。

第五、七宮：金星那一方具有對方理想中的情人或伴侶的特質，如果擁有金星的那方是女性感受將更強。

第八宮：兩人的性關係甜蜜。

第六、八、十宮：工作的關係愉快，第六宮有利於同事部屬關係，第十宮有利於上司下屬的互助關係，第八宮有利於合資的關係。

E 此人的火星與對方的

火星：合相時兩人的行動一致且協調，正面相位時能夠相互支援，對分相時能夠以行動來採取彌補，涉及情感上的話，負面相位則有待多加包容。

木星：正面時帶來目標一致與推進，負面相位時能夠彼此激勵，但要小心行動的不協調，與期待過高的失望。

土星：多半帶來不順暢，無法協調，在性愛尚無法配合，常只有單方面的滿足。

天王星：能夠帶來刺激新鮮的行動，在性愛上也頗具吸引力，特別對同志伴侶而言。

海王星：容易帶來浪漫衝動，與夢幻般的情感，在性愛上有著神奇的體驗，也是對同志伴侶有助益的相位。

冥王星：代表兩人困難、衝突很多。

上升星座：容易帶來吸引力，特別是當火星代表的那方是男性時更容易引起共鳴，感情維持可能長久，即使是只有性關係也可能維持很長一段時間。

天頂：暗示著衝突增加。

第五、七宮：火星那一方具有對方理想中的情人或伴侶的特質，如果擁有火星的那方是男性感受將更強。

第八宮：兩人的性關係熱情激烈。

第六、八、十宮：工作的互動頻繁，第六宮有利於同事部屬關係，第八宮有利於合資的關係。火星出現在一方的第十宮時，火星代表的那一方較為辛苦，需要多付出些心力。

F 此人的木星與對方

木星：帶來歡愉的伙伴關係。

土星：觀念協調平衡與啓發。

天王星：有利於刺激發展。

海王星：有靈感互動卻容易模糊焦點。

冥王星：帶來困難，卻能夠帶來改進與約束的力量。

上升座：木星代表的那一方帶來鼓勵與啓發。

天頂：木星代表的那一方帶來鼓勵支持。

第五、七宮：太陽那一方具有對方理想中的情人或伴侶的特質。

第六、八、十宮：具有工作上的愉快合作關係，第六宮有利於同事部屬關係，第十宮有利於上司下屬（通常木星者為上司）的引導關係，第八宮有利於合資的關係。

G 此人的土星與對方的

土星：彼此是嚴肅對待的關係。

天王星：彼此的關係緊張，容易互相宰制。

海王星：此兩顆星的互動帶來衝突，通常土星這方面須辛苦的規勸與承擔對方帶來的責任，卻也給對方帶來壓力。

冥王星：帶來衝突相互控制。

上升星座：擁有土星這一方限制上升星座代表的這一方。

天頂：擁有土星的人替對方帶來壓力。

第五、七宮：情感的發展受到限制與壓抑。

第八宮：性愛的關係受到壓制，也不利於兩人的金錢互動。

第六、八、十宮：都容易替對方帶來壓力麻煩與責任。

H 兩人的現代行星（天王星、海王星、冥王星）

上升星座：通常代表某一方面的獨斷獨行（天王星與冥王星）或混亂的意識（海王星）帶來彼此互動的困難。

天頂：代表受到環境影響帶來的干擾。

第五、七宮：當天王星冥王星進入對方的第五第七宮時帶來不和睦的關係，注意海王星反而帶來性情的浪漫氣氛，不過會有過於理想化的期待。

第八宮：性愛上的激烈將會出現。

第八、十宮：當天王星與冥王星出現在第八與第十將可以帶來開創性的格局，但合作上要考慮得更為仔細。

中點合盤法

中點合盤法亦即將彼此的上升、天頂、行星都以中點的方式求出，例如：一人的太陽在金牛座，另一人的太陽在巨蟹座，兩人的中點可能出現在雙子座，於是以中點合盤法合盤後的太陽，就代表兩人共同的目標爲更多的知性交流與互動，此圖的解法可以依照出生圖的解法，不過代表的是兩個人的命運共

同體。

太陽星座可以看出彼此的共同目標，月亮看出兩個人的生活方式，金星看出愛情的互動模式與共同興趣，火星看出彼此的互動方式與性愛關係，木星所在的星座與宮位看出對兩人有利的地方，土星看出對兩人有限制之處。特別是日、月、金、火在中點合盤後的第一、四、五、七宮或天頂，暗示這段情感更有可爲。這樣的中點合盤不只可以用來分析愛情關係，還可以看出親子關係、合夥關係。

案例解讀

　　下圖是一對來找過我的同志伴侶的中點合盤，來找我算命時這一對女同志才剛在一起沒多久，是在旅行當中認識對方的，由於雙方都熱愛旅行，常常一同揹起行囊去旅行，也即將在今年年底辦理英國的同志伴侶登記（類似結婚的法律程序），並領養一個小女孩。如此棒的消息就算我只是幫他們算過一次命，也覺得分享到生命當中的喜悅。

　　雖然 Rita 和 Jean 在個性上簡直是天南地北，Rita 雖然生性浪漫卻很少表現出來，在人多的地方總是喜歡安安靜靜的躲到一角，是個心理精神科的專科護士，Jean 卻是一個社交高手，她走到哪都可以遇到朋友，相當有自信，在一家電腦公司擔任行銷經理。

　　兩種個性極端的人湊在一起讓人相當訝異，但他們卻一點也不擔心，他們覺得彼此雖然個性不同，卻很聊得來，而且兩個人都喜歡旅行並且總是能夠在談話當中激盪出一些火花。而從他們的的中點合盤當中，也可以解讀出一些端倪。

　　兩人的合盤當中代表兩人共同目標的太陽在第九宮牡羊座的 28 度，並且與土星呈現合相，代表著這兩人的契合大多屬於精神上的，他們需要彼此來自我啟發，卻也同時壓抑生命當中自私的部分（土星），同時他們合盤後的水星也和太陽產生合相，同樣在牡羊座，代表兩人的溝通十分順暢，總是能夠毫無阻礙地表達出自己。

　　金星代表愛情，兩人的金星在合盤之後移到了金牛座零度的位置，金星回歸到了金牛座，是屬於守護的強勢位置，且增加了這段感情的安定。同時火星在金牛座 22 度接近天頂的位置，暗示兩人的生活甜蜜穩定，如果有機會的話甚至兩人可以成為事業夥伴（當他們聽到之後大笑說道，難道兩個人要去開神經病院。）

　　對兩人極為有利的是，合盤之後的兩人的月亮與海王星都落入第四宮的天蠍座，雖然與天頂的火星成對分相，不過卻是相當穩定的關係。兩個人對於共組家庭這件事情有著相當程度的夢想，雖然合盤當中有月亮與火星帶來情緒上的爭執與衝突，不過冥王星與月亮形成的正面相位，暗示著兩個人願意不斷的改進完成甜蜜的夢想。

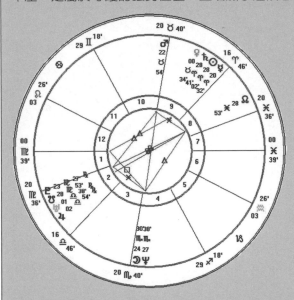

Rita 和 Jean 的中點合盤

第六部
占星進階技巧
Advanced astrology skills

你要每天與上天交談，根據神的形象來塑造你的心靈，學習美好的品德並從中得到指示，要慈悲、有禮、待眾人親切，不要以冷酷的判斷讓人感到痛苦，在此一情況下，要讓他們明瞭艱苦的原因，指點他們向上天請求改變祂加諸於他們身上的宣判，要謙虛，去親近有學問、有禮的、理智的人，不要貪婪，對於窮苦的人施予金錢和不收費的占卜，不要讓世俗的財富讓你作出錯誤的判斷，與任何有辱占星技藝的事情。

——威廉・李利（William Lilly 1602-1681 中世紀時辰占星大師）
給占星學生的一封信

第三十六章　移民占星學

移民占星在歐美占星學當中是相當受到歡迎的一門科目，當人們到外地討生活時想要知道自己過得如何，該如何發展，要注意什麼事情時，會去請教占星師，由於要移民的人們決定離開自己生長的地方，出生的星盤必須重新繪製來，看看當地對此人會造成什麼樣的改變，這樣的方法我們稱為「地點置換」（Relocate）。

而 A*C*G（Astro*Carto*Graphy）是晚近才在占星學發展的一種占星地圖技巧，美國占星研究者金‧路易士（Jim Lewis）在西元 1992 年所發展的，他依照出生時間地點的行星運行路線投影在地球的地圖上，找出此人適合的移動方向，旅遊地點，居住或發展的地方等。

另一種稱為區域方位圖（Local space map）的分析，與 A*C*G 星圖類似，不過此圖將地點訂在你出生或居住的地點，藉由行星運行方向，與出生地的交集找出你幸運的方位。當我在台灣學習占星學時並沒有太多這樣的資訊，幸運的遇到曾在美國與德國學習移民占星與漢堡學派的陳靖怡老師給我指導，才使得我對這一門學問有更進一步的認識。

地點置換盤（Relocate chart）

地點置換盤並不難製作，最主要是以出生的時間地點換成所要前往地點的時間重新計算，例如：某人出生於西元 1975 年 3 月 10 日 14：00 的台北，如果他想要知道去英國留學好還是去美國留學好，就可以繪製兩張地點置換盤，一張在英國（假設是倫敦），一張在美國（假設是紐約）。

將他的出生時間換成英國葛林威治時間時是當天的 06：00，然後依照倫敦與紐約的經緯度重新計算上升、天頂的位置，然後劃分出十二個宮位，再將行星依照所運行的位置繪製到星盤上，這時候你會發現基本的行星所在位置與相位並沒有改變，只是所處的宮位改變了，由於幸運點是依照上升星座計算的，所以這也改變了幸運點的位置。

在解讀時如同解讀一張星盤，特別要強調其宮位的改變，一些原本替他帶來不幸的宮位或許會因而改變，但是要記住命盤本身的影響永遠存在著，只是情勢稍有變化，也要記住原本嚴重衝突的行星位置並不會消失，只是影響的層面不同。

假設某人出生時的天王星在第七宮，並且與第四宮的金星產生四分相，但是在地點置換盤中原本影響婚姻宮的天王星可能進入十一宮，可以稍微修補天王星在婚姻宮造成的孤獨與孤立，而天王星進入第十一宮也恰好回到本位，而使得傷害不大。

但是天王星對金星的四分相我們不能夠忽略，如果當這顆金星又恰巧進入婚姻宮或是第八宮時，其影響力並不會輸給原本天王星在婚姻宮的影響。接下來請看 Linda 的案例。

案例解讀

　　Linda 於 1964 年在台中出生，大學畢業後決定到美國去留學，原本想拿到文憑就回來，沒想到竟然在紐約遇到了另一半結婚生子在那裡成家立業。Linda 是一個安靜而有自信的女生，對於感情要求的相當高，無論在台灣或美國追她的人都不少，可是很少有人符合她的條件。

　　在台灣時，Linda 的朋友和社交生活並不多，喜歡安靜的待在家裡，可是到了美國之後生活的視野改變很大，活潑的她積極的參加了許多社團和到慈善團體擔任義工，就這樣遇到了她的另一半，然後結婚生子。她覺得有趣的是原本在家排行老二的她和父母並沒有多大的交集，青少年時的叛逆心態相當嚴重，可是到了異鄉之後和家人的交往更是熱絡，與父親的感情更貼近。

　　如果我們比較 Linda 在台灣與在紐約的地點置換盤就會發現。原本影響 Linda 喜歡安靜生活的十二宮月亮，移到了第七宮，原本在第四宮的金星冥王星，移到了第十一宮，促使她走出安靜的隱居生活，十一宮代表的社團與慈善事業都對 Linda 有著促進人

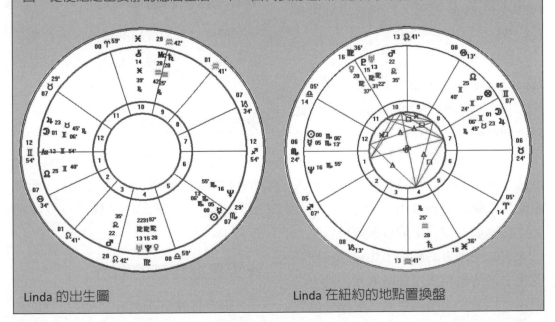

Linda 的出生圖　　　　　　　　　　　　Linda 在紐約的地點置換盤

際關係、自我成長改造都有影響。

　　而原本金星冥王星和天王星都在第四宮影響著 Linda 與父母的關係，但是移到紐約之後，土星轉進入為第四宮，並且與太陽和北月交形成大三角，這樣的相位改變了 Linda 與家人的關係，特別是父親扮演了重要的關鍵（土星）的角色。而土星在地點置換盤中移入了家庭宮更暗示著 Linda 在此地生根的可能 提高。

區域方位圖

　　區域方位圖看起來並不複雜，是以此人的出生地的方位與高度來做天體的切割，切割的方式類似於分宮方式，只不過是將這些界線直接畫在地圖上，並且將行星的運行軌道投射在地圖上。

　　這樣的計算與投影需要使用電腦來繪製，大部分的專業占星軟體都附有區域方位圖與 A*C*G 星圖的繪製選項。例如在 Winstar 2.0 的軟體上要繪製區域方位圖就要先繪製星盤，或者選擇已經繪製好的星盤，然後選 Extra 選項，然後選擇 Map 選項，此時世界地圖會跑出來。

　　這時候在左上方的選項上找到 Local space 選項，如果不想要太複雜，可以按下 A*C*G 的 Mundane 選項將此功能暫時關閉，就會看到一張以居住地為主的區域方位圖，你也可以選擇區域地圖，或是編輯台灣城市的經緯度，更方便你判斷方位與城市。

　　從區域方位圖上的行星線可以看出此人與這些地方的關係，也可以將地點置換之後的命盤應用在區域方位圖方法下，可以看出更換居住地之後哪些位置

適合此人發展事業或愛情 ，解讀的方式如下：

★太陽線穿越的地方

　　帶來活力與生命力，樂觀與自信，適合尋找自我的地方，特別適合獅子座與上升獅子座的人。

★月亮線穿越的地方

　　帶來舒適的生活，適合居住的地方。適合太陽月亮巨蟹座、上升巨蟹座，找尋自我與居住的地方。

★水星線穿越的地方

　　帶來溝通與友誼的地方。適合雙子座與處女座（太陽、上升）尋找自我的地方。

★金星線穿越的地方

　　容易帶來性情的地方，覺得愉快適合休閒或度假的地方。適合金牛、天秤上升金牛、上升天秤尋找到自我的地方。

★火星線穿越的地方

　　適合發揮衝勁的地方，在這些地方

也容易發生性關係，但也容易發生衝突與危險。適合牡羊、天蠍（太陽、上升）找到自我與接受挑戰的地方。

★木星線穿越的地方

適合發展事業的地方，特別在這些地方會帶來好運，適合到這些地方求職。適合射手與雙魚（上升、太陽）尋找自我的地方。

★土星線穿越的地方

容易帶來麻煩的地方。雖然對於魔羯座與水瓶座來說沒有影響，也是帶來穩定生活的地方，但仍不建議居住在這些地方。

★天王星線穿越的地方

容易帶來改變與驚喜的地方，展開新生活的地方，適合水瓶座尋找自我的地方。

★海王星線穿越的地方

容易帶來精神啟發的地方，也可能在這裡墜入情網或是受騙上當，適合雙魚座尋找自我的地方。

★冥王星線穿越的地方

適合自我改進與反省的地方，適合天蠍座尋找自我的地方，卻不利於精神沮喪的人沮喪容易帶來麻煩。

★北月交線

帶來幸運以及被人認同的地方。

案例解讀

　　Kelvin 是我在電台工作時候的工讀生，他問我是否能夠幫他看看星盤，他想去英國念傳播，想要去英國又怕學費與生活費太貴，或者改以去日本做短期進修進修。我幫他看了區域方位圖發現，他的土星線正好經過日本特別是他想去的東京地區，恐怕會替他帶來極大的壓力，而海王星與北月亮焦點線經過英國，如果是與影像傳播相關的學習或許可以到英國去。反而是他的太陽線經過美國的波斯頓，還有北月亮交點與海王星線經過英國北部，我建議他去這兩個地方試試看。

　　兩年後他哪也沒去，原本去英國或日本進修的計畫，因為家中的經濟因素改變而取消，他反而進入一家知名的外商公司到廣州與上海去發展，還在那裡交到了論及婚嫁的女朋友，從 Kelvin 的圖中我們可以看出，他的冥王星線穿越了日本地區，這使得他想要去日本的路途變得更加困難。而太陽線水星線穿過美國，顯示如果他想要到這些地方的話運氣會比較好些。而他的與月亮線正好行跨了中國的東南方，金星線也貫穿中國東部一帶，顯示他到那裡會受到歡迎，散發出迷人的氣質，也會過得比較舒服。

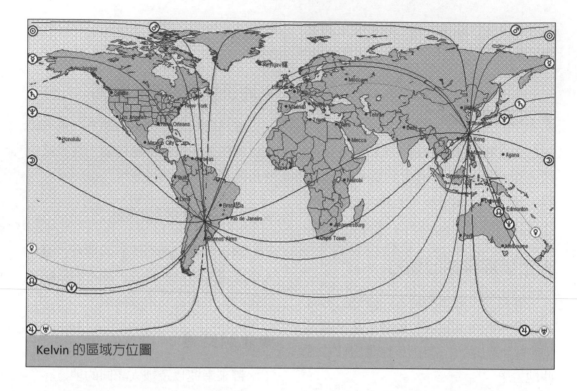

Kelvin 的區域方位圖

Astro*Carto*Graphy 星圖

　　Astro*Carto*Graphy 目前已經被金‧路易士給註冊成為專屬商標，在計算上相當複雜，非得電腦才能夠執行這樣的計算，目前在許多占星軟體上也都附有這樣的計算方式，要懂得解讀並不難，只要照著下列的方法你就可以輕鬆的解讀一張 Astro*Carto*Graphy 星圖。甚至可以拿你的出國經驗來驗證，很快的你就會發現這是一張神奇的尋寶圖。

　　初次看到 A*C*G 星圖會覺得相當複雜，又是實線又是虛線還有曲線，讓人看得頭暈眼花。簡單說來，垂直的線是行星運行往天頂和天底的子午線，而波狀的曲線則是行星的上升與下降曲線，其實許多軟體上有選項，可以單獨

顯示出行星子午線或是上升下降曲線，先分開來看清楚然後再合併起來看時就不會亂掉了。

　　①在分析 A*C*G 星圖時必須先找出每個行星運行到天頂與天底的子午線，在 A*G*C 星圖當中都以實線印出，而往天底的線都以虛線印出，通常在占星軟體中會標出行星符號只要分別清楚這是該行星的 MC 子午天頂線（實線）或是該行星的 IC 天底子午線（虛線）即可。

　　事實上這張圖就是依照著你的命盤做一個地圖式的展開，你會發現當你有行星靠近你的天頂時，那麼該行星的天頂子午線就會在你出生地的附近，相反的如果你有行星接近天底那麼該行星的天底子午線就會經過你出生的地方，下

面就是一個明顯的例子，小玉出生的時候冥王星靠近天頂的 MC、太陽在天底的第四宮（參考下方星盤圖），如果我們接著看小玉 A*C*G 星圖，就會發現標示著冥王星實線的冥王星天頂子午線，與標示著太陽虛線的太陽天底子午線，都在台灣附近。

②找出波狀的線條，這些線條有別於子午線，他們時行星的上升與下降的運行路線。這些曲線的運行法則其實很簡單，行星的上升下降線事實上就是一個波，用相當簡單的方式就可以找出他們的波峰與波谷，從他們天底的子午線（虛線）開始緩緩上升，到達天頂與天頂的子午線交會，這一段我們稱為上升線（Rising line），之後這個波開始由

天頂子午線的波峰往波谷運行最後回到天底子午線，這一段我們稱為下降線（Setting line）。（如下頁圖）

從這兩種線的繪製方式，可以理解 A*C*G 圖的原理，在你出生的時刻與地點（例如：台灣）月亮可能是天頂的位置，可是對於其他地區來說可能在天底（例如：阿根廷），從地理的角度來看也正是如此，你還可以簡單的方式驗證，在你出生星盤上越接近天頂的行星，通往天頂子午線（實線）就會出現在你出生地的附近。

③當地圖上某行星的天頂子午線（實線）通過某一個特殊地點時，若此人旅行或移居到該地就會被該行星影響，而其影響就類似於該行星進入此人命盤中的第十宮一樣。同樣的道理，當某個行星的天底子午線（虛線）出現在特定地點時，此地將會帶來類似該行星進入第四宮的類似效應。

④當行星的上升線（從波谷開始上升前往到達波峰的這一個段落）通過某些地方時，在這些地方該行星將會發生類似與上升星座結合的效應。而行星的下降線（從波峰前往波谷的段落），通過的地點則會有類似行星出現在第七宮的效應。

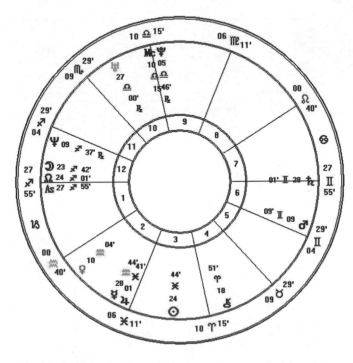

小玉的出生圖

⑤找出行星垂直與曲線的側近點（Paran）與緯度，當行星的天頂或天底子午線與另一顆行星的上升或下降線在某個地方交會時，這個地點會對此人產生類似行星交會的重要影響，而與此地點的同一個緯度也會產生類似的影響。

⑥行星的四條線上升、下降、天頂（實線）、天底（虛線）分別代表第一宮、第七宮、第十宮、第四宮，由上升線往左側的區域（地理位置的東方）就是屬於第一宮的範圍，往右側就是十二宮的範圍，同理可以套用在其他另外的三條線上。當你居住在木星上升線左方不遠的地點，就表示你正受到木星在第一宮的影響力，如果你居住的地方正在月亮上升線右方（地理位置的西方）不遠，那麼你受到月亮在十二宮的影響就很大。

⑦同樣的法則可以應用到所接觸的人身上，例如：某人的金星上升線經過日本大阪，那麼當他接觸一個從大阪來的人或在大阪出生的人，就會有類似金星上升的效應，亦即是這個來自大阪的人將會對此人產生強烈的吸引力。

⑧A*C*G 星圖也可以應用在推運之後的圖，就是將推運圖畫出之後，用電腦程式去跑想要推運那年的 A*C*G 星圖，例如二十歲的二次推運 A*C*G 星圖就是出生後二十天的 A*C*G 星圖，影響效力大約是前後個一年。

⑨底下也列出 A*C*G 星圖的簡單

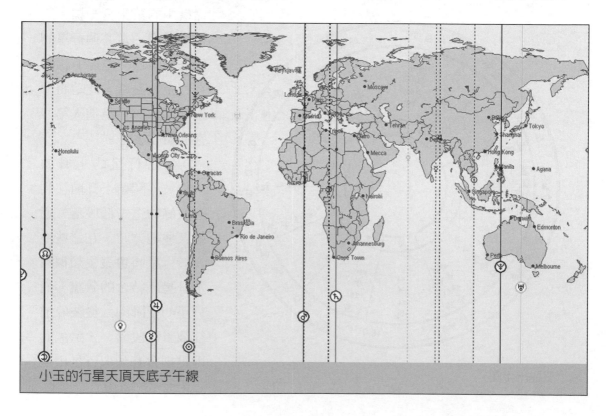

小玉的行星天頂天底子午線

案例

　　例如：在此圖中喬安的 A*C*G 星圖中的太陽與木星都通過了美國東部一帶，表示她如果來到這些地方雖然在命盤中喬安的太陽上升都在天底的位置無法發揮強烈效應，個害羞內向，一旦她來到美國東部類似華盛頓特區或等地，將會發現某種趨力使得喬安不得不發展出自我與自信，並且使她在工作上發光發熱獲得許多人的肯定（木星、太陽）。

喬安的行星天頂天底線

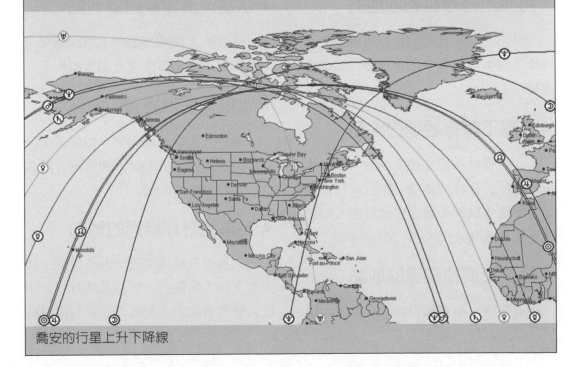

喬安的行星上升下降線

詮釋。

★太陽上升線經過的地點

這些地點將帶來活力與自信，有利於工作、生活、和身體健康。

★太陽下降線經過的地點

此線經過的地點會使一個人缺乏自信，但是也容易認識來自這些地方的人，和他們合作會有不錯的結果。

★太陽天頂線經過的地點

這些地方有利於事業的發展，工作成果將會十分傑出。

★太陽天底線經過的地點

這些地方將會吸引此人定居，並且在這裡感到充滿活力與舒適。

★月亮上升線經過的地點

月亮上升線經過的地方將會使此人感受強烈，月亮帶來的正負面情緒都會被加強。

★月亮下降線經過的地點

此人容易在這些地方與他人產生親密的關係與強烈的衝突，旅行或到這些地方定居會讓此人擔憂自己與他人的關係，也會讓此人操心自己的家庭。

★月亮天頂線經過的地點

這些地方將會使得此人受到他人矚

目，我們知道當月亮出現在他人的第十宮時，會使此人主動去照顧他人。

★月亮天底線經過的地點

此地將會讓人感到舒適如同家裡，適合休息與靜養的地方，不會被人打擾。

★水星上升線經過的地點

此地會使此人思考靈活表現得相當機靈，和來自這些地方的人接觸也會使他感到談得來。

★水星下降線經過的地點

同樣的適合溝通，但出現意見相左的機會增多，不過仍對一個人的思想有所幫助，同樣的容易找到談得來的夥伴。

★水星天頂線經過的地點

適合此人溝通與思考工作或商業交易，和此地的人做生意會相當順利。

★水星天底線經過的地點

適合此人靜思與研究，如果其工作是可以在家裡完成的話，那麼適合搬到這些地點去當 Soho 族。

★金星上升線經過的地點

金星上升線通過的地方將會使一個人產生極大的魅力，到這個地方去會使此人變得有魅力，而此人也會對來自這

些地方的人產生好感。

★金星下降線經過的地點

此人在這個地方與他人的互動良好，甚至容易在這裡找到理想伴侶，伴侶來自此地的可能性也很高。

★金星天頂線經過的地點

這些地方會使人受到注目，且相當受歡迎，能夠散發自己本身的影響力，有工作上的好運與魅力，不過要注意金星在天頂的意涵也包含了懶散與偷懶。

★金星天底線經過的地點

居住在這些地點會讓一個人更為重視家庭環境與氣氛，不過會讓此人常常想躲在家中不出門，或是習慣偷懶，但同時也是一個適合旅行休息的地方。

★火星上升線經過的地點

這些地點會使此人變得強勢並且激動，顯得主動且自我，容易與他人發生衝突與爭執。

★火星下降線經過的地點

這樣的地方將會讓人變得依賴被動，並且不利於伴侶關係。

★火星天頂線經過的地點

在這些地方此人能夠在工作上展現衝勁與活力，但是也容易引發衝突，甚至要小心傷害的發生。

★火星天底線經過的地點

在此地會讓人感受到無力且容易與家人發生衝突，更不適合與家人來這些地方旅行。

★木星上升線經過的地點

此地會是一個帶來自我成長的地方，適合到這些地方來追求成長與學問，或是發展個人事業，這些地點也通常會替此人帶來幸運，小心木星多帶來過度的期望。

★木星下降線經過的地點

此人在這些地方容易遇到不錯的合作伙伴，並且得到許多人的幫助。但是不要木星多半會帶來對他人過度的期望而導致失望。

★木星天頂線經過的地點

在這些地方此人容易得到社會名聲以及良好的工作報酬，有利於工作表現。

★木星天底線經過的地點

不適合在此地發展工作，容易受到限制，卻適合在此地安靜的思考與生活，全家人來此地度假或是選擇此地成為退休的居住場所等。

★土星上升線經過的地點

這些地點或許適合訓練自我，但是

案例解讀

　　我的法國朋友瑞夫在希臘旅行時遇到了一位英國女孩安，發生了一夜情，起初瑞夫以為是旅行上的萍水相逢，就算保持聯絡也不可能成為男女朋友，於是交換了聯絡的方式。但奇怪的是，一個月後安到法國旅行，瑞夫招待她到法國東部的史特拉斯堡玩，就在這時候瑞夫突然發現身邊這個女孩有著莫名其妙的吸引力，瑞夫這個花花公子竟然發現自己無法自拔的陷入愛河。

　　如果我們檢視安的 A*C*G 圖中，金星的上升線是從巴西東南方南大西洋上空開始上升，穿越非洲西部的獅子山、幾內亞、茅里塔尼亞、阿爾及利亞，穿越地中海切過法國南部，與東部的里昂（正好是瑞夫的出生地），然後經過史特拉斯堡，進入德國、波蘭、芬蘭、俄羅斯等地與天頂交會。就是指當這位女孩到這些地方去時，就會散發出驚人的魅力，吸引著周圍的人，就算安沒有拉夫陪伴而到這些地方去，也會散發這樣的魅力。

安的行星上升下降

　　觀察前面的圖，安的土星下降線與冥王星的天底子午線（虛線）在澳洲西南部角落會合，這樣的交會可能暗示著極為不舒服的感受，如果安的旅行地點包含這些地方的話我會強烈的建議她最好小心，或是盡量不要前往這些地方。

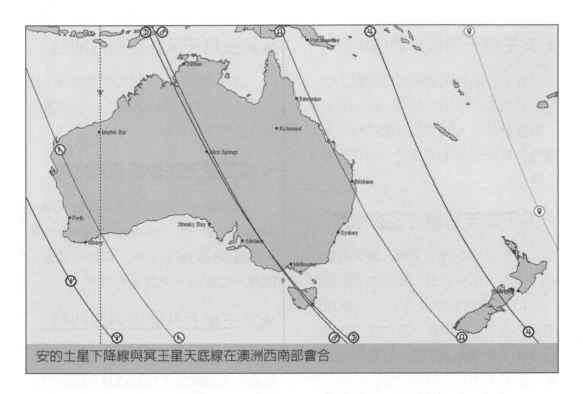

安的土星下降線與冥王星天底線在澳洲西南部會合

不適合居住，有自我限制的意味。在這些地方旅行或居住容易帶來麻煩。來自這些地方的人容易讓此人感到限制。

★土星下降線經過的地點

雖然有利長久的合夥關係，但事實上仍會帶來壓力，以及婚姻關係的冷淡，來自這些地方的人也容易約束此人。

★土星天頂線經過的地點

這些地方會帶來極大的事業壓力，雖然可能擁有權力不過仍會過得很辛苦。來自這些地方的人將會讓此人感到壓力。

★土星天底線經過的地點

不適合居住與旅行，在這些地方容易引起家庭紛爭。

★天王星上升線經過的地點

將會是帶來全新感受的地點，來到這些地方將可能獲得新生，但也容易帶來許多麻煩與驚嚇，到這些地方必須敞開心胸入境隨俗。

★天王星下降線經過的地點

這些地方適合展開一段新的關係，如果想要和某人分手來這些地方也不錯，來自於這些地方的人將會讓此人感到新鮮好奇。

★天王星天頂線經過的地點

容易在此展開全新的事業與工作，將會面對全然不同的挑戰，此人的一舉一動都會被他人視為相當奇怪的行為，難免會有衝突發生，也要小心意外傷害的發生。

★天王星天底線經過的地點

天王星的上升、下降天頂天底線經過的地方，都會對此人產生強烈的吸引力，但也容易受到文化上的衝擊與震撼，必須有心理準備。特別是天底線的地方容易吸引此人定居，但是所受到的文化衝擊不小。

★海王星上升線經過的地點

海王星的上升線會強烈的吸引一個人前往，那會是他夢想中的樂土，在那些地方此人容易感到愉快放鬆，並且有種美夢成真的感覺，但這些地點或來自這些地點的人，也容易使此人有過高的期待或是遺忘重要的現實生活。是個不錯的旅行地點。

★海王星下降線經過的地點

在這些地方會讓此人結交到許多志同道合的朋友，或是找到夢中情人，來自這些地方的人也對此人具有精神啟發或是瘋狂陷入愛河的力量，不過在此也會讓人有更多的外遇誘惑。

★海王星天頂線經過的地點

這些地點適合一個人從事藝術工作或是進行宗教思考的地方，一般來說不適合其他的事業發展。

★海王星天底線經過的地點

這個地方會是此人夢幻中的家園，對他來說海王星天底線經過的地方，帶來舒適愉快的家庭生活，但也容易使人散漫，也適合年老退休的場所。

★冥王星上升線經過的地點

帶來壓力的地點，或許適合生意人與政治人物賺錢或是實現野心的地方，卻不適合一般人居住，必須承受許多打擊與壓力卻能夠幫助一個人成長。冥王星帶來控制與利用他人的能力。

★冥王星下降線經過的地點

這樣的地點將會帶來人我關係的緊張與情緒激動。如果想要和某人分手可以來這裡，不過仍要小心受到傷害。與來自這些地方的人合夥可能會賺到大錢，但是同樣的要冒很大的風險。

★冥王星天頂線經過的地點

與冥王星上升線類似，此地能夠幫助一個人賺到大把的鈔票或是獲得極大的名聲，但是也帶來同樣效力的副作用，例如：壓力與傷害，必須十分小心。

案例解讀　作者魯道夫

　　我從小就渴望到挪威去旅行，不知道為什麼，直到我學習 A*C*G 星圖時，才發現我的海王星上升線穿越過挪威，顯示這個國家對我來說有著強烈的吸引力，當我到挪威去旅行的時候更是樂不思蜀，就算花了一堆錢刷爆了卡我都絲毫沒有警覺。海王星上升線的暗示果然準確。

★冥王星天底線經過的地點

　　這些地點帶來內心世界的自省，其實不太適合居住或是休息，如果是修行就另當別論。

★北月交上升線經過的地點

　　帶來幸運與自我認同的地點，特別能夠受到來自這些地方人的認同。

★北月交下降線經過的地點

　　帶來幸運婚姻和伙伴的地點，與這些地方的人合作會帶來更多的好運。

★北月交天頂線經過的地點

　　對於事業發展與自我表現有利的地點。

★北月交天底線經過的地點

　　適合居住與他人互動的地點。

★南月交上升線經過的地點

　　自我認同的地點，卻限制住自己的自我發展。

★南月交下降線經過的地點

有利於合夥發展的地點。

★南月交天頂線經過的地點

不利於事業發展的地點，過於依賴過去的經驗而無法突破。

★南月交天底線經過的地點

適合於居住的地點，容易帶來懶散無法取得精神發展。

第三十七章 漢堡學派

漢堡學派對於現代占星學有著許多重要的影響，特別是行星中點（Midpoint）及九十度盤的使用替占星師們增加了許多判斷的依據，今日許多非漢堡學派的占星師也會使用中點和九十度盤來作為輔助工具，影響相當的深遠。

因本書不是專門討論漢堡學派的書籍，我們僅將漢堡學派的成立過程，以及當中的重要精神提出，並且介紹許多占星師常用的行星中點的計算方法與解讀方式。關於漢堡學派的占星中文著作並不多，有興趣者不妨參考本章最後的推薦參考原文書籍。

漢堡學派是現代占星學中的的重要分枝，艾佛瑞·威特（Alfred Witte）可以說是此學派的重要領導者，艾佛瑞出生於西元 1878 年的德國漢堡，在成為占星師之前是漢堡機場的領航員，西元 1913 年出版了第一本與占星有關的研究《顏色、數字、音調的思考》，在占星的思想上艾佛瑞的研究受到喀卜勒的影響很大，喀卜勒一方面被尊崇為現代天文學重要啟發者，另一方面他在現代占星學上占有重要地位。

科學與物理的觀念對占星學的影響一直是艾佛瑞所希望探討的，在他先前的著作中他討論了行星的顫動，認為宇宙之間的物質包括行星與行星之間都會受到這樣的顫動影響而產生波動，這樣的想法對 20 世紀的占星學有著莫大的影響。

一次大戰結束後艾佛瑞開始在漢堡教授占星學，他的思想與研究從此開始擴散，西元 1925 年艾佛瑞與與一群在漢堡地區從事占星研究的占星師們組成了「占星聯盟──漢堡學派」（Astrologen-Verein "Hamburger Schule"）這個組織就是漢堡學派的前身，一直到 1947 年「漢堡學派占星研究會」（Astrologische Studiengesellschaft Hamburger Schule E.V.）成立後，才奠定了對 20 世紀占星學影響深遠的漢堡學派的基礎，而艾佛瑞對占星學的看法，也開始對歐美地區展開重大的影響。

原先艾佛瑞不斷的研究喀卜勒的占星看法，包括許多微相位的研究，到後來他放棄了這些思想轉而開始研究行星中點的影響。艾佛瑞認為行星與行星之間在黃道上的中點，以及某些角度上承受了較大了共鳴，這樣的想法也獲得

另一位德國占星師萊恩霍德·艾伯丁（Reinhold Ebertin）的認同，他在 1930 年發表了他的研究，將這樣的思想發揚。

之後漢堡學派的占星研究被帶到美國，受到許多占星學家的研究與探討，不斷的發展成一門有系統的學習，其主要的精神在探討宇宙之間的星體與生物的共鳴，也因此他們稱這門科學爲「宇宙生物學」（Cosmosbiology），主要的精神在於行星中點的研究，從這個觀點發展出了九十度星盤等革新技巧。

漢堡學派的重要貢獻除了行星中點、九十度星盤之外，還包括了 22° 30" 這個角度的使用和新的分宮制「子午線分宮法」、赤道上升點的應用，或利用數學上的恆等式來討論或表示行星之間的關係，探討個人星盤上的敏感點以及太陽弧推運的使用。

更特別的是漢堡學派在星盤上加入了八顆他們認爲對於命盤觀察有助益的「超海王星系行星」，這八顆行星並非眞實存在著，我們會在之後做出簡單的說明。太陽弧推運的概念我們已經在推運的章節解釋過，接下來我們會介紹關於行星中點、九十度星盤、和漢堡學派所使用的八顆超海王星系行星。

行星中點

現在的漢堡學派的研究思想甚至影響了許多傳統占星學家，他們在研究一個人的命盤時，或許不會想使用子午線分宮法，不打算使用漢堡學派獨特的超海王星系行星，但是他們卻會注意「行星中點」，或是使用該學派所研究出來的九十度星盤，來增加他們的判斷與預測能力，目前中點的觀測與判斷已經不僅限於漢堡學派使用，許多歐美的占星師就算不是學習漢堡學派也都會看一下行星的中點來做爲參考。

A 任何一顆行星或四角宮的起點，或北月交運行到另外兩顆行星的距離中點時，會產生強烈的影響力。

行星的中點學說並非第一次被提出來，大約在 13 世紀時就有類似的看法，只是並沒有受到重視，經過艾佛瑞·威特與萊恩霍德·艾伯丁及他們繼承者不斷研究與詮釋，行星中點在占星術中越來越被重視。

其基本概念相當的簡單，例如：一個人的太陽在金牛座 5 度，而木星在天蠍座 6 度時，此人的太陽與木星的中點位置就大約在獅子座 5 度，或是水瓶座 5 度的地方。占星家們認爲當某顆行星運行到位於任何兩顆行星或是行星與四角北月交的中間點時，就會產生激烈的共鳴，這樣的概念如同我們在學習相位時的 T 型相位，如果你有這樣的概念就可以理解接下來漢堡學派所發展出來的技巧。

B 行星的中點，以45度為間隔被延伸到

八個不同的角度。

漢堡學派的研究者認為，光是這樣的中點概念並不能完全的解釋行星之間的影響力，他們認為其他不同的位置同樣會影響。他們稱直接計算出來的中點位置為「直接中點」（Direct midpoint）從剛才太陽與木星的位置看來水瓶座 5 度與天蠍座 5 度，就是太陽與木星的的直接中點，經過研究他們認為從這個直接中點幾乎每隔 45 度就會產生一個間接中點（Indirect midpoint），除了上述兩個點之外還會有六個點，一共分散在星盤上八個不同位置，現在許多占星師在使用中點時，多半採取這種 45 度中點法。

C 如果此時有任何一顆行星、四角宮的起點、北月交，經過這八個行星中點，就會產生相當敏感的反應。

D 行星中點的計算相當簡單，如果太陽在白羊座25度，而月亮在天秤座27度，首先要把行星的位置轉變到360 度絕對黃道。

如果將一張命盤還原成為 360 度，將其度數變成黃道上的絕對度數，這樣的概念廣泛的被應用在不同的技巧上，所以占星的學習者最好有習慣這樣的思考模式，從牡羊座起為零度到了金牛座為 30 度依序類推如同右表。

①把太陽牡羊座 25 度轉化成 360

星座	絕對度數
牡羊座	0
金牛座	30
雙子座	60
巨蟹座	90
獅子座	120
處女座	150
天秤座	180
天蠍座	210
射手座	240
魔羯座	270
水瓶座	300
雙魚座	330

度形式，我們只要把 25 度增加到牡羊座的黃道絕對度數 0， 我們得到太陽是 25 度。

②把天秤座 27 轉化成 360 度形式，我們把 27 度加上天秤座在絕對黃道上的度數為 180 度，所以月亮是 207 度。

③將兩個點加起來 25 ＋ 207 ＝ 232 度然後除以二得到 116，絕對黃道上的 116 度就是太陽與月亮的直接中點。

④接著將這個度數換成我們所熟知的十二星座座標（參考上表），116 度就是巨蟹座的 26 度。

⑤找出直接中點後，我們在找出其他七個間接中點，他們分別是：

　（1）116+45 ＝ 151 ＝處女座 1 度

　（2）151+45=196 ＝天秤座 16 度

(3) 196+45=241 ＝射手座 1 度

(4) 241+45=286 ＝魔羯座 16 度

(5) 286+45=331 ＝雙魚座 1 度

(6) 331+45＝376（此時已經超過 360 度所以必須減去 360 度）376-360 ＝ 16 牡羊座 16 度

(7) 16+45 ＝ 61 ＝雙子座 1 度

E 這些度數在占星圖上都可以表示成為 ⊙／☽，如果這時候有任何一顆行星例如金星正好經過了這八個點就可以用 ♀ ＝⊙／☽這個圖示來表達。

第二種表示法可以將所有與金星有關的中點列出來，而稱為中點樹（Midpoint tree），在許多占星軟體當中都能夠找到這一個資料選項，如下圖顯示此人的土星位於金星與冥王星的中點，同時也位於天王星與冥王星的中點以及木星與天頂的中點，和上升點與冥王星的中點。

在判斷中，此人的土星直接影響到金星與冥王星，金星與冥王星的中點具

有強烈的愛、掌控性的愛情關係等，而土星的加入使得這樣的強烈愛情更難以被他人認同。我們發現冥王星在此人的中點樹當中重複了三次，表示此人的土星受到冥王星影響極深，也

因此我們在解釋此人的土星以及土星所守護的宮位時不要忘記冥王星的強烈影響。

F 使用漢堡學派的占星中點分析法或九十度盤時，千萬要記住一個重點，在漢堡學派的精神內並沒有所謂的負面角度，也就是說所謂的對分相、四分相、半四分相其實是指更激烈的行星共鳴，也因此行星之間的影響完全以行星的特性來解釋。

G 這樣的中點位置同樣的也可以用在合盤的合併星盤分析法上，例如當A的金星走到B的太陽月亮中點時，就會產生強大的吸引力。也可以說當A的金星走到自己的太陽與對方的月亮的中點上，也可能產生相當大的影響。

在中點研究當中，太陽與月亮之間的點相當被重視，天頂與上升之間的中點也不可以忽略，除此之外當然還可以關注在太陽月亮金星火星天王星上的點。其實，在漢堡學派的研究中任何一個中點，無論直接或間接都必須被提出來檢查與討論。但如果你並不想進行如此繁瑣的計算，或許需要只注意太陽和月亮，以及上升與天頂等中點即可。

要如何解釋金星為太陽與月亮的中點，對於初學者來說可能相當困難，但最簡單的方是就是綜合太陽與金星，以及月亮與金星合相的解釋，因為這樣的角度激發了行星的影響力，這樣的共鳴相當激烈，卻又同時具有正面與負面的

意義，除了解釋這樣的中點帶來的影響之外，還需要提醒此人此行星中點所帶來的負面影響力。

同樣的，當推運或行星過運的行星經過某兩顆行星中點時，也會帶來原本占星圖或推運圖上沒有暗示的事件，例如當推運金星或行星移動的金星走到本命盤的日月中點時，極有可能邂逅心儀的對象或是結婚等等。

除此之外，我們還可以檢查不同中點之間的無形連結，所產生的中點連結，就如同剛剛的例子金星在太陽與月亮的直接中點上，如果此時月亮又正好在火星與木星的間接中點上，火星正好在水星與天王星的間接中點上時，必須注意這一連串的反映將會使得此人的金星顯得更為重要。

中點的應用可以說是相當的廣泛，對於預測事物以及討論流年常常有驚人的效果，但是要詮釋中點的發生並非如此容易，必須靠占星師的經驗累積，當你開始熟悉解釋命盤的行星相位之間的複雜影響時，你在解讀中點的行星上就越順手。

90° 盤與 22°30" 度角的應用

隨著漢堡學派的中點概念，90 度盤的技巧隨之發展，九十度盤是漢堡學派的創始者之一呂德文·魯道夫（Ludwig Rudolph）所發明的，他的概念是將一個區分成三個區塊（如下頁圖），分別代表了開創星座（牡羊、巨蟹、天秤、魔羯）在圓的左手邊、固定星座（金牛、獅子、天蠍、水瓶）在圓的下端，圓的右邊區塊則是屬於變動星座（雙子、處女、射手、雙魚），再將這三區塊各自分成 30 個刻度，整個圓就有 90 個刻度，因此稱為九十度盤。

在使用的時候，這時候將原本星盤上的行星依照其星座與度數移動到所屬區塊的位置上，這時候原本在牡羊座與天秤座的行星就會被移動到同一個區塊，又如果他們同樣在 10 度的位置，會在九十度盤上會合。九十度盤將傳統的對分相與四分相的行星組合在一起，更方便於觀察。同時這樣的排列可以很簡單的就看出 45 度角的半四分相與 135 度角的補八分相。

利用九十度盤所有的和該行星呈現 0 度、90 度、180 度、270 度的行星都會跑到同一邊，而 45 度、135 度、225 度和 315 度的行星會跑到九十度盤的另一端，因此我們很容易就能發現，有哪些行星出現在另外兩顆行星的中點，我們就拿知名的法國女影星碧姬巴杜（Brigtte Bardot）的出生圖來當作例子吧！

下頁中的第一張圖是碧姬巴杜的一般出生圖，她出生於 9 月 28 日，太陽位在天秤座 4 度。如果我們把她換到九十度盤，你就會發現太陽正好在離 0 度不遠的地方。你更會發現，在出生圖中與水星木星形成四分相的冥王星還有形

成對分相的天王星，在九十度盤中相距非常的近。此外你也會發現到在碧姬巴杜的命盤中海王星（處女座 12 度）正好位在上升點（射手座 15 度）與月亮（雙子座 12 度）還有凱龍星的中點，但是在九十度盤當中這三個位置相距不遠，隨著九十度盤的演進，對於使用中點的占星師來說是相當方便的一張圖。

在進入下面一段討論漢堡學派的特殊使用角度 22°30" 度角之前，我們必須解釋九十度盤的背後精神，事實上呂德文在設計九十度盤時還意味著第四泛音盤的概念，也就是讓整個圓的用四這個數字來做切割，就會形成九十度的一個循環，此時行星的互動會更加激烈。

同理漢堡占星學派另外也使用了 45 度盤，可以明顯的看出是第八泛音盤的利用，而 22°30" 度角我們可以清楚的得知，這是來自於 16 泛音盤的概念，當你用 16 這個數字去除 360 度時，得到的就是 22 度 30 分。

詳細的泛音盤我們將在下一節討論，在這裡只是為了讓大家更能夠理解到其實在 20 世紀的現代占星學發展，受到泛音盤的影響相當的大，而特別提出。而漢堡學派這些看起來神奇的九十度盤 45 度盤或是 22°30" 度角，都和泛音盤有著相互連結的關係。

漢堡學派的占星家們幾乎不常使用 60 度（六分相）與 120 度（三分相）來評斷行星

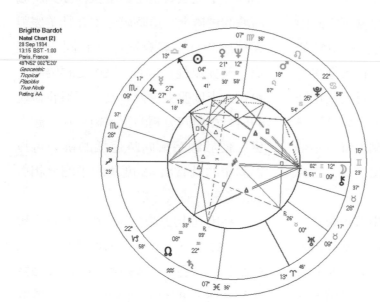

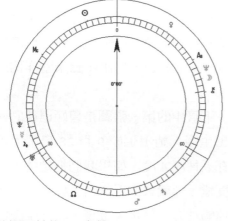

碧姬巴杜的 90 度盤

之間的關係，他們反而更重視 22°30" 這個將圓切割成十六等分而得出來的結果。他們認爲當行星形成這樣的相位時就會產生強而有力的共鳴，經過許多次的證實，這個理論逐漸被許多占星家接受。

子午線分宮法與白羊座零度

先前介紹分宮法時沒有介紹子午線分宮法，主要是因爲這個方法與漢堡學派有著緊密的連結，子午線分宮法是由澳洲占星學家賽瑞爾（Zariel David Cope）在 1900 年左右提出的，方法是以天球南北極爲軸所架構出來的圓，再將赤道均分成爲十二等分的點，從子午線開始將這十二個點投射到黃道上去，劃分出了十二宮位。也因此在這個分宮法中，天頂成爲第十宮的起點，但是上升星座並不在第一宮。

這個分宮法仍將上升星座稱爲東升點，或稱爲赤道上升，正因爲如果有人在赤道出生的話，此點就正好是上升星座。而大多數的漢堡學派占星家都使用這樣的分宮法，來進行星圖的繪製。

白羊座零度則是漢堡學派的另一個特色，漢堡學派的占星家們認爲白羊座零度帶來了與世俗的強烈連結，其實這個構想來自於九十度盤，當九十度盤被畫出來時，正以白羊座零度爲基準點，而所有開創星座的零度也會進入這個地方，此點被漢堡學派的占星師們視爲重要的敏感點，當有行星進入時會帶來強烈的作用。

事實上白羊座零度在占星學中一直是個神祕的點，當行星運行到這裡時將會展開新的黃道循環，更特別的是因爲他是絕對經度上面的零度，在九十度盤中，所有的行星都會變換位置，就只有白羊座零度位置不變。

運用這樣的原理，漢堡學派發展了白羊座零度預測法，又可以稱爲「基本宮零度預測法」，漢堡學派的占星家們利用九十度盤的原理，在每次太陽進入基本宮零度時（白羊座、巨蟹座、天秤座、魔羯座）繪製九十度星盤，用來預測未來三個月的政治經濟變化。

超海王星系行星

超海王星系行星（Trans Neptunian planets），雖然稱爲「planets」事實上並非行星，是漢堡學派常用的八個符號，事實上有些符號是來自於第一次大戰前，人們尋找天空中存在的第九顆行星（今天的冥王星）時所給予的名字，最後被漢堡學派的占星學者們拿來使用，並假定他們的存在，也設計了這些行星的運行軌道等。

這八顆「假定行星」分別是丘比特符號爲♃，黑蒂斯符號爲♅，宙斯符號爲♄，克諾索司符號爲♈，阿波羅符號爲♅，阿黛蜜特斯爲♆，瓦爾肯爲♎，

波賽頓爲♆。

★丘比特♀

　　丘比特象徵著集體，群聚在一起的意思，包含了整個社會的各種不同團體或是伙伴關係，也與合作和集合有關，當我們仔細看他的符號時你會發現事實上這是金星與木星的集合，具有婚姻、家庭、人們的聚合等意味存在。他被設定爲繞日一週需要 262 年，每年移動 1 度 23 分。

★黑蒂斯符號爲♇

　　黑蒂斯代表代表著不愉快的事情，被遺忘的過去，通常也代表著錯誤、無用處的或是被人們深深的遺忘的事情，細看符號你會發現正好是土星反過來的符號，土星的禁錮被埋得更深了，包含了貧窮、貧乏、古老的或被廢除的事情，大約一年移動 1 度 01 分。

★宙斯符號爲♅

　　從符號學的解釋宙斯（Zeus）這個符號其實是兩個箭頭，也就是兩個火星的符號，意味這強制型的行爲，燃燒的能量以及行動的領導者，具有創造與開創能力，被控制與被計畫的能量，這顆星被設定爲一年只走零度 48 分，繞完太陽一週大概要 455 年了。

★克諾斯符號爲♀

　　克諾斯代表了至高的權力，控制與

指揮，象徵著榮耀的事情，具有豐富經驗的人與事，每年前進 0 度 48 分。事實上這個符號就是超越了土星的代表。

★阿波羅符號爲♃♊

　　阿波羅代表著快速擴張，迅速增加繁殖與增值，也代表了商業、真理、科學、工業等。事實上從符號我們可以看出來是雙子座加上木星的符號，在知識的演進上相當的快速，它被審訂爲每年運行 0 度 37 分。

★阿黛蜜特斯♀

　　仔細看阿黛蜜特斯（Admetos）的代表符號，其實就是金牛座加上金星、地球的符號，這個符號很明顯的有著金牛座的穩固、堅定不移、固執與狹隘的觀念，帶來慢速的移動，其移動速度爲一年零度 35 分。

★瓦爾肯♈

　　瓦爾肯代表著活力、強大、充滿著能源的狀態，特別是當太陽與這顆星結合時將會帶來極度活躍的能量。從符號來解釋瓦爾肯與火星和火元素有關連。其移動速度爲一年移動零度 32 分。

★波賽頓♆

　　波賽頓可以解釋爲真理與精神，算是海王星的延伸，並且去除了海王星的負面特質，包括了智慧與知識的引導，真理與文化的啓蒙等。其被設定爲一年

移動 0 度 29 分。

　　這八個超海王星系行星都可以在今日的占星軟體中找到，只要再設定上勾選他們，就會出現在命盤上，對於這些符號好奇的人可以嘗試。今日關於漢堡學派的著作相當的豐富，如果有興趣的人可以上網路書店選購。

漢堡學派推薦著作

在這裡推薦幾位漢堡學派創立者的著作：
① 《The Combination of Stellar Influences》by Reinhold Ebertin
② 《HANDBOOK OF TECHNIQUES FOR THE HAMBURG SCHOOL》by Brummond & Rudolph
③ 《URANIAN ASTROLOGY GUIDE PLUS EPHEMERIS》by Sylvia Sherman & Jori Frank-Manske
④ 《RULES FOR PLANETARY PICTURES, The Astrology of Tomorrow》by Alfred Witte & Herman Lefeldt
⑤ 《Rapid and Reliable Analysis》by Reinhold Ebertin

第三十八章　泛音盤

泛音盤（Harmonics）是 20 世紀占星的重要發展，雖然泛音盤的概念早已存在於印度的占星系統當中，在過去也有不少占星學家注意到這個部分，例如瑞士占星學家卡福特（K. Kraft），不過眞正在歐美的占星界流傳還是歸功於英國占星學家約翰・艾迪（John Addey）的研究，他將這樣的古老的概念做一有系統的研究，並且結合物理的波與頻率的概念，讓占星家們對泛音盤的概念更爲清楚。

泛音盤在中文的翻譯上可以當作形容詞指和諧的或是悅耳的，在名詞上則分別屬於樂理上的「泛音」或是物理學上的「諧波」，基本上指的是同一件事。我永遠都記得當我第一次學習大提琴的時候，老師教我如何用琴弦的泛音來調音，當我將手指輕輕地撫（不是用按的，只是輕放）在一根琴弦的某個位置時，再將琴弓滑過這根弦，就會發出輕柔的聲音，與一般的琴音不同，更顯得虛無飄渺。

利用這個泛音不但可以做許多音樂情感與技巧的表現，還可以利用泛音來調整其他的琴弦的音（當然這根琴弦本身的音必須是準的），也因此當我看到泛音盤的概念時，不由自主的想起了琴弦的共鳴，也更容易融入其觀念，好奇什麼是泛音的人，去找個拉提琴的朋友讓他們示範給你看吧！

泛音盤在中文占星家的口中有不同的稱呼，最常聽見的爲數律圖，是指泛音盤以數字爲基礎做出的星盤變化，或是梵音圖或漱音圖，或許是因爲這項技巧早已存在於印度的占星術當中，所以這樣稱呼，但在這裡我覺得稱呼泛音盤應該更爲適切，泛音盤正好就是運用音樂與物理技巧中的泛音原理，將相同的波長做不同的倍數頻率變化而產生的星盤解讀方式。而不同的泛音圖可以和出生圖交互參考，替人生編織出美麗的樂章。

泛音盤的原理
★ A 什麼是泛音

在眞正進入占星泛音盤的世界之前，就讓我們先來看看這泛音盤在樂理與物理的解釋。在所有的弦樂器當中我們都找得到泛音的存在，要瞭解泛音我們得先瞭解弦樂器的發聲方式，一條兩端被固定的弦，當我們由撥動弦時，它

會來回的振動，一上一下的振動稱為一個完整的弦波波動，其長度稱為弦波波長，空氣分子振動頻率與波長成反比，所以弦波波長越短，空氣分子的振動頻率就越高，發出的音也越高。

在弦樂器中，音符的高低源自於頻率的改變，而改變頻率的方法正是利用手指壓住琴弦來改變弦波波長，而發出不同的頻率。可是如果我們不壓住琴弦就會直接發出原本琴弦的音，例如大提琴的第一根琴弦是 C，也就是我們唱的 Do，如果我們用食指壓住琴弦運弓拉琴，它可能會發出不同的音調，聲音卻依然厚實，如果我們放開手指拉動琴弓它又會發出低沉 Do 的音。

當我們只是將手指輕輕觸碰在弦的隨便一個地方時，有時只會阻擾弦的震而無法發出音符，但是當你將手指放在弦的四分之一處或是其他特定的地方，就會使得原本琴弦的頻率變為原本的四倍，這時候發出來的音因為琴弦震動原理發出高兩個八度的音程。

又例如在小提琴的琴弦上 1／4、1／3、1／2、2／3、3／4 處都可以找出這種自然泛音。在物理上每個樂音都有一個很強的基頻，混合不同數量和振幅的泛音而成的。基頻的大小影響樂音的音調，而泛音的頻率都是基頻的「整數倍數」。諧波就是將原本的基頻與泛音統合的稱呼。

基頻

第一泛音（基頻的兩倍）

合成波形

★ B 泛音與泛音盤的概念

約翰‧艾迪的概念就是來自於上圖的波紋概念，仔細看第一個波紋，假定這個波是基頻，那麼一個波峰與一個波谷的長度就是一個基頻的波長，所以在這張圖中有兩個波長。

若你將一張星盤或一個圓，沿著直徑切開，將分開的圓的下半部直接翻轉過來，（見下頁圖）你會看到什麼？你會看到這正好是一個波長，留在原位的圓的上半部是波峰翻轉過來的圓的下半部形成波谷。好啦！記住囉！這張命盤就是我們的基頻，也就是占星圖當中稱呼的第一泛音盤，你一定知道任何數字乘上 1 的結果是什麼，當然就是不變。

接下來我們將同樣一個波長的長度的頻率乘以兩倍，也就是說使原本一個波長一個波峰波谷的圖形，變成同樣的波長擠下兩個波峰與波谷，在同樣一個長度裡面，波的起伏多了一倍（x2 的效果）。

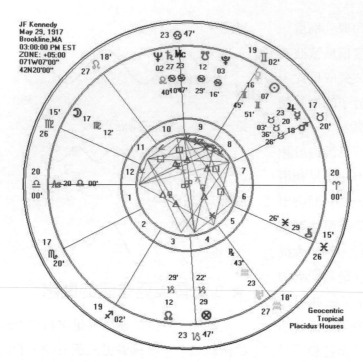

約翰甘迺迪的出生圖

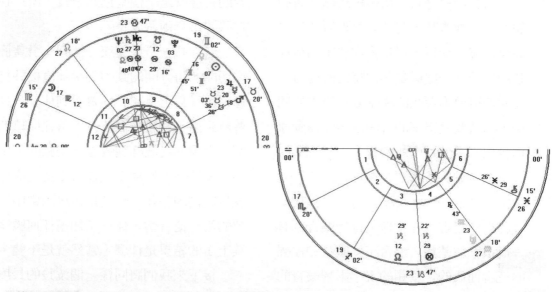

將一個圓切成兩半成為一個波峰與一個波谷

如果你還不懂，我們將剛才切開且翻轉乘一個波的圓或星盤拿來看，將波峰（半圓的頂端）的地方切成兩半，並且翻轉其中一個，你就會得到一個新的波，也將波谷的半圓從頂端切成兩半，這時候你會得到四個圓弧，兩個波峰波谷。原本的波長並沒有改變，可是我們注意到，在這個原本的圓內起伏增加了，這就是第二泛音盤的概念，所以依此類推，可以將原本的圓做不斷的切割，三倍（第三泛音盤）或四倍（第四泛音盤）一直到 180 倍都可以，而做出更多倍數的泛音。

可是這樣做的理由為何呢？音樂上我們將原本的基頻增加為兩倍，產生泛音與共鳴。在泛音盤上，你會看見原本不是波峰的地方（高潮與高點的位置），經過切割與反轉，變成了占據重要位置的波峰或波谷。

所以約翰・艾迪根據數字在西洋神祕學的特性當中，發展出了不同的泛音盤，也就是讓命盤產生不同層次的倍數頻率波，三倍、四倍、五倍直到十二倍或更多，藉此我們可以看出波動後的行星是否會移動到新出現的波峰與波谷，或改變與其他行星相對的相位。

理解了這個原理我們就知道，泛音盤的特性在於，他能夠找出原本命盤當中我們沒有注意的可能，在瞭解泛音盤之前，我們還有另外一件工作要做，那就是瞭解數字在神祕學中的意義。在泛音盤中最基礎的數字是 2 與 3，2 代表行動、實體、對立、衝突、困難，3 代表和諧、愉快、精神。在約翰・艾迪的理論當中所有的數字都可以用 2 與 3 來解釋：

4 = 2×2	行動的倍增＝努力的方向（辛苦）
5 = 2＋3	行動加上思想＝落實思想＝創造
6 = 2×3	和諧與對立的共鳴＝生命的律
7 = 3＋4	努力加上精神＝精神啟發與引導
8 = 4＋4 = 2×4	行動與實體的倍增＝艱苦與實體環境
9 = 3×3	和諧的加倍共鳴＝幸福

泛音盤的技巧經過約翰・艾迪的倡導後馬上在占星學界當中熱門了起來，經過許多占星學者研究後發現，不同的泛音盤還有著更多不同的解釋，例如在印度占星術當中原本就存在了九分盤，就與第九泛音盤相似，他們常用九分盤用來判斷婚姻與伴侶的結合。

於是也有許多占星師將第九泛音盤來判斷婚姻與伴侶是否適合。第四泛音盤如果對前面討論過的漢堡學派還有印象，那麼應該會記得，將一個圓直接劃分成三等分的九十度盤，其實和第四泛音盤有著同樣的道理。

417

如果你用電腦做出第四泛音盤，再做出一張九十度盤，會發現這兩張圖差別不多，許多占星師會直接用九十度盤來解讀一個人該注意的事情。可見得第四泛音盤的影響不小，一般來說第四泛音盤代表了努力生命中的不足與缺憾，覺醒等等。

舉例來說吧！甘迺迪的冥王星與火星在出生圖上只產生了一個小小的半四分相，但是這個半四分相到了第四泛音圖當中，竟然變成了位在第十宮的冥王星，與第四宮的火星的對分相。

第五泛音盤的創造性與落實想法對於許多從事創意工作來人來說相當重要，這張圖重點在於落實想法，或是思考行動的步驟的先後順序，目標與創造力。

第七泛音盤則有啟示、想像、創意，同樣的具有伴侶互動的關係。第九泛音盤代表著精神上的幸福、滿足，甚至如同印度占星術的說法，從伴侶關係中獲得的滿足。其實在不同的數字解釋當中，我們還可以發現許多泛音盤的功用，甚至去尋找第十二泛音盤或是第十三泛音盤甚至第三十六泛音盤的意義。

泛音盤的計算

在瞭解泛音盤的原理之後，我們就可以展開泛音盤的計算，要瞭解一張泛音盤，就是占星與數字的結合。計算的過程一點都不難，雖然我們都已經可以使用電腦來畫出泛音盤，不過想要親手感受泛音盤奇妙之處的人，我還是建議你用手繪製看看。

首先準備一張空白星盤，並將行星在原本黃道上分成 12 星座的度數，還原成 0-360 度的絕對經度，依照下表，將原本行星的度數加上星座的基本度數，就是

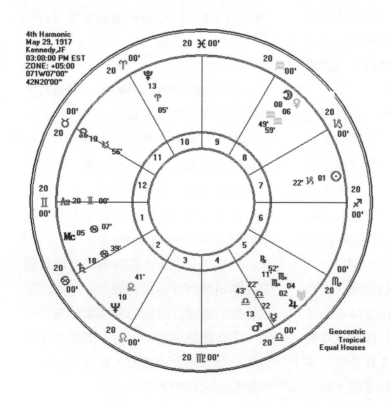

約翰甘迺迪的第四泛音圖

星座	絕對度數
牡羊座	0
金牛座	30
雙子座	60
巨蟹座	90
獅子座	120
處女座	150
天秤座	180
天蠍座	210
射手座	240
魔羯座	270
水瓶座	300
雙魚座	330

絕對經度。

　　例如：我們想要畫出 Steven 的第五泛音盤，首先就要將他命盤中的上升點、日月金木水火土天王海王冥王等星都換算成絕對經度。假設木星在雙子座 5 度，計算方式就是 5+60 ＝ 65，得出木星的絕對經度為 65 度。

　　將計算出來的絕對經度乘上泛音盤的數字，例如要計算第四泛音盤，就要將所有行星的位置乘上四，要計算第九泛音盤，就要將所有行星的位置乘上九，在這個例子中我們要算的是 Steven 的第五泛音盤，就要將他所有行星和上升的絕對經度乘上五。

　　Steven 木星的絕對經度 65 x 5 ＝ 325

　　將求出的數字換算回黃道上的星座，例如 Steven 第五泛音盤的木星位置就在 325 度，我們找出上面表中最接近且小於 325 的度數就是水瓶座的 300 度，再將 325 減去水瓶座的 300 度得到 25 度，我們因此找到第五泛音盤木星的位置是水瓶座 25 度。

　　如果某個絕對經度乘上泛音倍數大過 360 度時我們可以減 360 度，直到他小於 360 度為止。

　　例如 Steven 的太陽在水瓶座 3 度換算成絕對經度 303 度乘上第五泛音的倍數 5 等於＝ 1515 度。這時候我們將 1515 度減去 360 得到 1155 度，仍然大於 360 度，所以我們必須不斷的減去 360 度，直到度數小於 360 為止，最後我們得到的度數是 75 度。換算成黃道上的位置就是雙子座 15 度。

　　將所有算出來的行星與上升點都標示在空白的星圖上，並且依照傳統占星術得方式找出彼此的相位關係，一張泛音盤就完成了。

如何詮釋泛音盤

　　畫好泛音盤之後我們就可以開始解釋，泛音盤在現代的占星學來說，已經成為一門必修的功課，特別是第四泛音盤最常受到重視，我們可以從第四泛音盤當中看出一個人應該努力與奮鬥的地方，第四泛音盤就如同先前提過的九十度盤一樣，將所有的強硬角度都重新排列，所以讓人能夠一眼看出我們該努力的方向。

第五泛音盤指出一個人具有哪方面的創意能力與實踐能力。第七泛音盤則傾向於關係和精神層面的提升。第八泛音盤可以看出此人與環境的互動與限制，第九泛音盤代表著幸福與心靈的成長。

解釋泛音盤有下列重點必須注意：

①在詮釋泛音盤上有幾個重點必須注意，不知道你注意到了沒，剛才計算的時候我們並沒有要求你從上升星座的新位置畫出一條線然後分宮，因為宮位在泛音盤中很少被討論，最多討論上升或下降的位置，那也是非不得已的解釋。

②解釋泛音盤時必須熟悉行星的本身特質，太陽代表自我、月亮代表潛意識、情感、情緒等，最多再從所在的星座添加一點點提示。

③注意相位，在泛音盤中全看行星是否與其他行星產生相位，這裡的相位並不代表著正負面意味，不像是傳統占星術那樣，對分相就是不好，而是代表行星之間的影響力增加。當行星之間形成愈多的強硬相位（合相、對分相、四分相）就表示這兩顆行星代表的事物，在這張盤中值得注意，在強硬相位之後才是三分相與六分相的影響。

④而相位的容許度因占星師而有不同，在泛音盤中需要占星師用有別於傳統的容許度合相可以放寬到 9-10 度，對分相則縮減到 6 度的容許值，三分相與四分相都只有 3 度的容許值，而剩下的六分半四分相或十二分之五相都只有 1 度的容許值。.

⑤找出影響力最大的行星，特別當泛音圖中的有某行星與一整群行星產生互動或對立時，這一顆行星顯得相當具有影響力，如果是一整個星群時最好找出主要的行星（例如整群行星所在星座的守護星），可以說是這張泛音盤的主角，這時我們要注意此行星以及他所在星座所代表的意涵，以及他和哪些行星交會所帶給你的想法。

⑥注意行星相位的改變，有些時候我們可以參考原出生圖與泛音盤，出生圖當中如果有一顆無相位的行星在泛音盤中變化了，就表示當事人需要這方面的事情來引發自我特質的改造，因為無相位的行星代表相當明顯的自我特質。一旦因為某張圖，例如第七泛音盤當中此顆行星和海王星產生了激烈相位，那麼在宗教藝術上的啓發，是此人改變自我特質或是與他人展開真誠互動的關鍵。如果在泛音盤中出現了某顆無相位的行星，那麼也可以解釋在此泛音圖影響的事物上，此星所代表的事物會被突顯在個人特質上。

⑦注意太陽與其他行星相位，一般來說要注意太陽被哪些行星影響可以用來簡單的解釋泛音圖，但是我們通常會先觀察重點行星，然後再觀察太陽的位置與其他星的關係。

案例解讀：第四泛音盤 路克的努力

　　我的朋友路克生活當中總是充滿挑戰，要怎麼說呢？白話一點，他實在很倒楣，再怎麼倒楣的事情都容易被他碰上，每兩三年就會被搶一次，他很活潑卻沒什麼自信，遇到倒楣事情的時候更常常找不到可以幫助他的朋友。每次解決完舊的問題，新的問題會馬上跑出來，就連我都相當訝異老天爺是怎麼對待他的。從另一方面看這個人很努力在工作，好像在證明什麼，可是卻又常常在事情遇到緊要關頭時，就會失去自信。

　　當我看到路克的第四泛音盤時，就會明顯的看出在魔羯座的冥王星帶給他相當大的壓力，這顆冥王星一共與太陽、水星、土星產生對分相與四分相，又和木星產生三分相金星產生半六分相。明顯的這是第一顆該注意的星，不過也不能忽略冥王星在魔羯座，正好與他的土星產生四分相，他的土星則正好進入天蠍座零度。

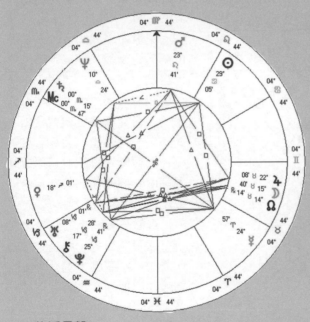

Luck 的泛音盤

　　我們可以大膽的推測路克（太陽）受到父親（土星、冥王星）的壓力影響，而有著心理上的障礙。根據路克的說法，他小時候總是為了吸引家人的注意，不過他的成績和表現總是受到父親的否定，也因此他常常會認為再努力也沒有用。

　　我們無法忽略第四泛音盤當中又出現了冥王星與太陽，還有水星與土星相互交會形成的大十字，這也解釋了為什麼路克總是那麼容易招惹上麻煩。但我們觀察到路克的金星、金星、水星在第四泛音盤中形成了三分相又和土星產生類似風箏的互動，事實上路克總是有許多幸運的時機，也是個觀察力敏銳且文筆不錯的人，但卻因為他的自我否定而錯過。

　　這顆代表嚴格父親的土星和互融的冥王星，就是路克的壓力來源。在這樣的壓力下，如果路克不能夠理解努力是為了自己（太陽），而不是為了表現給他人看，特別是父親（土星），那麼想要逃脫的這壓力的機率恐怕很小。

案例解讀：第五泛音盤　莫札特的天賦

　　莫札特出生於 1756 年的 1 月 27 日在他的出生圖上我們可以隱約的看出來第五宮的創造來自於不安（凱龍星占據了第五宮），影響他水瓶座太陽、水星、火星、金星的天王星又落在第七宮的宮頭，顯示出他的天才顯露在人前，使他對於人我關係極為敏感。

　　而他上升星座的守護星（命主星）水星又和海王星呈現對分相，顯示他的藝術才華多半來自於內心豐富的世界與想像力，而他的海王星占據第十一宮，相當明顯的解釋了他的作品受到神祕組織共濟會思想的影響。

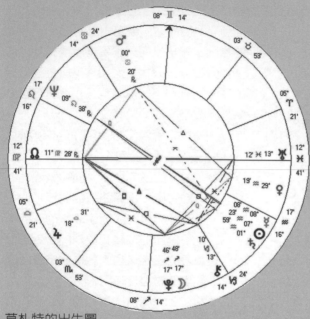

莫札特的出生圖

　　但是如果我們仔細觀察他的第五泛音盤，你會眼睛一亮地發現，海王、木星與天王星在魔羯座，與太陽、水星、火星、北月交直接呈現對分相，此時在一旁金星與月亮、冥王星在天秤座，雖然沒有形成強硬角度，但是卻和兩端各自形成了三分相與六分相的角度。

　　雖然直接衝突的兩端星座帶來活躍的思考，與蓬勃的創作能力（水星與太陽），並且讓人注目擁有個人特色與神祕色彩（木星海王星與天王星），但是這兩種條件都藉由了對音樂情緒般的執著（月亮、金星、冥王星特別在天秤座）而表現出來。

　　這當中最強勢的是金星，不但本身回到天秤座的守護，並且和月亮冥王星產生合相，並且與其他行星都形成了相位。顯示藝術（金星、天秤）的創作（第五泛音盤）是莫札特必須走的道路。

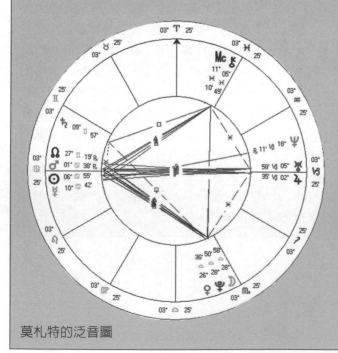

莫札特的泛音圖

　　此外，還要注意在這張圖中有一顆無相位的逆行海王星，幻想以及對於神祕思想會在他的作品當中表現出來，並且使人注目。當音樂學家們仔細的研究莫札特著名的歌劇魔笛時，就指出當中有許多神祕學的思想，與共濟會的研究有所關連，而莫札特就在西元 1785-1791 年間開始研究共濟會的思想，並將其想法大量的融入其作品當中，光是這一點，你不得不小看此顆無相位海王星的影響力。

推薦參考讀物

① John M. Addey, Harmonics in Astrology, Fowler & Co.

② Michael Harding . Charles Harvey, Working with Astrology, Arkana 1990,

③ David Hamblin, Harmonic Charts, Aquarian Press.

第三十九章　凱龍星

除了八大行星外，還有一些圍繞著太陽運轉，但體積又不足以構成行星條件的星體，就稱為小行星（Asteroed）這些星體大約都在晚近被發現，而小行星在占星學的使用起於現代，由於科學家們觀測到介於火星與木星之間的小行星或衛星，引起了占星家們的注意。

不過，小行星的使用並不是每個占星家都認同的，有些占星家認為，只需要太陽系裡地球除外的八大行星與太陽月亮在命盤上的位置，就可以解釋許多事情，不過這當中還是有些模糊的界線，例如：凱龍星就是一顆常被占星家們使用的小行星。

而其他的小行星存在介於火星與木星的小行星帶，經由天文學的命名以及占星學的解釋，仍有部分的占星學家採用這樣的行星作為命盤解釋的一部分，但也有占星學家排斥這樣的概念。但我們仍在這裡提出來，讓對小行星有興趣的人可以參考，如果覺得有興趣深入研究建議去閱讀相關的原文書籍。

凱龍星

「⚷」是凱龍星的符號，在西元1977年天文學家們觀察到介於土星與天王星間一顆軌道異常的小行星，根據長期的觀察後，發現這顆特殊的星體類似半慧星半小行星的狀態，在天文學上他同時被定義為小行星與慧星，而他的運行軌道相當特殊，有一部份位於木星與土星之間，另一部份位於土星與天王星之間，這也造成在占星學中凱龍星可停留在白羊座長達8年，卻只停留在天秤座15-18個月，整體來說凱龍星繞行黃道一週需花上50年。

在西元2006年國際天文聯合會的的討論當中將原本定義為冥王星衛星的凱倫升格為行星，由於此行星的英文名字與凱龍星的 Chiron 很接近，請讀者不要搞混，目前占星學界仍沒有對凱倫做出討論。

凱龍在神話當中是克諾斯與希尤利拉所生半人半馬兒子，一出生就被母親給遺棄，卻在眾神的教導之下通曉著醫術、音樂、武術、占卜，具有不死之身，賢者凱龍是許多希臘英雄的老師，他的學生包括著名的冒險英雄傑森與精通醫術的阿斯克樂比厄司及海克力士，可是他最後卻誤中了海克力士的毒箭痛苦不已，由於他是不死之身，就必須永

遠承受毒箭的折磨，最後他向宙斯請求拿他的不死神性與普羅米修士交換，才得以從痛苦當中解脫。

他死了之後宙斯將他移到了天空當中成為射手座，凱龍的智慧與醫術，加上神話中從小被遺棄還有被弟子誤傷的痛苦折磨，如何在諸多痛苦中運用自己的智慧走出生命的道路，就是凱龍星代表的象徵。

在占星學中象徵著那些不斷重複發生的問題，代表著心靈的傷痛，當你身邊的問題不斷的重複發生時，我們必須理智的問自己為什麼這樣的事情一再發生，我們該如何解決呢？通常有些不斷重複的問題是我們任由它發生，可能是在潛意識中我們不願意去觸碰的問題，就因我們忽視這些問題時，繼而產生了一些困擾。

舉個好笑的例子吧！我們常會遇到洗澡時頭髮堵住排水孔，而造成浴室或浴缸淹水，可是我們卻常常放任這樣的問題不管，或許是因為懶惰或許認為用手去清理排水孔太髒。於是非要到浴室積水時才會去清理，甚至有人完全不明了為什麼他們家的浴室會常常積水不退，正因為他們沒有看見那些頭髮正堵住了排水孔。

凱龍星代表的意義也類似，那些我們不願意或是看不見的，心靈盲點與問題，甚至是心靈創傷，在我們的生命中不斷的製造麻煩，直到我們面對他們並想辦法面對這樣的傷痛。

今日許多占星學家重視凱龍星，勝過於其他更早或更晚發現的小行星，這或許與心理占星學派的興盛有著相當大的關連，他們甚至認為凱龍的軌道穿越了土星與天王星，土星代表限制天王星代表改革，土星也代表著業力干擾我們的地方，這不正好就符合了凱龍星的解釋，它來回於限制與改革之間幫助我們不斷的成長，並提醒我們靈魂傷痛所在的位置，建議我們該如何面對。而在命盤解析時，我也只使用這一顆小行星，用來找出心靈上的傷痛。

占星師芭芭拉‧韓‧克勞（Barbara Hand Clow）認為凱龍星可以是為處女座的守護星，而梅蘭尼‧瑞茵哈特（Melanie Reinhart）認為凱龍的人馬性質應該與木星共同守護射手座，在處女座則是強勢的位置，無論何種說法都顯示了凱龍與治療和精神成長的密切關係。

在心理占星學派中，凱龍被認為是童年時的創傷，藉由人生的歷程來撫平，由於凱龍星出現的西元 1970 年代末期，正是心理諮商與自我成長的開始興盛的時期，所以占星家們認為凱龍具有心靈治療與成長的關連。

而根據我的老師同時也是研究凱龍的國際占星權威梅蘭尼‧瑞茵哈特的研究，凱龍星在星盤上帶有下列的意義，心靈上的傷痛或許就來自童年的記憶，父母親與你之間互動下所產生的問題，凱龍星所在的宮位顯示傷痛的表現方

式，例如在第一宮時很難面對自我，因為有自我的地方就會帶來傷痛。凱龍在第3宮的人或許必須面對學習溝通或是兄弟姊妹帶來的傷痛。如同前文所說的，這些傷痛會在生命中一再地出現，直到我們學會如何和他們共處和成長。

凱龍也很有可能使我們在某方面（所在的宮位）過於自我膨脹，認為自己是對的而否定他人在這方面的表現或給我們的建議。凱龍也代表我們必須犧牲捨棄的部分，神話當中的凱龍藉由捨棄不死的神性換得解脫，也因此凱龍所在的宮位也暗示我們必須捨棄的或犧牲的部分，而換得安寧平靜的生活。

同時凱龍也是我們內在的精神導師，透過瞭解面對自我的傷痛來發展我們的精神層面，但凱龍所帶來的傷痛也進一步讓我們能夠治療與幫助別人，例如第一宮的人知道面對自己有多困難，而他們卻能夠藉由這樣的傷痛來幫助別人面對自己。例如：凱龍在第十宮的人或許很害怕成為公眾人物，但他們卻深深瞭解到一個公眾人物需要具備的能力與面對的傷痛，於是他們就能夠成為另一個公眾人物的幕後推手。

★凱龍星在落入十二星座

凱龍星在白羊座：

當凱龍星進入白羊座時帶來了自我的忽略，這樣的人通常不喜歡獨自一個人面對事情，常需要尋求他人幫助來肯定自我，就像是一個受到忽視的小孩一樣。這些人必須承認通常是他們自己忽略了自己，而將這份責任投射到他人身上，通常這種情況在凱龍出現在第一宮與第七宮時更為嚴重，必須重新時起自己對自己的肯定。

凱龍星在金牛座：

這樣的人對於物質有著不舒服的感受，他們可能是守財奴或唯物主義者，或許是因為宗教的因素或是生活環境的關係，讓這些人對於金錢和物質總是有不滿足的感覺，使得他們過於吝嗇或是放縱，同時金牛座也代表實體，例如我們的身體，他們通常傾向忽略照顧自己而帶來健康上的問題，但是卻很可能也是幫助別人發展健康身體的那個人。

凱龍星在雙子座：

凱龍星在第三宮和雙子座的人容易有著溝通的困擾，他們要不是話多到讓其他人受不了而要求他們閉嘴，就是很少開口說話。原因是因為他們在幼年時代的表現慾望被父母或長輩給壓抑了，使得長大之後他們對該開口或該閉嘴這件事情無法拿定主意，這些人得學會如何表達自我，並且瞭解與原諒先前長輩壓抑他們的錯誤，這樣的人往往可以成為不錯的心理諮商者。

凱龍星在巨蟹座：

位在巨蟹座的凱龍帶來了與母親之間難以切割的臍帶連結，這些人很難切斷自身與母親的關係，或許小時候受到母親過份的保護，或是沒有獲得足夠的關懷，使得他們相當在意母親及身為母

親的人的表現。

他們一方面試圖掙脫母親的掌控，另一方面卻又無法走出這種照顧與掌控的關係，他們的表現通常藉由對家人或親密伙伴的漠不關心，或是過度關心來表現自己的抗拒。人生課題上這些人總是希望尋求一個歸屬感，卻忘了每個人都必須屬於自己。

凱龍星在獅子座：

雖然獅子座代表了創意與表現，但也不要忘記黃道第五宮獅子座代表的是目標以及帶來喜悅的事物，這樣的人很難徹底的享受歡樂，很可能在高興的時候浮現出一些陰影。

凱龍星在獅子座的人幼年時的目標通常被阻礙了，也因此這樣的人對於培育孩童有著極大的興趣，身為父母的他們會不斷鼓勵子女去實現自己的目標，但是負面的情況下，可能會強迫子女去完成父母未能完成的夢想。凱龍在這個位置最好的方式是透過創作與照顧別人來撫平傷痛，卻不是要別人注意到你。

凱龍星在處女座：

許多占星師都認為凱龍與處女座息息相關，甚至人為凱龍在此可以讓一個人成為相當不錯的治療師（無論心理或身體），但凱龍星在處女座容易帶來對於許多細節的過度在意，可能在童年時曾他們被嚴格的要求，或是曾因為忽略細節而失敗，導致他們對於許多事物的細節規劃相當在意，這容易使他們陷入泥沼當中而無法前進。

這些人對於身體和工作都很敏感，他們可能強迫自己完美的完成工作，或是遵循著某種健康生活方式，卻很有可能透過藥物或酒精的控制來面對傷痛。而這樣的人有可能極端的奉行著苦行僧的自律生活或放蕩不羈的態度，藉由這些方式逃避傷痛，他們必須知道逃避傷痛並非辦法，或許認真的去探討與面對不但最後可以幫助別人，甚至可以幫助自己。

凱龍星在天秤座：

哪裡有合作關係哪裡就有傷痛，凱龍在天秤座的人對於與他人合作這件事情相當的敏感，從一方面他們總是表現出需要他人幫助，但另一方面他們又無法忍受與他人合作時帶來的不愉快記憶，使他們不斷的變換合作對象，或是顯得很難和他人妥協。

同時這個位置也暗示著同樣的問題容易發生在婚姻或人生伴侶身上，這些人很可能在痛苦的婚姻當中忍受很長一段時間，直到自己承受不了才離去。這些問題常常源自於父母親的問題，認真的去看待這一層關係，必要時尋求心理諮商的幫助，才能夠真的走出這層陰影。

凱龍星在天蠍座：

性與死亡是人們最為好奇的事情由天蠍座掌管，凱龍在這裡加強了這些人對於 與死亡的恐懼，也使得這些人在性愛上的表現總是過與不及，天蠍也讓這些人對於事物與權力的看法顯得過份

極端，他們必須理解到這些事情都是人生的一部份而以平常心看待。面對心靈的黑暗並且承認他們也是自我的一部分需要安撫，是凱龍在天蠍座與第八宮的人生課題。

凱龍星在射手座：

凱龍星明顯的指出射手座的遠見與行動如果過度膨脹的話會有什麼後果，看得太遠於是期望過高，當你幻想著某個地方是四季如春充滿著鳥語花香時，可能會因為地上的垃圾而感到失望，這就是凱龍星在射手座的提示，過度的期望而拒絕接受現實，太過自信而失去更多幫助改進的建議。

這些人在信仰和人生觀上總是會有些挫折，也可能受到精神導師或你所尊敬長輩的傷害，進而懷疑自身的信仰。但這卻是凱龍最舒適的位置，在這裡我們必須學會謙卑的檢視著我們的信仰與他人的信仰，才不容易受傷。

凱龍星在魔羯座：

權威或整個組織的掌控造成此人心靈上的陰影，這些人很有可能是小時候生活在一個由權威掌控的環境，或是擁有嚴格的父親、長者來控制他們的行為，以致於日後他們對於權威體制充滿了迷思，很可能是那種過馬路絕不闖紅燈的人，但卻也有可能在某些行為上採取反抗社會與組織的態度。

就如同凱龍在巨蟹座帶來與母親難解的複雜情節一樣，此人與父親有著複雜的情感，一方面他們亟欲推翻父親的時代，另一方面卻又渴望父親給予的溫暖，土星代表歷史代表過去，唯有理解這道傷痕已經是過去，才能夠幫助這些人走出父親帶來的傷痛。

凱龍星在水瓶座：

凱龍星遊走在土星與天王星之間，我們不得不承認此星對於這兩個星座的人有著神奇的影響，他可以幫助土星控制的魔羯、水瓶走出陰影，但是否應該把所有舊世界都推翻呢？凱龍星在水瓶座的人對於改革與守舊兩者都存在著質疑，他們遊走於兩者之間，看清兩者的他們是屬害的評論家，但他們必須學會在新與舊之間截長補短，融合兩者。

凱龍星在雙魚座：

凱龍星在雙魚座的人擁有大慈大悲，他們為了這世界上的傷害與不公平趕到傷痛，他們總是想要去幫助他人以減輕心中的罪惡感，但事實上他們卻因此而忽略了自身能力的侷限，或是身旁更為現實的問題。這樣的人多半具有藝術的創作能力，藉此來宣洩心中的傷痛，但也時常活在封閉的幻想當中自憐自哀。

★凱龍星落入十二宮

凱龍星在第一宮：

凱龍星在第一宮時問題容易出現在自我認同上面，通常這些人可以清楚的看出他人的問題，幫助別人解決問題，對於自身的問題卻不願去解決，此人大部分的麻煩都由此延伸，若不解決問題

將不斷的重複發生，此外，也要同時參考凱龍星在牡羊座的說明。

凱龍星在第二宮：

物質與金錢是此人的盲點，在心中他們對於金錢與物質有著複雜情節，習慣用物質來衡量其他人、事、物，卻又因此感到羞愧，對於自身的金錢使他們自大或自卑，可能揮霍可能吝嗇，在金錢的處理上極爲混亂，無法保持平常心看待，如果能夠放下用物質衡量一切的價值觀才能阻止問題的發生，請同時參考凱龍星在金牛座。

凱龍星在第三宮：

與兄弟姊妹的關係是心靈上需要彌補的傷痛，沒有兄弟姊妹而感到的憾，或是與兄弟姊妹之間不愉快的關係阻擾了此人日後的發展，此外在思想與表達上常有疑惑，他們總是擔心別人不聽他們的或是不夠瞭解他們的意思，這些都造成了他們與身旁人的緊張關係，請同時參考凱龍星在雙子座。

凱龍星在第四宮：

過去的家庭關係是此人大部分問題的來源，他們太過關注家庭當中無法獲得的溫暖，或是受到過多的控制，其他人或許能夠輕鬆的跨越被父母親的否定與忽視，但是這些人甚至無法對雙親的小小的忽略等閒視之，唯有走出這樣的陰影才能夠獲得更爲健康的人生，請同時參考凱龍星在巨蟹座。

凱龍星在第五宮：

愛是凱龍星在第五宮的創傷，他們可以是其他人的愛情顧問，可是他們卻得不斷的克服自己想要找回失落的愛的衝動，就算他們已經身在一段幸福的關係當中他們仍會將生命的焦點放在那段得不到的愛情上。而他們也傾向讓子女受到最好的教育和保護，或是完全忽視子女，因爲他們太過害怕失去這個他們所愛的對象，而有較極端的反應，請同時參考凱龍星在獅子座。

凱龍星在第六宮：

如同凱龍星在處女座一樣，這些人對於自己的身體健康容易忽視掉，甚至常以自己的身體爲羞恥，如果無法克服這個障礙，他們會將這些問題延伸到生活上。例如他們會極端的要求在其他方面的完美表現，不斷的累積自己的實力並喜歡批評他人，使他人忙於注意自己的缺點，而遺忘此人的缺點，請同時參考凱龍星在處女座。

凱龍星在第七宮：

這些人對於婚姻或合夥的關係有著相當複雜的情結，他們可能因爲見到或是親身體驗太多不愉快的伴侶關係而促使他們對婚姻卻步，這些傷痛可能源自於父母之間的關係。他們可能是不錯的婚姻諮詢或是合夥顧問，但是他們通常不敢輕易的與人結合或是與他人合作，或是擁有著相當辛苦的伴侶關係，請同時參考凱龍星在天秤座。

凱龍星在第八宮：

當凱龍星進入第八宮時帶來一個人對於權力、性愛以及控制慾望的迷思，

429

他們從一方面知道這個問題的存在，可是卻又對於這些事情感到興趣無法輕易的擺脫，使得他們的性生活帶些詭異的氣氛。他們也可能在金錢上依賴他人，從另一方面卻不願意承認，寧願閉上眼睛而不去面對現實，請同時參考凱龍星在天蠍座。

凱龍星在第九宮：

這些人對於心靈的成長有著期待，某種程度下他們相信人在精神上是不完美的，必須透過不斷的學習以及研究才能夠成為一個完美的人，通常這樣的人會質疑宗教與思想，卻又不停的尋找人生或宗教的真諦。其實必須注意到他們精神生活上的無法滿足，才是他們最大的缺憾，請同時參考凱龍星在射手座。

凱龍星在第十宮：

任何事情都無法掩蓋這些人對於成為成功的社會人事這件事情的期待，他們總是細心規劃未來，擔心天有不測風雲壞了他們的計畫，也擔心他們是否不符合大眾的期待。對於這些事情太過在乎，使得他們更容易受到他人的影響與傷害。有時這個位置如同月亮在天頂一樣，習慣去照顧每一個人，想要面面俱到，最後換來疲倦不堪的下場，請同時參考凱龍星在魔羯座。

凱龍星在第十一宮：

凱龍星在第十一宮時帶來人們對於社交生活的敏感態度，他們渴望成為任何團體的一員，他們害怕被排擠在團體或社群之外，也因此忽略了自己的生活與目標，他們的生活總為繞著他人打轉，藉由付出關心幫助他人來換取自己被接納在群體中的安全感，請同時參考凱龍星在水瓶座。

凱龍星在第十二宮：

凱龍星在第十二宮的人對於未知的事情感到相當恐懼，他們也害怕處於安靜而被人遺忘的地方，他們藉由對未來的猜測與瞭解來掩飾自己的不安與恐懼，這樣的人往往會去接觸神祕學、占星學、塔羅卜卦算命等。其實克服對未知事物的不安就是去瞭解，並且告訴自己其他人也一樣為何他們能好好的活著，請同時參考凱龍星在雙魚座。

★凱龍星的相位

當凱龍星與某行星呈現合相時，很明顯的這就是這個人造成這個人心靈創傷的事情，我們可以注意所在的宮位表示此人所敏感的環境，加上合相的行星表示受創的來源，受創後的行為往往會有兩極化的反應可以解釋，必須認真面對以求傷口的癒合。

凱龍星的合相通常是正負面意涵的同時結合，與太陽的合相帶來一種命運的牽引，他們常常會莫名的走上一條奇怪的生命歷程。與月亮的合相帶來情緒的不穩定，需要伴侶的幫助。與水星的合相帶來聰明的智力，但卻同時無法輕鬆的自我表達。金星則顯示在愛情上面有著極為敏感的觀點，特別要注意愛情的問題，火星帶來解決問題的勇敢卻也

帶來衝突與意外。

　　與木星的合相暗示著能夠瞭解別人的傷痛並且啓發他們，但卻無法解決自己的問題。與土星和天王星的合相相當奇特，他們能夠掌控所有的狀況去做任何他們想做的事情，這一點與正面相位也相同，卻也容易帶來緊張。

　　與海王星的結合會帶來尋求精神解脫的道路但過程卻極爲辛苦，很難判斷正確的道路，與冥王星合相則帶來強大的心靈能量與緊張。與上升和天頂的合相雖然具有幫助別人的能力，但是首要重點卻是自己能否跨越自己的心靈障礙。

　　凱龍星的正面相位雖然同時有傷痛或傷害他人，但也帶來這些層面的治療與理解，與太陽月亮的正面相位幫助此人更瞭解自我，水星能夠理解與思考自己的傷痛，金星能夠瞭解愛情與友情的傷痛，也藉由友情與愛情治療自己，火星能夠藉由行動與性愛釋放傷痛，木星能夠以未來的遠景與成長使自己遠離傷痛。而木星以外的行星則多半與合相的效果相似。

　　至於負面相位可以參考合相，卻在內心衝突上加重，並且增加自我治療的困難度，多半需要藉助心理諮商來克服困難。

第四十章　擇日占星學

擇日占星學（Electional astrology），指的是以占星的方式選擇一個最有利的日子，最常見的如運用在選擇婚禮的日子，或公司成立的日子等。如果出生圖占星學是利用一個人出生的時間來看一個人的命運，擇日占星學則是為事件選擇一個適宜的日子，以便能帶來更好的發展。而擇日占星學的「Electional」，就有「選擇」的意思。

擇日占星學的原理相當簡單，只要將對方所提供的幾個日期製成星圖，之後觀察哪個日子對該事件最有利即可。在幫人選擇日期時，要記住沒有絕對完美的擇日圖，占星家們只能在現有的幾個時間點中，作出最符合對方要求的選擇。

行星的考量

在行星方面，太陽、月亮、金星、水星、木星都是吉星，而火星與土星則較為負面。但如果該事件特別需要行動力，具有柔和相位的火星此時則具有正面的影響力；如果該事件與錢財有關，或特別需要強調安定，那麼柔和相位的土星同樣能帶來穩定的力量。

天王星、海王星、冥王星等多半偏向負面解釋。天王星除了在夥伴關係、團體或科學研究上有正面影響外，對於婚姻卻是相當不利的；而海王星只對創作方面的事件有利，對身體健康方面則有不良影響；冥王星除了對投資理財有負面影響外，在其餘事件上也多半採取負面解讀。

除此之外，擇日占星的星盤上若出現北月交或幸運點，或許能帶來些許好運，但影響力也比不上實際的星體。雖然如此，在擇日時最好避開代表南月交這個不受歡迎的位置。

在擇日占星學上，月亮可說是最重要的角色，通常暗示著事件接下來的發展情形。一般來說，最好能避開月亮呈現負面相位的時間，尤其是月亮的四分相，這會帶來極大的壓力，而對分相則是特別不利於合作。占星師們在擇日時較好的選擇是，月亮與上升星座的守護星產生吉相位的時刻。

一般來說，新月到滿月之間的上弦月，對於事物有著增益的效果，尤其是農曆的初八左右的上弦月。諸如開業、結婚等，希望能夠恆長久遠、逐漸成長的事件，最好能選擇新月到滿月之間的

時間。

　　相反的，如果你要選擇讓事情結束，或是希望一件事情能夠順利完成，就選擇滿月過後到新月的這一段期間。例如：要展開一件希望能夠盡快完成的工作，或是想要早日將房屋貸款還清，就可以選在這段時間簽約。

　　此外，月亮完全沒有跟任何行星產生相位的位置（亦稱為「月無相」，Moon void of Course），也是擇日時必須避開的，因為在這個時間點展開的任何行動，通常不具有任何效應。但如果要安排一個可有可無的聚會，或是希望寄出的稅單文件等不被刁難，就可以故意挑在月無相的時間點。

　　水星的負面相位容易對交易、買賣、交通、汽車方面產生不良影響，金星的負面相位，則會影響到婚姻、合作關係與錢財；火星則與行動有關，特別是一些需要激烈活動的計畫；木星的正面相位，則對出版事業和旅行有相當大的幫助。而由於土星有穩定的作用，當土星出現在第七宮或有正面相位時，則可用來鞏固合作關係。

　　除此之外，行星的強勢、弱勢或逆行與否也需要加以考量。雖然有些占星師不太重視行星的逆行，但畢竟沒有人會喜歡一顆弱勢失效的金星出現在婚禮當天，而逆行的金星除非是一段破鏡重圓的婚禮，否則多半也代表負面影響。與財務或買賣有關的日期，也不宜出現弱勢或逆行的金星。

　　而逆行或弱勢的水星，也不適合出現在商業談判的日子裡，特別是當逆行的水星跑到第二宮或第三宮時，將會對交易、溝通產生不良的影響。逆行的火星除非是與行動力有關的事件需特別避開，否則很少被考慮。逆行的木星則代表缺乏好運，旅行或法律相關的事務，最好也能避開逆行木星出現在第九宮或第七宮的時間點。

宮位與星座的考量

　　解讀擇日占星圖時，需熟知每個星座與宮位所代表的基本意義，例如：婚姻與第七宮和天秤座有關；第九宮則代表海外旅行、飛行或出版事業；而金融則與第二宮和金牛座有關，所以許多英國銀行的成立，也特地挑選太陽或上升在金牛座的時間點。

　　此外，上升在開創星座的時刻特別適合展開新計畫，固定星座則有利於關係的穩固，變動星座則適合有彈性的計畫等等。而太陽、月亮、金星、木星在上升或天頂時，通常能帶來更多的好運與和諧。

　　四角宮也占有重要的地位，即使天頂或上升沒有出現凶星，但若是第四宮宮頭出現凶星或負面相位時，也容易對代表自我表達的第一宮與夥伴關係的第七宮產生負面影響。所以，當火星、土星、天王星或冥王星出現在角宮時，除非這些行星是當事人重要行星的守護

星，否則最好可以避免。

相位

在相位的使用上，擇日占星學常運用的相位，包括：合相、三分相、對分相、六分相及四分相等，半四分相有時也會列入考慮，但是之後的微相位就沒什麼好考慮的了。

月亮與上升星座因為移動速度相當快（月亮一天約移動 12 度，上升則是每 4 分鐘移動 1 度），特別是針對火星或土星這些不太受歡迎的星，如果能夠安排它們與上升點產生三分相或六分相，會使得它們原本的破壞力量被抵銷，將阻力化成助力（亦即在土星或火星長久滯留在重要宮位時，利用這些行星與上升點產生正面相位的時刻，來消減這些行星的負面影響）。

選擇結婚日期

如果要替客戶或家人選擇結婚日期時，除了注意上述要件外，最好能選擇一個「固定星座」的上升點（例如：金牛、天蠍、獅子或水瓶），不然選擇開創星座的牡羊、天秤、巨蟹、魔羯也不錯，千萬不要讓上升點跑到變動星座去。

而月亮的位置，最好也不要讓它出現在變動星座，或是每一宮的 29 度，除非是牡羊座的 29 度或雙子座的 29 度等暗示較好發展的位置，尤其要避開

的是天秤座 29 度和射手座 29 度，這會讓這段關係變成黑白。

如果可以的話，盡可能尋找一個上升點與下降點，都與某顆和婚姻有關的重要行星形成正面相位的時刻，例如：金星正好與上升點呈現三分相，並與下降點呈現六分相的位置，或是月亮與上升、下降都形成吉相位的位置，又或者是，讓月亮與上升或下降點的守護星形成吉相位的位置來取代，例如：上升在雙子、下降點就在射手。當月亮剛好和水星、木星形成正面相位時，就是一個很好的選擇。

此外，太陽和月亮之間的角度也很重要，因為這兩顆星代表男女雙方，所以最好選擇正面相位的時刻。雖然土星在第七宮代表穩固的婚姻，但有時候也會讓婚姻關係較單調乏味，最好還是能避開四角宮，或是把它移到與上升和下降星座形成正面相位的位置，讓它來穩固這段感情。

天王星、水瓶座和變動星座都代表孤獨，最好能夠避開這些行星或星座落在四個角宮的時間，尤其是天王星與太陽、月亮形成四分相或對分相的時間。

至於其他行星的相位選擇，則可在熟知行星、星座與宮位解釋後，靈活運用在不同的個案上。我們雖然不能選擇出生的時間，卻可以透過日子的選擇，為自己和他人帶來更幸福的未來。底下試舉一個案例，說明擇日時會遇到的實際狀況與挑選原則。

案例解讀

我有一對朋友原本預計要在西元 2006 年的 3、4 月舉辦婚禮，問題是為了家人的時間，他們只能選擇在 3、4 月的週末。

因此，我首先觀察 3 月到 4 月的星曆，去掉那些金星、水星逆行的週末日子。翻查星曆後發現，幾乎整個 3 月水星都在逆行，一直要到 3 月 26 日星期日，水星才開始恢復順行。

不過這一天，月亮也差不多要進入水瓶座的尾端了，容易對他們的未來帶來更多無法預期的變化。所以我們只能考量 4 月的週末，分別是 4 月 1 日、4 月 2 日、4 月 8 日、4 月 9 日、4 月 15 日、4 月 16 日、4 月 22 日、4 月 23 日、4 月 29 日、4 月 30 日。

在這些日子當中除了 4 月 29 日和 30 日，月亮大部分都進入了固定星座，所以接下來只要再避開月亮在天蠍座的弱勢位置就好，於是 4 月 14、15 日又被淘汰掉了。因為希望讓月亮在獅子座與金牛座，更勝於月亮落在水瓶座的日子，所以優先考慮的就變成 4 月 1 日與 4 月 8 日。

接著我們就要畫出這兩天正午的星圖來作比較，在這兩張圖中，4 月 1 日的圖雖然月亮在金牛座，但因月亮與金星的相位很糟，最好不要考慮。4 月 8 日的正午圖月亮在獅子座，但土星非常靠近上升點，除非他們的婚禮在下午一點到三點過後，或是上午八點之前舉行，才能避開。

所以接下來的重點，就是選出這一天裡最適當的時間，上升星座在獅子座似乎不錯，雖然第七宮會在水瓶座，但我們可以藉由其他行星的正面相位連結來調和。因此最適當的時刻似乎只能選擇一點到一點半左右，正好讓月亮靠近上升星座，海王星、金星進入第七宮，且在第九宮的太陽可以調和上升點與下降點。

但別忘了，我們還有 4 月 22、23 日可以挑選。在試排過後，發現 4 月 23 日的中午時分，月亮正好進入雙魚座，且與太陽的金牛座 03 度呈現合相，如果將時間訂在中午以前，則可避開土星進入第一宮的問題，所以最好的時刻應該是上午十一點到十一點三十分的位置，這時不僅太陽與月亮產生合相，且水星能夠扮演起溝通的角色，讓第七宮與第一宮產生連結。

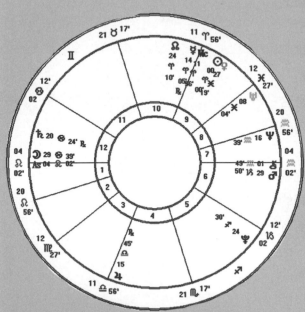

西元 2006 年 4 月 8 日 13：00 的星圖

所以最後，我提供這兩個時間點讓他們挑選。如果要問我哪個時間點較好，我會建議 4 月 8 日，畢竟可以避開土星太靠近上升的因素，且太陽月亮產生了三分相，而且這一對新人的月亮都在雙子座，獅子月亮使他們產生的衝突不大。

選擇開業日期

如果你受到委託，選擇一個公司的開業日期，需要注意的是月亮的角度和相位。其次，注意這門行業相關的守護行星與星座是否處於最佳狀態，千萬不要選擇守護星逆行時來開業，也不要選擇它們和別的行星產生四分相與對分相的時刻，而該宮位裡也要避開凶星，或盡量選擇它們可以發揮正面影響力的時刻（例如：可以幫助天頂或上升的位置）。

接下來，如果能夠讓第二宮、第八宮與第十一宮（特別是第十一宮暗示公司的財庫及老闆的口袋）的守護星都處於最佳狀態，那麼這間公司就有賺錢的機會，我們可以將具有吉相位的吉星，特別是太陽、金星、木星等行星安排到這些位置。其次，必須注意這究竟是一門獨資生意或是合夥生意，如果是合夥，則要特別注意第七宮與第八宮內的行星。

月亮永遠是擇日的重點，我們絕對不要忽略它可以帶來的影響力，良好的月亮相位對於從事創意工作，或與流行資訊有關的工作者都有正面的幫助，而雙子座的月亮又更好，若是金融有關的行業，月亮金牛的位置也不錯，如果能夠安排木星或太陽與上升點、天頂或守護星形成三分相與六分相，那麼就能發揮擴張的影響力，且帶來較早的成功。

推薦參考讀物

《The Only way to learn about Horary and Electional Astrology》by Marion D.March & Joan McEvers

第四十一章　世俗占星學

世俗占星學其實才是占星學的先河，自美索不達米亞平原上的巴比倫人將行星的運行視爲世事的指引、戰爭預兆與國王吉凶的參考，此種預測方式甚至在果老星宗還沒傳入中國時也在中國出現。最早的占星學功用就在於預測世事的變遷、個人出生圖的判讀，一直到希臘時代甚至更後期才開始興盛，這也是爲什麼許多人深深爲世俗占星學所著迷。

此外，包括專門研究政治與國際情勢的「政治占星學」（Political astrology），研究氣象與自然災害的「氣候占星學」（Weather astrology），以及預測金融行情的「財經占星學」（Financial astrology）也都是世俗占星學的一種。

其方法不外乎利用春分圖或冬至圖，來預測一整年的整體發展與運勢，且兩種方法都各有支持者，並堅稱自己的方法最爲準確，有心者不妨多方學習涉獵。而漢堡學派以牡羊座 0 度圖作爲預測標準的方法，是近來興起的預測方式。值得一提的是，漢堡學派較不重視傳統的宮位解釋，而以行星與所落星座爲重要參考依據。

但一般說來，世俗占星學的觀察重點，就在於每日行星的運行，特別是金星、水星、火星的逆行及特殊相位，都能夠提供占星師們預測世事發展的線索。

政治占星學
★ A 國家的出生圖

政治占星學上習慣將一個國家的出生圖，拿來分析這個國家在各方面的表現，但有許多國家的出生日期卻很難決斷，例如：占星學旺盛的英國就有以英王征服者威廉（William The Conqueror）於西元 1066 年 12 月 25 在西敏寺加冕的時間做爲英國的出生圖，或是以西元 1801 年英國統一愛爾蘭的時間做爲英國的出生圖。

對於我們的國家而言，這樣的情形就更複雜了，究竟要以西元 1912 年的元旦，或是 1911 年的 10 月 10 日，還是 1912 年的 2 月 12 日（清帝正式宣佈退位），或者是民國 38 年政府遷台的時間做爲國家的出生圖。這樣的複雜背景，使得占星師們在選擇一個國家的出生圖時，往往需要更多的時間與案例

來交叉印證。

　　政治占星學的詮釋方式，是依照各宮不同的功能來解釋該國的主體、外交、公眾事物、議會等情況。在傳統占星學中各宮位代表的意義，例如：在個人出生圖中象徵自我個性的第一宮代表了整個國家的表現，而第二宮則代表了財務狀況，依序下去第三宮關係著教育、交通、通訊與傳播。與財務相關的宮位，例如第二宮的財務與金融、第三宮的商業和運輸、第四宮土地與房地產、第六宮的工業與勞工、第八宮代表的該國與外國的財務狀況。

　　而從一些研究中我們發現兩個特殊的意義，第一是在國家的出生圖中，掌管社會資源與公眾事物的第八宮，對股票市場的漲跌表現有一定的影響力，而當具有投機意味的第五宮，或木星發揮強力的影響時，有可能影響到該國的金融與證券市場，而這樣將研究專門著重於財務、經濟與占星術關連的占星術，就被稱作「財務占星」，這些研究的案例我們會在接下來的篇章中提出說明。

★ B 國家元首出生圖

　　根據許多占星家的研究，國家元首的命盤也直接反映了這個國家的目前狀況，如果該國元首的星盤正處於不利的流年，那麼也同時暗示這個國家將要面對一段動盪不安的時刻。

　　觀察下圖，我們會發現西元2006年陳水扁總統的太陽弧正向推運流年的天頂、上升與代表群眾的北月交正衝，而他的日月金海等星群進入第二宮，與本命的火星合相，也與冥王星產生三分相。而守護他財務的木星與守護天頂的太陽（在第十二宮）和在第一宮的月亮形成嚴重的對分相，可以看出對

他以及對國家來說都是一段難熬的時期。

★ C 進宮圖

看一個國家的運勢除了該國的出生圖之外，其他最為占星愛好者所使用的就是每年的春分圖與冬至圖，利用太陽正式進入春分點（冬至點）的位置來繪製春分圖，春分圖以每年太陽進入白羊座的時間作為基準來製作一張星圖。例如：太陽在西元 1988 年下午 5：30 分正式進入白羊座，就以這個時候配合當地的經緯度，繪製出一張出生圖。而冬至圖則以太陽進入魔羯座零度的當地時間為準。

同時也有一部分的占星學家，同時觀察夏至與秋分時刻的星圖，分別以太陽進入巨蟹座零度，以及天秤座零度來觀察之後的政治、經濟發展，占星學上稱這四張圖為「進宮圖」（Ingress chart）。

儘管許多占星師認為春分圖有一定的效應，但更多占星師傾向分別使用春分圖觀察 3 月 21 日到夏至之前；用夏至圖觀察夏至到秋分前；秋分圖觀察秋分到冬至之前；冬至圖觀察冬至到春分時刻的方式。

因為利用太陽進入開創星座的星圖，來觀察一個國家每三個月的政治經濟走向，就代表著宇宙的能量由開創星座的位置進入人世間，並帶來四季的影響。這個理念頗接近於漢堡學派的牡羊座零度圖，每九十度一個循環，看出行星之間的互動。

★ D 新月圖與滿月圖

新月圖（New Moon Chart）與滿月圖（Full Moon Chart）是晚進歐洲占星師在作世俗占星與氣候占星時所使用的預測圖表。利用每個月的新月時刻（太陽與月亮合相時刻），或是滿月時刻（太陽與月亮產生對分相）的圖來預測最近會發生的大事。

這個概念的基礎來自於丹恩魯德海雅（Dan Rudhyar）的月亮循環，根據許多占星師的研究，新月圖對新月時刻的前一週與後一週有所影響，而滿月圖則影響滿月時刻的前一週與後一週。不過有時發生新月或滿月的時刻，也會發生日蝕或月蝕，當月蝕日蝕發生時，更是一個不可忽略的時刻。

無論春分圖或進宮圖、新月滿月圖或國家出生圖，觀測的方式和個人的出生圖相同，包含利用十二個宮位作為該國或地區當年的大事推測。相當神奇的是，這樣的預測方式準確度相當高。

接下來的許多個案分析裡，我們都會用到這樣的星圖，而星圖中每個宮位所掌管的定義，就如同前面所提到的一般，第二宮代表著經濟狀況、財務與金融，第三宮與交通運輸和商業有關，第四宮與土地房地產有關等等……底下亦將列表，清楚解釋每個宮位和行星的相關的意義。

★行星在占星學的意涵

行星	占星學的代表意義
太陽	代表著一國的元首以及重要人物，最高權力機構
月亮	人口、婦女政策、百姓、糧食、農業
水星	教育、交通、商業、通信、傳播行業、文化事業
金星	國家福利、外交與戰爭的勝利、金融行情、藝術文化
火星	軍隊、暴力、犯罪
木星	國家財富、司法系統、宗教信仰、保險、國家聲望與影響力
土星	行政體系、權力與控制、官員、死亡率、礦產、痛苦
天王星	能源、科技、社團、改革、叛變
海王星	慈善團體、宗教團體、醫院、化學業、犯罪
冥王星	社會下層、祕密財產、礦物

★世俗占星學各宮位的含義

宮位	意義
第一宮	國家整體的繁榮與蕭條
第二宮	國家的經濟命脈、國庫、稅收、銀行、證券交易所、金融機構、貨幣市場和交易
第三宮	運輸、通訊、基礎教育、商業交易與鄰近地區的關係
第四宮	國土、反對黨、海洋政策、農漁業
第五宮	娛樂、運動、兒童
第六宮	勞工階級、下層社會、製造業、公共衛生或疾病、軍事體系
第七宮	外交、敵國與邦交國
第八宮	外匯、公共安全
第九宮	航運空運、大學教育系統、宗教、科學
第十宮	政府、元首、國家形象
第十一宮	議會、地區議會、地方政府、友好國家、國際支援
第十二宮	監獄、醫院，救濟院、慈善團體、祕密團體、宗教

　　底下就以西元 2005 年歐洲的春分圖，分析幾個我們記憶猶新的國際事件。西元 2005 年在歐洲發生了許多驚人的消息，從年初的教宗去世、夏天的倫敦地鐵爆炸、10 月底的法國郊區暴動，整個歐洲顯得有些不安。

　　我們若以歐盟議會的首都布魯塞爾為地點繪製一張西元 2005 年春分圖，會發現上升點在獅子座，太陽金星在第九宮且為 2005 年上升點的守護星，象徵 2005 年歐洲最震撼的事件莫過於教宗若望保祿二世去世與新教宗的選出；金星在第九宮則暗示著過程和平順利，而獅子座的上升暗示著新教宗的強勢與保守。

　　月亮在第十二宮的巨蟹座與火星的衝突，暗示著這一年隱藏的危機，包含倫敦大爆炸及法國的 10 月暴，造成人民重大傷亡與財產的損失，而政府卻無力防禦，只能夠採取更為保守嚴厲的對策（土星與火星對分相）。當中水星與木星、土星所形成的 T 字三角，也暗示著隱藏在歐洲社會下層的不安，回教徒與阿拉伯和非洲移民無法融入社會引發的問題，也暗示著倫敦爆炸與法國騷都。

　　此外，占星家們還預測土星在 2005 年進入獅子座時，會帶來保守勢力的上升，英國大選雖然工黨險勝，卻也失去了大部分的席次。而德國大選左派的社會黨，竟然以些微的差距輸給了右派的保守勢力。這些都是在作世俗占星學時，可以觀察與印證的特點。

★ E 木星、土星循環與外圍行星的循環

　　木星與土星在黃道的軌道上每二十年相會一次，根據占星學家的觀察，木星與土星的每一次相會都會影響未來二十年的政治、文化、經濟情勢，特別是木星與土星產生合相的星座，暗示著未來二十年的

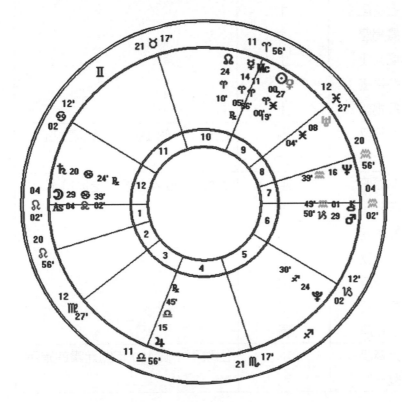

發展趨勢，而合相之後的二十年當中，若木星土星產生六分相、四分相、三分相、對分相時，則可能暗示重大事件的發生。

同時這二十年的循環又可以用木星、土星的對分相，分成兩個週期；從木星土星合相到對分相的週期為成長週期，暗示著這二十年的主題將在前十年有所成長發展。而從對分相過後，一直到下一次木星、土星形成合相的十年則為成果展現期，暗示著木星、土星合相

的星座所顯示的主題，將會明顯展現在人們的生活中。

此外，我們不妨再回顧一下過去這一百年間的木星、土星循環的時刻，所發生的許多重大事件吧！二十世紀木星、土星第一次合相時是在西元1901年，合相的星座是魔羯座，接著第二次是西元1921年，合相的星座是處女座，再來是西元1940年木星、土星進入金牛座，接著西元1961年木星、土星又再一次在魔羯座產生合相，而後西

木星土星產生合相的西元年	木星土星合相的星座	所屬元素	備註
1842	魔羯座	土	1842——2020 木土土相星座循環
1861	處女座	土	
1881	金牛座	土	
1901	魔羯座	土	
1921	處女座	土	
1940	金牛座	土	
1960	魔羯座	土	
1980	天秤座	風	出現下一個 180 年的元素的暗示
2000	金牛座	土	
2020	水瓶座	風	2020-2179 木土風相星座循環
2040	天秤座	風	
2060	雙子座	風	
2080	水瓶座	風	
2100	天秤座	風	
2119	雙子座	風	
2139	水瓶座	風	
2159	天蠍座	水	出現下一個 180 年的元素的暗示
2179	雙子座	風	

元 1980 年木星、土星在天秤座合相，最近的一次是西元 2000 年木星、土星在金牛座結合，而下一次木星土星的結合，將在西元 2020 年結合進入水瓶座。

木星、土星在魔羯座產生合相的西元 1901 年與 1961 年，分別是國際強權最為強勢的階段，例如：美蘇的冷戰時期分別領導的兩個強權，控制其他國家的狀況就頗有魔羯座的味道。而西元 1940 年與 2000 年的這兩個二十年週期，則受到金牛座影響經濟成長的重要時期。西元 1920 的木星、土星在處女座，則暗示了世界大戰時期，人們的勞動與縮衣節食的狀態。更特別的是如果你觀察 1980 年木星土星在掌管外交事物的天秤座結合時，會發現當時冷戰進入尾聲，歐洲統合、蘇聯解體，和平的外交手段主導了整個國際情勢。

從剛才的分析當中，不知你是否有觀察出一個有趣的循環規律，或注意到過去的一百多年間，木星、土星大多在土相星座循環。的確，木星、土星每一百八十年會在同樣的元素星座中循環，但是在循環結束之前的「倒數第二次合相」時，則預告下一個一百八十年循環的星座。

在上述例子中，西元 1980 年就是預告著從西元 2020 年起的一百八十年間，木星、土星的每次合相都會產生在風相星座，直到這個循環結束前的倒數第二次，再預告下一個元素，然後依照這樣的規律火土風水完成七百二十年的大循環。

我們目前正處於土相星座的大循環中，這時人們重視的是實體的、經濟的發展，而我們也從西元 1980 年的木土天秤座合相中可以預測到，下一個循環將會是更重視人類心理與精神發展的時刻。

除了木星、土星的循環之外，每次的木星、土星、天王星、海王星、冥王星產生重要相位（合相、對分相、三分相、四分相、六分相），或變換星座時，也都暗示著重要的政治、經濟與國際社會的變遷。

財經占星學

從剛剛的分析中可以得知，春分圖（進宮圖）中的宮位一旦有行星進入，就會影響這年（該季）該項事物的表現，而行星的影響則要看該行星所落入的宮位，及與其他行星之間的影響。

不過隨著時代的演變，這些詮釋也會有所轉變。在傳統的「財務占星學」中，木星代表經濟成長，土星則代表衰退，但現代占星學的研究則增加了木星的投機性質，以及土星的保守與穩定。

此外，任何行星如果與水星、木星、土星產生交會，正面角度（如 0 度、30 度、60 度、120 度、150 度的交角）會引發經濟復甦、景氣擴張或是股市的上揚等影響，如果產生了 45

度、90 度、180 度等負面的角度，就往往會讓情勢轉為下跌的局面。

一般來說被稱作「內合行星」（運行軌道在地球之內）的太陽、月亮、水星、金星等行星的影響時間，因為運行的速度較快，產生的影響也較為短暫，例如：水星受挫時可能會造成一週之內股市或商業行情的漲跌，而距離稍遠的火星則長些，有時從半個月到兩個月，木星的影響最長則會持續半年以上。至於土星和之後的天王星、海王星、冥王星等，因為移動緩慢影響力較長，也容易造成像是長達數年的經濟不景氣等。

此外，我們也能夠由這一年的春分圖或進宮圖來預期財經狀況，好比說春分圖中與股票市場相關宮位（如第二宮、第三宮、第八宮），所在星座的守護星的影響力也相當強大，當這個宮位所在星座的守護星有好的相位影響時，就會有好的表現，如果有殺傷力大的行星脅迫時，則可能會造成整年度不好的表現。宮位守護星的影響力並不會亞於在該宮內的行星所產生的影響，如果宮位守護星受到其他行星的威脅，但該宮位內有好的行星支持，就表示雖有危機，但影響不至於太嚴重。

而同樣的觀察方式，我們也可以把重點放在第二宮的財政、第三宮的商業、第四宮的房地產、第五宮的投機，第六宮則可以幫助我們瞭解該國的製造業與工業，而第八宮則可觀察金融投資等，有時還得注意一下第一宮與第十宮

所代表的政權或政府有沒有重要的改變。至於行星的影響就如同我們之前提過的一樣，可千萬不要忘記了，因為對行星特性的準確判斷會讓你有更好的預測效果。

除了春分圖或四張進宮圖可以代表一整年的經濟景氣之外，二十四小時不斷變動的外匯的漲跌，應該觀察以當地時間及當地經緯度為準的匯市開盤星圖，特別注意第二宮、第八宮、月亮、水星與金星的變化，他們會影響變動較快的漲跌，至於其他行星所造成的影響就是較長且較大的變化，如果你要以這樣的方式去看其他地區的股市開盤星圖也是不錯的辦法。

至於我們要觀察一家公司的經營狀態時，也可以採用該公司註冊時間做為基準的出生圖，如果是獨資公司或個人企業，則只需要觀察個人的出生圖即可。

接下來我們便以 1930 年代世界經濟大恐慌，與西元 1990 年之後的日本泡沫經濟崩潰、西元 1997 年泰國金融風暴，並以美國的經濟成長為案例，討論行星的移動與該地區的春分圖，暗示了哪些經濟上改變的跡象。

實例分析：西元 1930 年的經濟大恐慌

　　西元 1930 年代冥王星首度被發現，冥王代表的恐怖力量於是開始造成了影響，全球的經濟大恐慌也在這個時候展開。若觀察西元 1930 年的星圖，冥王星首次出現就造成與土星及太陽、天王星、金星的對畫。冥王星代表著恐怖力量，衝擊了土星所代表的財富與穩定，造成全球 的經濟大恐慌。

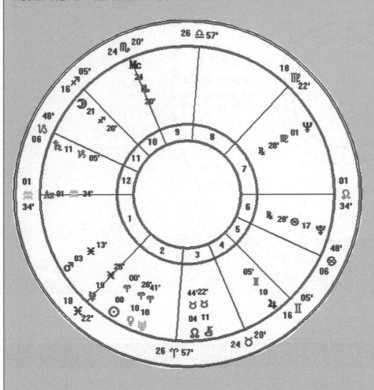

　　在這邊值得一提的是，地球村的觀念形成後，地區性的經濟不景氣都有可能直接、間接地影響到鄰近區域，所以無論是進行海外投資或是一般的投資，最好能對幾個重要的地區先做好春分圖的分析，例如：美國、日本等重要工業國家，尤其是如果當年的春分圖第九宮（該國的國際情勢與對外貿易），或第九宮的守護星受到嚴重影響時，表示國外的政經情勢將牽連國內，就算國內的經濟再怎麼穩定，也會受到外匯的波及。

實例分析：西元 1991 年日本的泡沫經濟崩潰

　　西元 1990 年初期日本的泡沫經濟開始崩潰，特別反映在股市與房地產的行情大跌，從此日本的經濟便陷入整理的局面，西元 1992 年到 1995 年的經濟成長率只有1%，而且失業率逐年攀高，接下來我們便以西元 1991 年的春分圖作為說明。

　　從西元 1988 年起就與海王星交會的土星從西元 1990 年末期便開始離開海王星，少了土星約束與穩定的力量，海王星所代表的泡沫經濟開始動搖，尤其是這些年來代表巨變的天王星也正開始逼近，一旦土星離開之後，天王星將發揮強烈的影響，改變海王星所造成的假象。此外，財務占星學上代表經濟成長的木星也遭受土星（蕭條）的衝擊。

　　而流年不利的日本在春分圖的表現上更是雪上加霜，守護著投資宮位的天王星遭受

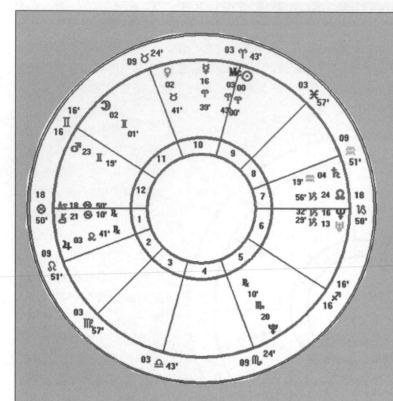

上升星座的攻擊，代表商業流通的水星遭受天王星與上升星座的夾擊，代表金融及流年房地產的守護星也遭受土星與木星的夾擊，使得日本在西元 1990 年初期在經濟上無法有良好的表現。

西元 1991 年日本春分圖

實例分析：流年不利的日本西元 1995

　　經過了西元 1990 年初期的不景氣，日本經濟在西元 1993 年與 1994 年有緩慢復甦的趨勢，但不幸的在 1995 年初阪神大地震與日圓持續升值，使得原先看好的情勢一路下挫，直到西元 1995 年中與 1996 年才逐漸改變。觀察日本西元 1995 年的春分圖守護經濟的第二宮落入巨蟹座與第一宮相同，暗示著日本仍以恢復經濟為國家的重心，而不幸的是土星與木星又如同西元 1991 年一般，形成了不幸的九十度角。

　　而代表整體經濟情勢的月亮，不但一旁有恐怖的冥王星逆行逼近，又分別受到第二宮內的火星與第八宮內的金星聯手修理，眼看著前面幾年的努力便要付之一炬，所幸老天爺沒這麼殘忍，木星雖然受到土星的壓迫，但依照這樣的情勢木星運行的方向正是要脫離土星的限制，而代表經濟的月亮更是在不幸中，受到了上升星座與水星帶來幸運的大三角支撐，情況不至於糟到無法挽回的地步，於是木星終於在脫離土星干擾的階段中，帶動第二宮的火星，加速恢復日本的經濟。

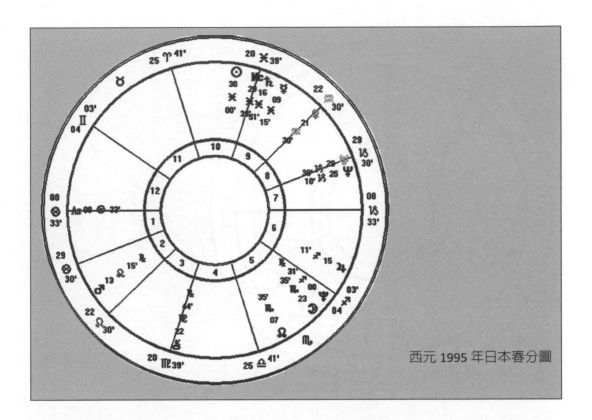

西元 1995 年日本春分圖

實例分析：溫和成長的美國西元 1995 年經濟

　　春分圖依照不同的地區而有不同的表現，對於某些國家而言，西元 1995 年造成了相當大的震撼，像是日本與台灣，都受到西元 1995 年木星與土星相衝的影響，但是美國呢？

　　西元 1995 年的美國呈現出溫和的成長，從春分圖中就可以看出來。當太陽在西元 1995 年春天進入春分點時，正好由射手座掌管財務與金融體系的第二宮，而木星也正好在第二宮的位置，與火星呈現不錯的 120 度角，但是逆行的火星衝勁不是那麼強大（在第十宮的火星逆行，意味著美國政府對於利率的妥善控制）。

　　而土星負面角度也抑制著木星的飆漲，並且有上升星座出面調節土星的蕭條作用，從美國的春分圖看來，的確呈現著一種溫和的成長，而月亮與太陽對於商業宮的天王星與海王星產生疏導的作用，讓美國西元 1995 年的春分圖不至於像其他國家一般受到嚴重的影響。

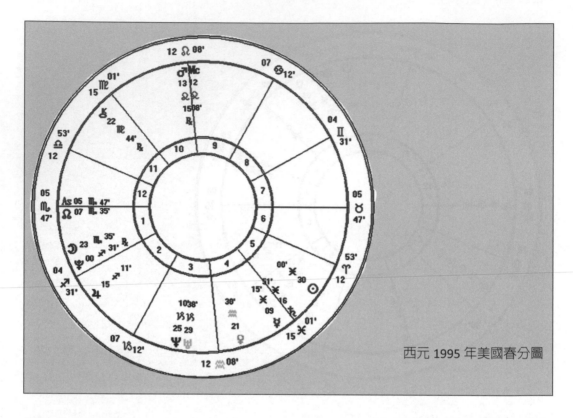

西元 1995 年美國春分圖

氣候占星學

　　氣候占星學更是一門難上加難的學問，占星師必須同時具備相當的功力與天賦，否則也只能用研究的角度來當事後半仙。氣候占星學是世俗占星學中一門重要學問，研究世俗占星學的人多半也會研究氣候占星學，習慣採用的同樣是春分圖、進宮圖、新月圖與滿月圖等星圖。

　　此外，氣候占星學上特別著重在日蝕與月蝕和慧星的效應。因為從占星學的眼光來看，日蝕與月蝕就是災難的前兆，他們並不是帶來災難，而是災難預報。有許多極大的地震、天然災害或震驚人心的消息，多半都在日蝕後接著出

現。不過日蝕與月蝕不僅應用在氣候占星學的氣象與災害預測上，也經常應用在政治占星學上的預測。

　　地震在自然災害中常顯示出相當程度的威力，許多占星學家努力研究地震時期的占星圖，想要找出一些蛛絲馬跡，其中最具有影響力的德國占星研究人員湯馬謝克的研究。根據他的統計，在許多次的地震中，天王星與天頂呈現對分相的情況在一百三十四個案例中，就占了高達三十九個案例，不過當法國占星統計研究人員高葛林想要以九百個地震案例重新複製這個實驗時，卻失敗了。

　　事實上根據我的觀察，天王星與海王星的相位（特別是合相對分相與四分

448

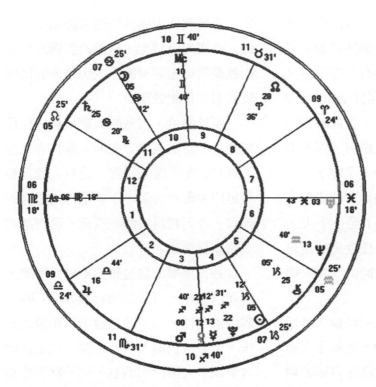

南亞海嘯發生當天的滿月圖，以雅加達為地點來看，
天王星正好於下降點

相與三分相）都具有明顯的效應，特別當受影響的行星或天王星、海王星接近天頂與上升時更爲明顯。但這樣的假設是否能夠成立，還有待更進一步的實驗。但我們仍可利用幾個重大的地震案例，來觀察這些地震時天王星與海王星的位置。

日蝕與慧星的觀測

在過去日蝕與月蝕的出現象徵著重大的災難，不過由於科學的釋疑，大家面對日月蝕已經不會再那麼恐懼了，每當這些特殊現象發生時，大家總會好奇地問占星師這代表著什麼意義，此時我們就必須從日月蝕現象的發生原理瞭解起。

日蝕是當月亮正好與太陽及地球處於同一直線上，且正好位於太陽與地球中點的時候，當月亮慢慢移動，太陽也會一點一點的消失，並出現日蝕的現象，科學上就有所謂的日全蝕、日偏蝕等等。

占星學對日蝕的解釋並不難，因爲日蝕發生的時候，都正好位於日月合相的新月時候，就代表月亮帶來的情緒不安與恐懼遮蔽了太陽的理性。同時日蝕與月蝕的形成，必須加上南北月交與日月合相，每當太陽月亮與南北月交相距在18度之內時就會產生日蝕。占星家們視南北月交爲能量進入地球的節點，這時候所產生的日月合相將有前後數個月的影響力，所以我們不能忽略日蝕發生時候所帶來的戲劇化改變，這也是爲什麼過去的占星家視日月蝕爲凶兆的原因。

就像上述所說，日蝕發生時，感與感覺的力量凌駕於理智思考之上，或是有預料之外的戲劇性事情發生，而我們則可以從日蝕發生時的星座，以及同時期其他行星的位置來推論發生的事件。

449

例如：在西元 2005 年 10 月，歐洲南部以南的北非與阿拉伯地帶看見了日蝕，占星學家甚至預測有什麼事情又要爆發了。事實上經過西元 2005 年 7 月的倫敦連環爆炸案之後，在此時任何亂在這些歐洲與中東地區爆發，都不令人驚訝，結果什麼事情發生了呢？從十月中旬起，法國的阿拉伯與非裔青少年開始暴，整個騷亂延續了至少十天，讓全世界的人極為訝異，要注意的是日蝕影響的地區，並參考當時的天象來做判斷。

　　月蝕則是發生在滿月的時候，當地球介於月亮和太陽的中間，遮蔽了太陽反射到月亮的光芒，就會產生月蝕的現象。這時理性與感性的思考連結受到阻礙，衝突因而發生，月蝕的影響最常見的就是情緒極端緊繃，或因激烈的情緒反應帶來負面效應。

　　至於慧星，古代的人總是把它稱為掃把星，認為這個冒失的天界訪客，拖著長長的尾巴帶來災難，更有人認為慧星尾巴會帶有毒氣。不過這都是過去的誤解，今天慧星的觀測成為一種有趣的天體認識活動。

　　在占星學上慧星雖然不再有那麼多的迷信意味，可是與所有讓人突兀的天體現象一樣，仍帶著突發事件預警的意味。但慧星對個人少有影響，只是偶爾會帶來令人驚訝的消息，這一點倒是和讓人吃驚的日蝕很像。

　　在世俗占星學與氣候占星學的預測中，我們不能忽略日蝕的警告，我們姑且不將日蝕視為災難的元凶，但日蝕有警告的意味。特別觀察近幾年的日蝕，幾乎每次都會有驚人的消息傳出，例如：西元 1997 年黛安娜王妃的車禍，被視為與當年的日偏蝕有關；西元 2000 年的日環蝕則帶來了驚人的地震消息。如果我們觀察西元 2000 年的日蝕星盤，我

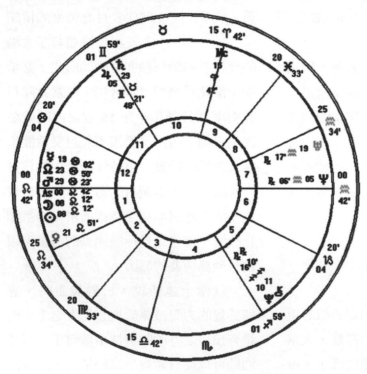

西元 2000 年 7 月 31 日日蝕圖土耳其大地震

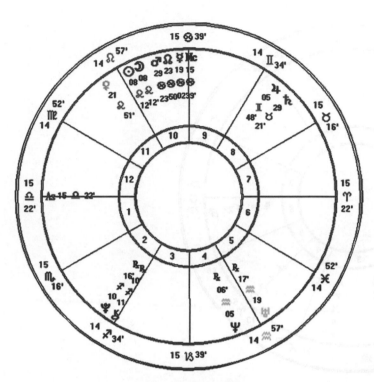

西元 2000 年 7 月 31 日蝕於台灣的位置相
當接近天頂與天底且與天王星海王星對衝

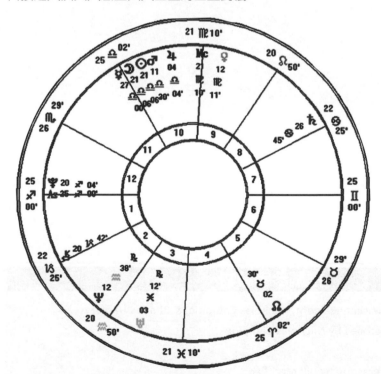

西元 2004 年 10 月 14 日的日蝕圖

們會發現天王星與海王
星、太陽、月亮，分別
在地平線左右形成對分
相，暗示著土耳其大地
震。而台灣的日、月、
天王、海王對衝則位於
天頂，可以視為台灣九
二一大地震的跡象。

　　接著我們再觀察西
元 2004 年 10 月 14 日
的日蝕圖，日蝕在格林
威治標準時間的 10 點
31 分達到頂峰，這時
候觀察在南亞地區的星
圖，會發現冥王星都相
當接近於地平線。

　　如果我們再觀察西
元 2005 年 10 月 3 日
蝕於法國地區的星圖，
會發現位於第六宮（勞
工、下層社會、青少
年）的火星與第十宮的
日月形成了凶角，第三
宮（同樣有青少年的意
味）的天王星挑戰位在
第十宮代表法律的木
星，影響了法國整體的
對外形象，也帶來令人
震驚的新聞。

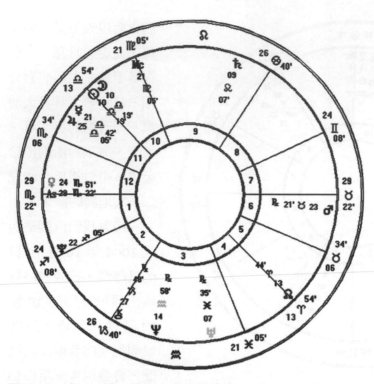

西元 2005 年 10 月 3 日於法國的日蝕圖

推薦參考讀物

① Mundane Astrology by Michael Baigent, Nilcholas Campion, & Charles Harvery
② The Book of world horoscopes by Nilcholas Campion
③ Eclipses by Celeste Teal
④ Planetary Economic Forecasting by Bill Meridian

索　引

國家圖書館出版品預行編目資料

占星全書〔暢銷增訂版〕／魯道夫著. -- 初版 .-- 臺北
市：春光出版：家庭傳媒城邦分公司發行, 2007（民
96）
　　面；　公分

ISBN 978-986-7848-87-1（平裝）

1. 占星術

292.22　　　　　　　　　　　　　96001454

占星全書〔暢銷增訂版〕

作　　　者／魯道夫
企劃選書人／黃淑貞、劉毓玫
責任編輯／黃淑貞、郭珮甄、劉毓玫

行銷企劃／周丹蘋
業務主任／范光杰
行銷業務經理／李振東
總編輯／楊秀真
發行人／何飛鵬
法律顧問／台英國際商務法律事務所　羅明通律師
出　　　版／春光出版
　　　　　台北市104中山區民生東路二段 141 號 8 樓
　　　　　電話：(02) 2500-7008　傳真：(02) 2502-7676
　　　　　部落格：http://stareast.pixnet.net/blog
　　　　　E-mail：stareast_service@cite.com.tw
發　　　行／英屬蓋曼群島商家庭傳媒股份有限公司城邦分公司
　　　　　台北市中山區民生東路二段 141 號11 樓
　　　　　書蟲客服務專線：(02) 2500-7718 / (02) 2500-7719
　　　　　24小時傳真服務：(02) 2500-1990 / (02) 2500-1991
　　　　　讀者服務信箱E-mail: service@readingclub.com.tw
　　　　　服務時間：週一至週五上午9:30～12:00，下午13:30～17:00
　　　　　劃撥帳號：19863813　戶名：書蟲股份有限公司
　　　　　城邦讀書花園網址：www.cite.com.tw
香港發行所／城邦（香港）出版集團有限公司
　　　　　香港灣仔駱克道 193 號東超商業中心 1 樓
　　　　　電話：(852) 2508-6231　　傳真：(852) 2578-9337
　　　　　E-mail：hkcite@biznetvigator.com
馬新發行所／城邦（馬新）出版集團　Cité (M) Sdn. Bhd.
　　　　　41, Jalan Radin Anum, Bandar Baru Sri Petaling,
　　　　　57000 Kuala Lumpur, Malaysia.
　　　　　電話：(603) 90578822　傳真：(603)90576622
　　　　　E-mail：cite@cite.com.my.

封面設計／黃聖文
內頁排版／游淑萍
印　　　刷／高典印刷有限公司

■ 2007 年（民 96）1月 29 日初版　　　　Printed in Taiwan
■ 2022 年（民 111）4月 26 日二版6刷

售價／560元

城邦讀書花園
www.cite.com.tw

104台北市民生東路二段141號11樓

英屬蓋曼群島商家庭傳媒股份有限公司
城邦分公司

請沿虛線對折，謝謝！

遇見春光·生命從此神采飛揚

春光出版

書號：　OC0031X　書名：　占星全書〔暢銷增訂版〕

讀者回函卡

謝謝您購買我們出版的書籍！請費心填寫此回函卡，我們將不定期寄上城邦集團最新的出版訊息。

姓名：＿＿＿＿＿＿＿＿＿＿＿＿＿＿＿＿＿＿＿＿

性別：□男　□女

生日：西元＿＿＿＿＿＿＿年＿＿＿＿＿＿＿月＿＿＿＿＿＿＿日

地址：＿＿＿＿＿＿＿＿＿＿＿＿＿＿＿＿＿＿＿＿＿＿＿

聯絡電話：＿＿＿＿＿＿＿＿＿＿　傳真：＿＿＿＿＿＿＿＿＿＿

E-mail：＿＿＿＿＿＿＿＿＿＿＿＿＿＿＿＿＿＿＿＿＿

職業：□1.學生 □2.軍公教 □3.服務 □4.金融 □5.製造 □6.資訊

　　　□7.傳播 □8.自由業 □9.農漁牧 □10.家管 □11.退休

　　　□12.其他＿＿＿＿＿＿＿＿＿＿＿＿＿＿＿＿＿＿

您從何種方式得知本書消息？

　　　□1.書店 □2.網路 □3.報紙 □4.雜誌 □5.廣播 □6.電視

　　　□7.親友推薦 □8.其他＿＿＿＿＿＿＿＿＿＿＿＿＿

您通常以何種方式購書？

　　　□1.書店 □2.網路 □3.傳真訂購 □4.郵局劃撥 □5.其他＿＿＿＿

您喜歡閱讀哪些類別的書籍？

　　　□1.財經商業 □2.自然科學 □3.歷史 □4.法律 □5.文學

　　　□6.休閒旅遊 □7.小說 □8.人物傳記 □9.生活、勵志

　　　□10.其他＿＿＿＿＿＿＿＿＿＿＿＿＿＿＿＿＿＿＿＿